21 世纪全国高职高专市场营销类规划教材

推销原理与技巧

主　编　赵欣然　王霖琳
副主编　王国虹　杨大志　董乃群
参　编　侯秀芳　胡开炽　刘　丽
　　　　张亚萍　李　宁

北京大学出版社
PEKING UNIVERSITY PRESS

内容简介

本书依据教育部《高职高专教育市场营销专业人才培养目标及基本规格》而编写，总结了编者多年推销教学的经验，借鉴、吸收了国内外最新研究成果。此外，根据高职高专培养应用型复合型人才的要求，为切实提高学生的职业能力，本书以实际推销工作过程为主线，共分十一章，全面介绍了现代推销的基本原理与策略技巧。

本书内容新颖、条理清晰、语言严谨，既可作为高等专科学校、职业技术学院和成人高校市场营销类专业学生的通用教材，也可用作企业推销管理工作者培训用书或企业推销人员的业务参考书。

图书在版编目(CIP)数据

推销原理与技巧/赵欣然，王霖琳主编．—北京：北京大学出版社，2011.1
（21世纪全国高职高专市场营销类规划教材）
ISBN 978-7-301-16086-2

Ⅰ.①推… Ⅱ.①赵…②王… Ⅲ.①推销—高等学校：技术学校—教材 Ⅳ.①F713.3

中国版本图书馆 CIP 数据核字（2009）第 197570 号

书　　名：推销原理与技巧
著作责任者：赵欣然　王霖琳　主编
责 任 编 辑：吴坤娟
标 准 书 号：ISBN 978-7-301-16086-2/F·2327
出 版 者：北京大学出版社
地　　址：北京市海淀区成府路 205 号　100871
网　　址：http://www.pup.cn
电　　话：邮购部 62752015　发行部 62750672　编辑部 62756923　出版部 62754962
电 子 信 箱：zyjy@pup.cn
印 刷 者：三河市博文印刷厂
发 行 者：北京大学出版社
经 销 者：新华书店
787 毫米×980 毫米　16 开本　21.25 印张　461 千字
2011 年 1 月第 1 版　2013 年 12 月第 2 次印刷
定　　价：38.00 元

前　言

伴随着经济全球化的到来，产品同质化趋势日益明显，市场竞争日趋激烈。推销是现代企业拓展市场的利器，也是社会化再生产顺利进行的重要保证。学习推销理论、研究推销规律、掌握推销技巧已成为当代中国企业界、学术界及教育界相关人士共同关心的问题。

本书从高职高专应用型复合型人才的培养目标出发，以满足顾客需求为中心，以实际推销工作过程为主线，设计了整个内容体系。在总结多年推销教学的经验，结合众多推销人员的实践心得，并借鉴、吸收国内外最新研究成果的基础之上，全面阐释了推销活动运作的基本原理和实施技巧。本书根据推销课程实践性强的学科特点，打破传统的单一知识叙述型的教材模式，尝试编写包括学习指导、典型案例、思考与讨论、模拟实训等在内的复合结构型教材。力争通过学习，使学生不但掌握现代推销的基本理论，还培养并提高其寻找顾客、确定顾客、接近顾客、说服顾客，保有顾客的能力。本书内容新颖，条理清晰、语言严谨，既可作为高等专科学校、职业技术学院和成人高校市场营销类专业学生的通用教材，也可用作企业推销管理工作者培训用书或企业推销人员的业务参考书。

本书共分十一章。赵欣然（大庆职业学院）、王霖琳（大庆职业学院）任主编，王国虹（中国环境管理干部学院）、杨大志（大庆职业学院）、董乃群（沈阳理工大学应用技术学院）任副主编，其他参与编写的人员有：侯秀芳（中国环境管理干部学院）、胡开炽（湖南省常德职业技术学院）、刘丽（河北建材职业技术学院）、张亚萍（宁波大红鹰职业技术学院）、李宁（燕山大学里仁学院）。

此外，在本书的编写过程中，编者参阅并引用了许多国内外专家、学者的著作与文章，在此一并致以衷心的感谢！由于编者水平所限，书中不当之处在所难免，敬请广大读者批评、指正。

编　者

2010 年 12 月

目 录

第一章　推销概述

学习目标

通过本章的学习，要求学生理解推销的含义，熟悉推销的特点和作用，了解推销的基本准则及现代推销的类型与作用，熟练掌握推销的过程，把握推销学产生与发展的历史，明确现代推销学的研究方法，为学习本门课程奠定基础。

案例导入

世界首席保险推销员——齐藤竹之助

齐藤竹之助，日本著名推销员，他在 57 岁那年开始从事生命保险的推销工作，7 年后荣登全日本推销第一宝座，6 年后又以年签订 4988 份合同创下了世界第一的纪录。

日本昭和二十七年，齐藤竹之助 57 岁，他正式作为朝日生命保险公司的推销员，开始了第二人生，即退休之后的人生。他在进入朝日生命保险公司时，即立志成为公司 2 万名推销员中的首席推销员。

一旦决定了的事情，就要不顾一切地去干，这是齐藤竹之助的性格。首先，他开始学习，找来所有能找到的国内外涉及推销员成功的书籍，用心阅读，以书中所列的事例作为典型，训练自己的头脑。多年之后，在他成为世界第一推销员后还告诫立志从事推销工作的人说："要做第一流的优秀推销员，需要有足够的见识，努力掌握推销技术。"齐藤竹之助印象最深的是美国生命保险推销大王佛朗哥·贝德格写的《我是如何在销售外交上获得成功的》一书。贝德格在做推销员之前，是有名的职业棒球选手。在一次比赛中，他的手腕受伤，不得不退出球坛，回到故乡，谋求到生命保险推销员的职业。可是，贝德格的工作总不见成效。有一个时期，他因为屡屡失败，甚至想甩手不干。但他坚持下来了，克服了许许多多的困难，成为第一流的推销员。他把自己从事推销工作中失败与成功的各种体会，以"搞经营要一心一意，这样做必定成功"等标题编写成书。齐藤竹之助把此书带在身边，在上班途中，无论是在火车上还是电车上，都专心致志地每天反复阅读，而且暗暗发誓：我也要像贝德格那样获得成功，不，要和贝德格争个高低！

齐藤竹之助第一次推销是去拜访东邦人造公司。当被引进到房间时，他心里感到从未有过的紧张。他向经理和总务部长说明了情况，即告辞出来。可是，在他走过收发室时，却遭到了意外的打击。收发员说:“您好像也是生命保险推销员吧?可是，有那位先生插手进来，怕是不好办的呢。”这位收发员告诉齐藤竹之助，第一生命保险公司的渡边幸吉先生来了，门口正停着渡边幸吉豪华的“卡迪拉克”车，幸吉先生在生命保险推销界，号称日本第一老手。看着那亮闪闪的高级轿车，齐藤竹之助有一种沉重的败北感压上心头，是就此作罢，还是一直努力到最后?这两个念头，在他的脑海里打转。然而，不久齐藤竹之助就想开了，怎么能认输呢?决不认输，他感到斗志在全身燃烧。

“超过‘卡迪拉克’。”从此之后，不论是睡觉还是走路，齐藤竹之助的脑子里想到的只有这一件事。那天晚上，他回到家中，一直坐到深夜，制订了一份详细的计划。那是一份无论提问哪一点，无论谁提出质问，都可从中找到完整答案的庞大计划。

第二天，齐藤竹之助就带上计划书，去东邦公司，再次拜访总务部长。“和幸吉先生相比，我不过是个初出茅庐的新手，深感惭愧。不过，若是部长能抽空审查、研究一下这份计划，将使我感到万分荣幸，无论如何请您关照。”说着，他放下计划书就告辞了。此后几天，他天天来访，打听情况。要“超过‘卡迪拉克’”的这个信念在激励着他不懈地努力。

“你可真能干啊!”终于，收发员对齐藤竹之助这样说道。在他每次访问时，深深感到要想使自己的意志贯彻始终是多么艰难，但热忱总是能得到理解的。不论什么时候，对方一定会满怀善意地予以接待。收发员的这句话，使齐藤竹之助受到很大鼓励，他更加起劲地每天去拜访。“不论是多么困难的推销，只要能以诚意和热忱相待，就必定成功”，他翻来覆去地背诵着贝德格的这句话。

终于有一天，总务部长打电话叫他立即去，盼望已久的时刻终于到了。当他走进经理室，经理和总务部长微笑着站起身来说:“齐藤君，让你多次奔波，辛苦了。我们决定和你签订2000万日元的合同，因为你的计划制订得很出色，祝贺你!”此时，齐藤竹之助不由得热泪盈眶。为了这一瞬间的成功，他付出了多大的努力啊!终于胜利了，终于战胜了那辆“卡迪拉克”。当他告辞出来，走到大门时，已看不到那辆黑色的高级轿车了。想到这是靠自己的努力把它赶走的，他内心无比激动。

（资料来源：禹宏，王者推销：世界首席保险推销员齐藤竹之助，有改动.）

案例分析：推销首先要推销你自己。顾客是人，推销员也是人，那么其间必然存在着人与人的交往，形成“人事关系”。要使这种人事关系圆满地进行下去，就需要有相互间的信赖。为了取得这种信赖，优秀的推销员首先是从推销自己开始的。推销员要赢得顾客的信任和喜爱，应当真诚地对待顾客。齐藤竹之助认为，即使语言笨拙，只要能与对方真诚相见，也一定能打动对方的心灵，推销就是初次遭到顾客拒绝后的坚持不懈。遭到顾客拒绝而不气馁的要点在于：耐心地坚持访问以及揣摩顾客的意愿，去动脑筋、想办法，不断改变推销方案。

当今社会是一个充满推销的世界，生活中处处存在推销。从学校的招生广告，到政治家的雄辩演说；从小商贩的街头叫卖，到跨国公司的贸易洽谈，都可以视之为推销。推销人员和推销活动，作为一种社会现象已经为人们耳濡目染。在企业竞争日益激烈的今天，各企业都重视推销，依赖推销，把推销的成功与否看成企业生死存亡的关键；当企业有更多的选择机会而需要让其了解自己的真诚与才能时，人们也会想到要推销自己。推销是一门艺术，同时也是一种技巧。

第一节 认识推销

一、推销的含义

“推销”是一个古老而又年轻的名词。说古老，是因为推销自有商品交换以来就存在，它与商品交换紧密相连；说年轻，是因为社会化大生产和商品经济高度发达之后，它才得以充分发展。随着经济发展的脚步快速向前，“推销”的内涵也得到了极大地丰富。

何谓推销？当今世界众说纷纭。有人说“推销是耍嘴皮子、吹牛”；有人说“推销是高明的骗术”；还有人说“推销是拉关系”。国内外专家学者对于“推销”定义的分析阐述约有 180 多种。为了更深入地进行研究，我们不妨举出其中几个较有影响的见解。

美国市场营销协会：推销是用人为或非人为的方法协助和说服顾客购买某种产品或劳务，并依照对出售者具有商业意义的意见采取有利的行动。

澳大利亚推销学会：推销是说服人们需要推销人员所推销的商品、劳务或意见，是一种具有发现和说服双重作用的工具，也就是要发现人们的需要和欲望，并说服他们采用被推销的商品或劳务，以满足其需要。

戈德曼（欧洲推销专家）：所谓推销，就是要使顾客深信，他购买你的产品会得到某些好处。

原一平（日本推销之神）：推销就是热情，就是战斗，就是勤奋地工作，就是忍耐，就是执著地追求。

中国营销界：所谓推销，是指推销人员在一定的推销环境里，运用各种推销技术和推销手段，说服一定的推销对象，同时也达到推销人员自身特定目的的活动。

上述观点各有其独到之处，它们都是从各自不同的角度，用不同的理论解释问题。我们可以从以下两种角度来理解推销的定义。

广义推销是指推销主动发起者一方，主要通过信息传递的方式，使推销对象接受并实施推销内容的活动与过程。这一定义概括了所有可以被认为属于推销的行为和活动，不限于商品交换，也不限于人员推销，而是泛指人们在社会生活中，通过一定形式传递信息，让他人接受自己的意愿和观念，或购买商品和服务。

狭义推销是指推销人员在一定的推销环境里，运用各种推销技术和推销手段，说服推销对象接受推销客体的活动过程。

在本书里，我们所阐述的推销理论与技巧主要是建立在狭义的推销定义基础之上的。对推销定义的理解主要把握以下几点。

1. 推销是一个活动过程

推销既是一种传递信息的过程，又是一种传播文明的过程；既是卖的过程，又是买的过程；既是心理活动过程，又是商品交换过程。

从现代信息论的角度讲，推销就是一种信息过程，推销人员和购买人员都需要传递、接收、储存、加工、反馈和整理信息。完全可以说，推销活动是信息流的主要途径，商业推销活动更是商品信息流的基本媒介和渠道。从推销活动的社会历史作用来看，推销就是一种传播社会文明的过程，在推销过程中，推销人员必须向推销对象传播各种科学技术知识，而且推销品本身就是知识的结晶，是人类文明的化身。

从推销心理学角度讲，推销就是顾客购买活动的心理过程。一般来说，顾客总是先接受推销信息，认识和了解推销品，产生购买欲望后再产生购买行为。推销人员必须利用顾客的购买心理，采取相应的推销策略。从推销活动的发展过程来看，一船要经过寻找顾客、约见顾客、接近顾客和说服顾客等几个阶段，还包括售前服务、售中服务和售后服务各个过程；更具体地说，现代推销过程是一个寻找顾客、审查顾客资格、接近准备、接近、面谈、处理异议直至最后成交的过程。从现代推销学角度讲，成交并不意味着整个推销过程的结束，一旦达成交易，卖出推销品，推销人员还应该继续为顾客提供各种售后服务。可见，推销过程是一个循环往复、永无止境的过程，而且，推销也是一个错综复杂的过程，要受到多种因素的影响。

2. 推销的手段重在帮助或说服

推销人员的任务就是要说服推销对象，要让推销对象接受推销人员所推销的观点、产品或劳务，并让他人接受自己的产品或劳务。因此，推销人员要了解顾客心理，利用推销技巧（手段）帮助顾客解决问题，说服顾客接受相关产品或劳务。

3. 推销的目的是促成购买行为

促成购买行为是推销人员的任务，因此，推销人员必须在客观上让顾客乐意接受商品。现代推销学研究的核心是“满足需求”，强调在确认顾客需求的前提下才可以尽量运用说服的手段使顾客购买。推销人员要想完成推销任务，达成推销目的，就必须考虑购买人员或推销对象的购买动机和购买目的，就必须设法满足顾客的需要，帮助顾客解决问题。因此，世界著名推销专家海因兹·M·戈德曼（Heinz.M.GoLd.M）认为：所谓推销，就是要使顾客深信，他购买你的产品是会得到某些好处的，也就是说，要推销商品的使用价值或实际利益。

案例1

20世纪80年代初，23岁的李广伟在香港一家金融公司开始当推销员，90年代初，李广伟先后任香港某金融集团及新加坡某集团公司中国部总裁。十多年在销售行业里摸爬滚打，由推销员到总裁，由月收入900元到月薪超100万，成为不少人羡慕的“打工皇帝”，其间李广伟深语推销员应具备哪些素质。

谈到推销的经历，李广伟举了三个例子。

记忆犹新的是他第一单业务的成交。在一次参加亲友的烧烤活动时，李广伟认识了一位新朋友，在聊天中李告诉对方自己是做金融投资的，对方很感兴趣。于是，李广伟把自己所掌握的金融知识全部搬出来，不知不觉中两人聊了几个小时，这位朋友说：“想不到我们年龄一样大，你的国际金融知识却那么丰富”。第二天对方拿出了50万港币来开户，成为李广伟的第一个客户。看似偶然，但在此之前，李广伟已狂背了两个月有关金融方面的书籍。从那一刻起，他知道业绩不是靠夸夸其谈，专业知识很重要，机会与能力成正比。

第二个例子是在做贸易生意时的故事。1982年的全球股灾令香港金融业受到重挫，李广伟转而盯上了贸易生意。当时内地有一家医疗机械销售商进入香港，代理商是一家财雄势大的公司。他们在商场开专卖店，但生意一直上不去。李广伟加入了这一产品的推销，但他摒弃店面销售的形式，亲自到浅水湾、半山等高级住宅区直接向富有的居民推销。半年后，他一个人的推销量比整个代理行的还要多。而且，他卖出产品的价格高出代理行几倍，但顾客买得心服口服，因为他卖的不仅仅是产品，更注重的是服务。成功的背后，他是靠口碑、通过顾客的介绍进行“门户式”服务推销，背着机器挨家挨户地去做产品演示，个中的酸甜苦辣只有李广伟自己知道。

第三个例子是关于他现在的培训公司。2001年初举办的一期房地产销售培训班，学费比较高。但广州十大房地产公司几乎都有人参加，参加人数达60多人，办得非常成功。之后有多家公司和协会提出要合作办这种研修班。但最后都因为招不到人而不了了之，当问及原因时，都说价格太高了。当时李广伟就回应说，比这个贵几倍价格的课程还在后头呢！结果在2001年底李广伟紧接着举办了中国房地产销售经理高级研修班，学费高达4500元，有30多人参加，其中，还有不少是来自中国顶级的房地产上市公司的朋友。李广伟道出其中秘诀，培训课程如同产品一样，强调的是价值而非价格，同时还要通过适当的推销方法和坚韧的推销精神以及大量的行动来配合才能取得成功。李广伟的培训公司里只有五六个业务员，由他们与客户联系，一旦业务员与客户约好了时间，李广伟就要亲自一家一户地登门拜访，推销他的课程。顾客便是由此而来。

（资料来源：孙全冶．市场营销案例分析[M]．南京：东南大学出版社，2004.）

二、推销要素

推销要素是使推销活动得以实现的必然因素，即推销人员、推销对象和推销品。它是现代推销活动中基本的、内在的因素，这些因素缺一不可，其中推销人员和推销对象是推销主体，推销品是推销客体。商品推销的过程，是各个推销要素之间的运动过程。在推销活动中，推销人员是第一主体，推销对象是第二主体，两大主体既对立又统一。推销人员向推销对象提供其所需的推销客体，追求的是商品价值的最大体现；推销对象通过洽谈和购买，从推销人员那里获取推销客体，追求的是商品的使用价值。任何一方要想实现自己的追求都必须以关心对方追求的实现为前提，并且，推销人员要比推销对象更积极主动才能保证推销活动的顺利进行。推销品是推销客体，是商品、劳务，本身不会转移，只有在买卖双方的推动下才会实现其转移，实现其价值和使用价值。

1. 推销人员

推销人员是指主动向别人推销商品的推销主体，主要是指专门从事商业性推销的职业推销人员。推销人员的主要任务是通过走访顾客，了解顾客的困难与问题，为顾客提供服务，说服顾客购买企业的产品或劳务。要成功实现推销的目的，推销人员首先要成功地推销自己，使顾客在乐意接受推销人员的基础上接受推销人员所推销的产品。

推销人员是推销活动的主体，其行为是否合理、有效，决定着推销过程的最终结果。他们不仅是推销活动的主动发起者，而且是整个推销过程的推动者和控制者。作为企业和顾客之间的桥梁和纽带，推销人员肩负着为企业推销产品或劳务、为顾客提供服务的双重任务。企业的销售工作离不开推销人员，顾客的购买也离不开推销人员。推销人员只有通过自己积极主动的努力，才能在满足顾客需要的同时实现企业销售的目标。

2. 推销对象

推销对象又称顾客、客户、购买者等，是接受推销人员推销的主体，他们是推销人员推销活动的目标，是说服的对象。从现代推销学的意义上讲，推销对象是指具有购买决策权或者具有影响购买决策的力量并且直接参与购买过程的有关人员，包括各类采购人员、购买决策人以及其他方面的有关人员。一般来说，推销对象可以分为四类：一是年龄、性别、教育水平、收入水平、经历、性格、职业各异的个人购买者；二是不同规模、不同经营范围的为转卖或加工后转卖而购买商品的中间商；三是各种各样的为生产或管理的需要而购买生产设备、原材料和辅助材料的生产企业；四是政府机关、学校、社团等各种非营利性组织。

在现代社会，推销环境发生了巨大的变化。推销对象不仅以购买人员的身份参与推销过程，许多还以生产决策人的身份参与推销过程，成为名副其实的推销主体。而且，购买活动本身的技术要求越来越高，各行各业的大批专家直接参与购买活动，制定购买决策，甚至直接参与推销洽谈，选购推销品，形成一种专家购买的局面，这就对传统的推销方式提出了挑战。

3. 推销品

推销品是推销人员推销的目标，主要包括商品、服务、观念等，是推销活动的客体。它可以是有形的商品，也可以是无形的服务、思想、观念、点子等。作为推销活动的基本要素，推销品必然会影响推销活动的各个方面和环节，如推销品的性质、质量、技术含量、体积等都关系到推销活动的具体方式、难易程度等。因此，要保证推销活动的顺利实施，买卖双方都要研究推销客体，了解推销品的特性、用途、维修保养等各方面的知识。

三、推销的特点

推销是一项专门的艺术，是一种推销人员与消费者面对面的双向沟通活动，是促销的一种有效形式。它具有以下几个特点。

1. 特定性

推销是企业在特定的市场环境中为特定的产品寻找买主的商业活动，必须先确定谁是需要特定产品的潜在顾客，然后再有针对性地向推销对象传递信息并进行说服。因此，推销总是有特定对象的，或者说是向特定顾客进行推销。任何一位推销人员的任何一次推销活动，都具有这种特定性。

2. 灵活性

虽然推销具有特定性，但影响市场环境和推销对象需求的不确定性因素很多，环境与需求都是千变万化的。推销活动必须适应这种变化，灵活运用推销原理和技巧，恰当地调整推销策略和方法。可以说，灵活机动的战略战术是推销活动的一个重要特征。

3. 双向性

推销不仅是一个商品转移的过程，同时还是一个信息双向沟通的过程。在推销活动中，一方面，推销人员应向顾客提供有关企业及售后服务等信息，促使顾客采取购买行为；另一方面，推销人员又要通过对顾客的观察、调查和与顾客的接触、交谈，了解顾客对所在企业和推销商品的态度、意见及要求，并及时反馈给企业，为企业领导的正确经营决策提供依据。

4. 互利性

现代推销是一种互惠互利的活动，必须同时满足推销主体双方的不同要求，否则就难以达到推销的目的。在推销过程中，推销人员不仅要考虑到自己有利可图，还要考虑到购买一方有利可图，这就要求推销人员要从双方的共同利益出发进行推销，尤其要把握好顾客的购买目的和购买动机，帮助顾客解决问题，设法满足顾客的需要。只有对双方有利，才能实现买卖双方的“双赢”。

5. 说服性

推销的中心是人不是物，说服是推销的主要手段，是推销的核心。为了争取顾客的信任，让顾客接受企业的产品，采取购买行动并重复购买，推销人员必须将商品的特点和优点，耐心地向顾客做宣传、介绍，促使顾客接受推销人员所推销的观点、商品或劳务。

阅读资料

推销人员的四大素质
——菲利普·科特勒

在营销行业中，什么样的素质能使优秀的推销员脱颖而出？什么样的素质能使干练的推销员不同于那些平庸之辈？为此，盖洛普管理咨询公司对近50万名推销员进行了调查。研究表明，优秀的推销员有四个方面的主要素质：内在的动力、干练的作风、推销的能力以及与客户建立良好业务关系的能力。

1. 内在动力

“不同的人有不同的动力——自尊心、幸福、金钱，你什么都可以列举，”一位专家说，“但是所有优秀的推销员都有一个共同点：有成为杰出人士的无尽动力。”这种强烈的内在动力可以通过锤炼和磨炼形成，但却不是能教会的。动力的源泉各不相同——有的受金钱的驱使，有的渴望得到承认，有的喜欢广泛的交际。盖洛普研究揭示了四种性格类型（竞争型、成就型、自我实现型和关系型），这四种人都是优秀的推销员，但有各自不同的动力源泉。竞争型的人不仅想要成功，而且渴望战胜对手——其他公司和其他推销员的满足感。他们能站出来对一个同行说："你是本年度最佳推销员，我不是对你不恭，但我会与你一争高低的。"追求自我实现的推销员就是为了想体验一下获胜的荣耀。他们不论竞争情况如何，就想把自己的目标定得比自己能做到的要高。他们一般能成为最好的营销经理，因为他们只要能使自己的机构完成任务，而对他人的成败与否看得不重。最后一种是善于交际型的推销员，他们的长处在于他们能与客户建立和发展好业务关系。他们为人慷慨、周到，做事尽力。"这样的推销员是非常难得的"，美能达公司商务部国内培训经理说，"我们需要那种能够耐心回答顾客可能提出的第十个问题的推销员，那种愿意和客户在一起的推销员。"

没有谁是单纯的竞争型、成就型、自我实现型或关系型的推销员。多数优秀的推销员或多或少属于其中的某一种类型。"竞争型的推销员如果有一些关系意识，他可能除在照顾客户方面干得很好外，还能得到大笔业务。"盖洛普管理咨询公司主任认为，"对这样的人，谁还能苛求更多呢？"

2. 严谨的工作作风

不管他们的动机如何，如果销售人员组织不好，凝聚力不强，工作不尽力，他们就不能满足现代客户越来越多的要求。优秀的推销员能坚持制订详细周密的计划，然后坚决执行。在推销工作中没有什么神奇的方法，有的只是严密的组织和勤奋的工作。"我们最棒的推销员从不拖拖拉拉"，一家小型物资贸易公司的总裁说，"如果他们说他们将在六个月后会面，那么你可以相信六个月之后他们肯定会到客户门前的。"优秀的推销员依靠的是勤奋的工作，而不是运气或是雕虫小技。"有人说他们能碰到好运气，但那是因为他们早出晚归，有时为一项计划要工作到凌晨两点，或是在一天的工作快结束、人们都要离开办公室时还与人商谈。"

3. 完成推销的能力

如果一个推销员不能让客户订货，其他技巧都是空谈。不能成交就称不上成功的推销。因此，如何才能成为一名优秀的推销员呢？经理们和推销事务顾问们认为有一点很重要，就是要具有一种百折不挠、坚持到底的精神。他们其中有一位认为："优秀的推销员和优秀的运动员一样。他们不畏惧失败，直到最后一刻也不会放弃努力。"优秀的推销员失败率较低的原因就是他们对自己和推销的产品深信不疑。优秀的推销员非常自信，认为他们的决策是正确的。他们十分渴望做成交易——在法律和道德允许的范围内无论采用何种方法都要使交易成功。

4. 建立关系的能力

在当今的关系营销环境中，作为优秀的推销员，最重要的一点就是成为解决客户问题的能手和与客户拉关系的行家。他们能本能地理解客户的需求。如果你和营销主管谈谈，他们会向你这样描述优秀的推销员：全神贯注、有耐心、够周到、反应迅速、能听进话、十分真诚。优秀的推销员能够站在顾客的立场上用客户的眼光看问题。当今的客户寻求的是业务伙伴，而不是打高尔夫球的伙伴。“问题的根本在于，”达拉斯的一位推销顾问说，“要目的明确。优秀的推销员不是讨别人的喜欢，他们要的就是盈利。”他还补充道：“优秀的推销员总是想到大事情，客户的业务将向何处发展，他们怎样才能帮上客户的忙。”

（资料来源：董亚辉．推销技术[M]．北京：对外经济贸易大学出版社，2008.）

四、推销准则

推销准则，是基于对推销规律的认识所概括出来的推销活动的依据和规则。它是推销活动的指导思想和基本原则。推销人员掌握正确的推销准则，可使推销活动有所遵从，减少推销失误，提高推销成效。

1. 顾客导向原则

顾客导向是现代市场营销观念的客观要求。它强调以市场需求为中心，以满足顾客需要为出发点，在满足顾客对产品或劳务需要的同时，实现推销的长期目的。“顾客是企业的生命之泉”，失去顾客的企业，是无法生存下去的。美国市场营销学专家菲利普·科特勒指出“顾客需要我们帮助他们解决问题。而一位有效的销售人员就是知道顾客的难处并知道如何帮助他们解决困难的人”。因此，顾客导向意味着推销人员必须摒弃以企业为中心的传统推销观念，通过分析研究，明确顾客的需求所在，并通过推销活动来满足顾客对产品或劳务的需求。

需要是指没有得到某些基本满足时的感受状态。推销人员不仅要了解推销对象是否具备支付能力的需求，而且要了解推销对象的具体需求是什么，要熟悉自己的顾客，既了解他们共同的需要，又了解他们特殊的需要，把顾客的需要放在第一位，向其推销适当的产品或服务。

现代市场经济的发展，客观上要求推销人员树立以需求为中心的顾客导向。为此，推销人员必须做到以下几点。

（1）注重调查研究，发现顾客的真实需要。只有了解顾客的需求才有可能通过企业的营销努力，适应和满足顾客的需求，使产品推销和满足需求结合起来。

（2）注重信息的传递和反馈，成为企业与顾客沟通的纽带。一方面，将企业与产品的有关信息传递给顾客，便于购买者比较、选择，做出购买决定。另一方面，将市场信息反馈给企业，有利于调整企业的经营方向，使企业经营既能发挥自身优势，又能满足市场需求。

（3）注重产品的推销策略，促进产品销售。根据顾客的需要，在适当的时间、地点，以适当的价格、适当的方式向消费者提供他们所需要的产品，在满足顾客需要的同时，达到推销产品的目的。

（4）注重销售服务，免除顾客的后顾之忧。根据顾客的需要，向顾客提供售前、售中、售后的信息服务和技术服务，以及运输、安装、维修服务，使顾客买得高兴、用得放心。

案例2

尊重顾客意见

美国著名的福特汽车公司，每年拥有250万顾客，为了了解他们的需求，公司定期邀请一些顾客与产品设计人员和汽车推销员讨论产品及销售服务等问题，并专门设计一种软件数据系统，供各部门经理和雇员详细了解掌握顾客的意见。一次有位顾客抱怨说，乘坐福特汽车不愿在后排，因为后排空间太小，腿伸不开，很不舒服。听到这个意见后，公司立即将前排座位下部进行了调整改进，加宽了前后排之间的距离。这一举动赢得了顾客的普遍称赞，同时使福特汽车更加畅销。

2. 互惠互利原则

互惠互利原则是指在推销过程中，推销员要以交易能为双方都带来较大的利益，或者能够为双方都减少损失为出发点，不能从事伤害一方或给一方带来损失的推销活动。要知道，顾客都关心自己的利益。顾客之所以进行购买，就在于交易后得到的利益大于或等于他所付出的代价。因此，推销人员在推销活动中要设法满足自己和顾客双方所追逐的目标，实现“双赢”是培养长久客户之计，是顾客不断购买的基础和条件，也是取得顾客口碑传颂效果的基础和条件。要成为受欢迎、被期待的推销人员，就必须设法为客户提供利益，也就是设法使顾客从购买中得到其预期的好处。

推销人员在把握互惠互利原则时，切不可将其理解为对顾客的让利或赠奖利诱。实际上，与顾客有对产品功能的需要和对产品使用价值之外的多种需要相适应，顾客追求的利益也是多方面的。推销人员在努力实现互惠互利原则时，必须善于认识顾客的核心利益，并与顾客加强沟通。

正确运用互惠互利原则开展推销活动，就必须在推销之前分析交易活动的结果能给顾客带来的利益。顾客追求的利益，既有物质的，也有精神的，不同的顾客对同一商品会产生不同标准的价值判断，需求强烈的商品，价值判断较高；反之则较低。商品不同，带给顾客的利益就会有差异。不同的顾客对商品价值的评判会有高低，要在准确判断推销品给顾客带来的利益的基础上找到双方利益的均衡点，开展“双赢”推销活动。在进入利益判断时，一个优秀的推销人员，不仅要看到当前的推销利益，而且要看到长远的推销利益；不仅要看到直接的推销利益，还要看到间接的推销利益。推销人员要多因素综合评价利益均衡点，不能以某一次交易的成功与否来判断推销的利益，要坚持用能给顾客带来的利益引导顾客成交。充分展示商品或服务能给顾客带来的利益，是引导顾客购买的重要途径。这种展示越充分、越具体，顾客购买的可能性就越大。

案例3

范蠡贩马

范蠡看到吴越一带需要好马。他知道，在齐国收购马匹不难，马匹在吴越卖掉也不难，而且肯定能赚大钱。问题是把马匹由齐国运到吴越却很难：千里迢迢，人马住宿费用且不说，最大的问题是当时正值兵荒马乱，沿途强盗很多。怎么办？他通过市场了解到齐国有一个很有势力、经常贩运麻布到吴越的巨商姜子盾。而姜子盾因常贩运麻布早已用金银买通了沿途强人。于是，范蠡把主意打在了姜子盾的身上。这天，范蠡写了一张榜文，张贴在城门口。其意是：范蠡新组建了马队，开业酬宾，可免费帮人向吴越运送货物。

不出所料，姜子盾主动找到范蠡，求运麻布。范蠡满口答应。就这样，范蠡与姜子盾一路同行，货物连同马匹都安全到达吴越。马匹在吴越很快卖出，范蠡因此赚了一大笔钱。

3. 诚信为本原则

诚信的基本含义为诚实，不疑不欺，在人际交往中言而有信、言行一致、表里如一，在推销过程中不提供伪劣产品，不从事欺骗性活动，不传播虚假信息。

诚信推销作为推销准则，对推销人员提出了以下具体要求。

（1）信守承诺。

信守承诺就是遵守自己的诺言，所谓“一诺千金”，此乃取信于人的核心。推销过程中，常见的承诺误区主要表现为：盲目承诺、含糊承诺、不负责任的承诺等。承诺不仅有明确的承诺，如合同、协议、函电、行为表示，而且有隐含的承诺，如质量承诺、退换承诺，这些都是信誉问题。诚信不仅要信守书面的、口头的承诺，而且要信守隐含的承诺。例如，作为国际惯例的产品召回制度，就是信守隐含承诺的典型表现。信守承诺必须体现“敢作敢为”的精神，在由于某种原因不能履行承诺的情况下，承诺者必须按有关法律、法规规定，及时通知对方或做出解释，并在必要时主动赔偿损失，承担责任，直至接受惩罚。

（2）信任对方。

只有信任对方，才能得到对方的信任。推销员在推销过程中的谨慎、小心是必要的，所谓“防人之心不可无”。但是，建立在充分掌握信息基础上的推销，人为设置障碍是不可取的。猜疑、过多犹豫、不信任对方本身就是诚信缺失的表现，而不择手段地耍奸弄巧更是有失道德水准，结果往往是弄巧成拙。因此，推销人员必须具备大将风范，以己之信任换取对方的首肯，实现诚信推销。

（3）以诚相待。

诚信与保守商业秘密并不矛盾，诚实的意义在于不欺诈。中国商业倡导的“生意不成仁义在”，正是以诚相待的写照。对于推销人员来说，抱定推销的诚意，尊重顾客，学会赞美，善于换位思考，从顾客的立场、角度出发来考虑问题，报价合理，讨价适当，热心当好顾客的参谋等，都是富有诚意的表现。以诚相待不仅有利于优化交易气氛，消除隔阂，而且可以得到顾客的回报。实际上，推销的成功，有许多正是由于推销员的以诚相待，让顾客获得心理满足，从而对推销员抱有感激之情而回报以重复购买、推荐与介绍新的顾客等行动，而这正是我们所需要的。

案例4

刘政是个售楼高手，谈到售楼的“秘籍”，他说：“售楼首先要推销自己，要让客户先信任你，才能信任你推荐的房子。我总是把客户当作自己的朋友，将房子的优势和不足都讲给客户，并根据客户的需求帮她选房，而不是像有的售楼人员将楼盘吹得天花乱坠，给人以不实在的感觉。”

（资料来源：李红梅．现代推销实务[M]．北京：电子工业出版社，2006.）

4．说服诱导原则

说服诱导意指推销员以语言和行为将自己的意见通过各种方式传递给顾客，主动引导推销过程朝推销员所预期的效果发展。

几乎所有的推销专家都认为，推销是一种十分讲究技巧与方法的活动，推销的技巧和方法又具体体现在推销员说服与劝导的能力上，通过有效的劝导，使顾客愿意接受推销员的拜访，愿意倾听推销员的推销陈述，使顾客充分地了解推销员希望他了解的东西，使推销的进程能按推销员的意愿推进；经由有效说服，方能有效地消除顾客异议，建立顾客对推销员及其推销品的信心。说服与诱导是现代推销的基本手段。在现代市场经济条件下，推销员与顾客是平等的两个交易主体，推销员既不能强迫顾客购买推销品，也不能靠乞求获得订单，更不应使用欺骗的手段取得推销成果。

阅读资料 2

推销员打动顾客感情的有效方法是对产品的特点和利益进行形象描述。就像一句推销名言所说："如果你想勾起对方吃牛排的欲望，将牛排放到他的面前固然有效，但最令人无法抗拒的是煎牛排的'滋滋'声，他会想到牛排正躺在铁板上，嗞嗞作响，浑身冒油，香味四溢，就不由得咽下口水"，"滋滋"的响声使人们产生了联想，刺激了需求欲望。

推销员对商品的介绍，如果仅局限于产品的各种物理性能，是难以使顾客动心的。要使顾客产生购买的念头，推销员要在介绍产品有关信息的基础上，勾画出一副梦幻般的图景，以增强吸引力。一位吸尘器推销员对顾客说："请好好想一想，使用吸尘器，你可以从繁杂的家务劳动中解脱出来，这样，你就可以有更多的时间和精力关心你孩子的学习和进步，辅导他的作业，带他外出散步，和家人一同享受生活的乐趣。"而一位推销天蓝色瓷片的推销员用一句话打动了顾客："在卫生间里铺上这种天蓝色瓷片，你洗澡时就有一种置身大海的感觉。"

（资料来源：董亚辉. 推销技术[M]. 北京：对外经济贸易大学出版社，2008.）

五、推销工作的特性

推销是一种富含机遇与挑战的工作，是一个需要毅力、热情和进取精神的工作，和其他工作比较起来，它具有如下特性。

1. 人文性

推销是一个与人打交道的工作，讲究人际交往的亲和力和说服力，需要培养良好的表达能力和社交能力。

2. 技术性

推销需了解掌握产品、企业、生产、技术、市场、人际交往及与业务相关的理论知识和现场实际知识，培养推销技能。

3. 回报性

推销是一种获得高报酬的可能性比较大的职业，推销员投入的是热情、精力和时间，报酬与业绩成正比，可能得到的经济收入比较高。

4. 发展性

推销有比较好的个人发展空间，因为以销售额为主的推销业绩评价起来明确具体，推销员的工作成绩容易被肯定，人才被发现与晋升的机会比较多。另外，销售工作中经历的磨炼和锻炼是人生受用不尽的宝贵财富。

六、推销与市场营销的关系

有人认为市场营销就是推销，把推销与市场营销混为一谈；也有人认为市场营销与推销是完全不同的，是各自独立的活动，这些看法都是不正确的。其实，市场营销与推销有着密切的关系，它们既有区别又有联系。

1. 市场营销与推销的区别

现代企业的市场营销活动，包括市场营销调研、选定目标市场、产品开发、定价、分销、促销以及售后服务等。市场营销是一个含义比推销更广的概念，推销仅是市场营销活动的一部分。菲利普·科特勒指出，推销不是市场营销的最重要部分，推销只是“市场营销冰山”的尖端。推销是企业的市场营销人员的职能之一，但不是其最重要的职能。这是因为，如果企业的市场营销人员搞好市场营销研究，了解到购买者的需要，按照购买者的需要来设计和生产适销对路的产品，同时合理定价，搞好分销、促销等市场营销工作，那么，这些产品就能轻而易举地推销出去。正因为如此，彼得·杜鲁克说，市场营销的目的在于使推销成为多余的。

早期的市场营销与推销几乎是同义语。例如，二战前的英文词典曾将“Marketing”释义为“推销”或“销售”，以致迄今国内外仍存在营销即推销的误解。实际上，市场营销与推销存在原则上的区别。市场营销重视买方的需要，认真考虑如何更好地满足消费需求，根据顾客的需要设计产品，讲求产品质量，增加花色品种；根据顾客的需要定价，使顾客愿意接受；根据顾客的需要确定分销渠道，处处方便顾客；根据顾客的需要进行促销，及时传播受消费者欢迎的市场信息。而传统的推销还没有把促销当做市场营销的一个组成部分，重视的是卖方的需要，以销售现有的产品、实现企业赢利为主要目标。可见，市场营销的出发点是市场（需求），传统推销的出发点是企业（产品）；市场营销以满足消费者的需要为中心，传统推销以销售企业现有的产品为中心；市场营销采用的是整体营销手段，传统推销侧重于推销技巧。

现代推销观念视推销为营销组合的组成部分，是动态的、系统的营销活动过程的一个环节，但也是市场营销不可缺少的重要机能。

2. 推销是市场营销的重要机能

不论人们对推销的地位、作用如何评说，销售毕竟是市场营销不可缺少的重要机能。日本著名企业家松下幸之助曾说过：“营销是为了卖得更好。”推销的重要性首先是由于销售是社会再生产的中心环节，只有通过销售才能实现产品到商品的转化，解决社会总产品的实现问题，使社会再生产和扩大再生产顺利进行。其次，由于生产与消费存在时间与空间的差异，并且由于消费需求千门万类、日新月异，生产者难以做到完全适应需求的变化，在质与量上使生产与消费完全一致。最后，生产者与消费者之间的信息沟通，既不充分也不及时，使得同一商品往往是脱销与积压并存，此处积压、彼处脱销。

以上各点说明，当生产的规模不大、产量不多甚至供不应求、流通范围很小时，生产者可以按一时一地的市场需要去组织生产，只要产品质量、性能符合当地市场的需要，价格合理，是可以“酒香不怕巷子深”，用不着花多大力气去推销的。然而，大生产必将形成大市场，每一种商品都必定要投入市场，而真正形成大市场的只有大量生产的消费品或者是作为工业原料的产品。在生产社会化高度发展的市场经济条件下，生产者力求通过大批量生产去降低成本，赢得竞争优势，流通就必须面向全国乃至于世界市场，要求产品能销售到一切对它存在有效需求的地域，这无疑需要把推销作为营销组合的重要一环。只有成功的推销，才能真正做到在适当的时间、适当的地点，以买主乐意接受的价格和方式，把适合需要的产品送到顾客手中。这种成功的推销，既可以是把已生产出来的产品尽快销售出去，也可以尽量争取企业经过努力能够保证供给的订单。在需求相对稳定的情况下，按订单生产无疑最有利于消除生产与消费之间的种种矛盾，也最有利于提高营销各环节的效率和经济效益。但在更多的情况下，生产者并不能完全按订单生产，很多产品生产出来后有待推销，或是中间商按需求预测去订货，货到后也需要推销。

第二节　现代推销的类型与作用

一、现代推销的类型

在买方市场形势下的推销活动，可以划分为不同的类型。一是生产企业的推销活动，其目的在于加快产品从生产领域向流通领域的转移，加快企业产品资金转化为货币资金；二是批发企业的推销活动，这是一种中间环节的推销活动，其目的在于加快和扩大商品从中间流通环节转移到零售环节；三是零售企业的推销活动，其目的在于加快商品从最终流通环节向消费领域的转移，最终实现商品的价值。上述种种推销活动，由于推销活动对象不同，经营商品的种类结构不同，所以推销活动的规律和特点也不尽相同。

（一）按照推销商品的形态划分

按照商品的形态划分，推销可分为有形商品推销、服务推销和观念推销。有形商品推销是指针对一切有形商品而进行的推销活动，它在所有推销活动中占据主要地位，从人们的衣食住行到企业的生产经营都与商品推销活动分不开；服务推销是指服务领域的推销活动，如交通、旅游、教育、宾馆、饭店服务等；观念推销是指为了说服某人接受自己的观念、思想、创意等进行的推销，比如，公司为了获得风险投资，就得说明该项目的前景、风险、收益及退出机制等。

（二）按照推销的区域、范围划分

按照区域、范围划分，推销可分为国内市场上的商品推销活动和国际市场上的商品推销活动。国内市场上的商品推销，又可分为近地市场的商品推销与远地市场的商品推销，两者在推销方式、推销特点等方面也有区别。至于国际市场上的商品推销，则比国内市场上的商品推销活动的内容更为复杂，因为涉及两国间的经济贸易关系状态的约束以及国际商品市场竞争态势的变化，对商品推销活动的要求也就更高一些。

（三）按照推销人员参加推销的方式划分

按照推销活动有无推销人员的参加，将推销分为人员推销和非人员推销。本书讲的推销除非特指，一般是指人员推销。人员推销主要依靠推销人员发挥主观能动作用，运用各种说服技巧来达到促进销售的目的；非人员推销包括广告宣传、公共关系等手段帮助推销，以求得广大消费者能够全面认识和正确了解企业的产品或劳务信息，使消费者实施其购买行为，这也是随处可见的推销形式。随着市场经济的繁荣发展与竞争的日益加剧，卖方市场正逐步转向买方市场，人员推销与非人员推销的手段正在不断翻新，方式方法也不断增多。

（四）按照推销的时间划分

从商品推销的时间上看，可分为临时性的商品推销活动和经常性的商品推销活动。临时性的商品推销活动是指开展推销活动的时间是短暂和临时安排的，一般有时间限定，如针对某个节日进行推销，或在某个交流会、展销会期间，开展商品推销活动；经常性的或长期性的商品推销活动，推销活动延续的时间较长。

（五）按照推销活动的内容划分

从商品推销活动的内容划分，可分为综合性的商品推销活动与单项性的商品推销活动。

综合性的商品推销活动，是通过采取一系列推销手段，即把各种推销手段有机地组合起来，达到推销目的。而单项性的商品推销活动，则是只采取某项推销手段，达到推销目的。

二、推销的作用

在市场经济、科学技术高度发展的今天，企业都纷纷走上了“杠铃型”的发展道路，即：市场营销和售后服务两头大，这两块集中了企业的主要精力，而生产过程变成狭长的同质化中间过程。推销是市场营销的重要组成部分，是市场营销这座冰山的最顶端，因此推销在企业的生产经营管理中变得尤为重要，无论对社会、企业、顾客，还是对于推销人员自身都具有十分重要的意义。

（一）对社会的作用

1. 推销是社会经济发展的一个重要推动力

社会再生产过程分为生产、分配、流通与消费 4 个环节。其中生产是基础与起点，消费是终点与目的，流通是连接生产和消费的纽带。借助推销的努力，产品大大增加了实现流通的可能性。通过流通，产品才能实现价值与使用价值的统一，社会再生产才能实现并不断进行。包括推销在内的流通环节，是实现社会再生产良性循环过程中不可缺少的一环。

2. 推销促进了社会的进步

先进的技术和产品不会自动为市场所接受，正是通过推销工作，现代文明被推广到了社会的各个角落，从而提高了人民的素质，加快了社会前进的步伐。

3. 推销有利于社会的繁荣

在市场经济条件下，供求矛盾是影响经济发展的主要矛盾，是影响市场繁荣的主要因素，它影响和制约了市场经济条件下其他矛盾的发展和变化。而推销则协调了供给与需求双方，使供求矛盾不断趋于平衡。通过推销人员的大量推销活动，把产品推销给目标市场，使顾客在需要的时间、地点，以适合的方式与代价获得产品；并把社会需求信息及时反馈给生产企业，从而引导企业合理生产，使资源得到合理的配置与使用。推销满足了人们的需要，实现了产品的价值，创造了就业机会，促进了社会的繁荣与经济的发展。

4. 推销引导社会消费

千千万万名推销人员在他们的推销工作中，把他们认为可以满足消费者需求的产品介绍给消费者。同时，推销人员也向他们介绍了有关知识、价值观念以及购买的标准等。顾客接受了推销的产品也就接受了推销人员的价值观念与标准。所以，推销人员在实际推销活动中，起到了引导购买、引导消费、影响购买、影响消费的作用；起到了传递购买标准与教育消费者的作用。

（二）对企业的作用

1. 推销可以改善企业的经营管理，提高企业的竞争能力和经济效益

通过推销，可以及时了解消费者和用户对产品的意见、要求，了解市场状况及竞争对手的状况，促使企业改善经营管理，提高产品质量，加强售后服务，从而提高其竞争能力；通过推销，可以激发顾客的购买欲望，促使其采取购买行为，从而加快企业产品价值的实现，保证企业再生产的顺利进行，并且加速了资金的周转，提高了企业的资金利用率，从而提高了整个企业的经济效益。

2. 推销是企业生产劳动价值的主要手段

在商品经济条件下，任何人的劳动成果都是在市场交换中以价格的形式得到表现与实现的。企业的生产过程是一个投入与耗费的过程，也是一个物质的转换过程。在转换过程中，企业使原来的投入与耗费转换为新的价值，使企业的劳动价值获得物质形态的承认与实现。但是，只有通过推销才可以使企业的生产与经营活动价值得到货币形式的承认和实现，企业才可以获得经营收入。没有推销或推销失败，企业就无法实现销售收入，产品就无法实现使用价值与货币的交换，企业的投入与耗费就无法补偿，企业生产的价值就等于零，或者说是负数。在完全的市场经济条件下，销售与推销是企业实现生产价值的主要形式。

（三）对社会公众的作用

1. 有利于指导消费

有效的推销可以指导消费，满足消费大众的需要，是实现社会主义生产目的的重要手段，推销还为社会公众提供了就业机会。

2. 有利于实现社会主义生产和流通的目的

社会主义生产和流通的根本目的，在于最大限度地满足人民日益增长的物质和文化需要，推销员在推销过程中，根据顾客的需求、习惯、爱好及购买能力，详尽介绍产品特点，帮助顾客认识产品、解决疑难问题，及时将各种适合需要的产品转移到顾客手中，保证了社会主义生产目的的实现。

3. 有利于为社会提供就业机会

推销也为社会公众提供了就业机会。美国的一项统计表明，一名推销员维系着 19 名其

他工人的就业。随着经济的不断发展，企业将需要更多合格的推销人员，越来越多的人也将会进入到推销行业。

（四）对推销员自身的作用

（1）推销是发挥个人潜力的最好职业之一。推销员常常面对着新人、新事、新问题，而推销员又大多是单独行动，经常独自一人去解决一些处于变化之中的以及未知的难题。所以，推销工作是极具挑战性的工作，因而也是发挥个人聪明才智的最好职业之一。

（2）推销工作是磨炼人的意志与情操的最好方式之一。对推销员来说，被拒绝、失败是经常性的事，甚至有人说，推销业绩与推销员失败的次数成正比。同时推销又是以满足顾客的需求为核心，讲究为顾客着想，这就要求推销员必须具有全心全意为顾客服务的工作态度。因此，推销工作最能不断磨炼推销员的意志和情操。

（3）推销工作是走向事业成功的最好途径之一。推销员在推销过程中了解市场、了解市场规律、了解商品交换过程中的众生百态与人情世故、了解社会文化，所以，推销生涯为许多人奠定了在市场经济条件下实现自身价值的基础。同时，对推销员来说，推销业绩就是能力的最好体现，其发展所受的限制较小，而发展的空间较大。无论在美国，还是在中国，大量的成功企业家都出身于推销员，推销的经历为他们以后的成功积累了巨大的无形资产，打下了坚实的能力基础。

第三节　推销的一般过程

推销是颇具创造性的工作，任何条件下都有效的推销方法是不存在的。但在推销过程中却包含着一定的程序。

现代推销过程可以分解为以下几个步骤：寻找客户→推销接近→推销洽谈→处理异议→推销成交→售后服务→信息反馈。

一、寻找客户

寻找潜在顾客是推销工作的第一步，它是指寻找有可能成为潜在购买者的顾客。这里所说的潜在顾客是既具备一定购买能力，又具有购买决策权，并且还应当具有购买动机和欲望的人。同时具备上述三个条件才能称为潜在顾客。推销人员从事推销，首当其冲应该明确向谁推销。

推销员应建立作为开发与进攻目标的潜在顾客的名单及档案，并加以分类，要收集有关客户尽可能详尽的信息。客户名单应包括以下部分：第一，必须不断地寻找新的潜在顾客，防止推销活动停滞不前。如果只满足于原有的数量可观、关系良好的客户，忽视新客户的开发，必然会把新市场拱手让给竞争者。第二，对于因各种原因未继续购买的老客户，他们有的已成为竞争者的客户，但其中也有等待推销员再次造访的老主顾。推销员应鼓起勇气再次拜访他们，弄清他们停购本企业产品的原因，力求有可能比竞争对手更好地满足他们的需要。现有客户永远是推销的重要目标，现有客户是扩大市场占有率的基础和起点，也是推出新产品、新创意或推广新用途的首选目标。推销人员在努力开发新客户的同时，必须对老客户给予必要的关注，因为同老客户打交道毕竟比同一个陌生的顾客打交道要容易得多。

在建立客户档案的基础上，访问前还必须在所有潜在客户中寻找最有可能购买的顾客。选择顾客主要是找出具有支付能力和特定需求，并影响购买决策的人选。筛选过程如表 1-1 所示。

表 1-1 目标顾客筛选模型

程　序	标　准	问　题
初选：全部顾客	顾客的购买力	哪些顾客值得进一步分析
二选：一般顾客	市场需求	哪些顾客对推销品有特定需求
三选：种子顾客	购买决定	哪些顾客有购买的决策权
四选：重点顾客	适合购买	哪些顾客适合购买特定产品

二、推销接近

推销接近是为直接推销活动做好准备的一个过程，包括接近准备、约见客户和接近客户三个步骤。接近准备要求必须能够事先了解自己的顾客，了解和熟悉所推销的产品，了解竞争对手及其产品。约见客户是推销人员征求客户同意接见洽谈的过程，当推销人员做好必要的准备工作和安排后，即可约见客户。推销人员可以通过电话、信函或见面接触等方式与顾客进行约见。

约见是接近客户的开始，约见能否成功是推销成功的一个先决条件。并非每一个客户都是那么容易让你轻易拜访的。现在很多公司的办公室门口贴有“谢绝推销”、“闲人免进”等字条，因此，拜访客户前最好先预约。征得客户同意约见后，即到了接近客户这一关，应利用好首次与顾客见面的最重要的 30 秒，吸引顾客的注意力和兴趣，为以后的活动打下良好基础。

三、推销洽谈

推销洽谈是整个推销过程进入实质性阶段的标志，也是关系到整个推销活动成败的关键环节。这是推销人员运用各种方式、方法、手段与策略去弄清顾客需求所在，并说服顾客购买的过程，也是推销人员向顾客传递信息并进行双向沟通的过程。

在推销洽谈过程中，推销人员要充分调动情感、智力因素，发挥能动性与创造性，善于运用各种推销技巧，对顾客的各种问题给予满意的答复。

四、处理异议

在推销活动中，顾客对推销人员所做的各种推销努力和传递的各种推销信息，会有不同的反应，或是积极响应、同意购买，或是迟疑观望、提出异议。顾客异议是推销活动中必然出现的现象。美国一位著名的科学家说过：“全世界的失败，有 25%只要继续下去就可以成功，成功的最大阻碍是放弃。”推销工作也是如此。从某种角度来说，推销员的成功都是从遭受拒绝开始的，遭受拒绝是成功推销之母。所以，推销员应该认识到：客户提出异议是很正常的，要把客户的异议看成是推销的真正开始，要针对客户异议的类型，事先准备好标准应答语，并在实际中灵活运用。

五、推销成交

推销成交是顾客接受推销人员及其推销演示并立即购买推销品的过程。成交是整个推销活动的高潮。此时，推销员应有两种思想准备，即顺利成交和成交失败。所以，要善于捕捉成交信号，及时成交，随时成交。推销员要克服自身心理障碍，掌握自然成交的策略，不要逼迫客户购买，要保留一定的成交余地，适时诱导客户主动成交，让客户觉得成交是他们自己的主意。

六、售后服务

达成交易并不意味着推销过程的结束，售后服务同样是推销工作的一项重要内容。成交以至收款、交货后，售货方能否兑现其承诺，使顾客满意，就比较好地反映了厂商的信誉。例如，履行包安装调试、包退换、包维修、包培训的服务承诺，搞好索赔处理，以及定期或不定期地访问客户，实行跟踪服务等，都是关系买方利益和卖方信誉的售后服务工作。

七、信息反馈

推销人员每完成一项推销任务，不仅要搞好售后服务，进行推销工作检查与总结，还必须继续保持与客户的联系，加强信息的收集与反馈。及时反馈推销信息，既有利于企业修订和完善营销决策，改进产品和服务，也有利于更好地满足顾客需求，争取更多的“回头客”。

案例5

两 个 报 童

有一个报童在一个小镇上卖报纸，他很努力，生意还不错。但有一天，又来了一个报童，于是两人成了竞争对手。第一个报童更加努力地去卖报，但收入却少了许多，而新来的那个报童卖的报纸越来越多。

原来，新来的那个报童非常聪明，他不仅沿街叫卖，还更多地跑茶馆、酒店，去了之后就将报纸先给读者，等所有地方都跑完了，他再回去收钱。时间长了，大家都习惯了这种方式。这样一来，他占有了最佳卖报时间，等第一个报童来叫卖的时候，大家手上已早有了报纸。

所以，第一个报童卖的报纸越来越少，一个月以后就坚持不下去了，市场因此也完全被第二个报童占领了。

（资料来源：陈新武．推销实训教程[M]．武汉：华中科技大学出版社，2006.）

第四节　推销学的演变过程与研究对象

一、推销学的演变过程

（一）推销学溯源

从历史的角度来考察，推销活动先于市场出现，而市场的产生和发展又促进了推销的发展。在我国古代文献《易经》有记载："神农氏作……日中为市，致天下之民，聚天下之货；交易而退，各得其所"。在尧舜时期，有了"北用禺氏之玉，南贵江汉之珠"的现象。据说舜本人就曾经做买卖往返于顿丘、贾夏之间，进行频繁的推销活动。

到了商代，商业活动与商人阶层作为社会大分工的产物而正式出现。春秋战国时代的大商人，像范蠡、子贡、白圭等人就是具有代表性的人物。范蠡是春秋后期楚国人，曾是越王勾践的谋臣，他辅助勾践消灭吴国后，更名易姓，弃官经商，世称"陶朱公"，因为他出色的贸易技巧与推销本领，积财数十万。子贡是孔子的弟子，复姓端木，名赐。子贡经商很有一套，他奔走于曹、鲁之间，"与时转货资"，很会掌握推销时机与购销动向，成为孔子七十二门徒中最富有的一个。由于范蠡、子贡高超的经商技巧与推销技术，所以后人把经营买卖和产品推销活动称作“陶朱事业，端木生涯”。白圭，是战国时代以经营农副产品贸易为主的大商人。白圭十分讲究贸易致富理论，对商品需求变化的内在规律已有初步认识，提出了“人弃我取，人取我与”的经营策略。白圭还十分讲究推销决策与推销艺术，提出经商推销要勇于决断，而且还要工于心计，并提出“智、勇、仁、强”四字诀。他的这套理论给予后人有益的启示，使人们认识到要从事推销活动，必须研究和掌握推销活动的内在规律，才能保证在竞争中立于不败之地。

翻开世界历史，处处都可看到各国劳动人民经商贸易的记载。无论是古希腊、罗马时代频繁往来于地中海沿岸的一艘艘商船，还是古埃及、印度穿梭跋涉于林莽大漠和崇山峻岭中的马帮驼队，都在史书上留下了古代经济中推销活动的足迹。

（二）推销学的发展

1. 古老的推销技术（19世纪中叶以前）

商品推销和商品生产是一对孪生兄弟，自有商品生产和商品交换时起，商品推销就产生了，并形成了古老的推销技术。在这个时期，自给自足的自然经济占主导地位，商品经济还不发达。由于社会制度的原因而形成的势力割据，使市场小而分散，加上交通不便，市场规模呈现相对稳定的形态。从事推销活动的人主要是个体生产者和商人，推销技术主要以个人推销技术为主。传统推销技术就是在这个时期发展起来的，它具有以下特点。

第一，推销成功与否带有很大的偶然性。其原因主要是因为所推销的商品是已经生产出来的，它们不一定为消费者所需要。而且推销成功主要依赖个人的作用，它包括个人的素质、技术水平、私人关系及社会联系等。

第二，推销活动带有短期性。以集市、庙会为主，店铺为辅的非连续性的销售方式，推销活动的重点总是放在“这一次”如何把商品卖出去，推销者并不关心“下一次”的推销活动。

第三，推销活动具有欺诈性。偶然性与短期行为的特点必然造成推销活动带有欺诈性。

第四，在推销方式、方法上，已出现现代推销中的一些原始雏型，一些说服消费者购买的方式、方法已出现。

即使在今天，我们仍能在一些集市、庙会上看到这种古老的推销技术及它们表现出来的基本特点。

2. 生产型推销（19世纪中期到20世纪20年代）

在这半个多世纪的进程中，商品生产有了长足的发展，商品经济已基本取代了自给自足的自然经济。推销主体也由个人转变为企业。在商品经济条件下，如果企业不能把商品卖出去，商品的价值就不能得以实现，企业就不可能得到利润，甚至会破产。因此，它要求推销摆脱偶然性，推销技术也就有了其生存、发展的土壤。但是，随着封建市场割据被逐步消灭，发达国家对不发达国家的殖民占领，使市场的空间范围不断扩大，消费需求迅速增长，由于生产的发展赶不上需求的发展，因此，使市场处于供不应求的状况。在这种形势下，企业生产的产品都可以卖出去，企业的注意力主要集中在降低成本、充分利用现有的设备、技术、原材料来生产出更多的产品上，“以产定销”的经营思想决定了企业以生产为中心，并不重视推销活动。

这个时期，推销在方式和手段上都有所发展，广告已应用在销售现场和营业推广中。但从总体上说，以生产为中心、以产定销的格局，仍使推销具有短期行为的特点，推销技术的发展也比较缓慢。

3. 销售型推销（20 世纪 20 年代到 50 年代）

20 世纪 30 年代资本主义国家发生频繁的经济危机，资本主义基本矛盾日益尖锐。随着资本主义国家对世界的分割完毕，客观上要求企业必须重视商品的推销，因为商品价值能否实现已直接威胁到企业的生存与发展。这个时期推销具有以下特点。

第一，许多企业内部开始设立销售部门，销售作为一种职能从企业经营中分离出来，它推动了推销技术的迅速发展。

第二，逐步把“坐等顾客上门”的消极被动方式转变为“走出去，说服顾客”的积极推销方式。在生产中，也开始注意产品的差异性。

第三，传统推销的短期性和在成功率上的偶然性已不能适应企业发展的需要。在这个时期，推销的一些基本手段已形成并逐步完善。企业推销技术和推销观念已开始面临一场新的革命性的转变。

4. 现代推销（市场型推销）（20 世纪 50 年代至今）

第二次世界大战后，科学技术迅猛发展，物质财富有了较大的增长，形成了以消费者为主导的买方市场。顾客的消费需求呈现多样化、复杂化的趋势。资本主义商品和资本的相对过剩在市场上表现日益明显，企业间的竞争日益激烈。在这种形势下，新的推销方式的产生便成了自然而然的事情，它从根本上改变了传统推销的概念，并日益科学化。1958 年，欧洲著名推销专家戈德曼《推销技巧》的问世，宣告了现代推销学的产生。现代推销主要有以下特点。

第一，以消费者的需求为中心，即消费者需要什么就生产什么，企业以销定产，以需定产，这就彻底地改变了传统销售中成功的偶然性。

第二，现代推销具有全局性和系统性的特点。全局性主要表现在以销售指导生产和采购，企业中的销售部门发展为占有主导地位的综合性市场部门，企业的一切经济活动围绕市场来进行。系统性主要表现在推销已不再单纯是销售部门的事情，而是企业经营管理水平的整体体现，是企业各经营环节配合是否紧密的综合反映。

第三，现代推销使销售成功具有长期性和稳定性的特点。企业要生存和发展，要使生产持续地进行，必须使推销的成功长期而稳定，决不能像传统推销那样靠一次性交易去牟取暴利，靠欺诈手段进行“一锤子买卖”。

第四，现代推销改变了企业的经营策略与目标。在策略上，更注意开拓市场，开发新产品和提高市场占有率，注意制定科学化的产品、价格、销售渠道、经营方式和促销手段等方面的策略。在经营目标上，从过去只注重利润目标转变为“创造顾客”的企业目标，即在实现一定利润水平目标的前提下，争取更多的顾客，使企业长期、稳定的发展有了保障。

第五，现代推销要求企业注意广泛利用现代科学技术，它包括新的通讯手段、信息处理手段、信贷手段、结算手段和科学的决策等。这也是企业提高竞争能力，使成功的推销具有长期性和稳定性的条件。

第六，企业从消极的、被动的推销彻底转向了“进攻”性推销。企业不仅从坐等顾客上门发展为积极开拓市场，而且更注意引导顾客，更注意参与社会生活的设计，更注意在经营中获得主动权。

阅读资料 3

21 世纪的市场经营的“通行证”——客户关系管理

如何在瞬息万变的市场中留住老客户、争取新客户，如何在经济全球化和服务一体化的竞争中制胜，人们越来越强烈地感觉到客户资源是21世纪市场竞争的至关重要的资源。这是由于市场激烈竞争的结果使得许多商品的品质区别越来越小，产品的同质化倾向越来越强，某些产品如电视机、影碟机等，从外观到质量已很难找出差异，更难分出高低。这种商品同质化的结果使得品质不再是顾客消费选择的主要标准，越来越多的顾客更加看重的是商家能为其提供何种服务以及服务的质量和及时的程度。为此，客户关系管理系统CRM（Customer Relationship Management）为了满足这种市场竞争的新需求应运而生，成为21世纪企业竞争获利的“通行证”。

客户关系管理系统是一种解决方案，同时也是一套人—机交互系统，它能帮助企业更好地吸引客户和留住客户，特别是在与客户交流频繁、客户支持要求高的行业。如银行、保险、房地产、电信、家电、民航、证券、医疗保健等行业，采用了CRM后都会在效率和效益方面获得显著的回报。一个企业级的CRM系统通常包括市场管理、销售管理、客户服务和技术支持 4 个部分。

第一，市场管理具有市场分析、市场预测和市场活动管理功能。市场分析可通过各种统计分析，如人口统计、地理区域、收入水平、以往的购买行为等信息来识别和确定潜在的客户与市场群落，更科学地制定产品和市场策略；预测功能既可为新产品的研制和如何投放市场等决策提供有力的依据，又可为制定销售目标和计划提供参考，还能把相关的信息自动传递到各有关部门，实现协调运转，加强监控的目标；市场活动管理则能为市场人员提供制定预算、计划、执行的工具，在执行过程中实施监控和反馈，以不断完善其市场计划，同时，还可对企业投放的广告、举行的会议展览、促销等活动进行事后跟踪、分析和总结。

第二，销售管理能帮助销售部门跟踪众多复杂的销售路线，用自动化的处理过程代替手工操作，既缩短了销售周期，又减少了错误和重复性的工作。通过一个“配置引擎”和一个可共享的“市场推销百科全书”，销售人员可及时获取产品和市场竞争的信息并保存他们的重要业务数据，企业也不会由于某位销售人员的离去而丢失重要的信息。销售管理还提供了各种销售工具，如电话销售、移动销售、远程销售、电子商务等，通过它们，销售人员无论何时何地都可及时地获得有关产品、定价、配置和交货的信息。

第三，是客户范围服务。①有由计算机电话集成技术支持的呼叫中心，它是一个由通信网络和计算机网络多种集成功能构建的综合服务系统，能为客户提供每周7x 24小时不间断的服务和多种方式（语音、IP电话、E-mail、传真、文字、视频信息等）的交流，将客户的各种信息存入业务数据仓库以便共享。②现场服务的安排与派遣，可根据现场工程师的可用性和技术情况来安排服务的内容和时间。③远程服务解决方案，它可为远程顾客提供完整的服务和支持，无论是契约中的承诺还是顾客其他新的需求都可包括在内。

第四，是技术支持。①客户配置化部分。它可为特定的客户进行个性化服务，为其所需的产品进行配制化和客户化。②客户使用情况跟踪。技术人员会对顾客的使用情况进行跟踪并为其提供预警服务和其他有益的建议，使顾客能安全、可靠地使用产品。③信息检查，用来检查客户是否具有支付服务费用的能力。④协议服务。它对所有的契约承诺，如服务合同、服务水平协议和担保关联等，在记录呼叫时会自动执行授权检查，如果发现某一项目遗漏时，会自动执行调整。

（资料来源：王红．推销技巧[M]．武汉：武汉大学出版社，2004.）

二、现代推销学的研究对象

现代推销学所研究的是企业以市场为中心，从消费者需求出发所开展的现代推销活动的整体过程及其规律。这个表述强调了以下两点。

（1）现代推销学的研究范围是推销活动的整体过程。商品的推销活动过程是由多个环节构成的，包括寻找买主、约见、接近买主、洽谈、处理异议、达成交易以及提供售中、售后服务等，如果其中某个环节出了问题，推销活动过程就难以顺利进行。

（2）现代推销学研究的目的是总结一些具有普遍意义的推销规律或规律性的东西，从而更好地指导推销实践。尽管推销活动是十分复杂的，但并非毫无规律可循，作为一门科学，推销也具有规律性。

三、现代推销学的研究内容

现代推销学是在市场营销理论指导下，对人员推销的具体研究。现代推销学的研究对象决定了它的具体研究内容。

1. 现代推销的基本理论

推销人员要取得较大的推销成果，必须有科学的理论做指导，因此，掌握现代推销学的基础理论是每一个推销人员的首要任务。具体来说，即要具备现代推销观念，要充分地把握顾客心理和购买行为，了解顾客需求，掌握寻找潜在顾客的方法。作为一名合格的推销人员，必须全面掌握这些知识，以便自己在推销工作中能适应各种环境的变化，取得优异的推销成绩。

2. 推销人员的素质与能力

推销人员是推销活动过程的主体之一，在沟通企业与消费者、传播新产品和新技术的信息、顺利完成推销任务等方面起着重要作用。推销人员只有具备较高的素质和能力，才能更好地掌握推销理论，灵活而有效地实施推销策略与技巧，才能在推销工作中取得优异的成绩。所以，推销人员必须时刻注意提高自我修养，促进自我发展，加强自我完善，明确自我职责，不断提高自身的能力。

3. 推销策略与技巧

掌握各种推销策略与技巧是推销人员达成交易的保证。推销策略与技巧主要包括寻找顾客及顾客资格审查、接近与约见顾客技巧、推销洽谈技术、顾客异议处理与成交策略等。推销人员要保证自己取得更好的推销绩效，就需要掌握推销的组织与管理方式。掌握了这些推销策略与技巧，推销人员在推销工作中才能应付各种突发事件，在处理复杂的推销情况时才能游刃有余。

案例6

DHL作为世界上著名的国际快递公司，和许多其他同类公司一样，都以国际快递业务为主。但DHL有一个最引人注目的特点就是连大象都可以快递。它主要突出了体积大这个特点。同样，联邦快递作为世界上著名的国际快递公司，也有一个最引人注目的特点就是快。别的国际快递公司只能做到将顾客每天15：00以前投递的快件第二天送达目的地，而联邦快递承诺：顾客每天17：00以前投递的快件第二天也能送达目的地，比别的公司快了2小时。DHL、联邦快递都做到了别人做不到或别人做得没有他们好的事情。因此，两家国际快递公司生意兴隆。

四、推销学的研究方法

现代推销学是一门实践性很强的综合性应用学科，与多种学科密切相关，因此，在现代推销学的研究中，必须结合我国国情，坚持唯物辩证法，走理论联系实际的道路。在研究和掌握这门学科时，首先应当采用综合性的研究方法，即借鉴各有关学科的研究方法来研究现代推销活动过程，掌握一般规律。现代推销学与市场营销学、市场调查与预测、消费心理学、消费行为学、广告学、公共关系学、现代传播学、社会学、商品学及管理学的关系都极为密切，所以，作为一个合格的推销人员，必须通过各种方式和途径，广泛吸收知识，为己所用。其次，要用理论与实际相结合的研究方法，在现代推销理论的指导下，注重实际应用。当然，这种实际应用可以根据自身情况灵活掌握，如商品推销可以从小商品做起，业务量也可以由小到大，同时，在日常生活及与人交往中也应留心观察，积累经验。总之，事物是不断发展变化的，只要我们一切从实际出发，从现实的推销活动出发，就可以从中总结出正确理论，从而进一步指导推销活动的实践。

尽管现代推销学在其发展过程中强化了学科的边缘性，但它研究的现实领域仍是以经济生活为主的。在现代推销学的研究中，社会心理学占有一定份量，但社会心理学研究在这里还是从属于商品推销中经济因素的变动分析，因而，现代推销学的研究方法不能脱离经济学的基本理论范畴。

现代推销学的研究过程，还必须运用市场营销学的科学方法和理论，尤其是市场营销学中研究市场环境的方法、制定营销战略的方法等，都是现代推销学可借鉴的方法。

在现代推销学的研究过程中，还必须运用现代科学方法论，如系统论、控制论、信息论。现代推销学研究的方法很多，归纳起来，可以概括为以下几种。

1. 产品研究法

产品研究法是一种以人员推销的客体为对象的研究方法，也是一种以物为中心的研究方法。这种方法认为，产品是推销活动的客体，产品研究是推销活动的基础。由此，它以产品为主线，要求在人员推销中按产品及其特性进行分类，并在此基础上分别探讨人员推销时如何根据不同产品、不同产品寿命周期采取不同的推销战略和策略，它更着力于研究产品的设计、质量、价格、品牌、包装等；它认为有了好的产品，推销才能得以顺利进行。

2. 人员研究法

人员研究法是一种以推销人员为中心的推销研究方法。这种方法的基本观点是：没有推销不出去的产品，只有不称职的推销人员。推销人员是现代推销学研究的中心，因而要侧重对推销人员基本素质的培训，以及对推销谈判、推销策略和技巧等内容的研究。

3. 环境研究法

环境研究法是一种侧重研究人员推销环境的方法，它认为推销成功与否的关键在于产品和推销人员的工作是否适应环境。因而，这种方法着力于研究市场的规律、市场的区域特点、消费者的特点等，甚至将谈判对手的心理、用户心理表现等都纳入研究的内容之中。

4. 制度研究法

制度研究法是一种以研究推销制度为出发点的方法。它的研究从企业内部出发，研究如何建立促进推销活动的高效的组织和制度。

本 章 小 结

随着我国市场经济的发展，推销这一行业在中华大地上得到迅猛发展，在满足人们的需要、繁荣社会经济方面发挥着重要的作用。本章从总体上阐述了推销的含义、特点、作用、要素、原则、类型及推销学的演进过程等。

推销的定义有广义和狭义之分。广义的推销泛指人们在社会生活中，通过信息传递的方式，使推销对象接受并实施推销内容的活动与过程。从这个意义上说，生活中推销无处不在。狭义的推销是指推销人员在一定的推销环境里，运用各种推销技术和推销手段，说服推销对象接受推销客体的活动过程。本书所说的推销是指狭义推销这个概念。

推销的原则是推销人员在推销过程中应该把握的基本准则，主要有顾客导向原则、互惠互利原则、诚信为本原则。

随着商品经济的繁荣，推销也由古老推销向现代推销发展，推销学作为一门学科也在不断进步。学习现代推销技术要首先把握现代推销的含义、特点、原则以及它的发展历程和研究对象等。

主要概念

广义推销　狭义推销　推销要素　推销特点　推销原则　推销类型

思考与练习

1．如何从广义和狭义两个不同的角度来理解推销的定义？
2．推销具有哪些特点？
3．推销应遵循哪些基本原则？
4．简述推销过程的主要步骤及其工作的主要内容。
5．你对推销这一职业有何看法和认识？
6．推销学的研究对象和研究方法分别是什么？

实践与技能

1．课堂辩论：是否应该如实向客户介绍产品的不足？
实训目的：使学生通过辩论，加深对现代推销活动的认识。
内容与步骤：根据学生意见将学生分为正、反两方，双方推选辩手进行辩论。
注意事项：
（1）辩论可由教师主持，也可由学生主持。
（2）可邀请其他老师参与评判。
2．每人2～3分钟，向全班同学及老师“推销自我”。
目的：了解学生的基本素质状况，促进师生之间的交流，让学生尝试在大庭广众之下演讲，可培养学生的勇气，增强学生的自信，锻炼学生的语言表达能力及思维反应速度。
3．案例分析
案例1

靠推销起家的李嘉诚

1928年7月29日，李嘉诚先生出生于广东湖安县一个书香门第。1939年抗战期间，李嘉诚随父亲从潮安逃到香港。到香港后李嘉诚父亲因体弱染疾。11岁的李嘉诚在读完两年小学后便辍学，在他舅舅的南洋钟表公司做杂工，分担家庭的重担。

1943年李嘉诚的父亲李云经英年早逝，他没有给李嘉诚留下一文钱，相反给他留下了一副家庭生活的重担和一笔沉重的债务。14岁的李嘉诚凭着毅力韧性和真诚在港岛西营盘的春茗茶楼找到一份工作。他每天5点左右赶到茶楼，每天工作15个小时以上。在茶楼工作时，李嘉诚在努力干好每一件事的同时，给自己定了两门必修功课：其一是时时处处揣测茶客的籍贯、年龄、职业、财富、性格等，以便找机会验证；其二是揣摩顾客的消费心理，既待人真诚又投其所好，让顾客在高兴之余掏腰包。李嘉诚对顾客的消费需求和习惯了如指掌，如谁爱吃虾饺，谁爱吃干蒸烧卖，谁爱吃肠粉加辣椒，谁爱喝红茶绿茶，什么时候上什么茶点，李嘉诚心中都有一本账。因此李嘉诚练就了一套既赢得顾客，又能让顾客乖乖掏钱的本领。

后来，李嘉诚到一家五金厂做推销员。每天他起的最早，第一个来到厂里，挑着铁桶沿街推销。靠着一双铁脚板，他走遍了香港的角角落落，从不放弃每一笔可做的生意。李嘉诚凭着坚韧不拔的耐心、干练和坚毅建立起了销售网络，既赢得了顾客的信誉，也深受老板的器重。

一次推销遭遇失败，使李嘉诚看到铁桶的穷途末路及塑胶制品的蒸蒸日上。从此，他做了一名塑胶产品推销员。在塑胶产品推销中大显身手。推销生涯为李嘉诚淘得了第一桶“金”，同时也练就了其作为企业家的才能。

1950年，22岁靠推销起家的李嘉诚慧眼独具创立了长江塑胶厂。之后又去意大利悄悄学艺，成为“塑胶花大王”，他的塑胶花抢占了欧美市场。20世纪70年代，李嘉诚再次捕捉到商机，先行在房地产业站住脚，演绎了小蛇吞大象的商界奇迹，成为香港房地产大王，荣任和记黄浦、长江实业等大型财团董事局主席。

李嘉诚先生花半个多世纪的时间，终于建立了今天的王国。在美国《时代》杂志评选的全球最具影响力的二十五位商界领袖中他排名第九，成为香港历史上首位“千亿富翁”，被誉为华人首富。

讨论：

（1）如何成为一名成功的推销员？

（2）上述案例给你哪些启示？

案例 2

约翰逊的窘境

约翰逊就要结束他大学市场学专业的学习了。他的父亲是底特律一家大型二手车行的老板，他很想让自己的儿子帮助他管理这个生意。这样，约翰逊就面临着两种选择：或是去帮助父亲料理生意，或是走一条也许是属于自己该走的路——去为某家大型制药企业做推销员。他的父亲在经营方面已取得相当的成功，而且他认为如果再有儿子的帮忙，生意一定会锦上添花。约翰逊找来了几位朋友，想听听他们对这件事的看法。有的说："二手车推销员不值一提，他们不过是一些只会施展高压手腕的骗子。"还有的说："去说服别人购买他们并不需要的那些旧货吗？"约翰逊听了这些话后感到很烦恼。

请你帮助他分析一下：

(1) 现代推销学的知识对于二手车的推销是否同样具有指导意义？

(2) 约翰逊应该如何做才能使自己所学的现代推销学知识应用于二手车推销？

案例 3

辩论的胜利者，推销的失败者

一位卡车推销员过去是司机，他对自己推销的卡车非常熟悉。在推销中，只要有人挑剔他的车，他就立即与之辩论，因为经验丰富，他经常是辩论的胜者。每当他走出顾客办公室的时候，他总是自豪地说："我又教训了他一次。"事实上他确实以他丰富的产品知识和经验教训了很多顾客，但是最终他也没有卖出去几辆车。

讨论：

为什么这个推销员会成为辩论的胜利者，推销的失败者？

第二章　推销员的职责和基本要求

学习目标

通过本章的学习，要求学生了解推销的职责与推销员的基本职责、掌握推销员应具备的职业素质、知识与能力结构，熟练应用推销员的基本礼仪规范。

案例导入

世界上最伟大的汽车推销员

闻名世界的汽车推销员乔·吉拉德，以15年共推销13000辆小汽车（日均近3辆）的惊人业绩，被《吉尼斯世界纪录大全》收录，并荣获“世界最伟大的推销员”的称号。成功的秘诀何在？乔·吉拉德介绍了以下3点。

（1）树立可靠的形象。乔·吉拉德努力改变推销人员在公众心目中的精神形象，不但有儒雅得体的言谈举止，而且有对顾客发自内心的真诚和关心。他总是衣着整洁，朴实谦和，脸上挂着迷人的微笑，出现在顾客的面前；而且对自己所推销的产品的型号、外观、性能、价格、保养期等烂熟于心，保证对顾客有问必答，一清二楚。他乐于做顾客的参谋，根据顾客的财力、气质、爱好、用场，向他们推荐各种适宜的小汽车，并灵活地加以比较，举出令人信服或易于忽略的理由来坚定买主的信心，主动热情、认真地代顾客进行挑选。年复一年，乔·吉拉德就这样用自己老成、持重、温厚、热情的态度，真心实意地为顾客提供周到及时的服务，帮助顾客正确决策，与顾客自然地达成了一种相互信赖、友好合作的气氛。顾客都把他当作一个值得信赖的朋友，戒备心理也烟消云散，高兴地接受他的种种建议。

（2）注意感情投入。乔·吉拉德深深懂得顾客的价值，他明白推销员工作就是对顾客的说服，而顾客都是活生生的人，人总是有感情并且重感情的。所以，他标榜自己的工作准则是：“服务，服务，再服务！”他豪迈地说：“我坚信每个人都可能成为潜在的买主，所以我对我所见到的每一个顾客都热情接待，以期培养他们的购买热情。请相信，热情总是会传染的。”

乔·吉拉德感情投入的第一步是以礼待客，以情相通。顾客一进门，他就像老朋友一样地迎接，常常不失时机地奉上坐具和饮料；顾客的每一项要求，他总是耐心倾听，尽可能做出详细的解释或者示范；凡是自己能够解决的问题则立即解决，从不拖拉。在这种情况下，绝大多数顾客都不得不对是否买车做出积极的反应；否则，心中就可能产生对不起推销员的内疚感。

乔·吉拉德感情投入的第二步是坚持永久服务。他坚信："售给某个人的第一辆汽车就是跟这个人长期关系的开始。"他把建立这种"老主顾"的关系作为自己工作的绝招。他坚持在汽车售出之后的几年中还为顾客提供服务，并决不允许别的竞争对手在自己的老主顾中插进一脚。乔·吉拉德的种种服务使他的顾客备受感动，第二次、第三次买车时自然就少不了他。据估算，乔·吉拉德的销售业务额中有 80%来自原有的顾客。有位顾客亲昵地开玩笑说："除非你离开这个国家，否则你就摆脱不了乔·吉拉德这个家伙。"乔·吉拉德感动地说："这是顾客对我莫大的恭维！"

（3）重复巧妙的宣传。乔·吉拉德宣传的办法不但别出心裁，而且令人信服。顾客从把订单交给乔·吉拉德时起，每一年的每一个月都会收到乔·吉拉德的一封信，绝对准确。所用的信封很普通，但其色彩和尺寸都经常变换，以至没有一个人知道信封里是什么内容。这样，它也就不会遭到免费寄赠的宣传品的共同厄运——不拆就被收信人扔到一边。乔·吉拉德还特别注意发信的时间，1 日、15 日不发信，因为那是大多数人结算账单的时候，心情不好；13 日不发信，因为日子不吉利……他总是选取各种"黄道吉日"，让顾客接到自己联络感情的信件时心情愉悦，印象自然更加深刻。这样挖空心思的劳神费力值得吗？乔·吉拉德的回答是"太值得了"。因为平时"香火"不断，关键时刻顾客这个"上帝"自然会保佑他，想想每年近 80%的重复销售额，相信此言不虚。然而这么一位优秀的推销商，却有一次难忘的失败教训。有一次，一位顾客来跟乔·吉拉德商谈买车，乔·吉拉德向他推荐了一种新型车，一切进行顺利，眼看就要成交，但对方突然决定不买了。乔·吉拉德百思不得其解，夜深了还忍不住给那位顾客打电话探明原因，谁知顾客回答说："今天下午你为什么不听我说话？就在签字之前，我提到我的儿子将进入密歇根大学就读，我还跟你说他的运动成绩和将来的抱负，我以他为荣，可你根本没有听我说这些话！你宁愿听另一位推销员讲笑话，根本不在乎我说什么！我不愿意从一个不尊重我的人手里买东西！"

从这件事，乔·吉拉德得到了两条教训：第一，倾听顾客的话实在太重要了，自己就是由于对顾客的话置之不理，因而失去了一笔生意；第二，推销商品之前，要把自己推销出去，顾客虽然喜欢你的产品，但如果不喜欢你这个推销员，他可能不买你的产品。

案例分析：衣着整洁朴实，言谈儒雅得体，服务真诚周到，推销产品之前先推销自己。在世界最伟大的汽车推销员乔·吉拉德身上，我们看到了作为推销员应具有的职业素质，应遵循的基本礼仪规范、以及应注重的推销技巧。

第一节 推销的职责与推销员的职责

一、推销的职责

当今的信息时代里，推销已经成为人们生活的一个组成部分，人们时刻都有意无意地与推销活动发生关联。但人们对推销职责的认识是随着商品经济的发展而逐步加深的。在产品供不应求的时代几乎没有人认为推销有什么必要，但随着社会生产力的发展，越来越多的产品出现供过于求的情况，企业间竞争加剧，由此导致企业因产品销不出去而面临关、停、并、转的危险时，人们才越来越深刻地体会到推销的重要性。推销的职责主要体现在以下几个方面。

（一）寻找新的顾客

顾客是企业生命的源泉，企业的发展离不开顾客的参与。为了保证企业持续、稳定、健康的发展，必须积极寻找新的顾客，增强企业在市场上的竞争力。推销过程的第一步就是寻找潜在的顾客。顾客是推销人员的推销对象。在竞争激烈的现代市场环境中，谁拥有的顾客越多，谁的推销规模和业绩就越大。但顾客又不是轻易能获得和保持的。推销人员的主要任务之一就是采取公正有效的方法与途径来寻找与识别目标顾客，并实施有效的推销。可以说，有效地寻找和识别顾客是成功推销的前提。

进行顾客的寻找工作是推销实践的开始，在推销活动中占有重要的位置，寻找潜在顾客使推销活动有了开始工作的对象；寻找、掌握与潜在顾客进行联系的方法与渠道，就使以后的推销活动程序有了限定的范围与明确的目标，能避免推销工作的盲目性；掌握一份不断补充的、稳定的潜在顾客名单与联系方法，能使企业与推销人员保持稳定的顾客数量，从而使企业与产品保持一个稳定的市场和销售额。

（二）传递商品信息

目前市场上的商品各种各样，消费者选择的空间很大，同时对各种商品的相关信息也要求更多。消费者希望能够得到有效的信息来帮助他们比较、评价、选择满意而且适用的商品。推销既然是以顾客为导向，应及时向消费者传递真实、可靠的商品信息，以便顾客进行比较、评价、选择满意而适用的产品。推销员传递的商品信息主要有以下几种。

1. 商品的一般信息

推销人员应当向消费者介绍商品的功效、性能、期限、品牌、商标、使用方法等信息，从而有助于消费者进行比较和选择。

2. 商品的地位和优势

推销人员需要向消费者宣传企业商品在同类商品中所处的地位及特殊功能，并针对不同重点顾客的不同需要，突出宣传所推销商品的某些特征，以激起消费者的爱好和兴趣，促使消费者做出购买决定。

3. 商品的发展信息

推销人员可以通过为消费者报道企业产品的发展动态与趋势，如新材料的运用、新产品的开发、老产品的改进等信息，引导顾客改变购买习惯，愿意去购买企业的新产品。

4. 商品的经营信息

推销人员应当适应消费者的需求，将商品的市场供求情况、经营方式、服务措施等信息及时准确地传递给消费者，以便他们购买商品。

推销人员在传递商品信息时，要注意两个问题：第一，针对顾客的需要，有选择地传递商品信息；第二，针对顾客的具体情况，有选择地使用容易接受的方式来传递商品信息。

（三）销售企业商品

销售商品是推销的核心功能，只有把商品推销出去，才能达到推销人员的推销目的，才能为企业创造利润。因此，推销人员应该熟悉市场行情，针对顾客的需要，运用各种推销技术及推销手段，诱发顾客产生购买欲望，促成交易的实现。

1. 销售商品的前提是接近顾客

推销人员在正式接近顾客之前，应当分析重点顾客的有关资料，了解重点顾客的需求所在及需求特征，掌握其购买力和购买行为，以便积极、能动地刺激需求、创造需求，满足需求。在接近顾客的时候，尤其需要用比较有新意的交谈来打开推销局面。交谈时要以正确的态度去说服对方，让对方知道你并不是纯粹地为了卖出商品，你其实也是为他的利益着想，是要去满足他的需求。

2. 销售企业商品的关键是推销洽谈

推销过程中最重要的就是推销人员与顾客进行洽谈、交流。推销人员在接近顾客的时候，其实已经与顾客开始了洽谈的第一步。在适当的时候、适当的地点接近顾客是取得顾客好感并保证推销洽谈成功的基础。在洽谈的过程中，要通过信息传递，向顾客提供他所需要的信息，同时也要有针对性地就产品、价格、销售方式等敏感问题进行洽谈，本着互惠互利、共同满意的原则保证双方洽谈的成功。另外，推销人员应当学会处理好洽谈过程中出现的异议和矛盾，消除双方的误会，避免不必要的冲突。

3. 销售企业商品的手段是达成交易

推销人员的所有努力就是为了达成交易，这也是推销洽谈的最后阶段。这一阶段要求推销人员应该不失时机地促成交易，达到销售企业商品的目的。在与消费者洽谈的过程中，推销人员要在正确的时机报出商品的价格、提出一系列的优惠条件以及说明商品的优势，并对顾客的疑问做出适当的解答，适时达成交易。

（四）提供多种推销服务

推销人员推销商品时，要积极为顾客提供多种推销服务。推销服务是推销工作的重要内容，服务方式和服务质量直接影响推销任务的完成情况。推销服务包括售前服务、售中服务和售后服务。

1. 售前服务

（1）编制产品说明书。

产品说明书是生产厂商向顾客提供的介绍本公司产品的详细资料。一般包括产品的结构、工作原理、产品性能、技术参数、安装程序、使用方法、维修方法、故障排除、主要的设计图纸和零件一览表等内容，并附有产品外观图和结构图照片等。产品说明书是推销人员进行推销宣传的一种道具，同时也是顾客购买商品时的重要参考资料，还能辅助顾客安装、使用，所以一般公司都很注意编制的格式和内容，尽可能制作得精美一些。

（2）做好技术咨询服务。

顾客在购买商品之前，应由推销人员向其提供各种有关技术方面的咨询服务。不同的顾客会针对产品不同方面的技术指标向推销人员提问，这时推销人员应该耐心细致地为他们进行讲解，赢得消费者的好感与信任。在讲解的过程中也要本着实事求是的原则，通过完整的示范手段或引导顾客去参考已购本公司产品的顾客的使用情况，为顾客当好技术参谋。

（3）搞好技术培训工作。

技术培训工作的主要任务就是：通过开办技术培训班、现场实习等方式，为顾客免费培训使用、维修等方面的技术人员。以前，生产厂商或经销商只重视推销后培训，实际上推销前培训比推销后培训更重要，因为这样做，可以帮助顾客更好地了解和掌握本公司的产品，坚定购买信心，增强对生产厂商的信任感，在一定程度上也可以增加顾客对所购商品使用上的安全感。

（4）充分适应顾客的需要。

推销人员在推销商品之前，应该充分了解重点顾客的某些特殊需要，因为每位顾客都有自己的特征，也有自己的特殊要求。推销人员可以根据掌握的资料，帮助顾客设计合适的型号和规格，也可代为选择实用的配套设备或附属设备等。

2. 售中服务

售中服务是指在推销商品的过程中，由推销人员为顾客所提供的购买商品和运输方面的服务。

（1）进行市场调查研究。

售中服务是指在推销员与顾客的接触过程中，推销员利用这个机会，主动征求顾客对商品、生产公司的意见和要求，做好记录以备日后推销时参考。同时，推销人员可以在推销活动的进行中了解顾客的想法，并及时提供服务，为顾客排忧解难。

（2）为顾客代办各种推销业务。

推销人员在进行推销说明的同时，了解到顾客在购买过程中的需要后，应尽可能通过一系列代办活动为他们解决各种问题，使顾客感受到产品使用中的方便以及服务的周到，加强其信任程度，也等于提高了商品的竞争力。

（3）建立顾客的信息卡。

利用顾客的信息卡积累顾客的各种资料，可以更好地加强和顾客的联系，有针对性地为顾客服务。信息卡可在顾客购买商品或签订订货合同时填写。填写的内容一般有顾客的名称、通信地址、结算银行及账号、订货人姓名、规格型号、需要量、购买日期、其他特殊要求等。

3. 售后服务

售后服务，就是在顾客购买了商品后，公司向顾客提供的各种服务。推销人员促成交易后，并不意味着推销活动的终结，售后服务在销售商品的过程中占有重要地位。推销后产品交到消费者手中，公司能否继续为顾客服务、信守承诺是生产厂商或经销商信誉好坏的反映。售后服务主要包括以下内容。

（1）执行合同，按时交货。

发运推销员在与顾客达成交易后，就应该严格按照合同的要求，保证商品按时、按地，按质、按量交货、发货。如果向消费者承诺在一定时间内交货，那么无论有多麻烦，都要在规定的时间内把货送到消费者手中；而有的实在不具备送货条件的商家，则可以用向消费者贴补运费的方法来促销。

（2）进行安装、调试服务。

对于面向个人消费者的一些商品，如空调、热水器、家用电脑等商品，安装、调试已经成为商家销售中必不可少的环节。对于工业消费品，尤其是一些大型精密设备或某些结构较复杂的机器，这些产品的安装技术都要求较高，生产厂商或经销商应该负责为顾客安装、调试，保证消费者能够及时投入使用，发挥商品的效用。

（3）售后跟踪服务。

为了扩大销售，商家应当在为消费者进行售后跟踪服务的过程中，赢得顾客的信任，并由此扩大商品的销售区域，使得商品有更多、更广的销售途径和范围。具体做法可以通过定期或不定期地访问顾客，了解或检查商品的使用情况，帮助顾客进行维修保养，更换易损部件等理由，利用机会向顾客宣传本公司的最新产品，激发顾客的购买欲望；而且经常上门服务，加强了顾客与推销员之间的交流，也能在一定程度上增加顾客的忠诚度，有利于商品的销售。

（4）“全过程”服务。

商家在与顾客达成交易后，可以通过实行如包送、包退、包换、包修、包赔、包培训等一系列“全过程”服务，增加顾客的满意度，减少顾客由于某些因素而滋生不满情绪的概率。这样就可以在服务中提高推销活动的知名度和信誉度，以此来巩固与老顾客之间的联系并吸引更多新顾客。

（5）做好索赔处理。

推销的过程并不因商品销售出去而告终，有的顾客可能会对到手的商品有一些不满或者意见。这时推销人员不能对顾客的意见无动于衷，应该认真对待顾客的意见，尤其是对于商品质量方面出现的问题要重视，及时进行索赔处理。只有做好这一步，推销的工作才能再继续下去，顾客才能对公司产品及服务真正满意。

（五）反馈市场信息

推销人员是企业通往市场的桥梁，是企业联系市场的纽带，是企业获取情报的重要渠道。推销人员直接与市场、顾客接触，能及时、准确地向企业反馈市场信息。

1. 市场需求信息

（1）现有市场的需求量、销售量、供求平衡状况；

（2）所推销商品在市场上的最大潜在需求量；

（3）不同细分市场的需求状况及发展趋势；

（4）企业在市场及各细分市场的绝对市场占有率和相对市场占有率；

（5）企业及同行业竞争者在市场上的地位、作用及优劣势之间的比较；

（6）国内、国际市场的需求变化和发展趋势等。

2. 购买者信息

（1）现有购买者和潜在购买者的特征、经济状况及其变动情况；

（2）不同民族、不同地区的购买者的消费习俗和需求特征；
（3）购买者的购买动机、购买习惯、购买方式、购买频率及购买数量等；
（4）购买者对品牌、商标、购买场所的偏好及原因；
（5）购买者对新产品的反映及其对企业的意见与要求等。

3. 企业商品经营信息

企业在经营的过程中，采取各种不同的营销策略会产生不同的经营效果，包括产品包装的改变、价格的改变、促销方式的改变、销售渠道的改变等策略的实施会带来销售状况的变化，推销人员应将这部分信息向企业管理者反映，以便他们采取更有效的策略。

4. 竞争者的信息

（1）竞争者的运营情况及变化趋势；
（2）目标市场状况及变动趋势；
（3）竞争者市场占有率的变化。

（六）协调买卖关系

推销人员是连接企业和消费者的纽带，推销人员不仅要把企业商品、经营等信息提供给消费者，还要将与消费者接触过程中获得的信息传递给企业。他们在消费者心中是企业形象的代表，推销人员的一言一行都会对企业的声誉造成影响，因此，推销人员应当在推销的过程中，积极地担当好企业代表这一重任，努力协调好企业与顾客之间的关系，提升企业在消费者心中的形象。

1. 处理顾客异议

在推销过程中，顾客对推销品、推销人员、推销方式及交易条件产生怀疑、抱怨，提出否定或反面意见，既是常见的又是正常的。正确对待和恰当处理顾客异议，是推销人员必须具备的素养和基本功。顾客产生异议的原因可从两方面来看：顾客方面，可能是因为没有认识到自己的需要，也可能是因为忠于以前的品牌，还可能由于其他顾客的影响；推销者方面，可能有产品质量、价格等方面的原因，也可能有推销方式、服务等方面的原因。推销人员应该认真分析顾客异议产生的原因及异议的内容，本着尊重顾客、永不争辩、维护顾客自尊、强调顾客受益等原则，有针对性地采用有效化解价格异议、货源异议、时机异议的策略，用最快的速度对其进行处理。

2. 确保商品的有效供给

推销人员积极推销商品，企业生产部门也在不断提高劳动生产率，力争可以为消费者提供更多的商品，但是企业不可避免地会出现产品供不应求的状况。在市场严重缺货，推销人员无货可销时，推销人员要及时平衡双方关系，对顾客进行安抚，向他们解释缺货的原因，告知企业补救缺货的计划，以安定人心；企业可以根据自己的销售经验向企业管理层提出物资分配的建议，将供应不足的货物合理地分配给急需的顾客，尽量减少双方因供需不平衡而产生的矛盾。

二、推销员的职责

在整个推销活动中，推销人员起着重要的作用，他们眼观六路、耳听八方，奔波于客户之间，他们是企业的代表，承担着实现企业利益、满足用户需要和协调各方面关系的艰巨任务。所以，成功的推销人员必须首先明确自己的职责范围。

（一）寻找与发现市场

为了不断促进企业发展，提高企业经济效益，推销人员不仅要与现有顾客保持经济的联系，而且要不断地寻找和发现新的顾客，即潜在顾客。所谓潜在顾客是指既有产品需求欲望，又有购买能力的顾客。潜在市场是企业的重要资源，是企业利益实现的希望，是推销人员工作的重要对象，因为企业的顾客始终处于变动状态。据美国的研究资料表明：一般企业在一年内大约有20%～50%的顾客因种种原因而变动。这就要求推销人员必须花费相当的精力和时间并运用灵活多变的方式招揽顾客。国外一些企业为了发掘潜在顾客，规定他们的推销人员把20%时间用于应付现有顾客，而把80%时间用于发掘潜在顾客。日本推销之神原一平，平均每个月要用掉1000张名片，每天要访问15个客户，50年来他发展了2.8万个准顾客。可见，寻找顾客是一项既复杂又艰巨的工作。推销人员只有勤奋工作，不断地去寻找顾客，才能发现新的销售渠道，挖掘出新的顾客。为此，推销员需要做好下面几项工作。

1. 搜集信息，研究市场

推销人员是企业通往市场的桥梁，他们必须具有职业的敏感性，要经常地广泛地搜集信息、研究市场。这是寻找与发展市场的基础工作。上海某印染厂的一名推销员，在西安推销花布，当时电影《西安事变》正在上映，该推销员意识到：青年人模仿“张学良”的穿将军呢的风潮可能兴起。于是，立即向工厂拍电报，要求快运5批将军呢布料，在西安进行试销，结果大获成功。

2. 进行市场细分，寻找并发现目标市场

市场细分是确定目标市场的前提和基础，推销人员要根据市场上各类用户的需求、爱

好、动机、行为、购买能力、分布区域等方面的差异，运用系统的方法进行市场细分，这样就可能发现与企业的生产经营活动及推销活动有关的一系列消费群体。即推销活动的目标市场。

3. 评价并确定目标市场

推销人员所选择的目标市场必须具备3个条件：第一，目标要有足够的需求量；第二，企业必须有能力满足消费者的需求并实现其利益；第三，企业在目标市场上有一定的竞争优势。据此，推销人员应当对已经发现的目标市场进行科学评价。首先，对发现的目标市场进行价值分析，即对推销活动在哪些目标市场上能获得多少利益，做出比较准确可靠的分析，包括对顾客的需求量、购买力、需求趋势、市场竞争状况的分析；其次，对发现的目标市场进行可行性评估，包括市场需求、市场潜力、推销成本、企业的营销潜力等；最后，推销人员确定目标市场应服从于企业整个营销战略和计划的需要，树立全局意识。

4. 选择推销对象

选择推销对象是企业推销人员进行推销活动的必不可少的环节。适宜的推销对象有利于降低推销成本，有利于推销人员集中精力和时间开展推销。由于顾客种类繁多、特点各异，推销人员必须对目标市场上的各类顾客进行比较分析，从中选择，选出理想的推销对象。一般来说，一个理想的推销对象应具备下列特征：推销对象必须在一定区域或一定目标市场有比较高的声誉和影响力；推销对象的需求层次必须与推销品的层次相适应；推销对象必须具备较高的购买力；推销对象容易接近等。

5. 为企业市场营销当好参谋

推销人员深入市场第一线，走南闯北，广泛接触最终用户，能获得最原始的信息。因此，推销人员应及时向企业提供信息，为企业做出科学的决策提供依据。

（二）开拓与进入市场

一方面，企业要为自己的产品进入市场创造良好的市场环境，如通过广告宣传和公关活动提高企业和产品的知名度；另一方面，推销人员应积极协助企业开拓与进入目标市场。只有如此，才可以变潜在市场为现实市场，变市场机会为赢利机会。

1. 重新评价和分析影响目标市场需求变化的因素

为了顺利进入市场，推销人员必须对重点目标市场的重点用户进行评价与分析，以便确定业务拜访的顺序，提高进入市场和业务拜访的针对性。

2. 积极开展公关活动，建立销售网点

通过公关活动的开展和销售网点的建立，为顺利进入市场创造良好的人际关系环境。

3. 制定进入市场的计划与策略

完善的计划和科学的策略是产品进入市场的保证。推销人员应重视计划和策略的制定，如确定拜访的时间、路线、报价的技巧、洽谈的方法等。

4. 实施开拓

这是推销人员工作的核心内容。为此，推销人员应深入市场，拜访客户、宣传诱导、促成交易、提供服务、收回货款。

（三）沟通与反馈信息，协调市场各种关系

在市场经济条件下，企业用户既合作又竞争，既存在利益上的一致性又存在利益上的矛盾性。为顺利实现推销，推销人员必须善于沟通产销信息，善于协调矛盾。

1. 沟通信息

企业的销售部门和推销人员是连接企业与用户的纽带：一方面，他们要把企业的产品、劳务及其有关信息及时传递给顾客；另一方面，又要把用户的意见、建议和要求及时反馈给企业。这是推销人员的一项十分重要的职责。

2. 协调关系

推销人员应站在顾客的立场上，帮助顾客实现其利益。当产品供不应求或暂时不能供应时，推销人员应协助企业妥善解决问题；当顾客计划变更时，推销人员应通情达理及时变更合同，并及早通知本企业；当在产品销售价格方面与顾客发生分歧时，推销人员可以在互惠互利的基础上，通过与顾客协商，适时让价，争取达成交易；当市场上出现不利于企业的谣言时，推销人员应及时调查，了解真相并采取适当的方式，配合企业有关部门消除顾虑和误会，扭转顾客对企业或产品的不良印象，争取与客户的长期合作。

（四）承接推销业务，开展推销活动

承接推销业务，开展推销活动是推销人员的日常性工作。推销人员必须倾其智慧、勤奋努力，积极实施推销计划，有针对性地灵活运用各种推销技巧，完成企业分配的销售任务，使企业库无积存、资金畅流、利润稳步增长。

（五）做好销售服务工作，培养忠诚的顾客队伍

现代产品的整体概念包括了核心产品、形体产品和附加产品 3 层含义。服务是构成附

加产品的主要内容之一。在市场竞争日益激烈的情况下，没有服务就没有产品销售。因此，提供周到的服务是推销工作的重要内容。服务的方式和质量决定着产品的销售状况，同时对于稳定企业的顾客队伍也具有十分重要的作用。所以，推销人员必须向顾客提供完善周到的售前、售中、售后服务，与顾客建立感情，培养忠诚的顾客队伍。

第二节　推销员的职业素质

推销人员直接与广大顾客接触，他们既是企业的代表，更是顾客的顾问和参谋。所以，他们必须具有良好的思想素质、业务素质及身体素质；同时，也必须具有一定的推销能力。只有这样，才能娴熟地运用自己的业务技巧，完成推销任务。

一、推销员的基本素质

推销人员的推销活动，关系到企业的根本利益，具有较高素质的推销人员能为企业树立良好的形象，并带来可观的经济效益，推动企业的发展壮大。推销员应具备的基本素质包括以下几点。

（一）强烈的事业心

凡取得卓越成就的推销员，都十分热爱自己的工作，以至于达到入迷的程度。这种热爱的动力来源就是他们强烈的事业心。事业心，就是把全副精力放在事业上，努力使自己有所贡献。具有强烈事业心的人，把事业的成功看得比物质报酬更为重要，事业成功所带来的振奋和喜悦胜于他所获得的物质报酬。推销员的事业心主要表现为：有献身于推销事业的精神，不怕艰苦，任劳任怨，全心全意为顾客服务，有取得事业成功的坚定信念。

推销是一种职业，更是一项对社会发展有重要影响的事业。推销员通过恪守职业道德，塑造推销员形象，探索推销规律，展示推销艺术，创造推销业绩来推动这一事业的发展，进而实现自身的价值。强烈的事业心可以产生强大的动力，因为它来自于自我实现的高级精神需要。在这种需要的推动下，推销员可以忍受各种艰难困苦，忘我地工作；强烈的事业心可以形成高度的责任感，这种责任感使推销员充分认识到自己所承担的职责和自己工作的价值，使推销员忠于本企业，忠于自己的顾客，一心一意地把自己的精力投入到推销工作中；强烈的事业心也可以激发其荣誉感、成就感，只有把自己的行动与事业联系起来，才会享受到推销成功的喜悦。

（二）崇高的职业道德

推销员应具有良好的职业道德。因为推销活动不仅是一种个人行为，也是一种社会行为，推销员必须深刻理解自己的工作所具有的社会意义，履行一个推销员应承担的责任。道德是调整人们相互关系以及个人与社会关系的行为规范。作为一个推销员，应具备的职业道德如下。

1. 谦虚

谦虚指谦恭，虚心，不自满，不骄傲。古人云："自谦则人愈服"。谦虚可使顾客对推销人员产生好感，进而愿意倾听你的意见，接受你的要求。相反，狂妄自大、举止无礼容易引起人们的反感。所以，推销人员对顾客要有谦虚的态度。

2. 真诚守信

真诚指真心诚意，不虚伪；守信指严格遵守对顾客的承诺。"人无信难立，买卖无信难存"，"诚招天下客"，这是古人在商业交往中总结的至理名言。真诚可以赢得顾客的信任，坚定其购买信心，在推销员出现失误时也容易得到谅解。守信是基本的商业道德，"一言既出，驷马难追"，严格遵守对顾客的承诺，对顾客不食言，严格按照双方约定的条件履行合同，不仅可赢得顾客对推销员的信任，还可以增强他对产品的忠诚感，进而扩大对其他顾客的影响。实践证明，对顾客做不到真诚守信的企业或推销人员是无法立足于商海的。

（1）推销员应热爱自己的企业，对企业要忠诚，不能利用工作之便搞不正之风，搞私下交易，更不能做损公肥私的事。要光明磊落，时时注意检点自己的一举一动，要洁身自爱，维护自己的名誉，更要维护企业的信誉。

（2）推销员对顾客要一视同仁，要做到童叟无欺，要平等待客；不管买卖能否成功，不论生意大小，对顾客都要热情，为其提供周到的服务；作风要正派，不能欺诈顾客，不能行贿受贿，不能以不正当的手段或方式诱购诱销。推销员必须与顾客坦诚相见，考虑顾客的利益，这样才能取得顾客的信任。

（3）推销员在与同行进行竞争时，不要以贬低别的企业来抬高自己，要进行平等的竞争，在竞争中提高自己的能力。

（三）良好的身体素质

推销工作比较辛苦，要起早贪黑地东奔西走，进行各种推销业务，这样既消耗体力，又耗费精力，而且食宿都没有规律，所以推销人员应具有健康的体魄。同时，为此应注意以下几点。

（1）用成就感来暗示自己，培养良好的心态；

（2）在紧张忙碌的工作中及时放松自己；

（3）注意饮食，生活有规律，少吸烟，少喝酒；
（4）有充足的睡眠；
（5）坚持每天进行体育锻炼。

二、推销员的专业素质

推销人员是否具有良好的业务素质，直接影响其工作业绩。一般来说，良好的业务素质来自两方面：一方面要掌握丰富的业务知识，另一方面要具有一定的推销能力。

（一）业务知识

1. 市场学知识

要懂得市场学的基本理论，掌握市场调查与预测的基本原理，了解产品市场的特征，能运用各种标准对市场进行细分，会正确选择目标市场策略，会根据市场营销学原理选取产品、价格、促销、分销策略，能把握产品市场变化规律和发展趋势。要懂得宏观经济学原理，对宏观经济环境有一定程度的把握，能站在宏观经济的高度上来分析微观市场的变化。能掌握基本的公共关系和广告学原理，懂得其工作思路和方法，会正确评价公关活动和广告的效果。能在时间、地点、合作伙伴都不同的条件下，熟练地运用推销和谈判的方法、策略、技巧，并可达到理想的目标。

2. 企业知识

推销人员是企业的代表，在宣传企业的同时要努力塑造良好的企业形象，只有树立良好的企业形象，客户才有可能对其业务人员、产品产生好感。因此，推销人员应对企业情况有深入的了解，才有可能宣传好企业。企业知识包括企业的发展史、企业的生产规模及实力、企业在同行业中的优势和劣势、企业的经营状况、企业的发展目标、企业在市场中的信用保证。

3. 产品知识

推销人员应掌握的产品知识主要有：①产品的技术指标、符合的标准、规格、包装、价格、使用方法、维修、保养等，以及与同类竞争产品相比的优缺点；②产品的生产成本、生产能力、销售潜力及其他主要经济指标；③产品的生产技术及设备的先进程度。

4. 销售业务知识

主要包括产品的一般运输方式及费用、产品的交货地点及责任义务、产品的销售政策、结算方式及货款回收方法。

5. 心理学知识

掌握推销对象的心理特征及变化的一般规律，懂得不同年龄、职业、性别、身份、地位的消费者的心理特征。

6. 用户知识

了解用户的种类、所需产品的用途、购货渠道、资金实力、决策人和采购人的性格、爱好，以及采购程序等。如是中间商，需要掌握其性格特点、商业信誉、经营品种、资金实力、仓储能力、运输能力、交通位置、同类产品中哪种产品销货速度较快等。

7. 法律知识

要具有法律常识，能依法经营，懂得签订合同的原则及注意事项，并会用法律手段保护自己的合法权益。此外，推销人员还应具备一定的财会、金融、文体、哲学、美学、逻辑学等一般知识。

（二）推销能力

1. 观察判断能力

观察判断能力包括观察能力和判断能力。观察能力是对客观事物认识分析并善于抓住其典型特征及内在实质的能力。判断能力是辨别事物真伪的能力。观察能力与判断能力二者之间有密切关系。观察是为了判断，判断有赖于观察，观察得细，判断才能准确。人的思维、想象能力的高低与观察判断能力有着密切关系。思维混乱、想象力贫乏的人，不会有敏锐的观察判断能力。另外，人的知识经验也影响观察判断能力。知识渊博、经验丰富的人，观察和判断问题就比较敏锐、精确。推销人员要具备观察判断能力，是因为在推销活动中真假难辨、虚实混杂的信息比较多。如果推销员不具备敏锐的观察判断能力，就会被假象所迷惑，影响推销效率。良好的观察判断能力，可以使推销员分清看客和买主，决定是否有必要深谈，可以使推销员搞清对方的经济实力，决定是否与其交往，也可以准确地推断自己的说服效果，及时调整推销方法与技巧。

2. 表达说服能力

表达说服能力是指能准确生动地表达自己的思想、感情，说服顾客接受自己观点的能力。推销的核心是说服，而说服有赖于准确生动的表达。要表达得当，除了采用产品演示，出示证据等实物表达外，主要靠的是语言。推销人员的语言要简捷、流畅，声调适宜，节奏得当，声音低沉而明朗，不能含糊其辞，不用顾客不熟悉的专业用语，要具有启发性，抓住其心理，触动其需求，使其产生强烈的购买欲望。推销中的语言艺术建立在以下 3 个条件基础上：①相信自己；②相信自己所推销的产品；③相信自己所代表的企业。只有相信这三点才会产生积极性和主动性，继而语言表达才会得当，说服才会有力。

3. 记忆能力

所谓记忆能力，是对经历过的事情记住并在需要时回忆起来的能力。推销人员要熟记顾客的姓名，以显得关心、重视、欣赏对方。另外，由于工作繁杂，接触面广，需要记住的东西很多。比如顾客的职务、单位、电话、兴趣爱好等；产品的性能、特点、价格、使用方法等；对顾客的许诺、交易条件、洽谈时间、地点等。提高记忆能力可以从以下几个方面入手：①对重要的事，反复提醒自己一定要记住；②对产品的性能、维修方法等，要注意观察，分析其特征，力争理解；③重复记忆，重复记忆可使你对识记的内容及时巩固；④借助工具，比如利用笔记本、名片等帮助记忆。

4. 社交能力

社交能力是与人往来接触的能力。现代推销人员应是开放型的，要敢于和善于与各种顾客打交道，这包括善于与别人建立联系，相互沟通，取得对方的信任与理解，以及处理各类矛盾的能力，也包括在各种场合应付自如，圆满周到处事的能力。要提高自身的社交能力，首先要克服自身的心理障碍。比如，有些男性在见到女性后，脸红害羞，说话语无伦次，不知所云，这主要是自卑感造成的。相信自己，尤其要相信自己在某些方面的魅力，进而增强在人际交往中的勇气和胆量。其次，要多参加一些社交活动，比如研讨会、舞会等，注意观察模仿善于交际的人的行为，另外还可以读一些指导人际交往的书籍。最后，推销员要善于微笑，微笑不仅是一种健康文明的举止，更是打开一切顾客之门的钥匙。正如乔·吉拉德所说："当你笑时，整个世界都在笑"。

5. 决策能力

决策能力是指拿主意、做决定的能力。市场形势瞬息万变，机不可失，时不再来，如果不敢于决断，不善于决断，往往会坐失良机。决策能力不是任性、草率、不考虑后果，而是在知识经验基础之上，经深思熟虑后做出的理智而果断的选择。

6. 应变创新能力

推销既是一门学问，又是一门艺术，它的生命力在于不断创新。应变能力是指对变化了的事物采取适当应对措施的能力；创新能力是指创立新事物的能力，也就是出新招的能力。在推销业务中，因循守旧，墨守成规，是很难取得突出的销售业绩的。数不清的新情况、新问题是自己没经历过的，甚至是所有人没经历过的，用以前的知识、经验难以解决，这就需要推陈出新，用创新的思维去解决问题。

第三节　推销员的知识与能力结构

许多企业在招募到新的销售人员之后，立即派他们去做实际工作，企业仅向他们提供样品、订单和销售区域情况介绍等。这些企业担心培训要支付大量的费用、薪金，增加推销成本。但事实证明，训练有素并灵活掌握了推销知识的销售人员所增加的销售业绩要比普通推销员高得多。培训是企业最有价值的一种投资。据美国教育机构统计，企业对培训每投入一美元，产出就会达三美元。在顾客自由选择度日益增强和产品复杂程度越来越高的今天，推销人员不经由培训来掌握一定的推销知识，是不能很好地与顾客沟通的。如 IBM 公司的新销售代表头两年是不能独立工作的，公司希望其销售代表每年用 15% 的时间参加额外的培训，只有当销售代表掌握了必备的推销知识并拥有一定的推销能力时才会让其独立承担推销工作。

一、推销员的知识结构

推销员的业务知识包括：市场学知识、企业知识、产品知识、销售业务知识、心理学知识、用户知识、法律知识等，按知识结构可将其分成基础文化知识、专业理论知识和实践操作知识三大部分。

（1）基础文化知识。这是推销员在从事本职工作时所需的一般基础文化知识，即建立在个人的生活经验基础上的社会生活常识和科学文化知识，包括语文、数学、政治、外语、计算机应用、基本法律等方面的基础知识。

（2）专业理论知识。指推销员在推销过程中用到的比较专门的理论和知识，包括专业基础知识、专业核心知识。专业基础知识包括管理学、经济法、心理学知识、用户知识等；专业核心知识包括企业、产品、销售业务等方面的理论知识。

（3）实践操作技能知识。是指推销员在从事具体的推销工作时，根据相关的工作环境、工作对象、工作资源、工作任务等相关现场，综合运用专业修养来实现工作目标的知识。实践操作技能主要包括说话能力、演示能力、推销策略的运用能力、审时度势的能力、把握市场机会的能力等。

二、推销员的专业能力结构

推销员必须具备市场调查、推销策划、现场推销、客户关系、合同管理、货物配送、外贸业务和电脑业务等 8 个方面的专业能力。

1. 市场调查能力

推销员要能编写市场调查提纲，掌握市场调查方法，进行实地的市场调查和消费者调查，撰写调查报告。

2. 推销策划能力

推销员要能在市场调查的基础上，进行客户细分，选择目标客户，确定推销目标和推销方法，制订推销访问计划。

3. 现场推销能力

在充分掌握企业、商品、市场、客户和竞争者等实践操作技能知识的基础上，推销员应运用各种推销技巧，开展现场推销，有效推荐商品，说服客户购买推销品。

4. 客户关系能力

推销员要在深入了解目标客户的基础上，与客户建立经常性的联系，提供客户所需的信息咨询等方面的服务，建立并维护良好的客户关系，提高客户的重复购买率。

5. 合同管理能力

推销员要根据企业经营需要和客户要求，准备合同文本，签订合同，并开展合同签订后的后续跟踪管理工作。

6. 货物配送能力

推销员要能按照企业经营需要和合同要求，组织商品送货、发货、运输、仓储，并能开展仓库管理工作。

7. 外贸业务能力

推销员应有一定的外贸业务能力，能处理英文函电，办理有关进出口手续。

8. 电脑操作能力

推销员应能熟练掌握电脑操作，熟练运用计算机办公软件，能进行简单的电脑广告创作，应用电算会计和管理软件，利用电脑网络收集、处理有关业务信息，开展网络市场调查、计算机客户管理、网络推销和网络交易等电子商务业务。

第四节　推销人员的礼仪

案例1

一口痰的教训

某医疗器械厂推销员小刘经过半个月辛苦的奔波，终于在B城与××医疗器械公司谈妥了一笔数目不小的生意。在与医疗器械公司业务部李经理的会谈中，双方都非常热情、友好，一致决定第二天签订合同。会谈结束，李经理热情地将小刘送到门口，可就在这时，小刘向墙角吐了一口痰，然后用鞋底擦去。李经理瞪大了眼睛不认识似地看着小刘，直到他远去。第二天，当小刘打电话给李经理说马上过来签约时，李经理借故推托了。小刘怎么也不明白，昨天说得好好的，今天怎么变卦了？

你知道为什么吗？

推销礼仪是社交一般礼仪在推销活动中的具体体现，是在推销活动中形成的，得到推销人员和顾客共同认可，已经成为推销活动中人们共同遵循的行为规范。我国素称“礼仪之邦”，推销人员更应掌握推销活动中的社交礼仪知识，避免由于失礼而影响推销活动的进行及推销效果。讲究推销礼仪，有利于促进推销活动的顺利进行，有利于树立和保持企业的良好形象，有利于企业信誉的提高和知名度的扩大，有利于推销活动的成功，有利于产品销售的扩大和企业更好地发展。

一、礼仪的含义及作用

（一）礼仪的含义

礼仪，是礼和仪的总称。“礼”最初的意思是敬神。东汉许慎在《说文解字》中说：“礼，履也，所以事神致损也”。在敬神的基础上，礼的含义逐渐拓宽，引申为礼貌、尊敬，范围也扩及到人，于是产生了一系列对人表示尊敬的礼节、礼貌。同时，也包含了为表示敬意或为显示隆重而举行的仪式。随着社会的发展，“礼”又成为衡量社会行为和道德的规范及法则的总称。“仪”本意指法度、准则和规范，后来才有了仪式及礼节的含义。

礼仪是人类社会活动的行为规范，是人们在社交活动中应该遵守的行为准则。礼仪具体表现为礼貌、礼节、仪表、仪式等。礼貌是指人们在相互交往过程中表示敬重友好的行为规范；礼节是指人们在社会交往过程中表示致意、问候、祝愿时惯用的形式；仪表是指人的外表，如仪容、服饰、姿态等；仪式是指特定场合举行的专门化、规范化的活动。礼仪是在人们长期的社会生活中形成的，它是人类生存和发展的需要，是人们之间相互交流所产生的一定形式，久而久之，约定俗成，形成一定的习惯便是礼仪。礼仪就其本身来说，其形式是物质的，体现在人的口头语言、书面语言、形体语言、表情语言、界域语言、服饰语言等诸多方面，作用于人们的感官。但礼仪的含义是精神的、意识的、反映不同的意识形态，它随着生产力的发展而发展，随着经济基础的变化而变化。今天，礼仪规范已被列入正式的国际公约，成为各国正式交往不可缺少的行为准则。

（二）礼仪的作用

在商务交往中，礼仪的作用是显而易见的，主要表现为以下几个方面。

1. 规范行为

礼仪最基本的功能就是规范各行业的行为。在商务交往中，人们相互影响、相互作用、相互合作，如果不遵循一定的规范，双方就缺乏协作的基础。在众多的商务规范中，礼仪规范可以使人明白应该怎样做，不应该怎样做，哪些可以做，哪些不可以做，这有利于确定自我形象，尊重他人，赢得友谊。

2. 传递信息

礼仪是一种信息，通过这种信息可以表达出尊敬、友善、真诚等感情，使别人感到温暖。在商务活动中，恰当的礼仪可以获得对方的好感、信任，进而有助于事业的发展。

3. 协调人际关系

人际关系具有互动性。这种互动性表现为思想和行为的互动过程。如当你走路妨碍了对方，你表示歉意后，对方还你以友好的微笑；当你遇到困难时，朋友会伸出友谊之手援助你。人与人之间的互谅、互让、相亲相爱等，都是这种互动行为产生的效应，而这些互动行为往往以礼仪为手段去完成。

4. 树立形象

一个人讲究礼仪，就会在众人面前树立良好的个人形象；一个组织的成员讲究礼仪，就会为自己的组织树立良好的形象，赢得公众的好感。现代市场竞争除了产品竞争外，更体现在形象竞争。一个具有良好信誉和形象的公司或企业，就容易获得社会各方的信任和支持，就可以在激烈的竞争中处于不败之地。所以，商务人员时刻注重礼仪，既是个人和组织良好素质的体现，也是树立和巩固良好形象的需要。

二、推销人员的礼仪

（一）接待礼仪

送访礼仪是商品推销活动中最基本的礼仪之一。高朋满座、朋友如云是事业兴旺、人情练达的标志。健康、正常的迎送与拜会活动，对于扩大企业与多方面的联系、扩展视野、交流信息、沟通情感、增进友谊、加强协作乃至排解烦闷、陶冶性情，都有其他活动不可替代的作用。迎送顾客、拜访顾客，是推销活动得以开展的第一步。一个在迎来送往中彬彬有礼的推销员能够充分显示出自身的文化内涵和教养，给顾客留下一个良好、深刻的印象。

1. 迎送礼仪

（1）预做准备。古人云：“有朋自远方来，不亦乐乎？”（《论语·学而》）这说明广交朋友，礼貌待客是中华民族的传统美德。迎送包括迎客、待客、送客 3 个方面。如何礼貌地迎宾待客，总的原则应是主随客便，考虑周全，讲究礼仪，关怀备至，使来访者有宾至如归之感。

为了让客人有一个良好的“第一印象”，平时就应将办公室、会客室收拾整洁，以免因“不速之客”的光临而手忙脚乱。推销活动中的来访有礼节性的来访、业务性的来访和私人来访 3 种。礼节性来访一般时间较短，主人待客要热情、周到，事后还要注意“礼尚往来”；业务性来访，一般时间略长些，主人要想方设法让客人达到来访目的，明确双方合作的可能性和前景，尽可能地使客人满意而去；私人或消遣性来访，通常伴有娱乐性活动和闲谈等，主人待客，应尽量做到轻松愉快。

无论是接待哪一类型的来访者，事先都应做好必要的准备。包括打扫室内外卫生和室内的布置，“洒扫门庭，以迎嘉宾”，要备好待客的用品，如糖果、香烟、饮料和点心等；如留客吃饭，还得预备丰盛而可口的酒菜；如有小客人同来，还得预备一些玩具和小画书。为了向客人表示敬意，接待人员要特别注意自己的仪表。

（2）热情迎候。“在家不会迎宾客，出外方知少主人。”如来访者来自外地，应按事先约定的时间专程前往车站、码头或机场迎候，接到客人后应致以问候。如果是久未见面的，可说“久违、久违”。对近道初次登门的客人，应到公司或寓所的门口或楼下迎接，见面时可说“久仰、久仰”、“百闻不如一见”；未及亲迎的，可说“失迎、失迎”或“有失远迎”等以示歉意。如客人手提重物，应主动帮助接提。接应客人时应面含微笑，握手问候和表示欢迎，这是必不可少的“迎宾三部曲”。

（3）待客以礼。客无亲疏，来者当敬。在接待中，对任何客人来访都应热情欢迎，奉为上宾。接客人进屋时，主人在前，客人在后；进入客厅后，应请客人在上座就座。所谓上座，即较为尊贵的座位。居室中的上座有：比较舒服的座位、较高一些的座位、宾主并排就座时的右座和面对正门的座位。客人一旦落座，就不再劝其换位。来客如是老亲挚友，可以不拘礼节，随便一些反而显得亲密无间；来客如是师长，则应注重礼节，不可轻率、随便。如客人不期而至，无论多忙多累，都应立即停止手中的工作，热情接待；如客人没打招呼便推门而入，也应立即起身表示欢迎，不能拒之门外。为了表示对客人的敬意，主人应请客人先入座。如在同一时间接待多方来访者，应注意待客有序和一视同仁。

客人进屋后，作为主人应事事处处体现对客人的恭敬与谦让。有的主人对不速之客冷眼相向，或一边跟客人聊天，一边看电视、看报纸、打毛衣，是极不礼貌的。客人落座后，应热情献茶或奉上糖果、饮料。一般来说，茶水饮料放在客人的右前方，点心糖果放在客人的左前方；上茶应从客人的右边上。从卫生角度来讲，客来不敬烟也不算失礼，甚至于在美国人看起来，敬烟不但不表示恭敬和情谊，反而显得敬烟者缺乏礼貌和教养。如请客人吃水果，应将洗净的水果和水果刀交给客人自己削皮。与客人谈话，态度要诚恳热情，不要频频看表，不要显出厌倦或不耐烦的样子。万一主人有急事要办，应向客人说明并致歉。如有准备的话，可真诚地请客人一起进餐。如来自外地的客人需要留宿，应周密安排。

（4）礼貌送客。在人际交往中，好的开场就像一束鲜花令人愉快；精彩的告别则应像一杯芬芳的美酒令人回味。当客人要走时，应婉言相留，这是主人情谊的自然显示，并非客套与多余。当客人起身告辞并伸出手时，方可出手相握，切不可在送客时先“起身”或先“出手”，免得有厌客之嫌。迎客应主人走在前面，送客应客人走在前面。主人送客，一般应送到门外或楼下，目送客人远去时，可挥手致意，并道以“欢迎再来！”远客或年纪大的客人，如有需要（如路不熟、走路不方便等）则应送到车站或码头，待客人上车、上船并等车船开动消失在视线以外再返回。送客至机场，应待客人通过安全检查处之后再返回。和上司一起送客时要比上司稍后一步。严禁客人一走就马上聊天。客人来访，常带有礼品，主人应表示谢意，说声：“让您破费了”或“让您费心，真不好意思”等，决不可若无其事，显出理所当然或受之无愧的样子。一般情况下，应遵循礼尚往来的原则，在收下客人礼品的同时回赠必要的礼品。

2. 拜访礼仪

拜访是指本人或派人到朋友府上或工作单位去拜见访问某人的活动。推销活动中人与人之间、社会组织之间、个人与组织之间总少不了相互拜访。拜访有事务性拜访、礼节性拜访和私人拜访 3 种；事务性拜访又有商务洽谈性拜访和专题交涉性拜访之分。但不管哪种拜访，都应遵循做客的礼节。

（1）事先预约，不做不速之客。拜访友人，务必选好时机，事先约定，这是进行拜访活动的首要原则。一般而言，当你决定要去拜访某位友人，应先写信或打电话，与被访者取得联系，约定宾主双方都认为比较合适的会面地点和时间，并把参访人数和访问的意图告诉对方。一般应避开吃饭及午休的时间，晚上拜访时间不宜太长。在对外交往中，未曾约见的拜访，属失礼之举，是不受欢迎的。因事急或事先并无约定，但必须前往时，则应尽量避免在深夜打扰对方；如万不得已非得在休息时间约见对方时，则应见到主人立即致歉，说“对不起，打扰了”并说明打扰的原因。

（2）守时践约，不做失约之客。宾主双方约定了会面的具体时间，作为访问者应履约守时如期而至。既不能随意变动时间，打乱主人的安排，也不能迟到早到，准时到达才最为得体。如因故迟到，应向主人道歉。如因故失约应在事先诚恳而婉转地说明，并致歉意。在对外交往中，更应严格遵守时间。日本人安排拜访时间常以分为计算单位；在瑞典，如拜访迟到 10 分钟，对方就会谢绝拜访。准时赴约是人际交往的基本要求。

（3）登门有礼，不做冒失之客。无论到办公室或到寓所拜访，一般要坚持客由主定的原则。到主人寓所拜访，作为客人，进入主人寓所之前，应用食指轻轻敲门或按动电铃，若是熟人、亲属，可在敲门后立于门口；若是初访或下级，应侧身站在门首的左侧，待有回音或有人开门相让，方可进入。若是主人亲自开门相迎，见面后应热情施礼问好；若是主人夫妇同时相迎，则应先问候女主人好。若你不认识出来开门的人则应问：“请问，这是×××先生的家吗？”得到肯定的回答后方可进入。当主人把来访者介绍给他的妻子或丈夫相识，或向来访者介绍其他家庭成员时，要面带微笑，热情地向对方点头致意或握手问好，见到主人的长辈则应恭敬地请安。当主人请坐时，应道声“谢谢”，并按主人指点的座位入座。若带有鲜花、果品、书籍等礼物，可在进门之初奉献主人。主人上茶时，要起身双手接过，并道谢。喝茶要慢慢品饮，吃果品要小口细嚼，烟要少抽或不抽，如要抽烟需征得主人的同意。对后来的客人应起身相迎，必要时，应主动告辞。如带小孩做客，要教其礼貌待人，尊敬地称呼主人家所有的人。如主人家中养有狗和猫，不应表示害怕、讨厌，更不能去踢它、赶它。作为主人，也应遵循“尊客之前不叱狗”的传统礼节。

（4）衣冠整洁，不做邋遢之客。为了对主人表示敬重之意，拜访做客要仪表端庄，衣着整洁。入室之前要在门垫上擦净鞋底，不要把脏物带进主人家里。夏天进屋后再热也不能脱掉衬衫、长裤，冬天进屋再冷也应脱下大衣外套，摘下帽子、手套和围巾。在主人家中要讲究卫生，不要把主人的房间弄得烟雾腾腾，糖纸、果皮、果核应放在茶几上或专用果皮盒内。身患有病，尤其是传染病，不应走亲访友。邋遢之客、带病之客是不受欢迎的。

（5）举止文雅，不做粗俗之客。古人云：“入其国者从其俗，入其家者避其讳”。人们常说，主雅客来勤；反之，也可以说“客雅方受主欢迎”。在做客时，谈话应围绕主题，态度要诚恳自然，如有长辈在座，应用心听长者谈话。古人云：“见人背语，勿倾耳窃听；入人私室，勿侧目旁观；到人案头，勿信手乱翻”。在朋友家里，不要乱脱、乱扔衣服。

与主人关系再好，也不要翻动主人的书信和工艺品。未经主人相让，不要擅入主人卧室、书房，更不要在桌上乱翻，床上乱躺。做客时坐姿也要注意文雅。

（6）适时告辞，不做难辞之客。“串门无久坐，闲话宜少说。”初次造访以半小时为宜，一般性拜访以不超过一小时为限。造访目的达到，见主人显得疲乏，或意欲他为，或还有其他客人，应适时告辞。假如主人留客心诚，执意强留用餐，饭后应停留一会再走，不要抹嘴便走。辞行要果断，不要“走了”说过几次，却口动身不移。辞行时要向其他客人道别，并感谢主人的热诚款待。出门后应请主人留步。

3. 宴请礼仪

宴请应选择对主客双方都合适和方便的时间，最好能先征得客人的同意。就我国来说，宴请一般以晚间较多。注意不要选择在对方有重要活动或禁忌的日子。其地点的选择，一般来讲，正式隆重的宴请活动应安排在高级宴会厅举行，可能条件下，应另设休息厅，注意不要在客人住的宾馆招待设宴。不论举行什么样的宴会，一般均发请柬，其优点在于礼仪郑重，同时又能起到提醒客人和备忘的作用。一般可根据实际情况，发出口头邀请或电话邀请。席位的安排，国际上的习惯是，以离主桌位置远近决定桌次高低，同一桌上，以离主人的座位远近决定座位高低，右高左低。

宴请程序及现场工作：主人应在门口迎接客人，主人陪同主宾进入宴会厅，全体客人就座，宴会即开始；吃饭过程中一般是不能抽烟的；吃完水果，主人与主宾起立，宴会即告结束；主宾告辞，主人送至门口。服务人员应训练有素，服务周到、得体。

接到宴会邀请，是否接受都应尽快作答，由于特殊情况不能出席，应尽快通知主人，并致歉意。出席宴会，身份高的可略晚抵达，其他客人应略早一些，在我国，也可正点或按主人的要求抵达。

4. 签字礼仪

重要谈判达成协议后，一般要举行签字仪式。签字人视文件的性质由谈判各方确定，双方签字人身份大体对等。业务部门之间签署专业性协议，一般不举行这类签字仪式。安排签字仪式，首先要做好文本的准备工作，及早对文本的定稿、翻译、校对、印刷、装订、盖章等做好准备，同时准备好签字用的文具。参加签字仪式的，基本上是双方参加谈判的全体人员，人数最好相等。签字位置，一般安排客方在右边，主方在左边。政府间的签字仪式还要准备小国旗。协议签订完毕，双方主要负责人应起立握手致意，对双方为达成协议所做的努力表示满意，并互祝为履行协议而继续努力。其他人员可鼓掌响应。

5. 馈赠礼仪

在商务交往中，相互赠送礼物是常有的事。选择礼品时，要看对象，要根据不同层次的人的不同需求而“投其所好”。要寓情于物，要将自己的感情通过礼品表现出来。另外，赠送礼品要顾忌到民俗与禁忌。它是一种由习惯而形成的大众心理。如中国人不喜欢以钟、鞋、伞、药、白布为礼，不少国家讲究送喜礼忌单数，而逢丧事馈赠忌双数等。接受礼物时，适当的谦让是必要的。接受之后，则应表示感谢。中国人收礼后一般是客人走后才打开，西方人则习惯于当着客人打开包装并欣赏赞美一番，一般不宜问价钱。国内企业、单位之间的商务交往都是在同一国人之间进行的。也就是说，都是在同一社会文化背景之中进行的。因而，虽然各地在仪式上有所差别，但在交往中还是比较容易互相理解和接受的。我国加入 WTO 后，社会交往进入“与狼共舞”的时代，由于各自生活在不同的社会文化背景之中，各自的民族文化、习俗及礼仪等差别就比较悬殊，所以要想在商务活动中应付自如，无失礼之虞，就必须学会和掌握一整套礼仪，并适当考虑谈判对方国家在风俗礼仪等方面的特殊性。

（二）交谈礼仪

交谈是推销活动的中心活动。在圆满的交谈活动中，遵守交谈礼仪占有十分重要的地位。

1. 尊重对方，理解对方

在交谈活动中，只有尊重对方，理解对方，才能赢得对方感情上的接近，从而获得对方的尊重和信任。因此，谈判人员在交谈之前，应当调查研究对方的心理状态，考虑和选择令对方容易接受的方法和态度；了解对方讲话的习惯、文化程度、生活阅历等因素对谈判可能造成的种种影响，做到多手准备，有的放矢。交谈时应当意识到，说和听是相互的、平等的，双方发言时都要掌握各自所占用的时间，不能出现一方独霸的局面。

2. 及时肯定对方

在谈判过程中，当双方的观点出现类似或基本一致的情况时，谈判者应当及时抓住时机，用溢美的言词，肯定这些共同点。赞同、肯定的语言在交谈中常常会产生异乎寻常的积极作用。当交谈一方适时中肯地确认另一方的观点之后，会使整个交谈气氛变得活跃、和谐起来，陌生的双方从众多差异中开始产生了一致感，进而十分微妙地将心理距离拉近。当对方表示赞同或肯定的意见和观点时，应以动作、语言进行反馈交流。这种有来有往的双向交流，易于使双方谈判人员感情融洽，从而为达成一致协议奠定良好基础。

3. 态度和气，语言得体

交谈时要自然，要充满自信。态度要和气，语言表达要得体。手势不要过多，谈话距离要适当，内容一般不要涉及不愉快的事情。

4. 注意语速、语调和音量

在交谈中语速、语调和音量对意思的表达有比较大的影响。交谈中陈述意见要尽量做到平稳中速。在特定的场合下，可以通过改变语速来引起对方的注意，加强表达的效果。一般问题的阐述应使用正常的语调，保持能让对方清晰听见而不引起反感的高低适中的音量。

交谈现场超过三个人时，应不时地与在场所有人交谈几句，不要只和一两个人说话，而不理会其他人，所谈问题不宜让他人知道时，应另择场合。

交谈时，一般不询问妇女的年龄、婚姻状况；不径直询问对方的履历、工资收入、家庭财产等私生活方面的问题；不谈荒诞离奇、耸人听闻的事情，对方不愿回答的问题不要追根问底，对方反感的问题应立即转移话题；不对某人评头论足，不讥讽别人；不随便谈论宗教问题。

交谈中要使用礼貌用语，并针对不同国别、民族、风俗习惯，恰当运用礼貌语言。

（三）体态礼仪

体态又称举止，是指人的行为动作和表情，日常生活中的站、坐、走的姿态，一举手一投足，一颦一笑都可以称为举止。体态与人的风度密切相关，是构成人们特有风度的主要方面。体态是一种不说话的“语言”，是内涵极为丰富的语言。举止的高雅得体与否，直接反映出人的内在素养；举止的规范到位与否，直接影响他人对自己的印象和评价。“行为举止是心灵的外衣”，它不仅反映一个人的外表，也可以反映一个人的品格和精神气质。有些人尽管相貌一般，甚至有生理缺陷，但举止端庄文雅，落落大方，也能给人以深刻良好的印象，获得他人的好感。

1. 形体姿态

形体姿态是体态礼仪的重要内容。姿态美是一种极富魅力和感染力的美，它能使人在动静之中展现出人的气质、修养、品格和内在的美。从某种意义上说，一个人的各种姿态，更引人注目，形象效应更为显著。姿态举止往往胜于言语而真实地表现人的情操。端正秀雅的姿态，从行为上展示着一个人内在的持重、聪慧与活力，可谓“此时无声胜有声”。如果一个人容貌俊秀，衣着华贵，但没有相应的姿态行为美，会给人一种虚浮粗浅感。形体姿态主要包括站、行、坐、卧几个方面。“站如松，坐如钟，行如风，卧如弓”。也就是说坐立行，应当坐有坐相，站有站态，走有走姿，这是古人提出的姿态范式，今天仍可供我们借鉴。

（1）站姿。站立是人们生活交往中的一种最基本的举止。优美而典雅的造型，是优雅举止的基础。男士要求“站如松”，刚毅洒脱：女士则应秀雅优美，亭亭玉立。标准的站姿是：

① 头正，双目平视，嘴角微闭，下颌微收，面容平和自然。

② 双肩放松，稍向下沉，人有向上的感觉。

③ 躯干挺直，挺胸，收腹，立腰。

④ 双臂自然下垂于身体两侧，中指贴拢裤缝，两手自然放松。

⑤ 双腿立直、并拢，脚跟相靠，两脚尖张开约 60 度，身体重心落于两脚正中。

几种常用站姿：

肃立：身体立直，双手置于身体两侧，双腿自然并拢，脚跟靠紧，脚掌分开呈“V”字形。面部表情严肃、庄重、自然。参加升降国旗仪式、参加遗体告别仪式等庄重严肃的场合应该用肃立站姿。

直立：正确健美的站姿会给人以挺拔笔直、舒展俊美、庄重大方、精力充沛、信心十足、积极向上的印象。

直立（女士直立姿态）：身体立直，右手搭在左手上，自然贴在腹部，右脚略向前靠在左脚上成丁字步。

直立（男士直立姿态）：身体立直，两手背后相搭，贴在臀部，两腿分开，两脚平行，比肩宽略窄些。

不同的工作岗位对站姿的规定不尽相同，但作为一种基本姿势和体态训练的需要，站姿应遵循的基本要求是一致的。按这些要求经过反复训练后，能形成一种优雅挺拔、神采奕奕的体态。站姿的基本模式是其他各种工作姿势的基础，也是发展不同质感美的起点，是优雅端庄的举止的基础。

（2）坐姿。坐是举止的主要内容之一，无论是伏案学习、参加会议，还是会客交谈、娱乐休息都离不开坐。坐，作为一种举止，有着美与丑、优雅与粗俗之分。坐姿要求“坐如钟”，指人的坐姿像座钟般端直沉稳，当然这里的端直指上体的端直。优美的坐姿让人觉得安详、端正、舒展大方。

① 正确的坐姿。

- 入座时要轻、稳、缓：走到座位前，转身后轻稳地坐下。女子入座时，若是裙装，应用手将裙子稍稍拢一下，不要坐下后再拉拽衣裙，那样不优雅。正式场合一般从椅子的左边入座，离座时也要从椅子左边离开，这是一种礼貌。女士入座要娴雅、文静、柔美。如果椅子位置不合适，需要挪动椅子的位置，应当先把椅子移至欲就座处，然后入座。坐在椅子上移动位置，是有违社交礼仪的。
- 神态从容自如（嘴唇微闭，下颌微收，面容平和自然）。
- 双肩平正放松，两臂自然弯曲放在腿上，也可放在椅子或是沙发扶手上，以自然得体为宜，掌心向下。
- 坐在椅子上，要立腰，挺胸，上体自然挺直。

- 双膝自然并拢，双腿正放或侧放，双脚并拢或交叠或成小“V”字形。男士两膝间可分开一拳左右的距离，脚态可取小八字步或稍分开以显自然洒脱之美，但不可尽情打开腿脚，那样会显得粗俗和傲慢。
- 坐在椅子上，应至少坐满椅子的2/3，宽座沙发则至少坐1/2。落座后至少10分钟左右时间不要靠椅背。时间久了，可轻靠椅背。
- 谈话时应根据交谈者方位，将上体双膝侧转向交谈者，上身仍保持挺直，不要出现自卑、恭维、讨好的姿态。讲究礼仪要尊重别人但不能失去自尊。
- 离座时，要自然稳当，右脚向后收半步，而后站起。

② 几种规范坐姿。

- 双腿并拢，上体挺直，坐正，两脚略向前伸，两手分别放在双膝上（男士双腿略分开）。
- 女士坐姿。坐正，上身挺直，双腿并拢，两脚交叉，双手叠放置于左腿或右腿上；著名的S型女士坐姿：坐正，上身挺直，双腿并拢，两腿同时侧向左或侧向右，两脚并放或交叠。双手叠放置于左腿或右腿上。
- 搭腿式坐姿（或叫两腿交叠坐姿）。其方法是将左腿微向右倾，右大腿放在左大腿上，脚尖朝向地面，（切忌右脚尖朝天）。这种坐姿给人以高贵、典雅的美感。但应特别注意与跷二郎腿区别开。跷二郎腿一般悬空脚的脚尖朝天，脚底朝向人，并伴有上下抖动的不雅动作。有的国家是忌讳脚底朝向人的，因为这表示挑衅、不满、轻视、愤怒的情感，是粗俗不雅的举止。

③ 走姿。走姿又称步态。走姿要求“行如风”，是指人行走时，如风行水上，有一种轻快自然的美。人们走路的样子千姿百态，各不相同，给人的感觉也有很大的差别。有的步伐矫健、轻松灵活、富有弹性，令人精神振奋；有的步伐稳健、端庄、自然、大方，给人以沉着、庄重、斯文之感；有的步伐雄壮、铿锵有力，给人以英武、勇敢、无畏的印象；有的步伐轻盈、敏捷，给人以轻巧、欢悦、柔和之感。有的人不重视步态美，行路时弯腰驼背、低头无神、步履蹒跚，给人以倦怠、老态龙钟的感觉；还有的摇着八字脚，晃着“鸭子”步，这些步态都十分难看。走姿的基本要求应是从容、平稳的，应走出直线。

具体要求：

- 双目向前平视，微收下颌，面容平和自然，不左顾右盼，不回头张望，不盯住行人乱打量。
- 双肩平稳，肩峰稍后张，大臂带动小臂自然前后摆动，肩勿摇晃；前摆时，手不要超衣扣垂直线，肘关节微屈约30度，掌心向内，勿甩小臂，后摆时勿甩手腕。
- 上身自然挺拔，头正、挺胸、收腹、立腰，重心稍向前倾。
- 注意步位：行走时，假设下方有条直线，男士应两脚跟交替踩在直线上，脚跟先着地，然后迅速过渡到前脚掌，脚尖略向外，距离直线约5厘米。女式则应走一字步走姿，即两腿交替迈步，两脚交替踏在直线上。

- 步幅适当：男性步幅（前后脚之间的距离）约 25 厘米，女性步幅约 20 厘米。或者说前脚的脚跟与后脚尖相距约为一脚长。步幅与服饰也有关，如女士穿裙装（特别是穿旗袍、西服裙、礼服）和穿高跟鞋时步幅应小些，穿长裤时步幅可大些。
- 注意步态。步态，即行走的基本态势。性别不同，行走的态势应有所区别。男性步伐矫健、稳重、刚毅、洒脱、豪迈，好似雄壮的“进行曲”，气势磅礴，具有阳刚之美，步伐频率每分钟约 100 步；女性步伐轻盈、玲珑、贤淑，具有阴柔秀雅之美，步伐频率每分钟约 90 步。
- 注意步韵。跨出的步子应是全部脚掌着地，膝和脚腕不可过于僵直，应该富有弹性。膝盖要尽量绷直，双臂应自然轻松摆动，使步伐因有韵律节奏感而显得优美柔韧。
- 行走时不可把手插进衣服口袋里，尤其不可插在裤袋里。

2. 手势和表情

（1）手势。手势是人们交往时不可缺少的动作，是最有表现力的一种“体态语言”，俗话说：“心有所思，手有所指”。手的魅力并不亚于眼睛，甚至可以说手就是人的第二双眼睛。手势表现的含义非常丰富，表达的感情也非常微妙复杂。如招手致意，挥手告别，拍手称赞，拱手致谢，举手赞同，摆手拒绝；手抚是爱，手指是怒，手搂是亲，手捧是敬，手遮是羞等。手势的含义，或是发出信息，或是表示喜恶。能够恰当地运用手势表情达意，会为交际形象增辉。使用手势时应该注意以下几点。

① 在交往中，手势不宜过多，动作不宜过大，切忌“指手画脚”和“手舞足蹈”。

② 打招呼、致意、告别、欢呼、鼓掌属于手势范围，应该注意其力度的大小、速度的快慢、时间的长短，不可过度。鼓掌是表示欢迎、祝贺、赞许、致谢等的礼貌举止，在正式社交场合，观看文艺演出，重要人物出现，听报告、听演讲等都用热烈鼓掌表示钦佩、祝贺。鼓掌的标准动作应该是用右手掌轻拍左手掌的掌心。鼓掌时不应戴手套，宜自然，切忌为使掌声大而使劲鼓掌，应自然终止。鼓掌要热烈，但不要“忘形”，一旦忘形，鼓掌的意义就发生了质的变化而成了“喝倒彩”、“鼓倒掌”，有起哄之嫌，这是失礼的。注意鼓掌尽量不要用语言配合，那是无修养的表现。

③ 在任何情况下，都不要用大拇指指自己的鼻尖和用手指指点他人。用手指指点他人是不礼貌的。谈到自己时应用手掌轻按自己的左胸，那样会显得端庄、大方、可信。

④ 一般认为，掌心向上的手势有诚恳、尊重他人的含义；掌心向下的手势意味着不够坦率和缺乏诚意等。攥紧拳头暗示进攻和自卫，也表示愤怒。伸出手指来指点，是要引起他人的注意，含有教训人的意味。因此，在介绍某人、为某人引路指示方向、请人做某事

时，应该掌心向上，以肘关节为轴，上身稍向前倾，以示尊敬。这种手势被认为是诚恳、恭敬、有礼貌的。

⑤ 有些手势在使用时应注意区域和各国的不同习惯，不可以乱用。因为各地习俗迥异，相同的手势表达的意思不仅有所不同，而且有的大相径庭。每种文化都有自己的“手势语言”，千姿百态的手势语言，饱含着人类无比丰富的情感。它虽然不像有声语言那样实用，但在人际交往中能起到有声语言无法替代的作用。日常生活中某些不雅的行为举止会令人极为反感，严重影响交际风度和自我形象，应该十分注意。如当众搔头皮、掏耳朵、抠鼻孔、剔牙、咬指甲、擦眼屎、搓泥垢等，餐桌上更应注意。参加交际活动前不要吃葱、蒜、韭菜等有异味的食品，如果已经吃过这类食品应该漱口，含茶叶、口香糖、口香液以除异味。咳嗽、打喷嚏时，要用手帕或手巾纸捂住嘴转向一侧，避免发出大声。口中有痰请吐在手纸里、手帕中，手中的废物要扔进垃圾箱，特别是拜访别人时，这些简单的礼仪要求都是必须遵守的，否则你将是一位不受欢迎的人。

（2）表情。表情是人内心的情感在面部、声音或身体姿态上的表现。当外部客观事物以物体的、语言的、行为的方式刺激大脑时，人就会产生各种内在反映即情感，这种情感会通过人体相应的表情呈现出来，表现在人的面部、身体、姿态、声音上。人们常说情动之于心、形之于外、传之于声就是这个意思。人的面部表情是复杂的。古人说：“人身之有面，犹室之有门，人未入室，先见大门”。现代心理学家总结出一个公式：

感情的表达＝言语（7%）＋声音（38%）＋表情（55%）

比如打电话时并看不到打电话的人，但表情却影响传过来的声音，没有哪一个人能以愤怒的表情说出优美、和蔼动听的问候语。可见表情在人与人之间的感情沟通上占有相当重要的地位。健康的表情留给人们的印象是深刻的，它是优雅风度的重要组成部分。这里着重介绍面部表情中的目光和微笑。

① 目光：眼睛是人体传递信息最有效的器官，它能表达出人们最细微、最精妙的内心感情，从一个人的眼睛中，往往能看到他的整个内心世界。一个良好的交际形象，目光是坦然、亲切、和蔼、有神的。特别是在与人交谈时，目光应该是注视对方，不应该躲闪或游移不定。在整个谈话过程中，目光与对方接触累计应达到全部交谈过程的50%～70%。人际交往中诸如呆滞的、漠然的、疲倦的、冰冷的、惊慌的、敌视的、轻蔑的、左顾右盼的目光都是应该避免的，更不要对人上下打量、挤眉弄眼。

下面介绍凝视的种类：

- 公务凝视。洽谈、磋商、谈判等正式场合适用，能给人一种严肃认真的感觉。这种凝视注视的位置在对方脸部，以双眼为底线，上到前额的三角部分。谈公务时，如果你注视对方这个部位，就会显得严肃认真，对方也会感到你有诚意，你就会把握谈话的主动权和控制权。

- 社交凝视。社交凝视是各种社交场合使用的注视方式，注视的位置在对方唇心到双眼之间的三角区域。当你的目光看着对方脸部这个区域时，会营造出一种社交气氛，让人感到轻松自然。这种凝视主要用于茶话会、舞会及各种类型的友谊聚会。
- 亲密凝视。注视的对象是亲人之间、恋人之间、家庭成员之间使用的注视方式。凝视的位置在对方双眼到胸之间。交谈时要将目光转向交谈人，以示自己在倾听，这时应将目光放虚并相对集中于对方某个区域上，切忌“聚焦”，死盯对方眼睛或脸上的某个部位。因为这样会使对方难受、不安，甚至有受侮之感，产生敌意。无意中积小恶而产生抵触、敌对情绪，很不值得。

② 微笑：笑有很多种，轻笑、微笑、狂笑、奸笑、羞怯的笑、爽朗的笑、开怀大笑、尴尬的笑、嘲笑、苦笑，等等，其中微笑是最美的。微笑是指不露牙齿，嘴角的两端略提起的笑。几乎没有人不会微笑，但有相当多的人不善于利用微笑。微笑是社交场合中最富吸引力、最令人愉悦、也最有价值的面部表情。它可以与语言和动作相互配合，起互补作用。它不但表现着人际交往中友善、诚信、谦恭、和谐、融洽等最美好的感情因素，而且反映出交往人的自信、涵养与和睦的人际关系及健康的心理。微笑不仅能传递和表达友好、和善，而且还能表达歉意、谅解。因此微笑在社交中，在生活中，在工作中都有非常深刻的内涵。微笑着接受批评，显示你承认错误但不诚惶诚恐；微笑着接受荣誉，说明你充满喜悦但不骄傲自满；遇见领导、老师，给一个微笑，表达你的尊敬但无意讨好；微笑着面对困难，用笑脸迎接困难，说明你经得住考验和磨炼，有战胜困难的勇气和信心。其实，温和、含蓄的微笑不仅是应付社交的手段，而且深寓着一个人的人生价值观。我国有句俗话叫做“和气生财”，要成就一番事业需要天时、地利、人和，天时不如地利，地利不如人和，而微笑最易营造人和的氛围。微笑是人的宝贵的无形资产，可以说成功从微笑开始。

一个大公司的人事经理经常说：“一个拥有纯真微笑的小学毕业生，比一个脸孔冷漠的哲学博士更有用”。因为微笑是一个工作人员的基本素质，也是公司最有效的商标，它比任何广告都有利，只有它能深入人心。应该注意的是：微笑一定要发自内心，亲切自然。只有发自内心的微笑才富有魅力，让人愉悦欢心。不要为了讨好别人故作笑颜、满脸堆笑。当然了，参加追悼会、扫墓或在别人悲伤的时候以及非常严肃庄重的场合就不可以微笑了。

3. 递物和接物

递物与接物是生活中常常用到的一种举止。一个小小的举止动作，也能体现一个人的修养。礼仪的基本原则之一是尊重他人，而双手递物或接物恰恰体现了对对方的尊重。

（1）递交名片。名片是自我介绍的高雅工具。名片之所以在现代社会中得到广泛应用，是因为它使用起来简便、灵活、文明。正常情况下，名片是一个人身份、地位的象征，也是使用者要求社会认同，获得社会尊重的一种方式，从某种程度上说还是使用者所在组织形象的一个缩影。所以名片交换应重视其礼仪效应。恰到好处地使用名片，会显得彬彬有礼，令人肃然起敬。交换名片是建立人际关系的第一步，一般宜在与人初识时、自我介绍之后或经他人介绍之后进行。递送名片时，应面带微笑，正视对方，将名片正面朝向对方，恭敬地用双手的拇指和食指分别捏住名片上端的两角送到对方手中。如果是坐着，应起身或欠身递送。递送时可以说一些“我叫××，这是我的名片”或“请多关照”之类的客气话。有的人将名片顺手放在桌上，这样效果不好。接受名片的人也应该起身或欠身，面带微笑双手恭敬地接过名片并说声“谢谢”、“能得到您的名片十分荣幸”、“久仰大名”，等等。收到名片后，要很好地确认对方的姓名和职务。一定要养成这种习惯，否则在谈话中说错了对方的姓名或职务便会失礼。如果遇到难读的姓氏时，要非常客气地请教对方：“尊号怎么念？”或“对不起，您的姓氏很少见，请问如何读？”随后当着对方的面郑重其事地将他（她）的名片放入自己的名片盒或名片夹之中，千万不要随意乱放，别随手放在桌子上或装在裤子口袋里，那样是对别人的不尊重。请记住：名片决定着别人对你第一印象的好与坏。

（2）递交文件资料。工作中有文件资料需要上级领导过目签字时，应该用双手递上，并且使文件的正面对着接物的一方。

（3）递交其他物品。把物品双手递交到对方手中体现对对方的尊重。递笔、刀剪之类尖利的物品时，要将尖端朝向自己握在手中，而不要指向对方。接受对方恭恭敬敬递过来的物品，应该同样用双手去接，并以适当的方式致意或道谢。请注意：越是正式庄重的场合，初次相识的人之间身份地位悬殊越大越要讲究礼仪。需提示的是，与外宾打交道，递接物品可先留意对方是用单手还是双手递接，随后再跟着模仿。比如在泰国、印度、马来西亚和中东等一些国家都用右手拿东西，忌用左手，给别人递东西也都用右手以示尊重。他们认为左手是用来洗澡、上厕所的，是不干净的。日本人则喜欢用右手送自己的名片，左手接对方名片。

4. 致意礼仪

致意即见面打招呼。在现代社会，见面礼是人与人之间交往的第一个步骤，它在礼仪学中占有重要地位。无论哪个国家、哪个民族、哪种信仰的人，见面时都要施用各种各样的见面礼。我国常用的致意有：招手致意、点头微笑致意、握手礼、鞠躬礼、注目礼等。

（1）握手礼。现在大多数国家的人民将握手礼视为一种习以为常的见面礼的仪式。现代人握手时表示的含义很多：见面时表示友好、欢迎、寒暄；告辞时表示送别；也表示对他人的问候、感谢、慰问、祝贺、安慰等。标准的握手姿势（交际礼节意义的握手）：距受礼者约一步、右臂自然向前伸出，伸出右手，拇指稍用力握对方的手掌（手掌应与地面垂直）。左臂自然下垂，双目注视对方，面带微笑，上身微微前倾，头微低。在各种场合能轻松自如地与相识的或陌生人握手，是现代社会中每个人都应该学会的一种礼节。

握手时应注意的以下原则。

① 注意伸手先后。伸手先后顺序应根据握手人双方的社会地位、年龄、性别和宾主身份来确定。一般遵循“尊者决定”的原则，即尊者先伸手。握手的基本礼节是：在平辈的朋友中，相见时先出手为敬；在长辈与晚辈之间、男女之间、上级与下级之间、主人与客人之间行握手礼时，应该是长辈、女士、上级、主人先出手，晚辈、下级、男士、客人先问候再伸手相握；男女之间如女方无握手之意，男方可点头或鞠躬致意，倘若男方是长辈、上级，先伸手也是可以的。客人辞行时，应是客人先伸手表示告别，主人才能握手相送。在社交或商务、公务场合，当别人按先后顺序的惯例而已经伸出手时，都应毫不迟疑地立即回握；拒绝别人的握手和对已经表达出来的友好不予理睬是极为不礼貌的。

② 握手时，应该伸出右手，决不能伸出左手，伸出左手是失礼的。特别是有的国家、区域忌讳使用左手握手。在特殊情况下不能用右手相握应说明原因并道歉。

③ 握手前要脱帽和摘手套。因为戴手套本身就意味着讨厌别人接触你的手，即使对方跟你的关系非常好，戴着手套握手也会产生不好的效果。在大多数国家内，戴手套与别人握手既不礼貌，也是对对方的侮辱。军人与他人握手时不必脱军帽，应先行军礼然后握手。西方国家，女士着礼服帽戴手套时，与他人握手可以不摘手套。

④ 与人握手时应采取站立姿势（年老体弱或者残疾人除外）。

⑤ 遇到两位以上交往对象，行握手礼时应一一相握，不宜交叉握手。有的国家视握手交叉成“十”意为十字架，认为必定会招来不幸。还要注意与多人握手时，时间长短大体相同，不要给人厚此薄彼的感觉。

⑥ 男士与女士握手，时间不宜过长，握力要轻一些，一般应握女士的手指。

⑦ 为了表示尊敬，握手时上身略微前倾，头略低一些面带笑容，注视对方的眼睛，边握手边开口致意，如说“您好”、“见到您很高兴”、“欢迎您”、“辛苦啦”，等等。

综上所述，归纳出握手十忌：一忌不讲先后顺序，抢先出手；二忌目光游移，漫不经心；三忌不脱手套，自视高傲；四忌掌心向下，目中无人；五忌用力不当，敷衍鲁莽；六忌左手相握，有悖习俗；七忌“乞讨式”握手，过分谦恭；八忌握手时间太长，让人无所适从；九忌滥用“双握式”，令人尴尬；十忌“死鱼”式握手，轻慢冷漠。

（2）注目礼。注目礼是以目注视受礼者，并用目迎、目送来表示敬意的一种礼节。行注目礼时，行礼者应面向或将头转向受礼者，呈立正姿势，抬头挺胸，注视受礼者目迎和目送，待受礼者还礼后目光平视或将头转正。施注目礼的场合有：奏国歌升降国旗时，各种会议的升降旗仪式，运动会颁奖仪式等，都要向国旗行注目礼。参加升旗仪式时着军装的军人要行军礼，戴红领巾的少先队员要行少先队队礼。接受检阅时，受阅者应向检阅者首先行注目礼。

（3）鞠躬礼。意即弯身行礼，是为表示对他人的尊重和敬意而普遍使用的一种礼节。此礼既适用于喜庆欢乐或庄严肃穆的仪式，又适用于一般的社交场合。在日本，鞠躬礼是人们最常用的会面礼节。其弯身程度不同，所表示的尊敬程度也不一样。

（4）拥抱礼。拥抱礼是流行于欧美的一种会面礼节。行礼时，两人相对而立，各自右臂在上，左臂在下，右手环抚于对方的左后肩，左手环抚于对方的右后腰，胸部左倾而紧紧相抱，头部相贴，然后头部及上身向右倾而相抱，接着再次向左倾相抱，礼毕。

（5）合十礼。合十礼又称合掌礼，即把两个手掌在胸前对合，五指并拢向上，头略低，手掌向外倾斜，这种礼节，通行于南亚与东南亚信奉佛教的国家。

在社交场合中还有其他礼仪如亲吻礼、吻手礼等会面礼节，因在商务活动中使用频率不高，不再一一介绍。

（四）服饰礼仪

古今中外，着装从来都体现着一种社会文化，体现着一个人的文化修养和审美情趣，是一个人的身份、气质、内在素质的无言的介绍信。从某种意义上说，服饰是一门艺术，服饰所能传达的情感与意蕴甚至不是用语言所能替代的。在不同场合，穿着得体、适度的人，会给人留下良好的印象；而穿着不当，则会降低人的身份，损害自身的形象。我国已故的周恩来总理在着装方面为后人树立了一个得体潇洒的典范。不论在任何条件下，他都把衣着整洁合体、姿态端庄、一举一动彬彬有礼、光明磊落、待人谦虚、亲切、诚恳、直率作为做人的准则。在社交场合，得体的服饰是一种礼貌，一定程度上直接影响着人际关系的和谐。

影响着装效果的重要因素：一是要有文化修养和高雅的审美能力，即所谓“腹有诗书气自华”；二是要有运动健美的素质，健美的形体是着装美的天然条件；三是要掌握着装常识、着装原则和服饰礼仪知识，这是达到内外和谐统一美的不可或缺的条件。本节着重谈谈着装原则和服饰礼仪的基本知识。

（1）着装的TPO原则。TPO是英文Time 、Place、和Object三个词首字母的缩写。T代表时间、季节、时令、时代；P代表地点、场合、职位；O代表目的、对象。着装的TPO原则是世界通行的着装打扮的最基本的原则。它要求人们的服饰应力求和谐，以和谐为美。着装要与时间、季节相吻合，符合时令；要与所处场合环境，与不同国家、区域、民族的不同习俗相吻合；符合着装人的身份；要根据不同的交往目的、交往对象选择服饰，以给人留下良好的印象。根据TPO原则，着装时应注意以下几个问题。

① 着装应与自身条件相适应。选择服装首先应该与自己的年龄、身份、体形、肤色、

性格和谐统一。年长者，身份地位高者，选择服装款式不宜太新潮，款式简单而面料质地则应讲究些才与身份年龄相吻合。青少年着装则着重体现青春气息，朴素、整洁为宜，清新、活泼最好，若以过分的服饰破坏了青春朝气实在得不偿失。形体条件对服装款式的选择也有很大影响。身材矮胖、颈粗圆脸形者，宜穿深色低“V”字形领、大“U”字形领套装，浅色高领服装则不适合。而身材瘦长、颈细长、长脸形者宜穿浅色、高领或圆形领服装。方脸形者则宜穿小圆领或双翻领服装。身材匀称，形体条件好，肤色也好的人，着装范围则较广。

② 着装应与职业、场合和交往目的、对象相协调，这是不可忽视的原则。工作时间着装应遵循端庄、整洁、稳重、美观、和谐的原则，能给人以愉悦感和庄重感。从一个单位职工的着装和精神面貌，便能体现这个单位的工作作风和发展前景。现在越来越多的组织、企业、机关、学校开始重视统一着装，是很有积极意义的举措。这不仅给了着装者一份自豪，同时又多了一份自觉和约束，成为一个组织、一个单位的标志和象征。着装应与场合、环境相适应。正式社交场合，着装宜庄重大方，不宜过于浮华。参加晚会或喜庆场合，服饰则可明亮、艳丽些。节假日休闲时着装应随意、轻便些，西装革履则显得拘谨而不适宜。家庭生活中，着休闲装、便装有益于与家人之间沟通感情，营造轻松、愉悦、温馨的氛围。不能穿睡衣、拖鞋到大街上去购物或散步，那是不雅和失礼的。着装应与交往对象、目的相适应。与外宾、少数民族相处，更要特别尊重他们的习俗禁忌。

总之，着装的最基本的原则是体现“和谐美”，上下装呼应和谐，饰物与服装色彩相配和谐，与身份、年龄、职业、肤色、体形和谐，与时令、季节环境和谐等。

（2）服装的色彩搭配与饰物礼仪。

① 服装的色彩搭配：不同的色彩有着不同的象征意义：暖色调——红色象征热烈、活泼、兴奋、富有激情；黄色象征明快、鼓舞、希望、富有朝气；橙色象征开朗、欣喜、活跃。冷色调——黑色象征沉稳、庄重、冷漠、富有神秘感；蓝色象征深远、沉静、安详、清爽、自信而幽远。中间色调——黄绿色象征安详、活泼、幼嫩；红紫色象征明艳、夺目；紫色象征华丽、高贵。过渡色——粉色象征活泼、年轻、明丽而娇美；白色象征朴素、高雅、明亮、纯洁；淡绿色象征生命、鲜嫩、愉快和青春等。服装的色彩是着装成功的重要因素。服装配色以“整体协调”为基本准则。全身着装颜色搭配最好不超过三种颜色，而且以一种颜色为主色调；颜色太多则显得乱而无序，不协调。灰、黑、白三种颜色在服装配色中占有重要位置，几乎可以和任何颜色相配并且都很合适。着装配色和谐的几种比较保险的办法，一是上下装同色——即套装，以饰物点缀。二是同色系配色，利用同色系中深浅、明暗度不同的颜色搭配，整体效果比较协调。利用对比色搭配（明亮度对比或相互排斥的颜色对比），运用得当，会有相映生辉、令人耳目一新的亮丽效果。年轻人着上深

下浅的服装，显得活泼、飘逸，富有青春气息。中老年人采用上浅下深的搭配，给人以稳重、沉着的感觉。

② 饰物礼仪：饰物指与服装搭配并对服装起修饰作用的其他物品，主要有领带、围巾、丝巾、胸针、首饰、提包、手套、鞋袜等。饰物在着装中起着画龙点睛、协调整体的作用。胸针适合女性一年四季佩戴。佩戴胸针应因季节、服装的不同而变化。胸针应戴在第一第二粒纽扣之间的平行位置上。首饰主要指耳环、项链、戒指、手镯、手链等。佩戴首饰应与脸型、服装协调。首饰不宜同时戴多件，比如戒指，一只手最好只佩戴一枚，手镯、手链一只手也不能戴两个以上；多戴则显得不雅而庸俗，特别是工作和重要社交场合穿金戴银不合礼仪规范。巧用围巾，特别是女士佩戴的丝巾，会收到非常好的装饰效果。男士饰物一定不能太多，太多则会少了些阳刚之气和潇洒之美。一条领带，一枚领带夹，某些特殊场合，在西服上衣胸前口袋上配一块装饰手帕就够了。

鞋袜的作用在整体着装中不可忽视，搭配不好会给人头重脚轻的感觉。着便装穿皮鞋、布鞋、运动鞋都可以。男士皮鞋的颜色以黑色、深咖啡或深棕色较合适，白色皮鞋除非穿浅色套装才适用。黑色皮鞋适合于各色服装和各种场合。正式社交场合，男士的袜子应该是深单一色的，黑、蓝、灰都可以。女士皮鞋以黑色、白色、棕色或与服装颜色一致或同色系为宜。社交场合，女士穿裙子时袜子以肉色相配最好，深色或花色图案的袜子都不合适。长筒丝袜口与裙子下摆之间不能有间隔，不能露出腿的一部分，那很不雅观，不符合服饰礼仪规范。有破洞的丝袜不能露在外面。穿有明显破痕的高筒袜在公众场合总会感到尴尬，不穿袜子倒还可以。总之，饰物的选用也应遵循 TPO 原则，重要的是以“和谐”为美。

③ 穿西服的礼仪。西服以其设计造型美观、线条简洁流畅、立体感强、适应性广泛等特点而越来越受到人们青睐，几乎成为世界性通用的服装，可谓男女老少皆宜。西服七分在做，三分在穿。西服的选择和搭配是很有讲究的。选择西服既要考虑颜色、尺码、价格、面料和做工，又不可忽视外形线条和比例。西服不一定必须料子讲究高档，但必须裁剪合体，整洁笔挺。选择色彩较暗、沉稳、且无明显花纹图案，但面料高档些的单色西服套装，适用场合广泛，穿用时间长，利用率较高。

阅读资料

手势与文化含义

不同的文化背景，有着不同的手势习惯，也有不同的文化含义。

如在某些国家认为竖起大拇指、其余四指蜷曲表示称赞夸奖，但澳大利亚人则认为竖起大拇指，尤其是横向伸出大拇指是一种污辱。英国人跷起大拇指是拦车要求搭车的意思。

用大拇指和食指构成一个圆圈，其他三指伸直，就是“OK”的手势，这一手势在欧洲是表示赞扬和允诺的意思，特别在青年学生中广为流行；然而在法国南部、希腊撒丁岛等地，它的意思恰好相反；在巴西，人们打“OK”这个手势表示的是“肛门”。阿拉伯人用两个小拇指拉在一起表示断交，吉普赛人掸去肩上的尘土表示你快滚开。另外，“V”手势是把食指和中指伸出而构成的姿势。手掌向外的“V”手势，代表胜利，而手掌向内的“V”手势，就变成侮辱人、下贱的意思，带有骂人的含义，这在英国及澳洲非常普遍，在欧洲许多地方，这一手势还可以表示数目“二”。

思考题

1．如何理解推销的职能？
2．推销员的主要职责有哪些？怎样理解这些职责？
3．推销员的一般素质结构如何？
4．对推销员的专业素质有哪些要求？
5．推销员应具备的知识结构？
6．推销员的专业能力结构如何，现在你已经具备了其中的哪些部分？
7．为什么要重视和研究商务活动中的礼仪？
8．对谈判者的服饰有什么要求？
9．对谈判人员的举止有什么要求？
10．对客商的迎送和宴请要注意哪些问题？
11．谈判会场的座位安排有什么要求？
12．签字仪式和礼物馈赠应注意哪些问题？

实践与技能

1．案例分析题

案例 1

热情可以赢得一切

——玫琳凯

当我还是一个家庭主妇的时候，一个星期五下午，我的门铃响了，埃蒂·布莱克——一个我从来没有见过的人站在我门口，她问我是否能让她进来，并告诉我拥有一套适合讲给小孩听的书的好处。我请她进来，就在我们互相认识之前，她就已经让我喜欢上了她的产品——由格利尔社会出版社出版的《儿童心理学丛书》。在这套书的目录中，每个母亲都可以找到她所关心的问题及一个与之相联系的榜样型故事讲给她的小孩听。

例如，其中有一个故事是关于小孩撒谎的——小孩在四、五岁时就可能会撒谎。如果一位年轻的母亲试图教给小孩是非对错，那么这套丛书是我见过的有关儿童心理的最优秀的书。埃蒂说这套丛书定价50美元。“你说什么？50美元？”我简直叫了起来。

我告诉她：“对不起，我就是拼了命也买不起这套书，它们远远超出了我的收入水平。”

埃蒂看出，我非常喜欢这套书，于是建议说：“玛丽，我先把书留在你这里，到星期一再来取走，你看行吗？”

“那太谢谢你了！”我很高兴，因为我想不到她会这样说，“不过这又有什么用呢？因为最后我还是付不起这么多钱。”

“我有个主意”，她说，“如果你能推销出十套书，我就送你一套。”“真的吗？天哪，真是太好了！”我满心感谢。

事情巧得很，当时我正好是豪斯顿巴蒂德教堂星期天初级会员的自愿管理者，因此我有许多位年轻母亲的电话号码。在周末，我把大部分时间都用来打电话，向这些母亲推荐我所看到的那套优秀的丛书。我的热情是如此之高，以至于根本不用看书，她们中的十个人就不说什么地答应买它一套！是我的热情点燃了她们的购买欲望。

星期一早上，埃蒂准时过来，我把我所做的向她讲了一遍。“这是她们的姓名和地址，”我说：“你带着书直接过去拿书款就行了。”

“真是不可思议！我从来还没见过这样迅速而又成功的推销。”她说。“这套书就送给你啦！”她指着放在桌子上的书，又说。

“谢谢！”我高兴得都快跳起来。

“现在，我想跟你讨论一个更重要的问题，玛丽，”埃蒂急切地说，“你愿意为我们公司做推销吗？”还没等我回答，她又加了一句：“也许你还需要拥有一辆自己的汽车。”

“但是，我家只有一辆汽车，而且我丈夫还要开着去上班。而且，我也不会开车。”我有些犹豫。

“那好，你让你先生明天把车留下来，我开车带你出去。宝贝，明天你就和我一起去推销书吧！”

接下来的几天，我们到处敲门，但是一事无成——要么无人开门，要么被人拒之门外。只有一次，我们做成了一套书的买卖。但此后就再没有人对这套书感兴趣。我一个周末仅用电话就推销了十套，而现在我们却这么困难——我真的很不明白。

下午五点钟，埃蒂爬进汽车的后排座，对我说：“这次由你开车回家吧！”

“天哪！我哪里会开车。”我都快叫起来了。

“如果你还想成为一名推销员，那么你迟早得学会开车。”她颇具哲学意味地说。这天我接受了平生第一次驾驶训练——我在交通高峰时驾车跌跌撞撞地通过了豪斯顿地区。到现在我还感谢埃蒂，她不仅教我第一次做推销，而且教我学会了开车。

我对推销不内行，但从模仿打电话时埃蒂沉着的语调和挨家挨户兜售的过程中，我看到了一点成功的希望。一次次的总结之后，我想我之所以能推销出去十套书，主要是由于我的热情感染了她们。

我立即拿出马蒂德教堂会员的名单，找到那些有孩子的住在豪斯顿地区的父母的名字，然后逐一地访谈，然后在最初的九个月里，我卖出了价值5000美元的书，我创造了公司里的最好业绩。尽管如此，我还是决定不干了。是那些买过书的父母亲们的电话导致我辞职的！你看看，有些父母亲花了50美元买书，却让那些书躺在书架上睡大觉而且还认为这书根本没有用。他们就因为这向我大发脾气！当然，事实上如果那些书被充分利用起来，我的顾客肯定会大有收获并且觉得物有所值。

我知道我的顾客没有好好利用这些书后，我就不再想推销它们了。我失去了以往的热情。没有了热情，我也就失去了推销的信心。

任何一个曾经和玫琳凯接触的人都知道她的热情具有非凡的感染力。当她出现在你面前时，你简直无法拒绝她，热情对每一个推销员来说都至关重要。如果你从内心深处对你所推销的产品充满信心，那么其他人也会跟着你相信它。

玫琳凯离开了图书直销员的行列，但在1963年下半年时，她就开了自己的公司——玫琳凯化妆品公司，今天，她已被称为美国最成功的商界女强人之一。美国的玫琳凯化妆品公司是世界上最大的化妆品公司之一。玫琳凯50岁出头时，用5000美元的积蓄，开始在达拉斯的一家小商店出售护肤产品。20年后，她的公司成为一家跨国企业。玫琳凯公司估计有375000个美容顾问，每年零售额大概是20亿美元。随着“玫琳凯热情”美名远扬，玫琳凯的成功也蒙上了传奇式的神秘面纱。

玫琳凯认为：“一个经理必须使自己的人员有自豪感，不管他们干哪种工作，商人、装配线上的工人、推销员、档案管理员以及经理人员都要有自豪感。都要为自己的工作而感到自豪。”这种自豪感首先来自于对自己祖国的自豪感。一个不爱自己国家的人是不可能对自己的工作感到自豪的。因此，她亲自向职工发表数百次充满爱国激情的演说，在公司集会上挥舞国旗，而且乐此不疲，认为即使天天如此也不过分。

请思考：

（1）玫琳凯为什么能取得第一次推销的成功？

（2）从玫琳凯的成功中，我们得到什么启发？

案例 2

滴水可以穿石

——理查德·路易斯

一天，当我出动兜揽生意时，我拜访了一位拥有3台鲁克斯电子公司的机器的妇女。她对我说："我是鲁克斯产品的忠实使用者，我把一台放在楼上，一台放在楼下，我还有一台你的磨光器。"

她告诉我自从推销员向她出售了这些产品之后，就再也没有来过。这与我的销售哲学恰好相反，因为我总是与我的顾客保持联系。下面是我到顾客家时常做的四件事：

（1）向他们介绍一些新的产品；

（2）将我的名字和电话号码贴在产品上或是记在顾客的私人电话簿上；

（3）请他介绍3个顾客；

（4）每四个月进行一次联系。

我对她说，"只要我还在这里，我就将为您提供服务。"

她请我进去，我取下机器喷嘴，为她的房间作了清洗。我也把姓名和电话号码条贴在她的机器上，"如果你有什么麻烦或是需要什么，请你与我联系。"她非常高兴。

接着，我又对她说，"趁我在这儿，我给你介绍一下我们的新型的吸尘器吧。"

尽管我并不期望能卖给她，但我仍详尽地作了介绍。"哟，我非常喜欢它们，我能不能用旧的折价换新的呢？"

最终我以折价方式卖给了她两台机器，她还为我介绍了 3 家邻居和 3 个亲属，他们也都购买了我的产品。她是一个虔诚的教徒，她还为我列了一个名单，介绍我去拜访一些教友。就这样，我只敲了一次门，在后来的 6 个月里，我就多卖了50台机器。

请思考：

（1）理查德·路易斯为客户提供了什么样的服务，这带来什么效果？

（2）理查德·路易斯优质服务的具体做法有哪些，你能学到手吗？

2．模拟训练题

（1）由学生配对扮演推销员和客户，然后再互相调换角色在班上公开进行模拟推销，自选推销的产品或服务及其产销企业，请当观众的学生评价他们的角色扮演的优缺点。

（2）案例 2 中体现了理查德·路易斯具备哪些方面的素质，试从态度、知识、能力等方面加以分析，并写出分析报告。

3．礼仪练习

请学生按以下方式进行礼仪练习。

（1）站姿。靠墙壁站直，让脚后跟顶住墙，把手放在腰和墙之间，手应当刚好能放进去，而没有多余的空间。如果有很大空间，可以弯下腿，慢慢蹲下去，把手一直放在背后。这种方法能让你体会到正确体态的感觉。经过练习后，你会发现，你的手几乎插不进腰与墙之间的空间了，那时的站姿是最美妙的。

（2）行姿。可以把一本书放在头顶上，放稳之后再松手，接着把双手放在身体两侧，用前脚慢慢地、小心地从基本站立姿态起步走。这样练习走路姿态，关键是走路时要摆动大腿关节部位，而不是膝关节，步伐才能轻捷。

（3）微笑练习。请对着镜子做下列练习。

眼睛：美好笑容的关键在于“眼”，将视线调整为半圆状送出，视线柔和，表情明快。

嘴唇：美好笑容中，口部表情为一大要素。在做到上面眼部表情之后，再将唇的两边略上提（称作 Cheese），即可做出给人好感的微笑。

第三章　推销心理

学习目标

通过本章的学习，使学生了解推销心理的特征和推销人员心理，掌握顾客的购买心理及其行为特征，以便在实际工作中能根据顾客的心理演变，有步骤地展开推销活动；通过研究推销人员心理，自觉调整心态，努力做一名具有优秀心理素质的推销员。同时，理解推销方格理论中不同推销态度及不同类型顾客的特点及推销技巧。

案例导入

利用顾客心理疑惑的销售

某推销员正在推销甲、乙两座房子，而此时他想卖出甲房子，因此他在跟顾客 H 交谈时这样说：

“您看这两座房子怎么样，现在甲房子已经在前两天被人看过，要我替他留着，因此你还是看看乙房子吧，其实它也不错。”

顾客当然两座房子都要看，而推销员的话在 H 心中留下深刻的印象，产生了一种“甲房子已经被人订购，肯定不错”的感觉，相比之下，他就觉得乙房子不如甲房子，最后，他带着几分遗憾走了。

过了几天，推销员带着喜悦的表情找到 H，告诉他：

“你现在可以买到甲房子了，你真是很幸运，正巧以前订购甲房子的顾客资金一时周转不过来，我劝他不如暂缓购房，我那天看你对甲房子有意，便特地给你留下来了。”

听到这，H 当然也庆幸自己能有机会买到甲房子，现在自己想要的东西送上门来了，眼下不买，更待何时，因此，买卖甲房子的交易很快达成了。

案例分析：在这个例子中，推销员准确地掌握住顾客的心理，利用声东击西的办法把顾客的注意力吸引到了甲房子上，同时又给他一个遗憾，甲房子已被订购，从而刺激起他对甲房子更强烈的占有欲，最后很轻松地就让顾客高高兴兴地买下了甲房子。

第一节　推销心理概述

推销人员总是向某一特定的顾客推销特定的产品、服务或观念。在推销人员与顾客的接触和交往中，双方都会对对方产生一定的印象和看法，形成各自独特的心理状态。因此，对于推销人员来说，既要了解自己，更要了解顾客；既要了解自己的企业和产品，更要了解顾客心理活动的规律，这样才能自觉运用相关的推销理论和适当的推销模式，增强推销工作的科学性。

一、推销心理的概念

推销心理是指推销活动中的客观现实在推销员与顾客头脑中的反映。在推销活动过程中，推销员和顾客对客观现实的反映各不相同，从而形成不同的心理现象。把握好这些心理活动的规律和特征，有助于推销员有针对性地、创造性地开展推销工作，顺利地完成推销任务，实现企业的经营目标。

二、推销心理的特征

推销过程中错综复杂的心理表现都是由推销员和顾客的心理特征决定的，推销心理具有互动性、趋同性、差异性和不对等性。

1. 互动性

推销过程是推销员和顾客双向沟通协商的过程，彼此的心理是相互影响、相互制约的。各自不同的心理表现，都会给对方的心理带来微妙的影响，并影响着推销结果。所以，在推销活动中了解推销心理的互动性，对企业和推销员来说非常重要。在实际推销中要求企业和推销员不能单方面地进行推销工作，比如，有时推销员过分的热情会对顾客产生较大的心理压力，从而导致推销的失败；有时过于疏远又会使推销无法顺利地实现推销目标。推销心理的互动性要求推销员在推销工作中要用自己的热情去鼓舞顾客，用自己的知识去说服顾客，用自己的信心去感染顾客，同时能准确地分析顾客各种行为表现及其反馈的心理信息。

2. 趋同性

推销心理的表现千差万别，各不相同，但又是有规律可循的，我们可以从各自不同的推销心理表现中，找出其共性，从而找出其内在的规律，即趋同性。比如，顾客的性格在籍贯上表现出一定的趋同性，南方的顾客性格普遍较为含蓄、精明；北方的顾客性格普遍较为直率、粗犷。另外，在社区消费中，推销心理也具有较强的趋同性。推销心理的趋同性要求推销员能够正确运用顾客的共性有效地展开工作。

3. 差异性

推销心理具有趋同性，同时也具有差异性，这主要是推销员和顾客的个体差异造成的。推销员和顾客在不同的自然和社会环境中形成了不同的心理特征，对客观现实的反映就有着各自不同的认识，这主要体现在年龄、性别、文化、宗教、民族和地域等方面的差异。比如，在推销活动中，年轻人接受新产品较快，老年人接受新产品较慢。特别是对于时尚和流行的产品，这种心理差异就更大。在审美心理上，中国人喜欢菊花，把它与“梅、兰、竹”一起誉为花中的四君子；而欧洲一些国家却非常忌讳菊花。推销心理的差异性要求推销员在工作中根据具体的顾客来进行推销，并树立“推销无定式”的理念。

4. 不对等性

推销心理的不对等性主要表现在推销员和顾客的信息交流过程中的心理表现的不对等性。虽然推销员与顾客在推销活动中存在互动，但由于个性、环境、时机和观念等差异，彼此的心理表现出不对等性。例如，在有科技含量的新商品的推销中，推销员通过各种方式来教育引导顾客，但许多顾客却一时难以接受。

三、推销人员心理

推销员是指从事商品、服务推销工作的人员。推销员是推销商品的专业人士，是销售前线的职员，有如战场上的士兵，其功能是速销产品及服务等。推销员心理是指推销活动在推销员头脑中的反映。在推销活动中，推销员面对顾客，表现出各种各样的心理活动和现象，特别是各种推销员的职业心理，对推销工作有着非常重要的影响，其与顾客心理共同构成了推销活动双向互动的整体过程。

（一）推销员的心理素质

良好的心理素质，能使推销员准确地发现或协助买主发现其真正的需求，并设法证实推销的产品符合买主的需求，促使买主接受推销产品，解除买主不急于购买的心理，运用能引起买主注意和兴趣的方法，促使买主做出购买决定，所以推销员的心理素质是推销成败至关重要的因素。

推销员的心理素质主要表现为容忍力、毅力、幽默感等方面。容忍是一种宽容忍耐的心理。人所能承受的心理负荷是有一定限度的，当外界刺激，即心理冲击超过一定限度时会产生心理突变，这个原理就是著名的“心理容量原理”。心理容量是一个变量。容忍，就是心理容量的扩大，正如俗话讲的“虚怀若谷”、“宰相肚里能撑船”。能忍受挫折的打击，或承受超过一定限度的外界刺激，仍保持个人心理活动正常的适应能力，叫做挫折容忍力强。扩大其心理容量，提高其挫折容忍力，则能保持容忍的大度。如在日本被誉为“推销之神”的原一平为一笔大交易，曾在 4 年中拜访同一顾客 70 多次，每次都被一老人挡驾。后来，他了解到那位老人就是他要拜访的这家公司的总经理，他忍住了心中的愤怒，重新拜访，终于感动了这位目标顾客，达到了创纪录的推销成果。毅力，是一种坚强持久的意志。一个有毅力的人，为了达到预定目标，在执行决定的前进道路上，不论遇到什么艰难险阻，都能始终百折不挠、坚定不移。幽默又叫诙谐，能使人超脱、生气勃勃，具有影响力。幽默感在人际交往中往往是打破僵局、摆脱困境的润滑剂，具有出奇制胜的力量。除此之外，推销员还应有与心理素质相关的业务素质，如敏锐的洞察力、丰富的市场知识、高超的社交能力及基本的法律知识等。

（二）推销员心理品质构成

1. 情感品质

情感是指人对客观事物是否符合其需要所产生的态度体验，是人脑对客观事物与人的需要之间的反映。构成推销员情感形态的基本因素有以下几种。

（1）美感，是指人根据某种美的需要，对一定的客观事物进行评价所产生的情感，是对事物美的体验。美感总有直觉性，即物体的颜色、形状、线条以及声音等方面的特点在美感的产生中起重要作用。作为美感产生的源泉并不只限于事物的外部特点，起决定作用的是事物的内容。

（2）理智感，是指人根据某种认识和追求真理的需要，对一定的客观事物所产生的情感。理智感是人在对客观世界的认识过程、科学探索和智力活动中产生的爱憎分明感。例如，人在认识客观世界、有所发明创造时所产生的喜悦和愉快；在突然遇到与某些熟知的规律相矛盾的事实时所产生的疑惑、惊讶等。推销员在推销实践中必须具备理智感。

（3）道德感，是指人们根据一定的社会道德需要和规范，评价自己或别人的言行时所产生的情感，是关于人的行为、举止、思想、意图是否符合社会道德行为准则而产生的情绪体验。如果将“顾客是上帝”作为道德行为标准，推销员的道德感就是对顾客负责，对顾客有一种义务感、友谊感和责任感，并把这些道德准则贯穿于行为、举止、思想和意图之中，对顾客做到“问心无愧”，并从中体验到满意、喜悦、自豪的情感；反之，在没有为顾客尽到责任和义务时，也能体验到惭愧和内疚的情感，这就是推销员所具有的道德感。

2. 意志品质

意志品质是指为了实现预定目的而自觉努力的一种心理过程和行动过程，它具有积极的能动性和制约性。构成推销员意志品质的基本因素有以下几种。

（1）自觉性，是指人们在行动中具有明确的目的性，并充分认识行动的社会意义，使自己的行动服从社会环境要求的品质。例如，推销员在推销活动中应自觉遵守各项纪律和职业操守等。

（2）果断性，即具有很强的自信心，处事有胆有识，善于观察事物的变化，明辨是非，能毫不犹豫地执行决定。推销员在处理各种情况和突发事件时，要求能理性分析并迅速果断地作出决定。

（3）坚毅性，即能够经受长期困难磨炼及心理和生理的紧张状态，遇到任何艰难险阻不气馁，遇到任何挫折也不会灰心。推销员在遇到困难和挫折时要不灰心、不气馁。

（4）自制力，即能冷静地分析各种事物和情况，忍受委屈、痛苦，乃至折磨和凌辱，而不放弃自己所追求的目标。推销员在面对不利于自己的情形时，仍能耐心、稳妥地处理各项事务。

3. 能力品质

能力品质是指直接影响人顺利有效完成活动的主观因素和个性心理特征。能力不仅是人的心理活动形成和发展的重要内部要素，而且是人得以顺利地完成各项实践活动必备的主观条件。

能力分为一般能力和特殊能力。一般能力包括观察能力、记忆能力、注意能力、思维能力、想象能力、判断能力、表达能力等，这也是通常所说的智力；特殊能力，如色彩的鉴别能力等，它们只有在特殊活动领域中才发挥作用。一般能力和特殊能力有机地结合在一起，就构成了人的能力品质。推销员除了具备一般能力以外，为了适应推销工作，应特别强调观察能力、注意能力、表达能力等。

（三）推销员的职业心理

1. 服务心理

为顾客服务、让顾客满意是现代营销观念的核心组成部分，推销员的服务心理是指推销员在推销活动中以顾客为中心，根据顾客的需要，千方百计地为顾客提供各种良好服务的指导思想。推销员的服务心理是顾客的客观要求，是增强企业竞争力的重要手段，是提高经济效益的重要途径。推销员要做到全方位服务，作为第一线的推销员，直接面对顾客，其言谈举止、服务态度和质量直接体现了社会文明程度和企业形象，所以推销员需要加强服务心理的培养和锻炼，通过运用服务艺术来实现个人乃至企业的目标。

2. 交际心理

推销员的工作就是与顾客打交道，没有一定的交际能力是寸步难行的，推销员在与顾客沟通的过程中，应注意商业礼仪、注重顾客管理、增强公关能力，才能通过高质量的服务得到社会的认同，为企业带来效益，为企业树立形象，所以推销员的交际心理是推销过程中必不可少的。

3. 宽容心理

推销员在推销活动中难免会遇到一些推销异议，推销异议的存在并不可怕。它是一种必然观象，是顾客对商品感兴趣的指示剂，是企业改进市场营销工作的催化剂。这时，作为推销员应冷静宽容地对待这些推销异议，避免矛盾扩大化。因为顾客是企业的衣食父母，所以现代企业纷纷推出“顾客至上”、“顾客是上帝”、“顾客永远是正确的”等口号。就推销员而言更应该树立宽容心理，克服个人情绪、最大限度地满足顾客的需求，以期更好地实现企业目标。

现代商品推销要求推销人员承担更多的职责，从而要求推销人员要具有更优良的素质。如何使自己成为一个具备优秀心理素质的推销人员，以承受社会和企业的重托与厚望，这是每一个推销人员或即将成为推销人员的人们都要认真思考的问题。

第二节　顾客的购买心理

案例1

加德纳正准备把他的汽车开进车库。由于近来天气很冷，斜坡结了厚厚的一层冰，给汽车驾驶带来了一定的困难。这时候，一位懂礼貌的过路人顺势走过来帮忙，他又打手势又指方向，在他的帮助下，汽车顺利地绕过了门柱。他又过来问加德纳：“你有拖绳吗?”加德纳回答说：“没有。”然后加德纳又补充道：“可能没有。不过，我一直想买一条，但总是没有时间。是否你的汽车坏了?”过路人回答说：“不是的，我的车没有坏，但我可以给你提供一条尼龙拖绳。经实验，它的拉力是五吨。”这个过路人的问话即刻引起了加德纳的注意，并且使他意识到他确实需要一条拖绳。

（资料来源：吴金发，李海琼. 现代推销理论与实务[M]. 大连：东北财经大学出版社.）

案例分析：高明的推销是在不知不觉中顺其自然地将产品推销出去，而不留丝毫的斧凿痕迹。案例中，推销员以一个“过路人”的隐性身份，利用特定的环境，很自然地引出推销的产品，并引起了推销对象的注意，使推销活动显得水到渠成，收到了很好的推销效果。

一、顾客的购买动机

为什么有的人愿意买昂贵、名牌的服装，而有的人即使腰缠万贯也爱淘便宜货？为什么有的人即便一字不识也要买精装全套的《四库全书》？这取决于他们的购买动机。他们是出于一种什么样的心理而产生选购此类而非他类商品的动机呢？

（一）动机的概念

动机就是激发和维持个体进行活动，并导致该活动朝向某一目标的心理倾向或动力，也就是直接推动个体进行活动的内部驱动力。作为活动的一种动力，动机具有3种功能。

（1）激发功能。动机能激发机体产生某种活动。有动机的机体对某些刺激，特别是当这些刺激和当前的动机有关时，其反应更易受激发。例如，饥饿者对与食物有关的刺激、干渴者对与水有关的刺激反应特别敏感，易激起觅食活动。

（2）指向功能。动机使机体的活动针对一定的目标或对象。例如，在成就动机的支配下，人们可以放弃舒适的生活条件而到艰苦的地方去工作。动机不同，人们活动的方向和所追求的目标也不同。

（3）维持和调节功能。当活动产生以后，动机维持着这种活动，并调节着活动的强度和持续时间。如果活动达到了目标，动机促使机体终止这种活动。如果活动尚未达到目标，动机将驱使机体维持（或加强）这种活动，或转换活动方向以达到某种目标。

在具体的活动中，动机的上述功能的表现是很复杂的。不同的动机可以通过相同的活动表现出来。不同的活动也可能由相同或相似的动机支配，并且人的一种活动还可以由多种动机支配。例如，学生按时复习功课、完成作业的活动，其学习动机可能是不同的：有的可能是理解到自己肩负的责任，有的可能是想考取好学校，有的可能是出于个人的物质要求，有的可能是怕老师的检查和父母的责骂等。又如，成就动机可以促使学生在不同的学习领域（学习、文娱、体育等）进行积极的活动。因此，在考察人的行为活动时，必须揭示其动机，才能对其行为做出准确的判断。

（二）动机的产生

动机作为人的一切行动的内在直接原因，是在需要的基础上产生的。动机的产生必须具备两个条件，一是有一定强度的需要；二是具有满足需要的目标和诱因。当需要处于萌芽状态，在客观上也缺乏满足的目标或诱因条件出现时，需要才能转化为动机，成为个体活动的原因。如夏天来临，有的女士想买裙子，但这仅仅是意念上的需要，只有当她看到理想的品牌、花色或款式时，这种对裙子的需要才变成购买动机。

（三）购买动机的分类

1. 一般购买动机

从顾客购买商品的原因和驱动力而言，顾客的购买动机可分为生理性购买动机和心理性购买动机两大类。

（1）生理性购买动机。生理性购买动机是指顾客由于生理本能的需要而产生的购买动机。顾客作为生物意义上的人，为了满足、维持、保护、延续、发展自身生命，必然会产生激励其购买能满足其需要的商品动机。而这些动机多数是建立在生理需要的基础上的，在这类动机驱使下的顾客的消费行为个体之间差异较小，具有明显、简单、稳定、重复的特点，比较容易实现。如市场上常见的支付能力弱的顾客群体，其购买一般都投向基本生活资料，优先满足生理上的需要。

（2）心理性购买动机。心理性购买动机是指顾客由于心理需要而产生的购买动机。它主要是由后天的社会或精神需要所引起，是消费者除本能以外，为满足、维持社会生活，进行社会生产和社会交际，在社会实践中实现自身价值等需要而产生的各种购买动机。心理性购买动机较之生理性购买动机更为复杂多变。对于个体而言，生理性购买动机在实现的途径、达到满足的程度上有较大的差异。

2. 具体购买动机。

实际购买活动中，顾客购买商品的心理活动是非常复杂的，其需要和欲望是多方面的，因而形成了形形色色具体的购买动机。研究顾客具体的购买动机，有助于营业员掌握顾客购买行为的内在规律性，并采取有效的措施加以引导。

（1）求实购买动机。求实购买动机是以追求使用价值为主要目的的购买动机。具有这种购买动机的顾客特别注重商品的实际效用、功能和质量，讲求经济实惠和经济耐用，而不太注重商品的外观。这类购买动机在顾客群中最具普遍性和代表性。

（2）求新购买动机 。求新购买动机以追求商品的新颖、奇特、时尚为主要购买动机。具有这种购买动机的顾客特别重视商品的款式、颜色、造型是否符合时尚或与众不同，而不太注重商品的实用程度和价格高低。

（3）求美购买动机 。求美购买动机是以追求商品的艺术价值和欣赏价值为主要目标的购买动机。具有这种购买动机的顾客特别重视商品本身的色彩美、造型美、艺术美，以及对人体的美化作用，对环境的装饰作用，对人的精神生活的陶冶作用，而对商品本身的实用价值不太重视。

（4）求名购买动机 。求名购买动机是以追求名牌商品、高档商品或仰慕某种传统商品的名望为主要购买目的的购买动机。具有这种购买动机的顾客特别注重商品的商标、品牌、档次及象征意义，而不太重视商品的使用价值。

（5）求廉购买动机。求廉购买动机是以追求商品价格低廉，希望以较少的货币获得较多物质利益为主要目的的购买动机。其核心是“经济”和“节俭”，他们大都“货比三家”，以求价格上的差异。具有这种购买动机的顾客特别注重商品的价格，对价格的变化反应格外敏感，对处理价、优惠价、特价、折扣价的商品特别感兴趣，求廉购买动机是一种较为普遍的购买动机。

（6）自我表现购买动机。也称为炫耀购买动机，是以显示自己身份、地位、威望和财富为主要目的的购买动机。其核心是“自我表现”，具有这种购买动机的顾客特别重视商品的影响和象征意义，以显示其富裕的生活、特殊的地位、超群的能力。

（7）好胜购买动机。也称为攀比购买动机，是以争强好胜或与他人攀比并胜过他人为主要目的的购买动机，其核心是“争赢”和“比较”。具有这种购买动机的顾客并不是为了满足某种急切的需要才购买某种商品，而是为了赶上并超过他人，达到心理上的平衡和满足。这种购买动机受外界示范等因素的影响，而购买的内在因素（如需要、购买能力）反而居于次要地位。

（8）惠顾购买动机。惠顾购买动机是以表示信任、感谢为主要目的的购买动机。顾客由于某些原因对特定商店、特定商品品牌，或对某些营销人员产生特殊的好感、信任，从而习惯地、重复地光顾某一商店，或反复地、习惯地购买某一品牌的商品，成为企业最忠实的支持者。

（9）偏爱购买动机 。偏爱购买动机是以满足个人某种特殊偏爱为主要目的的购买动机。这类顾客的购买动机大多是由于生活习惯和业余爱好，如爱养花、爱集邮、爱古玩等。具有这类购买动机的顾客往往比较理智，购物指向比较强，具有经常性、持续性的特点。

（10）求方便购买动机。求方便购买动机是以追求购买过程的方便、快捷、省时为主要目的的购买动机。具有这类购买动机的顾客时间、效率观念很强，希望尽可能简单、迅速地完成交易过程，不能容忍繁琐的手续和长时间的等候，但对商品本身却不太挑剔。

（四）顾客购买动机的诱导

1. 诱导性的含义

诱导性是指推销员针对顾客购买主导动机指向，运用各种方法和手段，向顾客提供商品信息资料，对商品进行说明，使顾客购买动机得到强化，对该商品产生喜欢倾向，进而采取购买行为的过程。顾客购买动机的可诱导性为商业企业扩大商品销售提供了可能，推销员的诱导，可促使顾客的心理倾向于购买，有利于帮助实现销售。

在实际购买过程中，顾客的购买行为大都是在各种各样的购买动机共同驱使下进行的，是各种动机总和作用的结果。顾客所具有的各种购买动机既有主导性的动机，又有辅助性的动机；既有明显清晰的动机，又有隐藏模糊的动机；既有稳定的动机，又有偶然的动机等。顾客的购买行为就是在这种有意识和无意识购买动机总和的驱动下进行的。动机总和有两种基本方式。第一种是方向一致的动机总和，即多个购买动机方向一致，共同作用于促进购买性，它可以使顾客产生更为强大的推动购买商品的心理力量，强化购买行为。第二种是方向相反的动机总和，方向相反的动机总和对购买行为的作用表现为两个方面：一是方向相反的动机总和作用不平衡，占上风的大致决定购买行为；二是方向相反的动机总和作用平衡，外力的加入能决定顾客的购买行为。由此可见，在关键时刻给顾客加上倾向购买的力，可以强化顾客购买动机，使其采取购买行为，即顾客购买动机具有可诱导性。

2. 诱导顾客购买的方式

推销员运用顾客购买动机的可诱导性对顾客购买动机进行诱导时，必须遵守职业道德，并遵循顾客至上、灵活多样的原则，采取科学的诱导方式，强化顾客购买动机。主要的诱导方式有以下几种。

（1）证明性诱导。具体包括实证诱导、证据诱导和论证诱导。

实证诱导就是在购物现场向顾客提供实物证明的方法，如电视机当场播放给顾客观看，厨具当场做操作示范等。

证据诱导就是向顾客提供间接使用效用证据的方法，如向顾客提供已使用过该商品的顾客的资料，作为诱导顾客产生购买动机的证据。

论证诱导就是以口语化的理论说明取得顾客信任的方法，如介绍商品的成分、生产工艺、性能、使用方法等。

（2）转化性诱导。在买卖交往中，有可能出现针锋相对的局面，使买卖陷入僵局，这时就需要通过转化诱导，缓解矛盾，缓和气氛，重新引起顾客的兴趣，使无望购买行为转变为现实购买行为。常用的转化性诱导方法有：先肯定再陈述，如先肯定顾客言之有理，使顾客从心理上得到满足，然后再婉言陈述自己的意见，以求得较好的诱导效果；转移法，如面对顾客提出的一些难以回答的问题，可采取转换话题，分散顾客注意力的方法，间接地诱导顾客的购买动机；拖延法，如遇到顾客提出的问题无法回答得准确、圆满时，先让顾客看商品说明书以拖延时间，给顾客充分、自由考虑的余地，以便产生诱导效果。

（3）建议性诱导。建议性诱导是指在证明性诱导或转化性诱导成功后，不失时机地向顾客提出购买建议，达到扩大销售的目的。对顾客进行建议性诱导的关键是抓住提供建议的时机并提供与顾客需要一致的建议内容。

二、顾客购买过程的心理分析

案例2

推销人员：这件衣服对您再合适不过了。您穿蓝色看上去很高贵，而且这种式样也正是您这种工作所需要的。

顾客（犹豫地）：不错，是一件好衣服。

推销人员：当然了。您应该马上买下它，这件衣服就像刚出炉的热蛋糕，您不可能买到更好的了。

顾客：嗯，也许，我不知道。

推销人员：您不知道什么?它是无与伦比的。

顾客：我希望你不要给我这么大的压力。我喜欢这件衣服，但我不知道我是否应当买别的颜色的衣服，我已经有一套蓝色的了。

推销人员：照照镜子，难道您不以为这件衣服给了您一种真正的威严气质？您可以承受得了，60天之内您可以不必付款。

顾客：我还不能确定，这得花很多钱。

推销人员：好的，但当您再回来时或许这种衣服已经没有货了。

（资料来源：吴金发，李海琼．现代推销理论与实务[M]．大连：东北财经大学出版社.）

案例分析：专业而又优秀的推销人员在推销活动中要做到：在充分了解顾客需求的基础上，针对不同类型的顾客，采取相应的推销方法与策略。而案例中的推销人员既不了解顾客的真正需求，也不能较好地帮助顾客从感性与理性两方面去认识所推销的商品，推销的结果可想而知。

（一）顾客购买过程的心理活动

顾客的购买过程是指顾客从产生某种购买欲望到最终完成购买行为的全部过程。在这个过程中，顾客的心理活动是逐渐展开的，其表现又是多样的。在消费的过程中，虽然顾客的购买动机不同，购买商品的种类、数量不同，所耗费的时间和精力不同，但顾客在购买过程中的心理状态一般都表现为注意、兴趣、联想、欲望、比较、信任、行动、满意 8 个发展阶段。

1. 注意

注意是心理活动对一定事物的指向和集中。例如，顾客经过商店门口，被橱窗中陈列的商品吸引，然后进入到商店里面，请营业员拿出自己中意的商品，再反复观看。注意的产生有客观原因和主观原因。客观原因是刺激物的特点，如商店中鲜明突出的广告和装饰，新颖的商品包装，响亮的兜售吆喝，变化多端的商品功能展示等，作为刺激物都会引起顾客的注意。引起顾客注意的主观原因是人对当前事物的态度、心境、兴趣、需要、经验、世界观等。如一般顾客的有意注意集中在物美价廉的商品上，高档豪华的商品和不想买的商品都不会成为注意中心。顾客对商品和购物环境的观察、感知、思考、记忆等的认识过程，都有一个注意或不注意的问题。即顾客是聚精会神地对于想购买的商品进行观察、聆听、分析、比较、认识，还是漫不经心地浏览商品、溜达闲逛，这就是注意状态不同的体现。要充分调动顾客的注意，激发顾客的购买欲，才能实现商品的销售。

2. 兴趣

兴趣是人们力求认识某种事物或爱好某种活动的倾向。在购买活动中，注意和兴趣是两种密切相关的心理活动。顾客在注意某种商品的时候，会同时引发其他心理活动，如想象、比较、分析、判断等，并对某种商品做出如颜色、式样、味道、价格等方面的反馈，这就是引起了顾客的兴趣。这种兴趣进一步推动顾客积极地去了解该商品的有关知识，认识该商品的功能、实用价值及对自己、对社会的意义等。在了解的过程中，顾客若认为该商品的功能、价值能适合或满足自己在物质方面或精神方面的需要，这种兴趣就会进一步强化，并引起顾客愉快的情绪体验，情绪体验的深化则推动着顾客购买行为的发展。

3. 联想

联想是由一事物想到另一事物的心理活动过程。联想包括由当前感知的事物想起另一个有关事物，如看到商店举办空调器展销，会想到夏天的到来；联想还包括由已经想起的一个事物想起另一个事物，如想到夏季来临，自然又会想到需要购置纳凉用品。在购买活动中，联想是在顾客对某种商品发生了兴趣并有了一定的认识之后，对该商品进一步关注时发生的心理活动。此时，顾客面对该商品会想到过去所购买的类似商品的使用情况，或者会想到购买此商品会引起什么样的后果，如购买空调器会使家人度过一个凉爽的夏季。通过联想，顾客往往会突破时空限制，获得更丰富的有关商品的知识，引发更强烈的情绪体验。联想可以看做是唤起和强化顾客购买欲望的媒介，营业员应善于运用各种手段激发顾客的联想，促成其购买行为。

例如，一位吸尘器推销员对顾客说：“请好好想一想，使用吸尘器，你可以从繁杂的家务劳动中解脱出来。这样，你就可以有更多的时间和精力关心你孩子的学习和进步，辅导他的作业，带他外出散步，和家人一同享受生活的乐趣。”这位推销人员就是在调动顾客的联想这一种基本心理活动。

4. 欲望

欲望是人想得到某种东西的要求，即渴望满足而未被满足的需求。在购买过程中，随着顾客联想的深化，顾客购买商品的欲望就会随着对该商品的认识及个人情绪的变化由潜伏状态转入活动状态，真正地起到推动顾客购买过程的作用。在这个时候，顾客购买欲望的现实性已十分明显，即想要购买。

5. 比较和判断

比较就是辨别两种或两种以上的事物的异同或高低。判断就是运用概念或个体的知识经验对事物的存在或它的某些属性进行肯定或否定判断的思维过程。比较是判断的基础和条件，而判断则是表达比较的结果。面对琳琅满目的商品，当顾客产生购买某种商品的欲望之后，根据自己的观察或营业员的介绍，就开始在心里对商品的特征、功能、外观、质量、价格等方面做出比较、权衡，如这件家具的颜色、式样是否与自己家庭的整体装修风格相适应？还有没有比这款更适合的？顾客对商品的鉴别都是通过比较这一过程去完成的。通过比较，顾客要对商品的质量、功能、价格等基本属性表示肯定或否定的倾向性，即做出判断，为最终的购买抉择提供依据。比较和判断是顾客购买决策的前奏，对顾客购买与否起着决定性的作用。在比较判断阶段，顾客有可能会出现犹豫不决，此时就是营业员为顾客做出咨询建议的最佳时机。营业员应适时地提供一些意见给顾客，帮助他做参考。

6. 信任

信任即相信而敢于托付，是由人对某一事物的肯定性判断所伴随而来的一种情感体现。在购买过程中，顾客通过多方面的比较，对商品的特性有了较好的把握，确定出自己对某种商品的肯定程度，从而也就选定了自己所要购买的对象。如果顾客认定的选购对象正是自己想买的商品，或认定的选购对象能满足自己的消费欲望，体现出自己的喜好需求和价值观时，顾客就会对该商品产生信任，即愿意把自己的购买欲望的实现寄托在这种商品及售卖这一商品的商店身上。

7. 行动

行动就是做出最终的选择。顾客确信经过比较，判断某一商品是自己所必需的，并对这一商品产生信任时，顾客就会果断地做出购买的决定，并迅速实施购买行为。对营业员来说就是“成交”，在此阶段应注意把握好顾客的购买时机。

8. 满意

满意是外在事物满足人的某种需要时，人所产生和表现出来的一种愉快的情绪体验。满意的程度是和需要得以满足的程度相联系的。在购买过程中，顾客买到了称心如意的商品，或是在购买过程中享受到了良好的服务，顾客就会产生高兴、愉悦的情绪体验，即产生满意感。满意虽然是顾客在结束购买活动之后才表现出来的情绪体验，但它是服务质量的标志，是顾客购买活动成功的体现。具有满意情绪体验的顾客，大多会成为这一商店或这一品牌的回头客。因此，商店的销售服务要努力为顾客创造满意的情绪体验，使顾客高兴而来，满意而归。

（二）不同年龄顾客群体的购买心理特点

1. 少年儿童的购买心理特点

（1）购买目标明确，购买迅速。少年儿童购买商品多由父母事前确定，决策的自主权十分有限，因此，购买目标一般比较明确。加上少年儿童缺少商品知识和购买经验，识别、挑选商品的能力不强，所以，对营业员推荐的商品较少有异议，购买比较迅速。

（2）少年儿童更容易参照群体的影响。学龄前和学龄初期的儿童的购买需要往往是感觉型、感情性的，非常容易被诱导。在群体活动中，儿童会产生相互的比较，如“谁的玩具更好玩”、“谁有什么款式的运动鞋”等，并由此产生购买需要，要求家长为其购买同类同一品牌同一款式的商品。

（3）选购商品具有较强的好奇心。少年儿童的心理活动水平处于较低的阶段，虽然已能进行简单的逻辑思维，但仍以直观、具体的形象思维为主，对商品的注意和兴趣一般是由商品的外观刺激引起的。因此，在选购商品时，有时不是以是否需要为出发点，而是取决于商品是否具有新奇、独特的吸引力。

（4）购买商品具有依赖性。由于少年儿童没有独立的经济能力和购买能力，几乎由父母包办他们的购买行为，所以，在购买商品时具有较强的依赖性。父母不但代替少年儿童进行购买，而且经常地将个人的偏好投入到购买决策中，忽略儿童本身的好恶。

2. 青年的购买心理特点

（1）追求时尚。青年人思想活跃，富于幻想，容易接受新事物，喜好猎奇，追求新颖和时尚。他们购买商品时容易受社会潮流的影响，求新、求美动机较为突出，求实用性则相对较淡薄。他们往往喜欢追逐乃至领导时尚潮流，他们往往是某些新产品（主要是青年人自己使用的各种消费品）的主要购买者。

（2）追求个性化。随着个性逐渐成熟，青年人自我意识、独立意识加强了，有了他们自己的社会地位、职业、性格、志向、兴趣等，他们在各类活动中会有意无意地表现自己的个性，因此，非常喜欢个性化的商品。他们喜欢在购买中体现自己的个性，喜欢标新立异，购买能反映自己个性的商品。例如，在服饰的选择和搭配上喜欢显示自己的独特眼光，喜欢选购和使用最新款的音像、通讯产品等。

（3）注重感情和直觉，冲动性购买较多。青年人虽然已有较强的思维能力、决策能力，但在购买活动中还是比较容易感情用事，凭一时的好感而迅速做出购买决策，而对产品的内在品质或功能的实用性欠缺周密的考虑。

3. 中年人的购买心理特点

（1）购买过程理智性强，冲动性小。中年人阅历广泛，生活经验丰富，情绪反应一般比较平稳，多以理智支配自己的行动，感情用事的情况相对较少。因此，在购买过程中即使遇到别人的推介、劝诱或其他外界因素的影响，也不易感情用事，而是比较冷静地比较、分析、判断、挑选，使自己的购买行为尽量合理、可行。

（2）购买计划性强。中年人大都是家庭经济的主要承担者，有较丰富的购买经验，在消费上比较理智、计划性强、讲究实际、极少冲动和感情用事，在更多的购买行为中不易受参展群体的影响。

（3）购买商品实用化。由于中年人上有老下有小，家庭生活担子较重，因此，他们一方面要顾及全家现实的消费需要，另一方面又要为将来打算，如子女教育、自己的养老等，因而他们有较高的储蓄倾向，有勤俭持家、精打细算、量入为出的消费习惯。在购买时求实心理较重，往往更注重物美价廉。他们在挑选商品时更注重商品内在的品质和价格，其次才考虑款式、色彩等。他们对新的事物的热情往往不如青年人高。

4. 老年人的购买心理特点

（1）习惯性购买心理强。老年人积累了多年的购买经验，对某商品印象深刻，形成了反复购买使用的习惯，且不易改变。老年人易留恋过去的生活方式，对消费有一定的怀旧心理，对老商标和老企业比较偏爱。老年人一般对新商品的使用趋于保守，他们习惯于购买过去曾经使用过、认为不错的商品，习惯去老商店买东西。在购买时总是不假思索地按照习惯行事，很难被营业员所诱导。

（2）老年人消费理性强。对商品的经济实惠、使用方便、安全可靠及使用舒适十分看重。老年人听力、视力、平衡力、反应的敏捷性、智力、体力等都下降了，这些生理变化使得消费心理也发生了变化。他们一般不愿意购买复杂的产品，也不注重产品的漂亮和时尚，而更看重质量和价格因素，很少冲动性购买。

（3）要求服务周到方便。老年人行动不便，心理也脆弱，因而要求购买时能获得良好的协助和照顾。如他们希望购买场所交通方便、商品标价和说明清晰明了，服务热情、周到、耐心。老年人挑选商品和询问有关商品的信息往往比较仔细，要求营业员耐心等候、给予解答。

应该注意到，随着社会的发展和生活方式的逐步改变，具有新的消费观念和生活方式的老年消费群体正在形成和发展。

三、顾客的购买行为

（一）顾客购买行为的含义

顾客购买行为就是指人们为了满足个人、家庭的生活需要或者企业为了满足生产的需要，购买产品或服务时所表现出来的各种行为。

顾客购买行为具有动态性、互动性、多样性、易变性、冲动性、交易性等特点。严格地说，顾客购买行为由一系列环节组成，即顾客购买行为来源于系统的购买决策过程，并受到内外多种因素的影响。顾客购买行为的复杂多变，对销售人员提出了更多、更高的挑战。对于优秀的销售人员来说，掌握顾客购买决策过程及了解影响顾客做出购买决策的多方面因素至关重要。

（二）影响购买行为的主要因素

1. 文化因素

文化是人类从生活实践中建立起来的价值观念、道德、理想和其他有意义的象征的综合体。每一个人都是在一定的社会文化环境中成长，通过家庭和其他主要机构的社会化过程学到和形成了基本的文化观念。文化是决定人类欲望和行为的基本要素，文化的差异引起消费行为的差异，具体表现为服饰、饮食、起居、建筑风格、节日、礼仪等物质文化生活各个方面的不同特点。例如，中国人讲尊老爱幼，所以有了“再苦也不能苦孩子”的观念，这些观念也必然反映到消费上；讲孝道，一到过年过节，保健品特别畅销。

亚文化。每种文化都是由更小的亚文化组成，亚文化为其成员带来更明显的认同感。

社会阶层。社会阶层是社会学家根据职业、收入来源、教育水平、价值观等对人们进行的一种社会分类，是按层次排列的、具有同质性和持久性的社会群体，同一阶层的成员具有类似的价值观、兴趣和行为，在消费行为上相互影响并趋于一致。

2. 社会因素

社会因素主要包括参照群体，即对个人的态度与行为有直接或间接影响的所有群体，主要有：直接参照群体和间接参照群体。参照群体对消费者购买行为的影响主要有：（1）示范性。相关群体的消费行为和生活方式为消费者提供了可供选择的模式。（2）仿效性。相关群体的消费行为引起人们的仿效欲望，即影响人们的商品选择。（3）一致性。即由于仿效使消费行为趋于一致。据研究，参照群体对汽车、摩托、服装、香烟、啤酒、食品和药品的购买行为影响较大，对家具、冰箱、杂志等影响较弱，对洗衣粉、收音机等几乎没影响。

3. 家庭因素

在这里，市场营销人员要研究的是家庭成员在购买决策中的地位。一般分为三种类型：

一是丈夫支配型；二是妻子支配型；三是共同支配型。随着社会的进步，妇女就业增多，妻子在购买决策中的地位越来越高，尤其在中国，许多家庭由丈夫支配型转变为妻子支配型。

4. 个人因素

个人因素包括年龄与人生阶段、职业、经济状况、个性、生活方式等。例如，各个年龄段的消费者所需要的商品是不一样的，小时候只能吃婴儿食品，长大后吃各种各样的食品，老年后就得吃特殊食品。人们对住房、家具、家用电器的消费也是与年龄有关的。

5. 心理因素

心理因素包括：①动机。动机是一种升华到足够强度的需要，它能够及时引导人们去探求满足需要的目标。最流行的人类动机理论是马斯洛的需要层次论。②感觉。一个受激励的人会随时准备行动，但具体如何行动则取决于他对情景的感觉程度。③学习。学习，是指由于经验而引起的个人行为的改变。对营销人员来说，学习理论的价值就在于，通过把产品与对消费者强烈的驱使力联系起来，利用刺激性的诱因并提供正面的强化手段，来建立消费者对产品的需要。④信念与态度。人们通过实践与学习获得了自己的信念与态度，信念与态度又反过来影响人们的购买行为。信念是指一个人对某些事物所持有的描述性的思想。企业应关注人们头脑中对其产品所持有的信念，即本企业产品和品牌的形象。态度，是指一个人对某些事物或观念长期持有的好与坏的认识上的评价、情感感受和行动倾向。态度导致人们对某一事物产生或好或坏的感情。

（三）购买决策过程

消费者在购买中一般经过 5 个阶段：确认需要、信息收集、方案评价、购买决策、购后行为。但并不是购买任何商品都经历这 5 个阶段，对价格低的产品，消费者会跳过某些阶段。例如，买一筒牙膏，用不着收集信息。

1. 确认需要

购买过程始于购买者对需要的确认。当购买者意识到自己的实际状态与期望状态之间存在差异，就有需要的确认。这个需要可以由内部刺激引起，如饿了就要买东西吃，也可以由外部原因引起，例如，某人路过面包房，香味就有可能刺激食欲。市场营销人员应确定激发某种需要的环境，制定相应的措施。

2. 信息收集

需要已经被激发的消费者，下一个步骤就可能是收集信息。市场营销人员最感兴趣的是，消费者所需信息的来源以及信息对购买决策的影响程度。一般信息来源分为 4 类：个人来源，包括家庭、朋友、邻居、熟人；商业来源，包括广告、推销员、经销商、包装、展览；公共来源，包括大众媒体、消费者评比机构；经验来源，包括产品的操作、检查与使用。一般来说，消费者收集信息的主要来源是商业来源，最有效的信息来源是个人来源。商业来源起告知作用，个人来源起认定和评价作用。营销人员除利用商业来源传播信息外，还要设法利用和刺激公共来源、个人来源和经验来源，以加强信息的影响力。

3. 方案评价

消费者在获得全面的信息后，会根据这些信息和一定的评价方法进行对同类产品的不同品牌进行评价。一般涉及 3 个方面。①产品属性，指产品所具有的能够满足消费者需要的特性。而这些属性往往表现为属性的集合，如冰箱：制冷效率高、耗电少、噪音低、经久耐用。②品牌信念，指消费者对某品牌优劣程度的总的看法。每一品牌都有一些属性，消费者对每一属性实际达到了何种水准给予评价，然后将这些评价连贯起来，就构成他对该品牌优劣程度的总的看法，即他对该品牌的信念。③效用要求。指消费者对该品牌每一属性的效用应当达到何种水准的要求，或者说，该品牌每一属性的效用必须达到何种水准他才会接受。明确了以上 3 个问题之后，消费者会有意无意地运用一些评价方法，对不同品牌的产品进行评价和选择。

4. 购买决策

消费者经过产品评估后，会形成一种购买意向，但不一定导致实际购买，从购买意向到实际购买还有一些因素介入，如他人态度、意外因素。

5. 购后行为

消费者在购买后，会通过商品使用过程检验自己购买决策的正确性，确认满意度，作为以后购买活动的参考。

四、顾客购买行为类型

（一）按消费者对购买目标的选定划分

（1）全确定型。此类购买行为是指在购买商品前已有明确的购买目标，对商品名称、商标、型号、规格、样式、颜色以及价格幅度等都有明确的要求。采取这种购买行为的消费者进入商店后，一般都有目的地进行选择，并主动地提出需购商品以及对商品的各项要求，然后毫不迟疑地买下商品，其购买目标在购买行动与语言表达等方面都能鲜明地反映出来。

（2）确定型。确定型购买行为是指消费者在购买商品前已有大致的购买目标，但其具体要求还不甚明确，最后购买决定是经过比较选择而完成的。例如，洗衣机是其计划购买的商品，但购买什么牌子、型号、规格、式样尚未做出决定。持这种购买行为的购买主体，在进入商店后一般不能明确、清晰地提出所需商品的各项要求，实现购买目标需要经过较长的比较、评定才能完成。

（3）不确定型。这类购买行为在购买商品时没有明确的或坚定的购买目标，进入商店主要是参观，一般是漫无目标地观看商品，或随便了解一些商品信息，碰到感兴趣与合适的商品也会购买，否则不买商品就离去。

（二）按消费者的购买态度与要求划分

（1）习惯型。消费者对某种商品的态度，常取决于对商品的信念。信念可以建立在知识的基础上，也可以建立在信任的基础上。例如，保护身体安全的信念，满足情感需要的信念，值得信赖的信念，都能加深对某种商品的印象，形成一种习惯性态度，使之在需要时会不假思索地去购买，这就形成了购买行为的习惯性。属于此类行为的购买主体，往往根据过去的经验和使用习惯进行购买活动，或长期光临某商店，或长期使用某个厂牌、某个商标的商品，而很少受时尚风气的影响。

（2）理智型。此类消费者购买行为以理智为主，感情色彩较少；往往根据自己的经验和对商品知识的了解，在采取购买行动前，注意收集商品的有关信息，了解市场行情，经过周密的分析和思考，做到对商品的特性心中有数；在购买商品时，主观性较强，不愿别人介入，受广告宣传以及售货员的介绍影响甚少，往往是购买者自己对商品作一番细致的检查、比较，反复地权衡各种利弊因素后，在不动声色中完成购买行为。

（3）感情型。这种购买行为兴奋性较强，情感体验深刻，想象力与联想力特别丰富，审美感比较灵敏。因此，购买主体在购买商品时容易受感情的影响，也容易受销售宣传的诱导，往往以商品品质是否符合其感情的需要来确定是否做出购买。

（4）冲动型。此类购买行为的消费者，个性心理反应敏捷，客观刺激物容易引起心理的指向性，其心理反应速度比较快。这种个性特征反映到购买行为的实施时便呈冲动型。此类消费者易受商品外观质量和广告宣传的影响，以直观感觉为主，新产品、时尚产品对其吸引力较大。他们一般在接触到第一件合适产品时就想买下，而不愿做反复选择比较，因而能快捷地完成购买活动。

（5）经济型。此类购买行为的消费者，在选购商品时多从经济角度考虑，对商品的价格非常敏感。例如，有的从价格的高昂来确定商品的优质，选购高档商品；有的从价格的低廉来评定商品的实惠，选购廉价商品。当然，价格选择的原因，很大程度与其经济条件和心理需要有关。

（6）疑虑型。具有这种购买行为的消费者具有内倾性的心理特征，善于观察细小事物，行动谨慎、迟缓，体验深而疑心大；选购商品从不冒失仓促地做出决定，听取商品介绍和检查商品时，往往小心审慎和疑虑重重；挑选商品动作缓慢费时，还可能因犹豫不决而中断；购买时常常“三思而后行”，购买后还会疑心是否上当受骗。

（7）不定型。这种购买行为常发生于新购买者。他们缺乏购买经验，购买心理不稳定，往往是随意购买或奉命购买；在选购商品时大多没有自己的主见，表现出不知所措。有这类购买行为的消费者，一般都渴望得到如商品介绍等来自于销售人员的帮助，且容易受到外界的影响。

（三）按消费者在购买现场的情感反应划分

（1）沉着型。这种购买行为是指消费者神经反应过程平静而灵活性低，反应比较缓慢而沉着，因此环境变化刺激对他们影响不大。这种购买行为的购买主体在购买活动中往往沉默寡言，情感不外露，举动不明显，购买态度持重，不愿谈与商品无关的话题，也不爱听幽默或玩笑式的语句。

（2）温顺型。有些人由于神经反应过程比较脆弱，在生理上不能忍受或大或小的神经紧张，对外界的刺激很少在外表上表现出来，但内心体验较持久。这种心理特征表现在购买行为上，一般称为温顺型。此类购买者在选购商品时往往遵从介绍做出购买决定，很少亲自重复检查商品的品质。这类购买行为对商品本身并不过分考虑，而更注重服务态度与服务质量。

（3）健谈型。有些人由于神经反应过程平静而灵活性高，能很快适应环境，但情感易变，兴趣广泛。这种心理特点表现在购买行为上就是健谈型或活泼型。这类购买行为的购买者在购买商品时，能很快地与人们接近，愿意交换商品意见，并富有幽默感，爱开玩笑，有时甚至谈得忘乎所以，而忘掉选购商品。

（4）反感型。此类消费者在个性心理特征上具有高度的情绪易感性，对于外界环境的细小变化都有所警觉，显得性情怪僻，多愁善感；在购买过程中，往往不能忍受别人的多嘴多舌，对售货员的介绍异常警觉，抱有不信任的态度，甚至露出讥讽性的神态。

（5）激动型。有的人由于具有强烈的兴奋过程和较弱的抑制过程，因而情绪易于激动，在言谈举止和表情神态上都有急躁的表现。这种心理特征表现在购买行为上，就是激动型或傲慢型。此类消费者选购商品时在言语表情上显得傲气十足，甚至用命令的口气提出要求，对商品质量和服务要求极高，稍有不合意就会发生争吵。

现实生活中，消费者的购买行为复杂多样，上述购买行为的划分只是其中的几种。即使在同类购买行为里，由于消费者的性别、年龄、职业、经济条件和心理素质等方面不同，以及购买环境、购买方式、商品类别、供求状况、服务质量等方面的不同，都会出现购买行为的差异。所以，营销人员只有结合现实的具体情况，尽可能把握消费者对商品的心理反应，晓之以理，动之以情，才能促成购买行为的实现。

第三节　吉姆推销模式

推销人员的魅力来自于其内在的良好心理品格。著名的“吉姆”（GEM）推销公式，从心理学的角度揭示了成功推销的 3 个要素：第一，推销人员一定要相信自己所推销的产品（G）；第二，推销人员一定要相信自己所代表的企业（E）；第三，推销人员一定要相信自己（M）。

一、推销人员应对本产品充满信心

案例3

天津顶好油脂公司要求自己的业务员在拜访客户时，出门前每个人要大声朗诵“我的产品是最好的！最好的！最好的！最好的！最好的！”一次比一次声音大，气势雄伟，然后再整理衣着出门。

很多推销人员在听到公司产品有一点点不足，或者用户反映产品有一点点小毛病时，马上开始抱怨公司产品质量的低下，这是不利于推销的。我们说产品高度同质化的今天，同类产品在功能方面有什么大的区别？没有！只要公司产品符合国家标准、行业标准或者企业标准，就是合格产品，也是公司最好的产品，一定可以找到消费者或者是购买者。在整个推销过程中，不要对你推销的产品产生什么怀疑，要相信你推销的产品是优秀的产品。

要想使自己对产品抱有肯定的心态，你就必须对产品进行充分了解，全面地把握有关产品的知识、特有的功能效用、相对的特点，优势和合理的使用方法，只有这样，才能真正树立起对产品的信心。要知道，客户是基于你对产品的态度来判断产品是否可信的，如果你不相信自己所推销的产品和服务，客户又如何能够相信它们呢？如果他们不相信，又怎么会买你的东西呢？所以，你永远不可能销售好连你自己都不相信的产品和服务，你必须对你的产品和服务抱有 100%甚至超过 100%的信心，你才能把这种影响力传达到你的客户身上。

二、推销人员应对自己所代表的企业充满信心

要使推销员相信他的公司，首先应当让推销员了解他的公司。公司要经常将市场发展前景、公司动态、公司变化，及时告诉所有销售人员。尤其是公司获得一些什么奖励？公司在开发什么新产品？公司有什么薪资改革措施等。信息的及时反馈、交流有助于培养销

售人员对公司的信心。

（1）企业应当争取不断地获得顾客的尊重和信任。赢得顾客尊重和信任的主要途径就是要搞好企业的各项工作，在顾客心目中树立良好的企业形象。培育适合本企业特点的、强有力的企业文化，是树立企业形象的基础。建立和完善一整套企业识别系统，是树立企业形象的手段，科学地预见、计划、协调企业各项活动，高质量地完成企业各项工作，是树立企业形象强有力的保证。这三个方面相互联系、相辅相成，缺一不可，它们共同决定着一个企业在顾客心目中的形象，如果企业不能赢得顾客，它也不会得到推销员的信任。

（2）企业要增加对推销员的感情投入，以增强对推销员的吸引凝聚功能。推销员的工作性质决定了他大部分时间是同顾客打交道，与自己所在企业领导、职工接触较少。让推销员感受到他是企业中的一员，他的工作受到企业全体职工的关注和重视，这样才有利于消除推销员同企业领导、职工交流沟通过程中的心理障碍，为推销员进一步了解企业提供人际关系基础。

（3）企业要对推销员进行有计划的、真正的指导。尽管推销员的工作性质决定了领导对具体的推销事务不能干预过多，但推销主管对推销员的指导还是必要的。他应该经常向推销员介绍、通报企业的有关情况，和推销员一起分析、讨论推销活动的难点问题，帮助推销员总结成功的经验和失败教训。这样才能使推销员对企业现状、今后的发展有较为详细的了解，感受到企业对自己的关心、帮助和理解，从而相信他所代表的企业。

三、推销人员应对自己充满信心

案例4

克里曼特·斯通出生在美国一个不富裕的家庭里。他16岁开始帮母亲推销保险，获得了意想不到的成功。但却被责令退学，但他坚持自学，后进入大学学习法律。

升高中的那年，斯通16岁，按照母亲的指点，他来到一幢办公大楼前。他不知道怎样推销，徘徊了一会，他有点害怕了，想打退堂鼓，他一面发抖，一面默默地对自己说：当你尝试去做一件对自己只有益处而无任何伤害的事情时，就应该勇敢去做，而且应该立即行动。

于是，斯通依然走进了大楼。他想，如果被赶出来，就再一次壮着胆子进去，决不退缩。他没有被赶出来，而且那个办公楼的每一个房间他都进了。在这间办公室遭到拒绝，他便毫不犹豫地敲开下一间，不断地劝说人们买他的保险。他跑遍了所有办公室，终于有两位职员买了保险。对斯通来说，意义远不止成交了两笔生意，这是他在推销保险方面迈出的重要的一步。同时，他还学到了怎样克服心理障碍，以及向陌生人推销的方法。

第一天的推销，他发现一个秘诀，就是从一间办公室出来后应立即冲进另一间办公室，这样不给自己时间犹豫，才能克服自己的畏惧感。他说，一个成功的推销员，应该具备一股鞭策自己、鼓励自己的内在动力。只有这样，才能在许多人不敢参与的场合下大胆向前，向推销的高境界迈进。正是凭着过人的勇气和自信心，凭着鼓励自己的内在动力，才能克服害怕被拒绝的心魔，勇敢地向每一个遇到的陌生人推销自己的商品。

推销人员必须相信自己的产品和自己的企业，但最重要的还是必须相信自己。否则，推销人员对自己都缺乏信心，就更无法使顾客树立购买信心。

（1）相信自己所选择的职业。首先，推销人员要热爱推销这一职业，只有热爱自己所从事的职业，才能全身心地投入推销工作，想一些别人所想不到的办法，运用一些别人没有掌握的策略和技巧，占领别人占领不到的市场，取得比别人更多的订单。其次，在市场经济条件下，企业销售成为关键的一环。推销人员把产品介绍给消费者，把大批产品推销出去，才会使企业大批量生产成为可能，其责任是重大而光荣的。最后，从发展前景来说，推销是市场经济的必然，只要存在市场，推销这一职业就会长盛不衰。

因此，一个成功的推销人员往往受到社会的尊敬，推销这一职业是值得信赖的。在这一行业中，已经人才辈出，有些推销人员已获得极高的荣誉，有的已成为世界知名的企业家。例如，IBM 公司的沃森父子，从推销员登上了“世界电脑霸主”的宝座；美国克莱斯勒公司总裁艾柯卡，也是从汽车推销员做起的。

（2）相信自己能胜任推销工作。每一个推销人员都应该认识到，是否能够胜任推销工作，主要并不在于先天的素质，更多地在于后天的学习，通过自己的学习和实践，一定能干好这项工作。必须树立一种信念，相信自己是合适的推销人选，完全能够胜任推销工作，有能力说服顾客购买企业的产品。

推销人员可以从以下几个方面培养和锻炼自信心。

（1）真正了解和熟悉自己的工作，并把这种认识与成功的经验结合在一起。一般认为，人们相信的首先是自己熟悉的东西，对不熟悉的东西则很难建立信心，而对于那些亲身经历并获得成功的事例更加坚信无疑。一个推销人员只有在认识到他完全了解和熟悉自己的工作，而且这种认识建立在成功经验的基础之上，才能在工作中充满信心，轻松自如。

（2）在安排工作时，首先要先易后难，即先找那些工作比较容易做的客户推销，以便积累经验，增强自信心；然后再与那些工作不好做的顾客打交道，一旦这些顾客的工作做通以后，推销人员的自信心会进一步增强。

（3）排除任何消极假设。消极假设会给自己的推销工作设置内部障碍。推销人员假设自己将得不到那张订单的话，那他就一定得不到它。这是因为他无法跨越自己设置的障碍，未来的行动、方法将促使他失败。例如，在向顾客推销时会说：“您对这种产品不感兴趣，是吗？”在100次这样的提问中，有99次顾客会用“是”来证明你的观点是正确的，但推销也就到此终结。任何消极的假设条件无疑会使自己走向失败。推销中常见的消极的假设条件有：经济状况不好，所以人们不买；顾客不需要我推销的产品或服务；他们买不起我推销的产品或服务；人们不喜欢推销人员，等等。

阅读资料

自信是成功的第一秘诀

推销员的自信心，就是推销员在从事推销活动时，坚信自己能够取得推销成功的心理状态。

自信是推销成功的第一秘诀。相信自己能够取得成功，这是推销员成功的绝对条件。乔·吉拉德说：“信心是推销员胜利的法宝”。乔·坎多尔弗说：“在推销过程的每一个环节，自信心都是必要的成分。”

推销是与人交往的工作。在推销过程中，推销员要与形形色色的人打交道。这里有财大气粗、权位显赫的人物，也有博学多才、经验丰富的客户。推销员要与在某些方面胜过自己的人打交道，并且要能够说服他们，赢得他们的信任和欣赏，就必须坚信自己的能力，相信自己能够说服他们，然后信心百倍地去敲顾客的门。如果推销员缺乏自信，害怕与他们打交道，胆怯了，退却了，最终会一无所获。

推销是易遭顾客拒绝的工作。如果一名推销员不敢面对顾客的拒绝，那么他就根本没有希望取得好成绩。面对顾客的拒绝，推销员只有抱着“不定什么时候，一定会成功”的坚定信念——即使顾客冷眼相对，表示厌烦，也信心不减，坚持不懈地拜访顾客，才能“精诚所至，金石为开”，最终取得成功。

推销是不易取得成绩的工作。推销不像工厂里的生产，只要开动机器，就能制造出产品。有时推销员忙忙碌碌，四处奔波，费尽千辛万苦，说尽千言万语，也难以取得成效。看到别的推销员成绩斐然而自己成绩不佳，就会对推销失去信心。

推销是向顾客提供利益的工作。推销员必须坚信自己的产品能够给顾客带来利益，坚信自己的推销是服务顾客，你就会说服顾客。反之，推销员对自己的工作和产品缺乏自信，把推销理解为求人办事，看顾客的脸色，听顾客说难听的话，那么，推销员将一事无成。

相信自己的产品，相信自己的企业，相信自己的推销能力，相信自己肯定能取得成功。这种自信，能使推销员发挥出才能，战胜各种困难，获得成功。

（资料来源：王荣耀．实用推销技巧讲座．销售与市场[J]．2000（8）．）

第四节　推销方格理论

推销是一种复杂的社会活动，是推销员与顾客交往的过程。推销人员和顾客在整个活动过程中都有着各种各样的心理活动，形成各自不同的心理状态。不同的推销心态往往会带来不同的推销效果。许多学者在大量推销实践过程中总结出了其中的规律性，形成了推销理论。美国管理学家罗伯特·R.D 布莱克教授和 J.S.蒙顿教授曾以“管理方格理论”而蜚声经济学界。在此基础上，他们研究了推销人员和顾客之间的人际关系和买卖关系，提出了“推销方格理论（Sales Grid）”，这是推销学基础理论的突破之一。

一、推销人员方格

推销方格理论认为，推销员在进行推销工作时，心里应该有两个目标：一是完成销售任务，把产品卖出去；二是与顾客建立良好的人际关系，以便日后开展业务活动。在具体的推销活动中，推销人员追求两种目标的心理态度就构成了推销方格。

布莱克和蒙顿用一个平面坐标系中的第一象限的图形来表示，如图 3-1 所示。纵坐标表示推销员对顾客的关心程度，横坐标表示推销人员对完成推销任务的关心程度。两个坐标值都从 1 到 9。坐标值越大，表示关心程度越高。每一个方格交点就代表一种推销员的心理态度或推销风格，其中（1，1），（9，1），（1，9），（5，5），（9，9）分别是 5 种典型的推销方格。

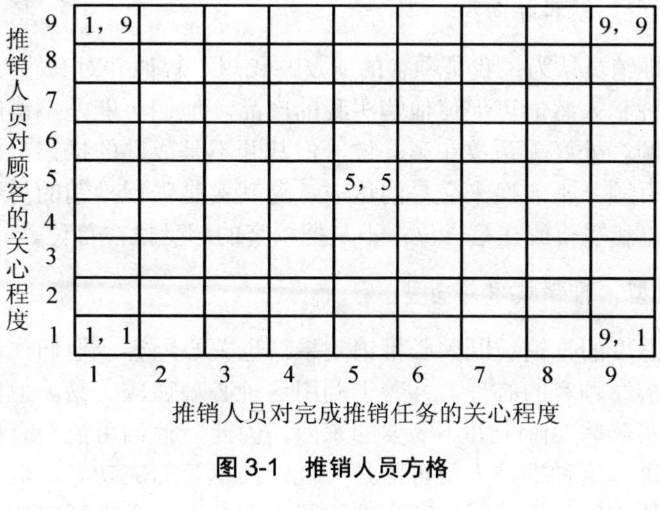

图 3-1　推销人员方格

（一）（1，1）型，事不关己型

（1，1）型推销员对推销成功与否及顾客感受的关心程度都是最低的。事不关己型的推销员对本职工作缺乏责任心，没有明确的工作目标，缺乏成就感。他们的想法是：我只要把产品摆在顾客面前，要买就买，不买便罢，该卖的自然能卖出去，用不着我费力。他们对于顾客的实际需要漠不关心，对于企业的推销业绩也毫不在乎，其推销工作自然也不会有什么成果。究其原因，也许是主观上不愿做推销工作，当一天和尚撞一天钟，也许是客观上对工作不满意。

（二）（9，1）型，强行推销型

（9，1）型推销员认为：既然由我负责这一顾客，就应向其施加压力，硬性推销，迫使其购买。因此，他们为提高推销业绩，不惜采用多种手段，全然不顾顾客的心理状态和利益。强行推销是产生于第一次世界大战之后美国的一种推销方式，推销员与顾客被形象地比喻为拳击台上的两个选手，推销员要坚决把顾客打倒。强行推销不但损害了顾客的利益，而且损害了企业的市场形象和产品信誉，导致企业的经济利益受损，也影响了推销行业的发展。例如，在我国市场经济发展的初期，一些厂家和业务员并没有认识到一味追求经济效益而忽略顾客利益的危害，继续着这种贻害深远的“一锤子买卖”。

在此之后，强行推销被温和推销所代替。企业界和学术界达成共识：对顾客无益的交易也必然有损于推销员。

（三）（1，9）型，顾客导向型

持这种心态的推销员认为：我是顾客的朋友，我想了解他并对其感受和兴趣做出反应，他才会喜欢我，这种私人感情可促使他购买我的产品。他们可能是不错的人际关系专家，因为他们始终把与顾客处好关系放在第一位，但其并不是成熟的推销员。因为在很多情况下，对顾客的百依百顺并不能换来交易的达成，这其实是强行推销的另一种表现。现代推销要求把顾客的利益和需要放在第一位，不是把顾客的感受摆在首位。

（四）（5，5）型，推销技术导向型

处于这种心理态度的推销员既关心推销效果，也关心顾客。他们往往有一套行之有效的推销战术，注重揣摩顾客的心理，并善于利用这种心理促成交易。他们可以凭经验和推销技术诱使顾客购买一些实际上并不需要的东西，因此，他们可能会有极佳的推销业绩。从现代推销学角度讲，这种推销人员可能是一位业绩卓著的成功者，但不一定是一位理想的现代推销专家。他们往往只照顾了顾客的购买心理，而不考虑顾客的实际需要。换句话说，这种推销人员常常费尽心机，说服某些顾客高高兴兴地购买了一些不该购买的物品，而对顾客的实际利益重视不够。他们放在首位的是顾客的购买心理，而不是顾客的利益需要。

（五）（9，9）型，解决问题导向型

推销员把推销活动看成是满足双方需求的过程，把推销的成功建立在推销员与顾客双方需求的基础上。满足顾客的需要是他们关心的重点，辉煌的推销业绩是他们的目标。他们的宗旨是，与顾客磋商以便了解他在当时情况下的所有需要，并用其产品满足顾客的需要，让顾客做出合理的购买决策，给顾客带来他们所期望从中获得的好处。在帮助顾客解决问题的同时，也完成了自己的推销任务。这种推销人员既了解自己，也了解顾客；既了解推销品，也了解顾客的真实需要。他们把自己的推销工作与顾客的实际需要结合起来，最大限度地满足顾客的实际需要，同时取得推销业绩。从现代推销学角度讲，这种推销人员是最理想的推销专家。这种推销的心理态度是最佳的推销心理态度。世界超级推销大师齐格勒说：“假如你鼓励顾客去买很多的商品只是为了自己可以多赚钱，那你就是一个沿街叫卖的小贩。假如你鼓励顾客购买很多商品的目的是为了顾客的利益，那你就是推销的‘行家’，同时你也从中得益。”事实正是如此。

二、顾客方格

用同样的方法也可以建立顾客方格（如图 3-2 所示）。

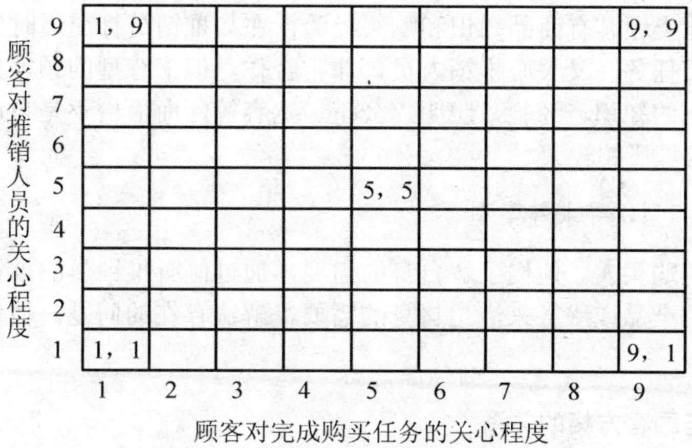

图 3-2　顾客方格

在购买活动中，顾客也至少有两个目的。一是在有利的购买条件下，购买合适的商品来满足自己的需求；二是与推销人员建立良好的人际关系。顾客方格与推销员方格的图形是一样的。其中纵坐标表示顾客对推销人员的关心程度，横坐标表示顾客对购买的关心程度，坐标数值越大表示关心程度越高。五类典型的顾客风格如下所述。

（一）（1，1）型，漠不关心型

具有这种心态的顾客既不关心推销人员，对购买行为也不关心。原因之一是其没有购买决策权。

（二）（9，1）型，防卫型

防卫型又称购买利益导向型。他们只关心如何以更佳的条件购买商品，对推销人员不但不关心，反而极为反感，甚至敌视。这类顾客可能受传统观念的影响，认为“无商不奸”或者有过受骗上当的经历，认为推销员都是骗子。对待持这种心态的顾客，推销员应首先推销自己，消除对方的防范意识，然后再推销产品。

（三）（1，9）型，软心肠型

这是一类情感型的顾客。他们对推销人员极为关心，尤其体谅推销员的心情和处境。所以，他们也许只是因为推销员热情周到，或因为推销员辛苦工作受感动而购买产品。软心肠型的顾客自然是所有的推销员都希望碰到的了。

（四）（5，5）型，干练型

顾名思义，这类顾客有商品知识和购买经验，在与推销员打交道时显得非常聪明，既考虑到自己的购买任务，又关心推销人员，非常合作。但干练型的顾客摆在首位的是在接受推销时显示自己的知识、经验、聪明、公正、宽容等，而恰恰不是自己的真正需要，受个人的某种购买心理影响较大。

（五）（9，9）型，寻求答案型

这是最成熟的购买人。他们了解自身的需要，通过倾听推销员的推销介绍，分析问题所在，购买合适的产品或服务来满足自身的需要，解决存在的问题。他们的购买行为是明智的。

三、推销员方格与顾客方格的关系

推销方格理论可以帮助推销员更清楚地认识到自己的推销能力，更深入地了解自己的推销对象，掌握顾客的心理特征。

各种心态的推销员与顾客接触，哪一种搭配能导致推销成功呢？布莱克与蒙顿教授给出了推销方格与顾客方格的关系表，如表 3-1 所示。

表 3-1　推销方格与顾客方格关系表

推销方格 \ 顾客方格	1，1	1，9	5，5	9，1	9，9
9，9	+	+	+	+	+
9，1	0	+	+	0	0
5，5	0	+	+	—	0
1，9	—	+	0	—	0
1，1	—	—	—	—	—

表中的“＋”符号表示完成推销任务的概率高；“－”表示不能完成推销任务；而“0”表示有可能顺利完成推销任务，也有可能达不成交易，需要结合其他条件进一步分析。

从表 3-1 中可以看出，（9,9）型心态的推销人员无论与哪种心态类型的顾客相遇，都会取得推销成功。因此，企业要想赢得广阔的市场，就应积极培养（9,9）型心态的推销人员。

推销人员能否协调好与顾客的关系，事关销售的成功与失败，推销人员的销售心态和顾客的购买心态共同决定了销售的成败。

从现代推销学的角度看，趋向于（9,9）型的推销心态和购买心态比较成熟和理想，推销活动的成功率较高。但这并不是说其他类型的推销心态和购买心态的搭配就不能取得理想的效果。在错综复杂、千变万化的推销活动中，没有哪一种推销心态对所有顾客都是有效的，同样，不同的购买心态对推销人员也有不同的要求。因此，成功推销的关键取决于推销心态与购买心态是否吻合。由此可见，推销人员的销售活动能否成功，除了自身的努力以外，还要看顾客是否愿意配合、推销人员能否准确地把握顾客购买的心态等。如果推销专家遇到一位无论如何也不愿意购买推销品的顾客，即使他有再高明的推销技巧，也很难成功。相反，如果一位迁就顾客型的推销人员遇到一位软心肠型的顾客，双方都特别关心对方，尽管推销人员不算优秀，但他依然能够取得销售的成功。

从推销人员的角度来看，推销人员越是趋向于问题解决型，其销售的能力就越强，达成销售的可能性就越大。因此，要成为一位出色的现代推销人员，健康的销售心态是不可缺少的。所以，推销人员应树立正确的销售态度，要加强培训与锻炼，调整与改善自我销售心态，努力使自己成为一个能够帮助顾客解决问题的问题解决型推销人员。

正确把握销售心态与购买心态之间的关系是非常重要的。不同类型的推销人员遇到不同类型的顾客，应采取不同的销售策略，揣摩顾客的购买心态，及时调整自己。

四、推销方格的自我测验

布莱克和蒙顿教授为了帮助推销员了解自己的心理态度和对顾客的心理态度有充分的

认识，合编了一份推销方格试题，特供每一位推销员进行自我测验。

每题分 A 至 E 五个陈述语句。先将六个问题略看一遍然后逐题回答，将每题的五个陈述语句加以排列，将你认为最合适的陈述语句给 5 分，其次的给 4 分，依此类推，最后对不合适的给 1 分。

推销方格自我测验题如下:

第一题

A 我接受顾客的决定。

B 我十分重视维持与顾客之间的良好关系。

C 我善于寻找一个对客我双方均为可行的结果。

D 我在任何困难的情况下都要找出一个结果来。

E 我希望在双方相互了解和同意的基础上获得结果。

第二题

A 我能够接受顾客的全部意见和各种态度，并且避免提出反对意见。

B 我乐于接受顾客的各种意见和态度，更善于表达自己的意见和态度。

C 当顾客的意见和态度与我的意见和态度发生分歧时，我就采取折中办法。

D 我总是坚持自己的意见和态度。

E 我愿意听取别人不同的意见和态度。我有自己独立的见解，但是当别人的意见更为完善时，我能改变自己原来的立场。

第三题

A 我认为多一事不如少一事。

B 我支持和鼓励别人做他们想做的事情。

C 我善于提出积极的合理化建议，以利于事业的顺利进行。

D 我了解自己的真实追求，并且要求别人也接受我的追求。

E 我把全部精力倾注在我从事的事业之中，并且也热爱关心别人的事业。

第四题

A 当冲突发生的时候，我总是保持中立，并且尽量避免惹是生非。

B 我总是千方百计避免发生冲突，万一出现冲突，我也会设法去消除冲突。

C 当冲突发生的时候，我会尽力保持镇定，不抱成见，并且设法找出一个公平合理的解决方法。

D 当冲突发生的时候，我会设法击败对方，赢得胜利。

E 当冲突发生的时候，我会设法找出冲突的根源，并且有条不紊地寻求解决办法，消除冲突。

第五题

A 为了保持中立，我很少被人激怒。

B 为了避免个人情绪的干扰，我常常以温和友好的方法和态度来对待别人。

C 当情绪紧张时，我就不知所措，无法承受更进一步的压力。

D 当情绪不对劲时，我会尽力保护自己，抗拒外来的压力。

E 当情绪不佳时，我会设法将它隐藏起来。

第六题

A 我的幽默感常常让人觉得莫名其妙。

B 我的幽默感主要是为了维持良好的人际关系，希望利用自己的幽默感来冲淡严肃的气氛。

C 我希望我的幽默感具有一定的说服力，可以让别人接受我的意见。

D 我的幽默感很难觉察。

E 我的幽默感一针见血，别人很容易觉察到，即使在高度压力下，我仍然能够保持自己的幽默感。

在答完上述试题后，请将每一题里每个方案的得分填写在表 3-2 中的空格里，然后将纵行的分数相加，假若你对每题的 A 类陈述语句都排列很高，你便属于（1，1）型；假若你对每题的 B 类陈述语句都排列很高，你便属于（1，9）型，依此类推。下表可协助计算你的得分，将你的答案放在表中，然后加起来，每列的总计最多 30 分，最少 6 分，从每列的总计来看，每位推销员或多或少都属于每一类型，若你在（1，1）方格得 30 分，而在（5，5）方格得 20 分，则表示你较接近（1，1）类型。

表 3-2 心态测试表

心理态度 得分题目	1，1 型	1，9 型	5，5 型	9，1 型	9，9 型
第一题	A_1	B_1	C_1	D_1	E_1
第二题	A_2	B_2	C_2	D_2	E_2
第三题	A_3	B_3	C_3	D_3	E_3
第四题	A_4	B_4	C_4	D_4	E_4
第五题	A_5	B_5	C_1	D_5	E_2
第六题	A_6	B_6	C_6	D_6	E_2
总分					

（资料来源：吴金发，李海琼．现代推销理论与实务[M]．大连：东北财经大学出版社.）

本章小结

通过本章知识的学习，使学生掌握推销心理的特征，顾客的购买心理，了解顾客的购买行为和动机，以及掌握推销人员心理，做一名优秀的推销员，重点掌握推销方格理论及其对推销的意义。

主要概念

推销心理　动机　购买动机　诱导性　顾客购买行为　推销人员方格　顾客方格

思考与练习

1. 推销心理有哪些特征？
2. 顾客购买动机有哪些分类？
3. 简述一下顾客购买过程的心理分析。
4. 影响顾客购买行为的因素有哪些？
5. 什么是推销人员方格？在推销活动中，推销人员有哪几种典型的态度？
6. 什么是顾客方格?在推销活动中，顾客有哪几种典型的态度？

实践与技能

东南亚某国的斯塔丽公司，独家代理推销法国莱沙蒂的美发用品，如洗发香波、护发素、定型水、亮发摩丝、特效发乳等业务。但斯塔丽公司并不是把所代理的美发用品推销给各大百货公司的化妆品柜台，也不是推销给各间超市，再由他们出售给消费者，而是把消费者对象定位为理发店。斯塔丽公司的推销信条是，一定要使本公司推销的美发用品受到理发店的欢迎和好评。因而，斯塔丽公司的推销人员不断地进出各大小理发店，就莱沙蒂美发用品的优点与特点进行说明，并使相当数量的理发店开始使用。而理发店一旦确定使用这一品牌的美发用品后，到理发店的顾客也就随之成为这种美发用品的消费者。同时，由于这种美发用品是理发师所选用的，无形之中，使莱沙蒂公司的品牌有了特殊的吸引力，使消费者感到这种美发用品比起其他商店能够随便买到的同类用品更具魅力，进而对这一品牌产生了好感，大大扩大了知名度。

斯塔丽公司此种作法取得了很大的成功。尽管成效显著，但斯塔丽公司所经销的莱沙蒂美发用品从不随意通过那些一般的渠道销售。他们仍然只通过理发店在为顾客进行理发的同时，顺带销售这类美发用品，让具有亲身感受的消费者去吸引更多的消费者。

问题：

（1）你对斯塔丽公司的推销说明有何评价？

（2）当莱沙蒂品牌打响后，斯塔丽公司为何仍然把推销重点定位在理发店？谈谈你对这一做法的看法。

（3）“消费者本身也具有推销能力”，这句话对吗？为什么？

第四章　寻找顾客

学习目标

通过本章的学习，使学生掌握寻找顾客的重要性，理解潜在顾客的含义，寻找目标顾客的步骤、基本准则、寻找潜在顾客的一般程序，学会灵活运用寻找顾客的几种主要方法。

第一节　重视目标顾客的选择

案例导入

章志强是一名技术员，从事柴油机的推销工作。他去拜访北方某一城市的六家工业公司，其中四家公司还未等他开始正式的推销谈话，就一口咬定他们对柴油机不感兴趣。因此，章志强认为即使再坚持努力，也不会有什么结果。于是他就把这四家公司从潜在客户的名单上剔除了，而把推销的重点集中在另两家公司。在与这两家公司进行洽谈的时候，他向顾客详细介绍了所推销的产品，并取得了推销洽谈的成功。经理对章志强表示祝贺，同时对他轻易地放弃另四家公司进行了批评。经理的做法对吗？如果你是章志强，你怎么办？

（资料来源：崔平．推销学[M]．北京：机械工业出版社．）

案例分析：经理的做法正确。推销时有所侧重固然重要，但轻率地剔除名单上的潜在客户则不可取。对拒绝购买产品的顾客，应探究其拒绝的真正原因，是推销时机不对，还是消费习惯使然？是已寻找到可替代产品，还是决策权有限？对于推销员来讲，耐心细致的分析，将有助于防止顾客的流失。

成功的推销总是从寻找顾客开始的，寻找顾客是开展推销活动的前提与基础。对于企业或推销员来说，要想有效地开展推销活动，与各类推销对象最终达成交易，满足供需双方的利益需求，首先就要运用恰当的方法找到最好的销售机会，选择最有成交希望的推销对象。

一、寻找顾客

(一)寻找顾客的基本概念

在现代推销学著作里，经常出现一些专用的推销学术语，这些名词术语都有特定的含义。在这里，我们先介绍几个有关寻找顾客的推销学术语。

1. “准顾客”或“可能的顾客”

“准顾客”或“可能的顾客”英文是“prospect”，表示一个既可以获益于某种推销的商品又有能力购买这种商品的个人或组织。在推销活动中，一般可将准顾客分为以下 3 种类型。

(1)新开发的准顾客。推销人员必须经常不断地寻找新的准顾客。一般来讲，开发的准顾客数量越多，完成推销任务的概率就越大。根据公式(掌握的准顾客数量/推销区域内的顾客数量×100%)，就可以知道自己所掌握的潜在顾客数量在推销区域所占的比例。推销人员手上的准顾客不论是属于哪种类型的企业、组织和个人，都有可能成为自己的新客户，所以平时要在这些新开发的准客户身上多下工夫。

(2)现有客户。无论哪一种类型的企业，一般均有数百家甚至上千家现有小客户，推销人员应该时常关注这些客户并且应该想办法让他们再度惠顾。利用这些既有的老客户，可实现企业一半以上产品的销售目标。在这些老客户中，有一些客户由于业务量小而被企业忽视了，推销人员应该多拜访这些顾客，调查过去发生的业务量、顾客对产品使用情况以及对售后服务的满意状况、新的成交机会等。一旦发现问题，就要设法解决，尽量捕捉产品销售的机会。一般来说，现有客户是新产品最好的潜在客户。

(3)中止往来的老客户。以往的客户由于种种原因没有继续购买本企业产品，但仍是推销人员重要的潜在顾客。事实上，许多老顾客都在期待推销人员的再度拜访，推销人员必须鼓起勇气再次拜访他们，并从中探究他们不再购买本企业产品的真正原因，制定满足他们需求的对策。

2. 引子

“引子”，英文是“lead”，表示一个很有可能成为准顾客的个人或组织的名称。引子经过顾客资格审查后，才能列入准顾客名单。也有一些推销学者则用“suspect”这个词表示“引子”。现代推销学认为，引子要成为准顾客，应具备 3 个条件：有购买某种产品或服务的需要；有购买能力；有购买决定权。

3. 顾客资格审查

“顾客资格审查”，英文是“qualifying”，表示确定一个引子是否真是一位准顾客的全部行动过程。

4. 寻找顾客

“寻找顾客”，英文是“prospecting”，表示寻找顾客的全部过程。

（二）寻找顾客的重要性

案例1

根据《行为科学研究》的一个研究表明，销售人员中不愿访问顾客的现象总是非常普遍的，其代价也是很高的。下面是达拉斯研究和销售培训公司的一些研究成果。

第一年从事销售工作的人员中，80%失败的人是因为寻找潜在顾客的活动不到位。

40%的老推销员都有一段或数段受不愿访问情绪困扰的经历，严重到威胁他们能否在推销中继续干下去的程度，这种困扰可能随时发生。

不愿访问的推销员每月要丢给竞争者15个以上的新客户。

不愿访问的股票经纪人每年比那些学会如何克服恐惧心理的经纪人要少得到48个客户。

在有些情况下，不愿访问客户的推销员每月在总销售额中丧失10800美元。

在另一些情况下，不愿访问客户使推销员每年损失2万美元的佣金。

（资料来源：查尔斯·富特雷尔. 苏丽文主译. 销售学基础. 东北财经大学出版社，2000.）

1. 寻找顾客是维持和提高销售额的需要

对企业来说，市场是由众多的顾客所组成的，顾客多，对产品的需求量就大。若要维持和提高销售额，使自己的销售业绩不断增长，推销员必须不断地、更多地发掘新顾客。因此，努力寻找准顾客，使顾客数量不断地增加，是推销员业务量长久不衰的有效保证，也是促进推销产品更新换代，激发市场新需求的长久动力。

2. 寻找顾客是推销人员保持应有的顾客队伍和销售稳定的重要保证

由于市场竞争，人口流动，新产品的不断出现，企业产品结构的改变，分销方式和方法的变化，使大多数企业都不可能保持住所有的老顾客。因此，推销员需要寻找新的顾客，不断地开拓新顾客作为补充。

3. 寻找顾客是市场竞争的需要

随着市场经济的发展，市场竞争越来越激烈，这在客观上无疑增加了企业推销产品的难度和复杂性，使产品的推销更加复杂和艰难。在这种情况下，即使一个企业的实力再雄厚，产品的竞争力再强，推销技术再高明，也不可能赢得市场上所有的潜在顾客。因此，推销人员必须为自己的产品选定一个适当的推销范围，并根据产品的特点和优势，从整体市场上选择和寻找推销对象，尽可能地满足部分顾客的需求。显然，在竞争日益激烈的市场上寻找有效的顾客，有利于提高企业的竞争能力。

二、潜在顾客

推销过程的第一个步骤就是寻找潜在的顾客。既然推销是向特定顾客的推销，所以推销人员必须先确定自己的推销对象，然后才能开展实际的推销工作。顾客是推销人员的推销对象。然而，谁是顾客？谁是真正的顾客？谁是合格的顾客？谁是优良的顾客？这是一个非常复杂的问题。

案例2

坟场潜在顾客

寿险业务员每天要做的工作就是寻找潜在顾客。到底在哪里可以找到潜在顾客？

有一天，工作极不顺利，到了黄昏时刻依然一无所获。原一平像一只斗败的公鸡走回家去。在回家途中，要经过一个坟场。在坟场的入口处，原一平看到几位穿着丧服的人走出来。原一平突然心血来潮，想到坟场里去走走，看看有什么收获。

这时正是夕阳西下，斜斜的阳光有点“夕阳无限好，只是近黄昏”的味道。原一平走到一座新坟前，墓碑上还燃烧着几支香，插着几束鲜花。说不定就是刚才在门口遇到的那批人祭拜时用的。

原一平恭谨地朝着墓碑行礼致敬。然后很自然地望着墓碑上的字——某某之墓。那一瞬间，原一平像发现新大陆似的，所有沮丧一扫而光，取而代之的是一股跃跃欲试的工作热忱。

他赶在天黑之前，往管理这片墓地的寺庙走去。

“请问有人在吗？”

“来啦，来啦！有何贵干？”

“有一座某某的坟墓，你知道吗？”

“当然知道，他生前可是一位名人呀！”

“你说得对极了，在他生前，我们有来往，只是不知道他的家眷目前住在哪里呢？”

“你稍等一下，我帮你查。”

“谢谢你，麻烦你了。”

“有了，有了，就在这里。”

原一平记下了某某家的地址。走出寺庙，原一平又恢复了旺盛的斗志。

优秀的业务员会及时把握机会，绝不让机会白白溜走。

成功处方:

· 保持一颗乐观的心。

· 抓住每一次接触潜在顾客的机会。

（资料来源：吴健安. 现代推销理论与技巧[M]. 北京：高等教育出版社.）

（一）潜在顾客的含义

所谓潜在顾客，是指既能因购买某种产品或服务而受益，同时又具有购买这种商品的货币支付能力的个人或组织。因而潜在顾客是某种产品或服务的潜在购买者，是某种产品或服务的市场或可能的买主。

潜在顾客包含一般潜在顾客和竞争者的顾客两大部分。所谓一般潜在顾客是指已有购买意向却尚未成为任何同类产品或组织的顾客，以及虽然曾经是某组织的顾客但其在购买决策时，对品牌的认可较为随意的顾客。所谓竞争者的顾客是指本企业的竞争对象所拥有的顾客群体。

要确定谁是潜在的顾客，并不是一件简单的工作。首先，推销人员必须根据自己所推销的商品的特征，提出一些可能成为潜在顾客的基本条件。然后再根据这些条件寻找各种可能的线索，拟出一份准顾客名单。有了这份准顾客的名单，还要进行各种顾客资格审查，确定入选准顾客。并且应该做出顾客分类，建立顾客档案，妥善保管。

并非每一位潜在客户都是符合购买条件的顾客，寻找顾客的过程实际上是一个筛选顾客的过程。推销人员在寻找到众多的潜在顾客以后，要对顾客群进行分析、筛选，剔除不符合基本条件的个人或组织，找出那些对推销品具有购买资格的准客户。这样，不仅使推销目标明确而集中，减少推销的盲目性，而且可以节约大量的时间和精力，提高推销成功率，达到事半功倍的效果。而不愿主动寻找顾客或寻找顾客不到位的推销人员，其付出的代价也将是很高的。

推销人员拥有顾客的多少，直接关系到推销业绩的大小。在当今的市场环境中，想要获得并且保持稳定的顾客群并非易事。第一，在同类产品的目标市场区域中，同行业的竞争者采取各种营销策略，千方百计地争夺顾客，顾客的“忠诚度”日益降低；第二，随着顾客消费知识的日渐丰富与市场法律环境的完善，顾客越来越懂得怎样更好地满足自己的各种需求和维护自己的合法权益，顾客变得越来越精明，越来越理性；第三，因其生命周期的改变，收入地位的变化，企业的关、停、并、转等，多年的老客户的流失是经常的、不可避免的。由此可见，推销人员既要稳定老顾客，更要不断地开发新客户，以壮大自己的顾客队伍。

（二）划分潜在顾客的标准

1. 以潜在顾客购买概率作为分级标准

把最有可能的购买者确定为A级，有可能的购买者定为B级，可能性小的购买者定为C级，划分时应具体确定数量界限。

2. 以购买量作为分级标准

推销员自身根据潜在顾客购买数量将其分为A、B、C三个等级，然后对照实际的购买数量再行调整，以便有针对性地“照顾”购买量大者，达到事半功倍的推销效果。

为了准确地划分顾客，经常自我审查以下问题对确定顾客的类型和级别是有帮助的。

（1）顾客是否正从你这里购买产品？如果是，这就意味着这是增加购买公司其他产品的机会。（2）他是否曾经是你的顾客？如果是，他为什么要中止购买你的产品？你是否应该恢复同他的业务关系？（3）现有顾客中是否有人也从竞争者那里获取产品？其原因何在？（4）潜在顾客能具有多大规模的购买数量？（5）潜在顾客的信用等级如何？

还应该注意的是，推销员应根据自己的额定需要来制定标准；随着推销环境的变化，推销人员应相应调整分级标准，并依据新标准重新界定潜在顾客的级别；在照顾重点的同时，也不可忽视一般；在分级标准难以准确界定时，应考虑采用区分推销区域的方法。

寻找潜在顾客时，推销员首先必须根据自己所推销的产品特征，提出一些可能成为潜在顾客的基本条件，再根据潜在顾客的基本条件，通过各种可能的线索和渠道，拟出一份准顾客的名单，然后采取科学适当的方法进行顾客资格审查，确定入选的合格准顾客，并做出顾客分类，建立顾客档案，妥善保管。

三、目标顾客

目标是什么？如果你在大海里航行，它就是指引航向的灯塔；如果你在黑夜里跋涉，它就会指引你到达目的地。有明确的目标在，你才不会彷徨、踌躇，才不会上演南辕北辙的悲剧。

案例3

赵云率兵攻打桂阳，太守赵范闻讯投降。因为两人同姓赵，又是一个地方人，于是效仿刘备、关羽、张飞，结为兄弟。席间，赵范请家嫂出来陪酒，并竭力想把守寡三年的大嫂推荐给赵云，言语间不仅没有做媒成功，反而把赵云激怒离席而去。赵范说：“家兄辞世已三年多，余常劝她改嫁。而她却说必须要三件事俱全才肯改嫁：第一，要文武双全，名闻天下；第二，要相貌堂堂，威仪出众；第三，要与家兄同姓。孰料世上竟有如此凑巧之事。兄长堂堂仪表，名震四海，又与家兄同姓，正合我嫂所言。将军若不嫌我家嫂貌丑，我愿赔嫁资，与将军结累世之亲，岂不妙哉！”一席话说得赵云拍案而起，双方不欢而散。赵范由于不了解赵云的想法，贸然做媒，使得自身的美意竟成了赵云眼中的侮辱。

事后赵云与刘备、诸葛亮说起拒绝的原因里可看到究竟。“其一，我与赵范既结为兄弟，今若娶其嫂侍，必为世人唾骂；其二，其嫂再嫁，即失大节；其三，赵范刚降，其心难测；其四，主公新定江汉，立足未稳，哪敢以一妇人乱主公大事；”当刘备说和诸葛亮一起做媒，要赵云娶了赵范嫂子时，赵云说，“天下女子多也，赵云但恐与名誉不利，何患无妻。”可见，赵云的思想是非常传统、保守的。

如果把赵云看做目标顾客，那他的需求是追求名誉、不失大义。在赵云看来，如果娶了赵范的嫂子不仅需求无法得到满足，还会附带出现很多不利因素。通过产品来界定目标顾客，并试图把产品推销出去，常常以为自己有了产品就会有市场，也不管自身产品是否与其需要相适应，这是很多人常犯的错误。所以，推销产品或服务时，应放弃想当然的目标顾客群体，去寻找真正适合的目标顾客。

四、寻找目标顾客的步骤

随着市场的开放，只要是有利润、有前景的市场，就会有众多的竞争者参与，所以，许多的企业就面临着这样一个困境：已经投入一定的固定资产，具有一定产品生产或服务能力，产品或服务虽没有特别突出的优点，但也能满足顾客需求，并有着广阔的市场。然而，企业管理者想了很多办法，花了很大力气来开拓市场、促进销售，结果却不令人满意。因此，寻找目标顾客的工作变得尤为重要。那么如何寻找目标顾客呢？

（一）收集信息

市场的信息收集是进行分析的基础，它要求收集方法科学、信息准确而且尽可能地详细。这里介绍一种最基本的归类整理法：第一步是整理顾客资料，按照顾客的行业、规模、需求特点等将其分成若干个顾客群体；第二步是通过营销人员填表、开会讨论等方式收集顾客特征信息，如需求特点、组织特点等；第三步针对一些还不清楚的信息，选取有代表性的顾客进行调查、询问。收集活动需要注意的是：所了解的情况一定是客观的，不能凭臆想去猜测，须如实记录和填写。

（二）分析资料

在得到一些基本信息后，就可以将每一类顾客群体进行如下 6 个方面的分析。

1. 顾客消费动机分析

顾客为什么要买我们的商品或服务？而另外一些顾客为什么不买？不能简单地回答：我们的产品或服务好与不好。其实顾客的动机是非常复杂的，有的甚至顾客自己都不清楚。一个常见的误区是，营销人员以为自己眼中的“产品利益”就等于顾客的“产品利益”。

例如：浙江某厂生产的瓶装果汁饮料，在市场上销售很好。根据消费调查，大多数消费者购买该饮料是为了得到其使用的包装瓶，而不是厂家所认为的饮料味道好。所以，应了解顾客的消费动机变化，知道在顾客的眼中，自己产品或服务到底好在哪里？顾客购买的主要动机是什么？这是十分必要的。另一方面，顾客都是由人组成，其偏好是善变的，特别是对于日常消费品，偏好受社会中政治、经济、文化、生活形态的影响变化很大，分析时要有动态的观念。

2. 顾客消费选择分析

非垄断市场的产品竞争十分激烈，顾客对产品的选择有很大的空间。任何产品都是可以替代的。所以，在分析中，就必须了解谁是主要竞争对手？搞清楚顾客可能用这个产品去替代别的什么产品？而顾客又可能用别的什么产品来替代这个产品？哪些顾客对这个产品有较高的产品忠诚度？哪些顾客对这个产品的忠诚度低？为什么？如何改进？

3. 顾客消费时机分析

不同的产品或服务在不同的时间里，顾客购买时机和频率是不同的，只有搞清其特点，才能掌握促销主动权。需要分析：顾客什么时间购买这种产品或服务？多长时间购买一次？哪类顾客一次消费量较大？

4. 顾客消费地点分析

顾客对产品或服务购买和使用都有一个适当的场所，一般要搞清顾客习惯在何处购买？什么地方可能是最佳销售场所？顾客在什么地方使用？是否还可以拓展产品使用的空间？由此我们就可以找出理想的销售渠道和产品应用范围。

5. 顾客消费数量分析

购买某种产品的顾客多而复杂，其中必然有几类顾客购买量大，而且每类顾客群体消费特点也不同，所以，我们要分析每类顾客群体消费量是多少？数量不够，就不能单独作为一个细分市场来开发。当然，那些不可衡量或不可接触的以及不能完全满足其需求的顾客群体，也不能成为主要的营销对象。由此决定每类顾客群体的纳入与淘汰，最终确定企业目标顾客。

6. 顾客内部角色分析

顾客往往是复杂的群体，根据在购买行为中所起的作用，一般将其内部人员分为 5 种角色。一是发起者，他是第一个提议购买商品或服务的人；二是影响者，他是对决策具有某种影响的人；三是决策者，他是对购买有决定权的人；四是购买者，他是从事购买行为的人；五是使用者，他是使用该商品或服务的人。有时这 5 种角色集中于一个人身上，有时是分别对应于不同的人。针对目标顾客都需要做详细的分析，才能得出针对性的营销措施。

（三）制订方案

通过以上分析，找出最佳顾客群体，有的放矢地制订营销方案。根据其需求特性，改进产品，改变宣传重点，选择最佳销售通路和销售时机；根据其组织特点，对不同角色分别采取不同说服策略。

（四）反馈调整

事物是发展变化的，社会在变，顾客需求也在变，实时监控市场，根据市场反馈信息及时调整认识、改进方案，十分重要。另外，市场分析的基础是信息，但信息可能受到各种因素的干扰，其可靠性就存在问题，也需要不断地根据反馈修正错误。所以，该分析方法是一个收集信息→分析→制定→实施→反馈→调整的循环过程。

第二节　寻找顾客的基本准则

寻找顾客看似简单，其实并非易事。要找到众多的符合条件的准顾客，推销人员必须遵循一定的规律，把握科学的准则，才能使寻找顾客的工作科学化、高效化。

一、确定推销对象的范围

推销人员在寻找顾客之前，首先要确定准顾客的范围，这样可以使寻找顾客的范围相对集中，避免漫无边际的东奔西跑，提高寻找效率。准顾客的范围包括以下两个方面。

（1）地理范围，即确定推销品的推销区域。主要考虑该地区的政治、经济、法律环境（产业政策、经济法规、人口数量、人均收入等）及社会文化环境（文化传统、宗教信仰、民族风俗等）是否适合推销品。例如，淘汰助动车、摩托车的地方，就不适宜再推销该种交通工具；人均收入低的地区就不适宜高档消费品（豪华家具、高档家电产品等）的推销。

（2）交易对象的范围，即确定准顾客群体的范围。这要视推销品的特征而定。不同的产品，由于性能、用途的不同，推销对象的群体范围也不一样。例如，若推销高等教育系列书籍，其推销对象应为大中专院校的师生；推销玩具，它的推销对象应为幼儿园和有儿童的居民家庭。即使是同类产品，由于品种、规格、型号、价格等方面的差异，其推销对象的范围也有差别。例如，同为服装产品，高档服装产品的推销对象应为高收入家庭，而一般服装产品的推销对象应为中、低收入家庭。

二、寻找顾客途径的多样性和灵活性

在实际推销工作中，寻找推销对象的途径是多种多样的，选择合适的寻找途径，是提高寻找效率的一项重要措施。科学地选择途径或渠道，除了要考虑推销品的特点、推销对象的范围等因素，还要求推销人员根据实际情况善于发现、善于运用、善于创新各种寻找方法。

案例4

小火柴大功效

被誉为丰田汽车“推销大王”的椎名保久，从生意场上人们常用火柴为对方点烟得到启发。在自制的火柴盒上印上自己的名字、公司名称、电话号码和交通线路图等，并投入使用。椎名认为，一盒20根装的火柴，每抽一次烟，名字、电话和交通图就出现一次，而且一般情况下，抽烟者在抽烟间隙摆弄火柴盒，这种“无意识的注意”往往成为推销人员寻找顾客的机会。椎名正是巧妙地利用了这小小的火柴，寻找到了众多的顾客，推销出了大量的丰田汽车。其中许多购买丰田汽车的用户，正是通过火柴盒这一线索实现购买行为的。

（资料来源：吴金发，李海琼．现代推销理论与实务[M]．大连：东北财经大学出版社．）

对于大多数商品来说，寻找推销对象的合适途径不止一条，而是多条。因此，在实际推销活动中，采用多种方法并用的方式来寻找顾客比仅用单一方法的收效要大得多。推销人员应根据实际情况，灵活运用各种寻找顾客的方法，并善于创造新的方法。

三、具有随时寻找顾客的意识

树立随时随地寻找顾客的意识对推销人员来说是极其重要的。因为要想在日益激烈的竞争中为企业发掘更多的顾客，就要时刻做好寻找顾客的准备，不放过任何一次捕捉潜在顾客的机会。这样，你就会寻找到更多的推销对象，推销出更多的产品，推销业绩也会随之攀升。但假如你只是在“工作时间”去寻找顾客，而在外吃饭、走路、乘车等“业余时间”毫无寻找顾客的意识，那么，即使再多的潜在顾客与你擦肩而过，你也不能及时地抓住这些宝贵的机会，你的顾客队伍将很难进行补充和扩大，你的推销业绩也将难以提高。

案例5

日本三菱财阀的创始人岩崎弥太郎是这样回答人们关于他事业成功秘诀的问题的："临渊羡鱼，鱼儿永远也不会跑到你的手中。尽管有时鱼儿成群游来，但若没有准备，赤手空拳是捕不到鱼的。鱼儿不是能够应招即来的，什么时候出现是由鱼的本身习性所决定的。因此，要想捕鱼，平时就必须准备好渔网。可以说，这与人们在一生中捕捉良机完全是一码事。"

（资料来源：吴金发，李海琼．现代推销理论与实务[M]．大连：东北财经大学出版社.）

案例6

美国有位叫卡特的商人曾做过这样一个实验：把半新的钱包拴在小汽车后面，在地上拖着钱包到处跑，不几天，钱包便破烂不堪。于是，他便在破旧的钱包里装上钞票、信用卡、驾驶证等，先后到5家绅士用品商店购买领带。在这5家商店里，领带与钱包是在一起摆放的。卡特每次掏钱买领带时，钱包总是"很偶然"地掉在了地上。而每次，这五家商店的营业员都无一例外地帮他捡起了破烂不堪的钱包并还给他，并看着他离开商店，从来无人建议他换个新钱包。

（资料来源：钟立群．现代推销技术[M]．北京：电子工业出版社.）

这一事例说明，这 5 家商店的营业员由于在思想上缺乏推销钱包的强烈意识，所以当机会到来时，会任其白白失去而毫无察觉。

四、重视老顾客

一位推销专家深刻地指出，失败的推销员常常是从找到新顾客来取代老顾客的角度考虑问题，成功的推销员则是从保持现有顾客并且扩充新顾客，使销售额越来越多，销售业绩越来越好的角度考虑问题的。对于新顾客的销售只是锦上添花，没有老顾客做稳固的基础，对新顾客的销售也只能是对所失去的老顾客的抵补，总的销售量不会增加。

推销员必须树立的一个观念是：老顾客是你最好的顾客。推销员必须遵守的一个准则是：你 80%的销售业绩来自你 20%的顾客，这 20%的客户是推销员长期合作的关系户。如果丧失了这 20%的关系户，将会丧失 80%的市场。

美国可口可乐公司称，一听可口可乐卖 0.25 美元，而锁定 1 个顾客买 1 年（假定该顾客平均每天消费 3 听可口可乐），则一个顾客 1 年的销售额约为 300 美元。

有的推销员也许会说："我今天不必再浪费时间去看李先生了——他在以后 5 年中不会再买我们的产品。"但是如果你真正想为客户服务，那么你仍须前往访问，以便随时处理售后服务等问题。虽然这种工作是相当繁重的，但要记住，你的竞争者是不会怕繁重的，他们仍会不断地前去访问。全世界的推销经验都证明，新生意的来源几乎全来自老顾客。几乎每一种类型的生意都是如此。假如顾客买了一部新车，由于对新车的热情，他会跟邻居、朋友及相关的人不断提及买车的事，结果成了车商的最佳发言人，他们就是推销人员的最佳公关!再度拜访是很重要的工作，即使不做售后服务，打一个友谊性的问候电话也可以，养成再度回去探望顾客的习惯，就会拥有无尽的"人脉链"。

第三节　寻找潜在顾客的一般程序和原则

一、寻找潜在顾客的一般程序

在现实推销活动中，就绝大多数产品而言，推销员几乎不可能知道所有的潜在购买者。实际上，推销员也完全没有必要接触每一个潜在的购买者。寻找顾客的工作既包括获知潜在购买者是谁，也包括对潜在购买者是否会购买进行分析和判断，从而对潜在购买者进行筛选。其步骤如下：

（1）寻找潜在准顾客；

（2）准顾客资格审查；

（3）确定准顾客；

（4）制订拜访计划。

推销员首先要根据自己所推销的商品的特征，提出可能成为准顾客的条件。然后根据这些条件，搜集资料，寻找各种可能的线索，拟出一份准顾客的名单，再按照这份名单进行准顾客评估和资格审查，根据审查结果确定你要向其进行推销的准顾客。最后对这些准顾客进行分析、分类、建立档案并据此编制拜访计划，进行拜访洽谈。

寻找顾客的程序首先从发现可能购买的准顾客开始。获得的准顾客名单越多，可筛选的余地就越大。推销员一般要采取多种途径和方法寻找准顾客，以便使寻找准顾客的有效性达到最大。

二、寻找潜在顾客的方法

寻找顾客往往是一个业务员销售活动的开端。业务员需要具备发现和识别潜在顾客的能力，并通过自己的工作来提高寻找顾客的成效。寻找顾客的方法应种类繁多而且具有灵活性和创造性。

（一）地毯式访问法

地毯式访问法是一种营销方法，也可称为“地毯式轰炸法”。采用地毯式访问法寻找顾客，首先要挑选好一条比例合适的“地毯”。也就是说推销员应该根据自己所推销商品的各种特性和用途，进行必要的推销工作可行性研究，确定一个比较可行的推销地区或推销对象范围。如果推销员毫无目标，胡冲乱撞，则犹如大海捞针，难以找到适合的顾客。如果推销员有所选择，例如到大学校园推销大学生用的教材或其他文化用具，或者到医院推销医药品，或者向家庭主妇推销肥皂，则可能找到更多的新顾客。因此，在开始地毯式访问之前，推销员应该先确定理想的推销范围，做好必要的访问计划。

这种寻找顾客方法的理论根据是“平均法则”。其作业原理是：如果客户访问是彻底的，那么总会找出一些准顾客，其中会有一定比例的准顾客能达成交易。换句话说，推销员所要寻找的顾客是平均地分布在某一地区或所有的人当中。因此，推销员在不太熟悉或完全不熟悉推销对象的情况下，可以直接访问某一特定地区或某一特定职业的所有个人或组织，从中寻找自己的顾客。其实，这种方法是最古老的推销方法之一。自从商品生产和商品交换出现以后，挨门挨户的推销方式就开始出现。而且今天无论在东方，还是在西方；无论在中国，还是在外国；无论在城镇，还是在乡村，几乎到处都可见到这种地毯式推销员的身影。

地毯式访问法的技巧：运用此法最大的障碍是如何接近客户，即在客户购买商品或者接受服务之前，营销人员努力获得客户的接见并相互了解的过程。

接近客户可采用如下几种方法。

（1）派发宣传资料。营销人员直接向客户派发宣传资料，介绍公司产品或服务，引起客户的注意和兴趣，从而得以接近客户。

（2）馈赠。这是现代营销常用的接近法。营销人员利用赠送小礼品等方式引起顾客兴趣，进而接近客户。

（3）调查。营销人员可以利用调查的机会接近客户，而且此法还隐藏了直接营销的目的，易被客户接受。

（4）利益引导。营销人员通过简单说明商品或服务的优点以及将为客户带来的利益而引起顾客注意，从而转入面谈的接近方法。

（5）赞美接近。营销人员利用人们的自尊和被尊敬的需求心理，引起交谈的兴趣。需要注意的是赞美一定要出自真心，而且还要讲究技巧，否则会弄巧成拙。

（6）求教接近。对于虚心求教的人，人们一般不会拒绝他。但营销人员在使用此法时，应认真策划，讲究策略。

地毯式访问法的优点。

(1) 可以借机进行市场调查，能够比较客观和全面地了解顾客需求情况，这是因为推销员原来不认识顾客，顾客可以毫不客气地表明自己的真实看法，而且此法接触面比效广，推销员可以听到各方面的意见。

(2) 可以扩大推销商品的影响，使顾客形成共同的商品印象。

(3) 可以积累推销工作经验，尤其是对新推销员来说，这是必经之路。

(4) 如果推销员事先做了必要的选择和准备，推销技巧得法，则可以收到意想不到的效果，争取更多的新顾客。

此法适用于推销各种生活消费品，尤其适用于推销必备的日用工业品和人人必需的各种服务，例如推销各种家庭用品，火灾保险服务等。实践证明，只要推销员善于掌握时机，灵活运用，这也是一种无往而不胜的成功方法。有些成功的推销员甚至认为，顾客家里门铃的响声就是推销员口袋里金钱的响声。随着我国第三产业的迅速发展，地毯式营销法的应用必将越来越广泛。各类服务性行业的性质决定了其推销工作的特点，走出店门寻找顾客与坐等顾客上门这两种经营方式，各有妙用。尤其是个体业者，送货上门，服务上门，更是竞争中取胜的上策。

地毯式访问法的缺点。

(1) 地毯式访问的最大缺点就在于它的相对盲目性。由于推销员对客户的情况不了解，访问中针对性差。客户事先也不知道推销员来访，对所推销的产品不了解，往往采取拒绝的态度。采用此法寻找顾客，通常是在不太了解或完全不了解对方情况的条件下进行访问，尽管推销员可能事先做了一些必要的选择和准备工作，但是仍然难免带有很大程度的盲目性，如果推销员过于主观，判断错误，则会浪费大量的时间和精力。

(2) 在许多情况下，人们大多不欢迎不速之客。由于在进行此法之前，推销员一般难以事先通知顾客，访问是在顾客毫无精神准备的情况下进行的，顾客往往表示拒绝接见，从而给推销工作带来阻力，给推销员造成精神负担。

(3) 由于推销工作和“此法”本身的有机联系和相互影响。如果推销工作一旦失误，就会影响整个推销计划。

总之，此法是现代推销员最常用的寻找顾客的技术之一。在采取这种方法寻找顾客时，推销员必须做好必要的选择和准备工作，并且要在推销行动开始之后适时调整行动方案。由于这种方法固有的缺陷，推销员最好能够配合使用其他方法，发起立体攻势，随机应变。这样，才能取得理想的推销效果。

为了提高使用效果，在应用“地毯”法时应注意两点：首先，为了减少盲目性，推销员在上门访问前，应根据自己所推销产品的特性与使用范围等，进行必要的可行性研究，确定一个比较适当的行业范围或地区范围；其次，要在总结以前经验的基础上，多设计几种谈话的方案与策略，尤其是斟酌好第一句话的说法与第一个动作的表现方法，减少被拒之门外的可能性。“地毯式”销售法以及由此引发的上门推销，在国外被广泛地应用到对生活资料挨家挨户的推销中。在我国则主要应用于工矿企业对中间商的推销或者较小范围内的上门推销。

案例7

原一平在最初踏入寿险界时，手头没有一个客户，只好采用“地毯式轰炸法”进行推销。后来，他总结的经验如下。

第一天：区域不限，采用挨家挨户推销。访问15户人家之后回家休息。

第二天：继续第一天的访问，从第16户开始挨家挨户推销，访问到第30户后回家休息。

第三天：继续第二天的访问，从第31户开始挨家挨户推销，访问到第45户后回家休息。

（至此，三天共访问45户人家。对每一个受访的准客户而言，第一次与第三次之间的访问时间如果隔太久，准客户对业务员的印象就淡了，一切又得重新开始。原一平的经验是访问间隔以三天为宜，不能过长，于是，他从第四天开始进行复访）。

第四天：对第一天所访问过的15户，在这一天进行第二次访问，前往催促。

第五天：对第二天所访问过的15户，在这一天进行第二次访问，前往催促。

第六天：对第三天所访问过的15户，在这一天进行访问，前往催促。

到第7-12天，所做的工作与1-6天完全相同，不过要更新对象。

在复访过程中，有愿意投保者，立刻安排送去体检。体验合格，立即填单收费。

在复访过程中，对第二次依然没兴致的准顾客可以进行第三次复访，当然用电话款促也不失为方式之一。

（二）广告开拓法

广告开拓法，是指推销人员利用各种广告媒介寻找客户的方法。它是利用大众宣传媒介，把有关产品推销的信息传递给客户，从而刺激和诱导客户购买。

广告开拓法的形式包括以下几种。

1. 广告

利用报纸广告来寻找客户时，应该根据所推销商品的特点来做出选择，既要考虑各种报纸的发行地区和发行量，又要考虑各种报纸读者对象的类型。报纸能传递比任何其他媒体更多的消息。在利用报纸刊登广告之前，还要与报社联系，看看报社是否有一种特别的版面设计和风格，并听从他们的意见。一些报社会让你填表，以便能让他们了解每一条新闻的基本内容，简化他们的工作，增加出版机会。

推销员还要准备产品信息的详尽介绍资料以及产品的照片，便于可能的新客户更形象地看到产品。除了自己利用报纸刊登广告来寻找新客户以外，推销员还可以充分利用报纸上大量的广告和信息，如此便会发现推销机会。

2. 电视和广播广告

倘若决定在电视或广播里做广告来寻找客户，就应该考虑各个广播电台的听众或观众的数量及分布地区，还应考虑广告播出的时间。

可以在电视媒体上以实际动作将产品展示在使用产品的人们面前，包括实验证明书、统计表。要把它作为当天最令人兴奋的新闻来讲。在发布消息时，要保持微笑，充满热情。

3. 杂志广告

许多大城市都有地方或地区性的有关商业集团、艺术和娱乐、家庭和园艺以及公共事业的出版机构，它们经常发表推销商品、调任离职、人员扩充之类的短信息，它们也是可以好的工具，你可以在上面发表文章介绍产品或服务以及与业务有关的生动事实。杂志在时间上不如其他媒体那样及时。然而，许多出版物都可以刊登彩色照片，这可以让更好地展现产品或服务。

4. 直接邮寄广告

如果有大量的新客户需要某一产品，以直接邮寄广告寻找新客户的方法有时是联系个人和企业的有效方式。较之信息员，直接邮寄成本较低、接触的人较多，而这些人可能广泛分布在某一地区。利用这种方式时，要采取多样的形式，避免浪费。

广告开拓法的优点：可以借助各种现代化手段大规模地传播推销信息，推销员可以坐在家里推销各种商品。若一条推销广告被二百万人看到或听到，就等于推销人员对一百万人进行了地毯式访问；广告媒介的信息量之大、传递速度之快、接触客户面之广，是其他推销方式所无法比拟的；广告不仅可以寻找客户，还具有推销说服的功能；能够使推销人员从落后的推销方式中解放出来，节省推销时间和费用，提高推销效率。

广告开拓法的局限性：一是推销对象的选择性不易掌握。现代广告媒介种类很多，各种媒介影响的对象都有所不同。如果媒介选择失误，就会造成极大的浪费。二是有些产品不宜或不准使用广告开拓法寻找客户。三是在大多数情况下，利用广告开拓法寻找客户，难以测定实际效果。

但总体来说，广告开拓法不失为一种理想的开拓客户的现代化手段。在运用此法时，推销员要认真搞好市场调查，制订周密的计划，并配以其他方法，以免出现大的失误。

案例8

浙江杭州的“胡庆余堂”药店，试制成功一种新药“复方抗结核片”，经过5年的临床观察，确认对肺结核病疗效显著，但却是“养在深闺人未识”，打不开销路，结果积压了340000瓶之多。后来，药店在中央人民广播电台作了“复方抗结核片”的广告仅仅两个月的时间，就收到来自全国各地29个省、市、自治区要求订货的信函5700多件，不仅售出了全部的存货，还打开了新的销路，赢得了众多的客户。

（资料来源：吴金发，李海琼. 现代推销理论与实务[M]. 大连：东北财经大学出版社.）

（三）连锁介绍法

通过老客户的介绍来寻找有可能购买该产品的其他客户的方法叫做连锁介绍法，又称为客户引荐法或无限连锁法。这是寻找新客户的有效方法，被称为黄金客户开发法。

连锁介绍法的形式包括以下几种。

1. 请你目前的客户向你介绍新客户

请求老客户介绍新客户之前，应先打电话给客户，了解他们对提供的产品（服务）是如何评价的。千万不要在给客户打电话时试图卖掉什么，只需真诚询问他们对你的印象如何。对于满意的客户，可以请他们写信给你，并要求对方为你写引荐信。获得客户回信的最简单的做法是：

（1）与客户商讨后，由你直接代替客户书写；

（2）由你代为捉笔，他们誊抄，以节省对方的时间；

（3）标明他们可以在你的草稿上做调整。

2. 请不满意的客户介绍

成功的推销员懂得向不满意的客户提要求。这些不满意的客户事后常会发现你的产品（服务）要远远优于他们正在使用的产品（服务），并且从长期来讲你们的价格更优惠。即便如此，他们也不会致电要求订购产品或预约服务。与这些人电话联系并告诉他们，你非常惦念以前双方的良好关系，表达你重修旧好的真诚。这样，不满意的客户就有可能重新考虑其最初的决定。回头客正是因为确信了你的产品（服务）质量和价格方才回头的，因而他们也是重要的举荐人。

人们都希望别人能倾听他们的意见，客户也是如此，他们希望自己的观点得到重视。如果你对他们关心的问题表现出应有的礼貌和专业水平，下次他们必然会再来找你。

3. 请新客户推荐

不要忘了新客户是你最重要的推荐人。一旦他们决定购买你的产品（服务），会不断地向别人介绍和宣传你及你的产品（服务）以强调自己的决定是正确的。

欲从新客户那里获得被推举人，最好是在销售完成的时候。当你与客户讨论产品或服务的价格时，首先，大致描述你的产品或服务的价格和支付条件，再告诉他们，如果在几个月之后他们对所购买产品或服务非常满意，就请他们推荐几位愿意购买产品的新客户。

4. 请那些拒买你产品的客户介绍

拒绝过你的客户，心理上或多或少会有些愧疚，尤其是在你的服务十分热情的时候。因此，你可以请他们告诉你有哪些人可能需要你的产品，他们或许知道谁需要你所推销的东西。

5. 请你的竞争对手介绍

当某些与你们公司业务相近的大公司生意多得做不完时，即便你们是竞争对手，也应想办法从他们那儿接些生意过来做。竞争对手往往就是生意的重要来源。与不具备你们的专业技术或无暇顾及某个项目的大公司签订这方面的合约，是可以的。

6. 请亲友介绍

别人认识的人有很多你并不认识。每个人都会有一些关系网。通过家人和朋友的帮忙，你可能获得许多新客户。

7. 请同事介绍

与自己共事的职员，也可能给你帮助。

8. 请你的销售商、供应商和专业咨询人士介绍

你所在机构提供服务的人中，有些人可能与你希望向其推销产品（服务）的某家公司中的决策者有关系。跟你的会计师、律师、中介公司代理人联系，请求他们向你举荐。

9. 请其他销售商介绍

有时候，你可以从其他专业销售人员那里获得推举或从他们那儿获取你正在寻找的新客户的有关信息。同时，了解他们寻找什么样的新客户，并持续不断地给他们介绍客户，为他们创造条件的同时你也可以从中受益。在建立了自己的大型社交关系网之后，你就可

以从其他专业销售或服务人员那里获得生意。

10. 请陌生人介绍

在交际场合你总会遇到一些未曾结识的陌生人，与其谈话的最后，都应转到讨论你们如何谋生这一主题上来。这些陌生人或许需要你的产品（服务）或知道其他需要的人，你要毫不犹豫地请他们为你介绍。

使用连锁介绍法应注意的事项。

（1）取得现有客户信任。只有通过诚恳的销售态度与诚挚的服务精神，你才能赢得现有客户的信服、敬重与工作上的配合，获得现有客户的帮助。

（2）具体明白。在请他人介绍新客户时，为了避免听到“我此时想不起任何人”之类的回答，必须将自己正寻找的人的类型尽可能准确而具体地告诉对方。这将有助于对方从其潜意识里找到符合要求的个人、企业或一些相关的大概情况。

（3）要评估新客户。对现有客户介绍的未来客户，推销员应进行详细的评估和必要的销售准备，应尽可能多地从现有客户处了解新客户的情况。

（4）感谢现有客户。虽然不是所有的行业或产品都有对发现生意机会者付费或给予佣金的惯例，但在某些行业里，这一做法确实能极大地增加从引荐者处获得新客户的数量。付费额不必太大，但如果有可能找到新客户，必须及时向引荐者支付应付费用。亲手书写的感谢信或便条也非常有意义，而且，不论被举荐的潜在对象是否真正能转化为新客户，对那些持续提供新客户的朋友，送一些表达感谢的小礼品，也有利于建立良好的关系。

连锁介绍法的优点。

（1）可以避免推销人员寻找客户的盲目性。因为现有客户推荐的新客户大多是他们较为熟悉的单位或个人，甚至有着共同的利益，所以提供的信息准确、内容详细。同时由于各位客户之间的内在联系，使连锁介绍法具有一定的客观依据，可以取得新客户的信任。一般人对不速之客存有戒心，若经过熟人介绍，情况则不同。

（2）连锁介绍法既是寻找新客户的好办法，也是接近新客户的好办法。如果推销人员赢得了现有客户的真正信任，那就有可能赢得现有客户所推荐的新客户的信任。

（3）成功率比较高。现有客户所推荐的新客户与现有客户之间存在着某种联系，根据这种内在的联系来寻找客户，会取得较高的成功率。

连锁介绍法的缺点。

（1）事先难以制订完整的推销访问计划。通过现有客户寻找新客户，因推销人员不知道现有客户可能介绍哪些新客户，事先就难以做出准备和安排，时常在中途改变访问路线，打乱整个访问计划。

（2）推销人员常常处于被动地位。既然现有客户没有进行连锁介绍的义务，现有客户是否介绍新客户给推销人员，完全取决于现有客户。若推销人员向现有客户推销失利，或者现有客户出于某种考虑不愿意介绍新客户，推销人员便无可奈何。

案例9

30岁的雯莱来到一位保险推销员的办公室，花两万多美元购买了退休保险。他是通过朋友推荐而来的，进入办公室还不过20分钟时间他就与推销员签订了合同。快出门的时候，他说道：“棒极了！我希望把这笔出色的生意告诉我的叔父。”

他还顺便告诉推销员他叔父的名字叫雯力雅。推销员说：“你能够这样做真是太好了！为了防备你忘记，两个星期之内我再次见到你，一定向你提起雯力雅先生。”

八天后，推销员收到雯力雅寄来的一张支票，他做成了一笔比卖给雯莱的数额还大的保险生意。雯力雅还把他的经营合伙人的姓名全部告诉了推销员。

（资料来源：吴必达. 第一次推销[M]. 北京：企业管理出版社，2003.）

（四）资料查阅寻找法

资料查询寻找法是推销人员通过查阅各种现有的信息资料来寻找顾客的方法。

在西方社会，一些国家拥有十分发达的情报资料系统，为推销人员查阅各种信息资料提供了方便，因而资料查询法是西方国家推销员寻找顾客的一种常用方法。

业务员要有很强的信息处理能力，通过资料查阅寻找客户既能保证一定的可靠性，也能减小工作量、提高工作效率，同时也可以最大限度减少业务工作的盲目性和客户的抵触情绪，更重要的是，可以展开先期的客户研究，了解客户的特点、状况，提出适当的针对性策略等。这里需要注意的是资料的时效性和可靠性，此外，注意对资料的日积月累往往能更有效地展开工作。

业务员经常利用的资料有：有关政府部门提供的资料、有关行业和协会的资料、国家和地区的统计资料、企业黄页、工商企业目录和产品目录、电视、报纸、杂志、互联网等大众媒体、客户发布的消息、产品介绍、企业内刊等。

一些有经验的业务员，在出发和客户接触之前，往往会通过大量的资料研究对客户做出非常充分的了解和判断。

案例10

在某市，十几层的大厦需要几万平方米的地毯，这是一笔价值几十万元的生意，全国几十家地毯厂都盯上了这块肥肉，纷纷派人推销。一位推销员带着礼品去敲顾客的门。出乎意料的是，当一位老者开门看到他手中拿的东西，就将他拒之门外。推销员百思不得其解。第二天他了解到，这位倔强老头是一位“老革命”，一身正气，两袖清风，对社会上的不正之风深恶痛绝。他好为人师，常教导青年人“革命的路该怎么走”。在了解到这些情况后，推销员又再去拜访顾客，当然没有忘记应该两手空空。见到顾客后说，我是一位刚参加工作的青年人，在工作生活上遇到许多困难不知该怎么处理，你是老前辈、老革命，有丰富的阅历，今天特来请教你。一席话令老人十分高兴，忙请推销员坐下，然后“痛说革命家史”，讲自己当年过五关斩六将、南征北战的光荣经历。老人侃侃而谈，推销员洗耳恭听。“话到投机情便深”，两个人成了忘年交。最后的结果不言自明。“如能投其所好，你就掌握了他”，对于想赢得顾客好感的推销员而言，这是至理名言。

（资料来源：张智勇. 推销王中王[M]. 北京：中国纺织出版社，2003.）

（五）委托助手寻找法

委托助手寻找法，亦称推销助手法或推销信息员法。所谓委托助手寻找法，就是销售人员委托有关人员寻找顾客的方法。

在西方国家里，有些公司专门雇用一些低级销售人员寻找顾客，以便让那些高级销售人员集中精力从事实际的销售活动。这些低级销售人员往往采用市场调研或提供免费服务等措施，对某些可能性比较大的销售地区发起地毯式访问。一旦发现潜在顾客，立即通知高级销售人员或销售经理安排销售访问。也有一些企业或销售人员专门找特定行业、特定职业的工作人员为其寻找潜在顾客。例如：某一推销住宅篱笆的推销员，雇用其区域内的公用事业抄表员，请他们记下那些有小孩或狗，但还没有装篱笆的住宅的地址和主人姓名，因为这些住户很可能就是将来购买篱笆的客户。

委托助手法的依据是经济学的最小最大化原则与市场相关性原理。因为委托一些销售助手，在产品销售地区与行业内寻找顾客及收集情况，再利用现代化通信设备传递有关信息，然后由销售人员自己去接见与洽谈，这样所花费的费用与时间，肯定比销售人员亲自外出收集信息在经济上更加合算。销售人员本身只是接近那些影响大的关键顾客，从而获得最大的销售效果。另外，行业间与企业间都存在着关联性，使用其他行业的人可以较早地发现销售产品市场先行指标的变化，可以为销售提供及时、准确的信息。

委托助手寻找法的优点。

（1）提高工作效率。此法使销售人员能把更多的时间和精力花在有效销售上。而助手又能帮助销售人员不断开辟新区，从深度和广度两个方面来寻找到合格的顾客。

（2）避免了陌生拜访的压力。助手先做铺垫，再引荐给销售人员，有利于销售工作开展。

委托助手寻找法的缺点。

（1）难以选择到理想的助手。一般要选到一个能很好胜任销售工作的人较困难，他们大多没有经验，未受过训练，因此要找到能胜任此项工作的人需花一定的时间、精力。

（2）销售人员较被动。寻找顾客的绩效完全视助手的能力和相互的合作关系而定。助手能否毫无保留地将信息全部传递给销售人员，这也是要注意的问题。

（六）客户资料整理法

这种方法本质上属于“资料查阅寻找法”，但是，也有其特殊性。我们强调客户资料管理，因为其重要性十分突出，现有的客户、与企业联系过的单位、企业举办活动（如公关、市场调查）的参与者等，他们的信息资料都应该得到良好的处理和保存，这些资料积累到一定的程度，就是一笔财富，在市场营销精耕细作的今天，这尤为重要。

举个最简单的例子，某个家庭，第一代洗衣机购买的是“小天鹅双桶洗衣机”，第二代洗衣机是“小天鹅全自动洗衣机”，第三代洗衣机是“小天鹅滚筒式洗衣机”，你如果要做到真正让客户的三代洗衣机都用“小天鹅”，客户的资料和对客户的精细服务就是必不可少的。

（七）交易会寻找法

交易会寻找法是指利用各种交易会寻找准顾客的方法。国际国内每年都有不少交易会，如广交会、高交会、中小企业博览会等。充分利用交易会寻找准顾客，与准顾客联络感情、沟通了解，是一种很好的获得准顾客的方法。

参加展览会往往会让销售人员在短时间内接触到大量的潜在客户，而且可以获得相关的关键信息，对于重点的有意向的客户也可以作重点说明，约好拜访的时间。例如，假如你想获得在印刷机械行业的潜在客户，你可以参加国际印刷机械展，你将在那里遇到中国乃至世界上最著名的印刷机械制造商，几乎所有的大厂商都会参加，你只需要去看一个展览会，你就会得到这个行业的几乎最有价值的那部分潜在客户。经常去参观某个行业的展览会，你甚至会发现每次你都看到那些准顾客，这对以后向客户推销是非常有利的。

销售人员应该在每年的年末将未来一年相关行业的展览会进行罗列，通过 Internet、展览公司的朋友都可以做到这些，然后贴在工作间的醒目处并在日程表上进行标注，届时提醒自己要抽时间去参观一下。

利用交易会寻找法应注意的问题：

（1）要得到潜在客户相关人员的名片；

（2）在尽可能的情况下与这些潜在客户的现场技术人员交流，明确主管人员；

（3）在展览会结束后，尽快取得联系，免得记忆失效而增加后期接触难度；

（4）将客户的产品资料拿回来仔细分析，寻找机会。

交易会寻找法的优点是效率高。这种方法能在最短的时间内接触到最多的准顾客。因为参加交易会的人本来都对该行业有兴趣，对有兴趣的顾客，推销人员可以充分展示。该方法的缺点是费用较高，参加交易会要给主办单位交一定的展位费。

案例11

宁波新海电气股份有限公司（简称“新海”）是中国规模最大的打火机企业，产品90%以上出口。为拓展美国市场，新海派了两名年轻销售人员长期驻美国工作。在调查美国市场后，销售人员认为参加展览会是一个寻找商机的好机会。于是销售人员就前往展览会现场寻找客户，一次偶然的机遇，销售人员了解到美国的一家A公司在美国大量销售中国另一家公司的打火机，于是抱着试试看的心态来到A公司的摊位前，与A公司的代表进行了洽谈。可没想到的是，当新海的销售人员说明来意后，A公司代表居然对新海一点兴趣都没有，连名片都不愿收下。他说：“我们有自己的合作伙伴，你们还是另找他人吧。”新海的销售人员受过良好的训练，面对这样的回答依然表现了很好的礼仪，在随后的日子里依然抽时间去拜访他，每次交谈虽然不多，但给对方留下了较好的印象。

“功夫不负有心人。”在一次时隔半年的展销会上，销售人员终于打动了A公司代表。由于是“非典”期间，参会人数不多，展会比较空，新海销售人员和A公司代表在交谈中谈了很多关于国内非典的情况以及国内打火机行业的发展情况，双方进行了比较融洽的沟通。在这一次沟通中，A公司代表也第一次表示他们对现在的供应商不太满意，并表示如果新海有样本和样品的话，可以拿到公司来看看。

但新海的销售人员几次打电话都因A公司代表很忙，拒绝了销售人员的拜访。直到最后，A公司代表终于答应销售人员的拜访，但要求销售人员必须早上8点赶到。由于两公司距离1个多小时车程，所以销售人员早晨5点便起床，提前半小时赶到约定地点。遗憾的是双方约见后还是因为价格太高而没有达成协议。不过值得欣喜的是，这次见面虽然没达成协议，但双方加深了了解。在随后的时间里，新海销售人员与A公司代表仍然保持着很好的关系，隔一段时间通一次电话。终于，在新海的努力下A公司代表答应对新海的样品试试看，由于新海的产品质量和服务很好，A公司在进行了3个月的试用后便决定大规模采用新海的产品。

现在，A公司已经成为新海的大客户，双方合作非常愉快，建立了非常好的客户关系。新海销售代表在讲述她从事销售的几点体会时，认为作为一个推销员应该具备以下品质：对产品和公司有十足的信心，热爱和忠于自己的企业；能够忍受客户的冷漠和嘲讽，对待顾客一定要有耐心，具备很强的心理承受能力和协调沟通能力；“不管什么事情发生总有解决的办法”，是她销售成功的座右铭，“不要向客户抱怨，在遇到任何困难时应该站在客户的角度思考问题，平静地告诉客户遇到什么困难，客户有什么样的选择，把客户当作自己的朋友。”

（资料来源：钟立群．现代推销技术[M]．北京：电子工业出版社.）

（八）市场咨询法

市场咨询法是指推销人员利用社会上各种专门的市场信息服务部门或国家行政管理部门所提供的咨询信息来寻找顾客的一种方法。使用该法的前提是存在发达的信息咨询行业，目前中国市场的信息咨询业正处于发展阶段。

这些专门的市场信息咨询服务公司，专门从事市场调查和市场预测工作，收集各方面的市场供求信息，为社会上各行各业的推销员提供市场咨询服务，便于推销员利用咨询信息寻找顾客。例如，服装推销员可以通过咨询业者来寻找顾客，婴儿用品推销员可以通过育儿咨询业者寻找顾客等。此外，国家有关行政管理部门，如工商局、统计局、财税局及各行业协会或商会等，也是理想的信息咨询单位。

推销人员可以从以下部门获得市场信息。

（1）专业信息咨询公司。如一些专业建筑信息公司能提供详细的在建工程信息，包括：工程类别、建筑成本、工程时间表和发展商、项目经理、建筑师等的联系方式，且信息每天更新。这为建材生产企业的销售人员节约了大量时间。虽然要向信息公司付一些费用，但总体成本还是合算的。

（2）工商行政管理部门。该部门涉及范围十分广泛，包括工业、商业、交通运输等各个行业，是一个理想的市场咨询单位。

（3）各级统计和信息部门。这些部门提供的信息准确、可靠。

（4）其他相关部门，如银行、税务、物价、公安、大专院校、科研单位等。

（5）当地行业协会。每个行业基本上都有自己的行业协会，如：软件行业协会、电子元件行业协会、仪器仪表行业协会等。虽然行业协会只是一种民间组织，但恐怕没有人能比行业协会更了解行业内的情况了。如果你的潜在客户恰好是某某协会的成员，能得到协会的帮助是你直接接触到潜在客户的有效方法。

市场咨询法的优点如下。

（1）方便迅速，费用低廉，信息可靠。与推销人员自己寻找顾客所需费用相比较，可以节省推销费用开支。

（2）节省推销人员的推销时间，全力以赴进行实际推销。

市场咨询法的缺点如下。

（1）推销人员处于被动地位。若推销人员过分依靠咨询人员提供信息，容易丧失开拓精神，失掉许多推销机会。

（2）咨询人员所提供的信息具有间接性，会存在许多主观片面的因素，甚至出现一些与实际情况大相径庭的错误信息。

（3）市场咨询法的适用范围有一定的限制性。

（九）企业各类活动寻找法

企业通过公共关系活动、市场调研活动、促销活动、技术支持和售后服务活动等，一般都会直接接触到客户，这个过程有利于对客户进行观察、了解及深入的沟通，因而也是一个寻找客户的好方法。

有效地寻找客户的方法远远不止这些，应该说，寻找客户是一个随时随地的过程。一般信息处理过程模式应该是："所有目标对象－接触和信息处理－初选－精选－重点潜在客户－客户活动计划"。

本章小结

通过本章知识的学习，要求学生分清准顾客、潜在顾客、目标顾客的异同，使学生掌握寻找顾客的基本准则，重点掌握寻找顾客的一般程序和方法。

主要概念

顾客　准顾客　潜在顾客　目标顾客

思考与练习

1．什么是寻找顾客？寻找顾客有何意义？
2．寻找顾客应遵循哪些原则？
3．寻找顾客的常用方法有哪些？

实践与技能

自己设定一产品，利用国际互联网，设计一网上寻找顾客的方案。

第五章　顾客资格审查

学习目标

通过本章的学习，使学生明确顾客资格审查的必要性，了解顾客需求审查的主要内容，掌握顾客支付能力审查的方式，并能对顾客的需求状况、支付能力、购买资格进行全面的审查，并据此来确定目标顾客。

案例导入

谁有决策权

一名江西的业务员刘伟与湖北某电器公司的购货代理商洽谈业务，时间过了半年多，却一直没有结果。他百思不得其解，于是怀疑自己是在与一个没有决策权的人士打交道。为了证实自己的猜疑，他给这家机电公司打了一个匿名电话，询问公司哪一位先生负责购买电器订货事宜，终于从侧面了解到把持进货决定权的是公司的总工程师，而不是那个同自己多次交往的购货代理商。

案例分析：通过对潜在顾客的寻找，推销员会获得一批用户的名单，但这名单上的人是否都值得花费时间与精力进行接触与拜访还不一定。因为其中有的可能没有购买需求，有的可能根本无力购买，有的可能不具备购买的决策权。因此，在开始实际的约见与谈判之前，应对顾客的资格进行审查，从而避免徒劳无功的推销活动，节约推销人员的宝贵时间，提高顾客的订货率和增加顾客的订货量，也提高推销人员的工作绩效。

顾客资格审查，就是指推销人员对可能成为顾客的某个具体对象进行审查，以确定该对象成为准顾客的可能性，又称“顾客评价”，它的实质是顾客购买资格的审查。顾客资格审查是推销人员开展市场调研工作的重要内容之一，审查鉴定的目的在于使推销人员准确掌握客户各个方面的基本状况，发现并确定真正的推销对象，从而有针对性地制定推销计划与推销策略。同时，也可以规避推销风险，提高推销活动的安全性。

顾客资格审查是对有关客户购买信息及相应情况进行调查、了解和判断的业务活动过程，通常包括顾客购买需求的审查、顾客支付能力的审查和顾客购买资格的审查等三个方面的内容。

第一节　顾客需求审查

一、顾客需求审查的概念

顾客购买需求审查是指对潜在顾客是否存在对推销产品的真实需求做出审查、得出结论，从而确定具体推销对象的过程。在某种意义上说，顾客需求审查就是寻找现实顾客的过程。

顾客购买需求审查目的在于确定名单上的某一对象是否真正需要所推销的产品。如果一位推销员向一位根本不需要自己产品的顾客进行推销，那么是难以成功的。因此，需求审查是进行顾客资格审查的首要内容，此项如不成立，其他方面的评价则无必要进行。值得注意的是，有些特定的推销对象现在不使用某种产品，或自认为不需要，并不等于他真正的不需要或不可能成为准顾客，也可能是顾客还没有认识到需要。因此，推销员在进行购买需求审查时，不仅需要了解顾客的需要，还要对顾客进行需求与购买的启发、引导、影响、培育与挖掘工作，有时可以从帮助顾客解决问题的角度出发去进行顾客需求的创造，不要轻易地把特定对象从顾客名单中划掉。

二、顾客需求审查的主要内容

（一）对现实需求的审查

现实需求是指已经发现的没有被满足的需求。这时顾客已经认识推销产品，同时认为通过购买行为可以寻求满足的平衡和和谐。推销人员应该通过需求审查，把具有现实需求的顾客作为立即开展推销活动的对象。

（二）审查需求特点和预测购买数量

审查需求特点即对顾客需要什么样的产品的描述。涉及客户购买产品的用途、使用要求、将在什么条件下使用等问题，这些问题决定了客户对产品的选择标准，并为推销员提供了推销说服的基点。对客户需要什么问题的审查，不能只停留在要一台柴油发电机，一台普通车床这样一种粗浅的层面上，而要挖掘到对产品要求的具体描述。例如，要一台什么样的发电机，一台什么样的车床。

当然，对要什么的问题，并不是所有的顾客都十分清晰，推销员可通过客户对产品的使用条件、用途和使用要求这些具体事项的了解做出准确的判断。而且，在洽谈中，推销人员还可以此来确认和诱导客户的产品选择标准与选择倾向。

管理需求审查不仅包括顾客需求可能性的审查，还应对顾客的需求量进行评价，即客户需购产品的数量。因为有些顾客虽然对推销品的需求可能性较大，但需求数量很少且只是一次性购买，前去推销得不偿失，不能给公司带来利润甚至可能带来负效益，这些顾客便不能成为合格的目标顾客。而那些对推销品需求数量大，又是长期需求的顾客，则是推销人员首选的并应将其列为重点的目标顾客。按照“ABC 管理法”的要求，推销人员应该首先关注现实需求量比较大的顾客，以便提升推销业绩；其次是关注目前需求量虽然不多，但是具有长期购买倾向性的顾客，因为他们是企业或者推销产品未来的基本市场；第三是关注购买行为对推销人员与推销产品具有重要作用的顾客，推销人员应该按照顾客的重要性，在推销活动中给予特殊的照顾和安排，因为他们可能是“购买明星”。

同时，购买量涉及到推销员确定报价和议价策略及其他交易条件，推销员在考察客户要多少的问题时，既要考察当前的交易量，也要考察潜在的购买量。在考察购买量时，不能仅以客户所称为依据，还要结合产品性质及客户执行的业务计划的能力确定。如产品是消耗性的或使用寿命较短的（如原材料、工具等），则潜在购买量就具有较大的可实现性，如客户有充分的能力推进其业务发展计划，则其潜在购买也会有较大的可兑现性，当然，如果这些潜在购买量由当前的采购组成人员执行，取得潜在购买的可能性也会增加。

（三）对潜在需求的审查

推销人员如果发现在寻找到的顾客名单中，有的虽然没有现实需求，但是存在着未来的需求，这就是推销产品的潜在顾客。推销人员应该把潜在顾客列为“预备梯队”，作为以后工作的对象。优秀的推销人员之所以优秀，就在于通过工作，培育、创造具有潜在需求的顾客，激发他们的购买欲望，使其相信对产品确实存在需求。事实上，很多人类需求就是通过激发创造出来的。推销员应该加强“创造需求”方面的训练，通过创造需求促进销售。真正优秀的推销员是在创造需求方面有出色表现的推销员，不断地使顾客认识到需求，认识到需求的必要性和迫切性，变潜在需求为现实需求，变潜在顾客为现实顾客。

案例1

从前有个号称是天下无敌的推销员。他能把牙刷卖给牙医，能把面包卖给面包师，能把苹果卖给种水果的农夫，能把收音机卖给聋子，能把彩电卖给盲人。可有一个新人不服气，就和他打赌，说你要有本事卖给麋鹿一个防毒面具的话你才能算是一个优秀的推销员。

于是，这位推销员不远千里来到北方，那里有一片麋鹿居住的森林。

"您好"，他对第一只遇到的麋鹿说："你一定需要一个防毒面具。"

"我为什么需要它，这里空气这么清新。"

"现在每个人都有一个防毒面具。"推销员解释说。

"很遗憾，可我并不需要。"麋鹿摊摊手。

推销员想了想，就在这个地方住了下来，他开始着手在森林中央建造一个工厂。

"你真是疯了。"他的朋友们说。

推销员只是笑笑，并未多说话。

工厂很快建成了，许多有毒的废气从大烟囱中滚滚而出，很快整个森林的空气质量变得污浊不堪。

最早的那只麋鹿找到推销员说："我现在真的需要一个防毒面具了。"

"没问题，这正是我想要的。"说完推销员就卖给麋鹿一个防毒面具。

麋鹿说："我的很多朋友们现在也都需要一个防毒面具，你还有吗？"

"放心吧，我有成千上万个。"

"可是你工厂里生产什么呢？"麋鹿好奇地问。

"防毒面具。"推销员兴奋地回答。

（资料来源：互联网）

案例分析：故事中的推销员为了卖一个防毒面具给麋鹿，不惜以牺牲环境为代价的行为肯定是不可取的。但它也从侧面说明了一个道理：需求有时候是人为制造出来的，解决矛盾的高手往往也是制造矛盾的高手，因为矛盾也是由他们最先一手制造出来的。

这个故事的道理就是要让我们拥有和具备这种创造需求的理念，进而让这种理念来指导我们的行为，只有这样我们才能把事情做到卓越。

（四）特定需求审查

在顾客需求审查中，如果发现具有特殊需要的顾客，应该继续进行审查，确切了解特定顾客的需求特点及其需求的意义，以便在以后的推销活动中给予满足。

三、顾客需求审查的方法

在进行顾客需求审查时，要运用全面、联系、发展的观点对其进行动态的、综合的分析，既要审查顾客的现实需求，估计现实的需求量，也要审查顾客潜在的需求，估计顾客尚未开发的潜在需求量。这样，才能对顾客的需求做出一个全面的、正确的评价。

顾客需求的审查方法与顾客寻找方法类似，区别是在寻找顾客的基础上进行核对。具体方法主要有：市场调查法、资料查阅法、推销人员现场观察法、集体访谈法、问卷调查法、尖端客户分析法、推销人员同行调查法等。

第二节 顾客支付能力审查

从营销的角度来讲，现实的市场是由有购买需求，同时具有货币支付能力及购买决策权的顾客群所构成的。如果仅仅存在对推销产品的需求，顾客没有一定的货币支付能力，就不可能进行实际的购买，推销人员投入再多的时间与努力也是枉然。所以,推销人员不能只对顾客的购买需求进行审查，更重要的是要准确地判断顾客的支付能力，以提高推销效率。

一、顾客支付能力审查的目的

顾客支付能力是推销人员能否按期收到货款的客观基础，是顾客能够以货币形式支付所需商品款项的能力。

在市场交易过程中，有些人的潜在需求并不等于市场购买需要，更不等于现实的购买行为，只有那些具备货币支付能力的购买需求才能构成现实的市场需求和实际的购买行为。有购买需求而没有货币支付能力的顾客不是现实的顾客，也是不合格的顾客，不能将其纳入拜访计划，以免降低推销工作的效率。推销人员准确地掌握顾客的资信状况，可以防止由商业诈骗活动带来的巨大损失，同时也可以防止欠账、呆账与烂账的出现，更便于推销人员集中精力，避免徒劳无功的推销活动。

二、顾客支付能力审查的内容

（一）个体顾客的支付能力审查

个体顾客的支付能力审查主要是从影响消费者购买力的各种因素，如实际收入、购买支出、消费储蓄与信贷等几个方面进行调查。

消费者收入主要指消费者的实际收入。消费者收入的多少决定了消费者市场购买水平的高低。消费者收入的可任意支配部分是影响消费需求构成最活跃的经济因素，也是影响高档耐用消费品、旅游商品销售的主要因素。这部分收入越多，人们的购买力就越强，人们的消费水平也越高，企业的营销机会也就越多。

顾客的购买力除了受消费者收入的影响外，还要受消费者储蓄和信贷因素的直接影响。居民个人收入在一定时期内不可能全部花费掉，总有一部分以银行存款、公债、股票和动产等各种形式储蓄起来，这是一种推迟了的潜在的购买力。当消费者的收入一定时，储蓄数量与现实支出数量是呈反比关系的。推销人员必须了解影响居民储蓄的诸多因素和储蓄目的的差异，以便准确地预测消费需求的发展趋势和发展水平，寻找市场机会。

另一方面，消费者信贷对顾客的购买力影响也很大。有些经济学家认为，各种形式赊销、分期付款、延期付款是经济增长的主要动力之一，因为它允许人们购买超过自己实际购买力的商品，可以创造更多的就业机会、更多的收入和更多的需求，为企业创造更多的营销机会，从而刺激经济增长。

另外，也可以运用恩格尔系数来衡量居民家庭的贫富程度，进而评价和衡量顾客的购买能力。经济学家们常常运用恩格尔定律来分析消费模式和消费结构。德国统计学家恩格尔在 1875 年研究劳工家庭支出构成时指出：当家庭收入增加时，多种消费的比例也会相应地增加，但用于购买食物支出的比例会下降，而用于服装、交通、保健、娱乐、教育的开支及储蓄的比例将上升，这种趋势被称为“恩格尔定律”。

（二）团体顾客的支付能力审查

支付能力审查的重点对象是组织与企业购买者。由于我国个人消费信贷仍不很流行，拖欠贷款的不良商业行为主要集中在企业与组织的购买者（或者说以法人代表身份出现的购买者）身上，大量需求也往往出自于组织购买行为。

三、顾客支付能力审查的方式

推销人员对团体购买力的审查涉及团体顾客的生产状况、经营状况、资金状况、财务状况、信用状况等方面。从可操作性上讲，推销人员对客户支付能力的审查主要是通过了解客户此项购买的资金来源及到位情况而对客户的支付能力状况做出判断。不同的客户单位，其资金来源渠道是不同的。渠道不同，其支付保障性也有差异，而资金的到位情况则决定了客户是具有现实的支付能力还是潜在的支付能力，只有已到位的资金才形成现实支付能力，对潜在支付能力是否能按期转化为现实支付能力则要分不同情况予以对待。

例如，对一个行政事业单位而言，构成其支付能力的资金来源主要有行政事业经费、经营收入和专项拨款等。当该客户是以专项拨款作为购买资金时，则该项拨款是处于立项报批，还是已获其上级部门批准，是否已列入相应的财政计划，列入何期财政计划，分几期划拨，划拨的不同进程阶段，以及实际批准的资金计划与实际拨付的资金量和该客户立项报批计划资金量之间有多大差距，其差距是以经营收入弥补还是其他途径弥补等，就决定了该客户的现实和潜在支付能力状况。

当一项推销的订单金额与客户业务规模相比属于小额订单时，或可做到钱货两清时，只要观察客户是否有足够的现金维持其正常业务开支就可对客户的支付能力做出判断。但当订单金额太大，以至客户需要专门为该项购买进行预算并在项目进行过程中筹集资金时，或当订单的执行周期较长并分为若干期支付贷款时，推销员就一定要对客户的支付能力进行专门的研究。既要了解客户的购买资金来源，又要了解其到位情况，对未到位的资金，还要了解和证实到位的可能性大小和可能到位的量与时间。

（一）审查顾客支付能力的方法

推销员要对顾客（主要是指企业或组织）的支付能力进行审查，可以通过许多合法的方式来完成。就目前我国的情况来看，一般可以通过以下途径审查顾客的支付能力：

（1）推销人员自己的观察判断。

“耳听为虚，眼见为实”。推销人员可以亲自到推销对象所在地，对顾客的整体情况进行了解，如对推销对象生产经营规模的大小，经营管理状况的好坏，在职职工的人数及待遇，企业采用的生产技术和设备条件是否先进，产品线的宽窄，以及产品的规格、款式、花色品种或其产品的销路好坏等各方面的特征进行调查。综合上述具体情况进行分析，推销人员就可通过掌握的第一手信息资料，依据个人的经验做出推断，对推销对象现实的以及潜在的货币支付能力状况有大致的了解。

（2）从相关媒体或咨询机构进行了解。

推销人员可以根据银行的信用公告，新闻单位的相关报道，电台、电视台对推销对象的广告宣传等大众传播媒介所提供的信息，对顾客的支付能力进行分析和了解，尤其是关于顾客内部经营、与其他企业的经济往来、产品质量的相关调查、消费者反应等相关信息都可以从不同的侧面为推销人员提供有益的帮助。此外，推销人员还可以通过付费的方式，委托他人或咨询机构进行了解。通过间接途径对推销对象的支付能力做出审查，往往能够获取更为全面、准确、及时的资料，提高推销人员工作的效率。

（3）从推销对象的内部进行了解。

推销人员可以通过私人之间的关系从内部对推销对象的支付能力状况进行了解。还可以通过合理的渠道或其他的方式对推销对象的财务状况进行了解和分析，这样，推销人员就可以得到一些比较有参考价值的信息，并以此作为判断顾客支付能力的依据；同时，一旦顾客的财务状况发生变化，就可以很快获得消息，从而避免不必要的损失，便于与各类顾客长久保持较安全的交易关系。

（4）　从主管部门或司法部门进行了解。

推销人员可以通过有关的政府主管部门、工商管理部门、税务部门、政府的财政部门以及审计部门等，对特定推销对象的生产经营状况、财务盈亏状况、款项的拨转与往来状况等方面进行了解。还可以从银行等金融部门对特定推销对象目前的资金周转状况及存款余额、企业付款信用等级等进行调查，也可以通过司法部门了解特定的推销对象是否有过关于经济纠纷的记录等。通过对所调查的资料进行分析，对顾客支付能力的现状就会有比较全面的掌握和认识。

案例2

一位推销人员新到一个地区开展推销活动，在与顾客直接见面之前，他会到顾客的经营现场或者生产现场参观，如果看到顾客的企业生产一派繁忙，管理井然有序，而且干群关系融洽，人人表情愉快，这就可以判断该顾客不仅有需求，而且需求会有更大的发展。到消费者中进行调查了解，然后到中间商的销售现场看看，一位有经验的推销人员可以大致判断出中间商的需求状态。

一位女推销人员在被拉去凑数与人打麻将的过程中，发现其中一位男士就是向其企业订购大批产品的一个公司的经理。她回公司后，要求不要发货给此企业。不久，这位经理因涉嫌多项罪名被逮捕，这家公司其实早已负债累累。其他债权人追债无门时，都纷纷赞扬女推销人员有先见之明，女推销人员却说其实很简单：打麻将时看到这位经理手戴大粒钻石戒指、脖子上有手指粗的金项链，全身穿的都是名牌，花钱出手很大方。听他们谈话的内容可以看出他整天与人打麻将。女推销人员认为他根本没有时间和心思做生意，也不可能对公司实施精细管理。那么，他为什么会有那么多钱呢？这不说明有问题吗？

（资料来源：张春霞，戴克商. 现代推销技术[M].
北京：清华大学出版社，北京交通大学出版社，2007）

（二）审查支付能力时应注意的事项

（1）注意把握支付能力审查的时机

首先，开发新顾客时，应在合作前亲自调查或者委托咨询公司进行资信调查，对顾客的资产状况、贷款数量、是否拥有其他资产，以及团体顾客产品库存量是否过大、对于设备的投资是否过多等有所了解，以便对顾客的支付能力做到心中有数。

其次，原有老顾客有大量进货的行动时，如果进货数量超过其信用额度，极有可能是危险的信号。

最后，有关于原有老顾客的不利传言出现时，不可麻痹大意，而应给予足够的重视，要搜集相关资料，查明原委。

（2）注意追踪顾客经济状况及其他状况的变动。不论个体顾客还是团体顾客，其支付能力都有可能发生变动。对于个体顾客，可注意考查其实际收入的变化及储蓄、信贷因素的变动情况；对于团体顾客，由于经营方向的转变，引起产品结构与产品种类发生变化，生产设备与原材料的投资不能全部收回等会导致货款无法偿还；顾客法人名称的改变，法人代表的更换，签订合同人员的调离等人事变动状况也会导致货款追讨困难，甚至无法追讨。

（3）注意完善企业自身管理制度，加强对推销人员的监管。推销企业内部管理制度不够健全，缺少必要的支付能力审查制度是导致推销人员责任心不强，警惕性不高，不重视顾客支付能力审查的重要原因。

阅读资料 I

目前，存在着一些不重视顾客支付能力审查的看法。正是由于这些看法的存在，才使一些推销人员放松了应有的警觉，致使企业遭受各种各样拖欠与丢失货款的损失，甚至上当受骗。

（1）忽视对老客户的审查。认为某某是老客户了，是“老朋友”了，因此对顾客的支付能力不关注、不过问、不追踪、不观察，直到有一天发现顾客经营状况与财务状况有了重大变化时，已经铸成大错。其实，老关系户不一定不出问题。有的骗子惯于用“放长线钓大鱼”的伎俩，在开始交易时表现得很守信用，等到推销人员麻痹后，骗一笔大的货物或货款逃跑，所以当老顾客的购买行为发生变化时，应该及时进行资格审查。

（2）对有“来头”的顾客不审查。“客户是某某领导介绍来的，怎能不信任呢！这笔生意是某某领导关照过的，怎能不去做，不做不好交代呀。”一些不良商人经常利用人们对领导人的信任进行欺骗，这已经不是什么新鲜手段了，奇怪的是仍然有人不加警惕。

（3）忽视对熟人的审查。“某某是我的老同学、老街坊了，没问题，我了解他，放心吧。”忽视对熟人支付能力的审查，结果铸成大错的推销员大有人在。

（4）对大公司不审查。“对方是大公司，我们要发展就要跟有背景的大公司做生意。万一赔了就算交学费了。”不少推销人员对号称是大公司的顾客总有几分自然的敬畏与盲目的信任。打着大公司招牌进行欺骗的犯罪分子也不少，等到发现有问题，大公司一句“查无此人”、“我们也是受害者”，即令企业蒙受损失。

（5）认为“跑了和尚，跑不了庙”而忽视审查。有人认为“冤有头，债有主”，“跑了和尚，跑不了庙”，“反正他那里还有一个大公司在，有房子在，有汽车在，还有上级机关在”等。这也是一种糊涂思想。有个建筑工程队为业主单位“好心”地垫付了几百万元建筑费用，一直得不到偿还，却固执地认为“反正还有一个大楼在，怕什么?”结果是大楼早就几经转手。工程队在对方设计的圈套中，步步失利，血本无归。

（6）盲目乐观。有的推销人员认为“反正现在有法律保护，只要我在合同上写明白了，不怕他耍花招”。本来有效合同上的条款是应该受到法律保护的。可是，如果对方属于有意欺骗的话，合同犹如一张“废纸”；另一方面，即使打赢官司，在计算各种费用、无形资产（信誉）的损失时，也往往是得不偿失的。与其亡羊补牢，不如早修篱笆。

（7）忽视程序。本来应该经过的各种审查程序与过程被忽略，本来应该完备的手续亦被省略，甚至不要求对方在收货单上签字，忘记让对方在合同上盖章，等等。总之，因为“了解”，因为“熟悉”，一切都可以随便、从简；有时觉得不好意思认真，结果上当受骗，甚至是“哑巴吃黄连，有苦说不出”；习惯于用原来的眼光看现在的推销对象，不知道一切事物都在发展变化。把人事与商事（推销）混为一谈，是导致这种现象发生的思维根源。

（资料来源：李桂荣. 现代推销学[M].北京：中国人民大学出版社，2003）

第三节　顾客购买资格审查

对推销品具有购买需求和支付能力的顾客如果不具备购买资格，也不是合格的目标顾客。因此，推销人员要对潜在顾客的购买资格进行审查，审查购买人是否具有作为市场经营主体的行为能力，以及对推销品的购买是否受到某些限制。所谓顾客资格审查，就是指推销员对可能成为顾客的某个具体对象进行审查，以确定对象成为准顾客的可能性。

一、顾客购买资格审查的目的

无论准顾客是单位还是个人，最终与推销员洽谈的必定是一个具体的人，这个人必须拥有购买的决策权。与一个没有购买权利的人谈判，对推销员来说无疑是浪费时间和精力。因此，对顾客资格审查的目的：一是寻找、确定真正有购买兴趣的顾客；二是使推销员能直接面对有购买决策权的人并开展推销活动，从而缩小推销对象的范围，避免盲目性。

推销员只有去拜访那些有较大可能性成为推销品买主的准顾客，才能提高准顾客的订货概率，并增加订货量，从而提高整个推销工作的效率。因此，在开始实际的推销约见与洽谈前，推销员必须对顾客的购买资格进行审查。

二、顾客购买资格审查的内容

由于购买者主要有个人购买者和团体购买者，所以购买人资格审查的主要内容，就是审查以家庭为主的购买者，和以法人资格进行购买的角色和影响因素。

(一) 家庭及个人购买者的资格审查

一般来说，对家庭与个人生活资料的购买资格审查并不困难.在许多情况下,在购买现场通过推销人员的询问和观察即可进行。在家庭购买中，决策权的分配往往是根据所需要购买的产品的特点及类型来决定的。有些产品的购买决策权可能只属于个人，如香烟、剃须刀等产品的决策者是男子,而化妆品、连衣裙等产品的决策者是妇女。而有些产品的购买则需由家庭成员共同商讨做出决策，如彩电、冰箱、空调等较昂贵的日用消费品。因此，推销人员要善于根据产品的特点找出真正的购买决策人，避免因推销对象的选择失误而导致事倍功半。

为了研究家庭成员对购买决策的影响，家庭权威中心点的理论把家庭购买决策权划分为 4 种类型：

(1) 各自做主型：每个家庭成员都可以相对独立地做出有关自己的购买决策，即家庭中的每个人都有自己的购买决策权。

(2) 丈夫支配型：家庭中，丈夫掌握购买决策权。

(3) 妻子支配型：家庭中，妻子掌握购买决策权。

(4) 调和型：多数购买决策由家庭成员共同协商做出。

推销人员应该认识到，家庭权威中心点不是固定不变的，它会随着政治、经济、文化等环境因素的变化而变化。特殊的社会环境会产生特殊的家庭权威中心。如在封建社会，家庭权威中心点是丈夫，家庭大多数的购买决策权由丈夫掌握。而在现代社会，当孩子长大成人，有了独立的生活能力，就会逐渐地倾向于由自己做出某些购买决策，而不再完全依靠父母为自己做主。

(二) 企业或组织购买者的资格审查

企业或组织购买者的资格审查，较之家庭与个人生活资料购买的资格审查要复杂得多，这是因为企业或组织的决策层次多，决策系统复杂。对企业或组织的购买人资格进行审查时，必须处理好以下几个基本问题。

(1) 要确定企业或组织是否有购买资格。推销人员应该对推销对象的所有制性质、决策运行机制、制定的各项规章制度以及企业自主经营的权限等进行审查，这样才能最后确定推销对象是否有购买资格。

案例3

河北省某县炮竹厂（原告）与哈尔滨市某工业总厂（被告）于某年 9 月签订炮竹购销合同，合同规定：被告购买原告双响炮五千万支，每支五分五厘，总价款 27500 元。交货日期为同年 12 月份，收货付款。合同签订后，原告按合同规定，于同年 12 月 15 日将货物用汽车送到被告单位。被告以其业务员胡某超越权限签订炮竹合同为由，拒绝收货付款，同时报告公安机关，公安机关以原告炮竹运来哈尔滨市，违反了该市烟花炮竹管理规定为由，将炮竹扣押，原告以按合同规定的条款及时履行合同，并持有当地工商、公安机关批准的合法手续和证件，进行生产、销售和运输炮竹为由，诉讼法院，要求被告履行合同并赔偿由此造成的经济损失。经法院查明：（1）被告单位无权经营烟花炮竹。（2）被告派业务员胡某外出，给其带单位介绍信一张，内容写的是“业务员”“联系业务”，带盖好公章的空白合同用纸四份，其主要业务是承担加工苫布，以解决单位的生产问题。胡某擅自作主签订了双响炮的购销合同，因此，业务员胡某确实超越了代理权限。（3）根据国务院 1957 年《爆炸物品管理规则》第 7 条和国务院、中央军委 1974 年《关于加强爆炸物品管理的通知》规定，公安机关扣押炮竹是正确的。

炮竹厂之所以受到损失，其主要原因是忽视了对顾客经营资格的审查，把炮竹推销给了无权经营烟花爆竹的单位。

（资料来源：刘文广.现代推销技术[M].北京:中国财政经济出版社,2000）

（2）推销人员要对企业或组织在购买决策过程中的具体人员所扮演的角色进行审查，界定其所起的作用属于以下哪种类型。

① 购买行为的倡议者：即首先提出需要购买产品的人。

② 购买行为的影响者：即显而易见地或不明显地影响最后决定的人。

③ 购买行为与供货信息的审核者：即对购买该产品的可行性做出分析，为最后决策提供直接参考依据的人。

④ 购买行为的决策者：也即拥有选择和决定供应者权力的人，由其做出最后的购买决定。

⑤ 购买行为的批准者：就是对决策者做出的购买决定从制度或手续上进行审批的人。

⑥ 购买行为的执行者：即对商品采取实际购买行动的人。

⑦ 购买行为与结果的享用者：即使用所要购买的产品的人，也就是实际消费产品的人。

综上所述，推销人员应该对作为推销对象的企业或组织内有关人员的职务、权限、可能担任的购买行为角色等进行审查，以此判定其购买人资格，然后从中挑选出具有决定性作用的关键人物进行推销洽谈，只有这样，才能提高推销工作的效率，保持良好的销售业绩。

阅读资料 2

Google 在线药品广告客户资格审查程序

在Google，广告客户的诚信和消费者的安全对我们来说至关重要。随着在线药品市场的日益复杂，Google 也在不懈努力，以期为用户和广告客户提供最佳的广告体验。

政策概述：Google 只接受来自下列国家/地区的在线药品广告客户的广告：澳大利亚、巴西、加拿大、德国、香港、荷兰、新西兰、爱尔兰共和国、台湾、美国和英国，同时，其广告还必须符合特定的条款规定。

Google 的在线药品广告资格审查程序是怎样的？

美国和加拿大：

1. 美国或加拿大的在线药品广告客户需要参加 PharmacyChecker 认证计划。

2. 在线药品广告客户应向 PharmacyChecker 提出申请，PharmacyChecker 随后会验证其是否获得了相应政府机构颁发的许可。

3. 在线药品广告客户需获得 PharmacyChecker 的在线药品广告客户资格认证，其中涉及了一套相应的行业惯例，包括遵守药品广告客户所在司法辖区及其开展经销活动的各个司法辖区的各项法律法规。如果获得批准，在线药品广告客户将获得一个唯一的 PharmacyChecker ID。

4. 在线药品广告客户需要在其 AdWords 账户中提供相应的 PharmacyChecker ID。

5. PharmacyChecker 会定期监控相应在线药品广告计划客户的许可证状态，并对所收到的针对在线药品广告客户的投诉进行处理。

英国：

1. 英国的在线药品广告客户需在“英国皇家药协会”(RPSGB) 进行注册。

2. 在线药品广告客户需要向 AdWords 支持小组提交注册信息。

3. 在线药品广告客户和相关服务的广告系列只能定位到英国，这些广告不会在其他国家/地区展示。

4. 在线药品广告客户和相关服务的广告系列不得宣传特定处方药。

爱尔兰共和国：

1. 爱尔兰共和国的在线药品广告客户需要在“爱尔兰药剂师协会”(PSI) 进行注册。

2. 在线药品广告客户需要向 AdWords 支持小组提交注册信息。

3. 在线药品广告客户和相关服务的广告系列只能定位到爱尔兰共和国，这些广告不会在其他国家/地区展示。

4. 在线药品广告客户和相关服务的广告系列不得宣传特定处方药。

德国:

1. 德国的在线药品广告客户需取得有法定资格的地区保健机构 (Gesundheitsbehörde) 的许可，且能提供这一地区保健机构颁发的有效许可 (Erlaubnis zum Versand von apothekenpflichtigen Arzneimitteln)。

2. 在线药品广告客户需要向 AdWords 支持小组提交注册信息。

3. 在线药品广告客户需要签订一份遵守 Google 提供的在线药品政策的声明。

4. 在线药品广告客户和相关服务的广告系列只能定位到德国，这些广告不会在其他国家/地区展示。

5. 在线药品广告客户和相关服务的广告系列不得宣传特定处方药。

荷兰:

1. 荷兰的在线药品广告客户需在 Registratie en Informatie Beroepsbeoefenaren in de Zorg (RIBIZ) 进行注册。

2. 在线药品广告客户需要向 AdWords 支持小组提交注册信息。

3. 在线药品广告客户和相关服务的广告系列只能定位到荷兰，这些广告不会在其他国家/地区展示。

4. 在线药品广告客户和相关服务的广告系列不得宣传特定处方药。

澳大利亚:

1. 澳大利亚的在线药品广告客户需要在“澳大利亚药剂协会”(Pharmacy Guild of Australia) 进行注册。

2. 在线药品广告客户需要向 AdWords 支持小组提交注册信息。

3. 在线药品广告客户和相关服务的广告系列只能定位到澳大利亚，这些广告不会在其他国家/地区展示。

4. 在线药品广告客户和相关服务的广告系列不得宣传特定处方药。

新西兰:

1. 新西兰的在线药品广告客户需要在“新西兰药剂协会”(Pharmacy Guild of New

Zealand) 进行注册。

2. 在线药品广告客户需要向 AdWords 支持小组提交注册信息。

3. 在线药品广告客户和相关服务的广告系列只能定位到新西兰，这些广告不会在其他国家/地区展示。

4. 在线药品广告客户和相关服务的广告系列不得宣传特定处方药。

巴西：

1. 巴西的在线药品广告客户需要在巴西的国家卫生检验署 (Ag ê ncia Nacional de Vigilância Sanit á ria - ANVISA) 进行注册。

2. 在线药品广告客户需要向 AdWords 支持小组提交注册信息。

3. 在线药品广告客户和相关服务的广告系列只能定位到巴西，这些广告不会在其他国家/地区展示。

4. 巴西的在线药品广告客户和相关服务的广告系列不得宣传处方药。

香港：

1. 香港的在线药品广告客户需要在香港卫生署药剂事务部 (Pharmaceutical service, Department of Health of the Hong Kong Government) 进行注册。

2. 在线药品广告客户需要向 AdWords 支持小组提交其注册信息。

3. 在线药品广告客户和相关服务的广告系列只能定位到香港，这些广告不会在其他国家/地区展示。

4. 香港的在线药品广告客户和相关服务的广告系列不得宣传处方药。

台湾：

1. 台湾的在线药品广告客户需要在台湾卫生署 (Department of Health, DOH) 进行注册。

2. 在线药品广告客户需要向 AdWords 支持小组提交其注册信息。

3. 在线药品广告客户和相关服务的广告系列只能定位到台湾，这些广告不会在其他国家/地区展示。

4. 台湾的在线药品广告客户和相关服务的广告系列不得宣传处方药。

（资料来源：谷歌网）

第四节　建立客户关系管理系统

客户是产品推销活动的对象，也是企业利润的源泉。因此，对客户有关情况的分析研究将直接决定推销人员的销售业绩。同时，在现代激烈的市场竞争环境下，培养良好的客户关系，是企业竞争取胜的一个重要法宝。

一、客户关系管理的重要性

随着市场竞争的日趋激烈，推销员与客户建立良好的关系变得越来越重要。各个企业为了争夺有限的市场，除了向顾客提供优质的产品、良好的服务、适当的价格及增加销售投入外，还必须努力建立并保持良好的客户关系，即与客户建立一个长期、信任、互惠的关系，以留住老顾客和吸引新顾客。因此，进行客户关系管理是非常重要的。

在一家著名的美国超市，一位年轻妇女询问营业员，在哪里买得到针线，营业员对此很不屑，并且在态度上很明显地表现出来，结果导致这位年轻妇女愤然走出这家超市，并发誓再也不踏进这家超市半步。后来有位经济学家按照这个案例估算了一下，假如这位女性一生都在这家超市购物，将会带来多少销售收入。结果令人大吃一惊，居然高达40万美元。

二、客户关系管理的概念

CRM（Customer Relationship Management）就是客户关系管理。CRM是选择和管理有价值客户及其关系的一种商业策略，CRM要求以客户为中心的商业哲学和企业文化来支持有效的市场营销、销售与服务流程。如果企业拥有正确的领导策略和企业文化，CRM将能为企业实现有效的客户关系管理。

CRM的概念由美国Gartner 集团率先提出。他们认为，CRM是辨识、获取、保持和增加“可获利客户”的理论、实践和技术手段的总称。它既是一种国际领先的、以“客户价值”为中心的企业管理理论、商业策略和企业运作实践，也是一种以信息技术为手段、有效提高企业收益、客户满意度、雇员生产力的管理软件。CRM的定义有许多，以下几种定义从不同角度分析了CRM的含义。

CRM是通过赢得、发展、保持有价值的客户，来增加企业收入，优化盈利性，提高客户满意度的商务战略。通过获得更多的客户线索、更广泛地共享客户信息，协同工作，增加收益，提高给客户的价值，实现企业和客户的“双赢”。

企业希望通过CRM系统能够了解更多的客户需求，从而为客户提供个性化的产品和服务，提高客户满意度，与此同时也能够获得更大的利润。

CRM 是选择对待客户的方式和从客户身上得到的收益，CRM 是关于理念、组织和技术的基础，从而将所有的业务过程围绕着各个不同客户的需求进行。

CRM 是一种旨在健全、改善企业与客户之间关系的新型管理系统。指的是企业利用信息技术，通过有意义的交流来了解并影响客户的行为，以提高客户招揽率、客户保持率、客户忠诚度和客户收益率。CRM 是一种把客户信息转换成良好的客户关系的可重复性过程。利用激励因素来刺激客户进一步消费，并激发其“感激”心理，对保持长期的销售和提高客户保持率十分重要。

CRM 是建立在信息技术平台之上，分析并影响用户消费行为的管理技术。它具有以下特征：（1）确定客户满意度；（2）对客户构成进行分析；（3）深度分析利润构成；（4）分析的连续性；（5）巩固与现有客户的忠诚度。

以上各种定义对“客户管理系统”的概念理解是明确、一致的，即“客户管理系统”是客户与企业发生的所有关系的综合，是公司与客户之间建立的一种相互有益的关系。综合所有 CRM 的定义，我们可以将其理解为理念、战略、技术 3 个层面，正确的战略、策略是 CRM 实施的指导，信息系统、IT 技术是 CRM 成功实施的手段和方法。其实，企业实施 CRM 主要有 6 个重要领域：理念、战略、战术、技术、技能、业务过程。其中，理念是 CRM 成功的关键，它是 CRM 实施应用的基础和土壤。客户关系管理观念与传统客户管理观念的区别如表 5-2 所示。

表 5-2　传统客户管理观念与客户关系管理观念的对照

传统顾客管理观念	顾客关系管理观念
以产品为中心，销售公司想卖的产品	以客户为中心，销售客户需要的产品
着眼于价格竞争	着眼于满足客户需求
尽力争取更多的客户数量	发现能使客户满意的产品
尽力争取让客户多买	竭力找出哪些客户对公司最有价值
根据既定方针或计划安排活动	根据实时反馈信息行动
从每笔销售中获取收入和销售数据	从每笔销售中获取收入和客户数据
有限的客户联系	高度的客户联系
有限的客户承诺	高度的客户承诺

三、客户关系的类型

根据每个公司营销战略的差异以及客户的满意度和忠诚度的不同，一般与客户的关系可以分为 5 种不同的水平。

1. 基本关系

基本关系是指销售人员只是简单地销售产品，在产品销售后，不再与客户接触。

2. 被动式关系

销售人员在销售产品或服务后，还积极鼓励客户在购买后使用推销品时，如果发现产品有问题或不满，及时向公司反映，如打电话、发电子邮件等。

3. 负责式关系

销售人员在产品售后不久，就通过各种方式了解产品是否能达到顾客的预期要求，收集顾客有关改进产品的建议，以及对产品的特殊要求，把得到的信息及时反馈给公司，以便不断地改进产品。

4. 主动式关系

销售人员经常与客户沟通，不时打电话与顾客联系，向他们提出改进产品使用的建议，提供有关新产品的信息，促进新产品的销售。

5. 伙伴式关系

销售人员与客户持续地合作，使客户能更有效地使用其资金，或帮助客户更好地使用其资金，或帮助客户更好地使用产品，按照客户的要求来设计新的产品。

在实践中，公司因产品和市场的不同，可以分别建立不同水平的营销关系。一般来讲，如果公司的产品有众多的客户，且单位产品的边际利润很低，则宜采用最基本的关系，以节省营销成本。如经营日常用品的公司一般都采用最基本的关系，公司所要做的只是建立售后服务部，搞好产品的售后服务工作，对顾客在使用产品中提出的问题进行解答并帮助解决。另一方面，如果公司的客户很少，且边际利润很高，则宜采用伙伴式的营销关系。如果顾客是大型生产企业或经营特殊产品，则要与客户加强联系，按照用户的需要进行产品的研发和生产，以保证能满足用户的要求，从而建立长期的合作关系。

基本关系和伙伴关系是公司营销关系的两个极端，销售人员可以根据客户数量的不同、产品边际利润的不同，采用不同水平的关系营销。表 5-3 反映了公司与客户的 9 种不同的营销关系，各个公司应根据本公司的实际情况，选择建立不同的关系。

表 5-3　不同水平的客户关系

边际利润 1 / 客户关系 / 客户数量	边际利润高	边际利润中等	边际利润低
客户数量众多	负责式关系	被动式关系	基本/被动式关系
客户数量一般	主动式关系	负责式关系	被动式关系
客户数量较少	伙伴式关系	主动式关系	负责式关系

四、建立、维系、发展客户关系网络

（一）建立客户关系网络的途径

公司建立客户关系网络主要有以下 3 种途径：向顾客提供附加的经济利益、社会利益，建立公司和客户之间的结构性联系。

1. 向客户提供附加的经济利益

这是最低层次的关系营销途径，它维系客户关系的主要手段是利用价格刺激增加目标市场客户的财务利益。随着企业对发展客户关系的重视，一些促使客户重复购买并保持客户忠诚的战略计划应运而生。例如，新加坡发展银行有限公司、VISA 和高岛屋公司联合发起的“忠诚营销”是希望与客户建立长期的关系，智能卡（Smart-Card）的持有者能享受免费停车、送货服务、抽奖活动等一系列优惠，具体的优惠形式取决于客户用智能卡购买商品的累计金额。又如，香港汇丰银行、花旗银行通过它们的信用证服务与航空公司开发“里程项目”计划，当累积的飞行里程达到一定标准之后，共同奖励那些经常乘坐飞机的客户。另一种常用形式是对不满意的客户承诺给予合理的财务补偿。例如，新加坡奥迪公司承诺如果客户购买汽车一年后不满意，可以按原价退款。这种方法有利于使公司与顾客之间建立起某种关系，然而这种方法通常也很容易被竞争者所模仿，难以形成永久的差异。

2. 向客户提供附加的社会利益

建立客户关系网络的第二种方法就是向客户提供附加的社会利益。即在增加目标客户的财务利益的同时，也增加他们的社会利益。这种途径在建立关系方面的效果优于价格刺激，公司人员可以通过了解单个客户的需要和愿望，并使服务个性化和人格化，来增加公司与客户的社会联系。

在这种方式下，公司把客户看做是贵宾。“客户”与“贵宾”两者的区别在于：对于一个机构来讲，客户也许是不知名的，而贵宾则不可能不知名；客户是针对一群人或一个大的细分市场的一部分而言的，而贵宾则是针对个体而言的；客户是由任何可能的人来提供服务的，而贵宾则是由那些指派给他们的专职人员提供服务的。

这种途径的主要表现形式是：建立客户组织，以某种方式将客户纳入到企业的特定组织中，使企业与客户保持更为紧密的联系，实现对客户的有效控制。

3. 建立公司与客户之间的结构性联系

建立客户关系网络的最高层次是增加结构性联系，与此同时附加财务利益和社会利益。结构性联系要求提供这样的服务：它对关系客户有价值，但这种价值不能通过其他来源得到。这些服务通常以技术为基础，并被设计成一个传递系统，从而为客户提高效率和产出。

良好的结构性关系将提高客户转向竞争者的机会成本，同时也将增加客户脱离竞争者而转向本企业的利益。特别是当面临激烈的价格竞争时，结构性联系能为稳定和扩大现在的社会联系提供一个非价格动力，因为无论是财务性联系还是社会性联系都只能支撑价格变动的较小差额。当竞争者提供较大的价格优惠时，原来的交易双方就难以维持低层次的销售关系，在这种情况下，只有通过提供买方需要的技术服务和援助等深层次联系才能吸引客户。

产业市场上的服务通常是技术组合，成本高、困难大，很难由客户自己解决，这些特点有利于建立关系双方的结构性合作。公司可以通过向客户提供更多的服务来建立结构性的关系，如帮助关系网络中的成员特别是一些较小的成员提高其管理水平，合理地确定其进货时间和存货水平，向网络中的成员提供有关市场的研究报告，帮助培训工作人员等。

（二）维系客户关系网络

公司的营销网络一旦建立，为了保持良好的营销关系和保持这种关系不断地发展，公司主要应加强 3 个方面的工作，即加强品质、服务与价格策略。

1. 保证产品的质量

产品的质量是建立营销关系的基础。如果不能保证产品的质量，产品的质量不能满足顾客的要求或是产品的质量随时间推移有所下降，即使建立了某种营销关系，这种关系也是脆弱的，很难维持下去。因为它损害了客户的利益，损害了网络中各成员的利益，从而损害了网络的整体利益和效益。所以公司要建立良好的营销关系，就应保证产品的质量，不断地提高产品质量，使营销关系建立在坚实的基础之上。

2. 加强产品的服务工作

加强服务可以说是营销关系的强化剂，公司应建立和完善自己的服务队伍，及时了解和帮助客户解决在产品使用过程中遇到的问题，赢得顾客对产品的满意和对公司的信任。

3. 制定合理的价格水平

公司不能见利忘“义”，在保证公司盈利的条件下，要兼顾客户的利益，兼顾网络中各成员的利益，使得在公司营销关系网络中的每一个成员都能互惠互利，取得共同的发展。“互惠互利”可以说是公司进行关系营销的核心，只有这样，客户的利益才能得到保证，客户才能成为公司的“忠实”顾客，公司的关系营销网络才能真正发挥作用。

（三）发展客户关系网络

1. 使客户长久地保持满意

在购买以后许多顾客会有一种不协调感：“这项购买好像不是最明智、最合理的选择”。销售人员不应忽视顾客需要再次消除疑虑的需求，而是应再次让客户感到他们所做出的是一项很好的购买决策。销售人员应该通过积极的顾客关系管理来引导并强化顾客认识购买决策所带来的回报。销售人员应主要做好下列 4 项工作：努力使客户在购买后持续感到满意；尽一切可能使客户在将来再次购买本公司的产品；提高客户购买本公司的补充产品的可能性；重复检测顾客的满意程度。

2. 建立客户数据库

顾客关系管理最重要的工具是顾客数据库，数据库是公司及其客户关系所有信息的中央储存库。若要建立客户数据库，就必须详细记录与客户有关的各类信息。许多公司已经认识到建立客户资料和向销售人员提供顾客信息的重要性。如果公司没有建立客户数据库，销售人员可以运用个人计算机和管理软件来建立。

3. 发展与客户的感情联络

为了发展与顾客的关系，推销人员应该定期或不定期地和顾客进行感情联络，通常可采取下列方法：

（1）在完成一项重大业务后，推销人员应给顾客写一封感谢信。

（2）亲临现场安装和培训。

（3）经常查看通信名录，给一些较长时间未谋面的顾客寄送简报。

（4）每天阅读报纸和商业杂志，向可能对有关新闻感兴趣的顾客寄送简报。

（5）如果某位客户得到了提升或获得了奖励，给他寄一份祝贺。

（6）在客户生日或某些特定时候向顾客寄份贺信或卡片。

（7）向客户提供一些自己的想法，如推销产品的新渠道，节约资金的方法，提高生产效率的途径和对顾客有特殊价值的公司产品等。

（8）组织客户团体来分享有价值的创意。

4. 积极处理客户的抱怨

妥善地处理好客户的抱怨，能创造出巩固和发展客户关系的重大机遇。如果客户的问题能够得到圆满解决，他往往记忆深刻并对公司好感倍增。销售人员应做好下述几件事。

（1）认真地听取顾客的抱怨。

这对于促使客户完整地诉说问题至关重要。销售人员不应过早地表达处理意见，即便他们认为早已了解到问题的真相也应耐心地听完申诉。另一项需要注意的关键是要表现出已认识到抱怨的重要性，而不管抱怨问题的本身实际上有多荒谬。

（2）以真诚的关心态度提问。

提问时应向顾客传达这样的信息：销售人员已经认识到顾客所关注的问题很重要。例如："您看我们怎样才能把这个问题处理得更好？"

（3）明确界定客户不满意之处和准确了解所发生的事件，向顾客复述以求认同。这既是听取顾客意见的过程，也是处理问题的过程。

（4）提出解决问题的方案并取得顾客同意。

这时不但要问顾客是否同意，还要问客户是否满意。否则的话问题仍未得到圆满解决。如果问题的解决需要一定的时间，则应确立相应的跟踪机制来保证问题得到解决。

（5）真诚地向客户道歉并恳求继续与顾客保持良好的关系。

（6）过几天后（不迟于一周）与客户进行联系，以确认问题是否得到解决和顾客是否满意。

（7）若有可能与客户安排一项更优惠的交易，如以相同的价格供应更昂贵的产品或延长支付期限。

本 章 小 结

通过本章的学习，使学生明确顾客资格审查的内容，了解顾客需求审查的主要内容，掌握顾客支付能力审查的方式。能对顾客的需求状况、支付能力、购买资格进行全面的审查，能够确定目标顾客。

主要概念

顾客资格审查　顾客购买需求审查　顾客支付能力审查　顾客购买资格审查　顾客关系管理

思考与练习

1. 顾客资格审查包括哪些内容？
2. 顾客需求审查的内容？

3．顾客支付能力审查的内容？
4．顾客购买资格审查的内容？
5．建立顾客关系网络的途径。

实践与技能

案例分析

“情侣苹果”卖得快

元旦，某高校俱乐部前，一老妇守着两筐大苹果叫卖，因为天寒，买的人很少。一教授见此情形，上前与老妇商量几句，然后走到附近商店买来节日织花用的红彩带，并与老妇一起将苹果两两一扎，接着高叫道：“情侣苹果哟!两元一对！”经过的情侣们倍感新奇，用红彩带扎在一起的一对苹果看起来很有情趣，因而买者甚众。不消片刻尽皆卖光。老妇感激不尽，所得颇丰。

（资料来源：《现代商业》）

请思考：

同样的苹果，经教授之手摇身一变成为“情侣苹果”，销售则立即由滞转俏。这是把握了顾客哪些方面的需求重点？能给我们的商品推销带来什么样的启示？

第六章　顾客接近

学习目标

通过本章的学习，使学生理解约见准备的重要性，明确约见个人顾客、约见法人顾客应准备的内容，熟练掌握约见顾客的方法。

案例导入

布得歇尔保险公司的推销人员在上门推销之前，首先给顾客寄各种保险说明书和简单的调查表，并附上一张优待券，写明："请您把调查表填好，撕下优待券后寄还给我们，我们便会赠送两枚罗马、希腊、中国等世界各国古代硬币（仿制）。这是答谢您的协助，并不是要您加入我们的保险。"推销人员总共寄出 30 000 多封信，收到 23 000 多封回信。推销人员便带着仿古钱币按回信地址上门拜访，亲手把硬币送给顾客。由于顾客现在面对的是前来送硬币的推销人员，自然不会有戒心，在道谢后，就高兴地从各种古色古香的硬币中挑选两枚自己喜欢的留下。推销人员这时就会不失时机地渗入推销话题。据说该公司因这次活动获得 6000 名顾客加入保险，在当时曾引起轰动。

案例分析：优秀的推销活动离不开成功的创意，而寻找合适的方法接近顾客是推销迈向成功的第一步，也是最关键的一步。

接近是指在实质性洽谈之前，销售人员努力获得客户接见并相互了解的过程，接近是实质性洽谈的前奏。推销接近包括接近准备、约见顾客、接近顾客及与顾客的面谈。本章主要介绍接近准备、约见顾客、接近顾客的方法。

第一节　接近准备

接近准备，是指推销人员在接近目标顾客之前进一步深入了解该顾客的基本情况，设计接近和面谈计划，谋划如何开展推销洽谈的过程。接近的准备工作是否充分，直接影响着接近顾客效果的好坏。规范化是提高接近准备工作效率和水平的重要途径之一。

接近顾客是推销过程中的一个重要环节，它是推销人员为进行推销洽谈而与目标顾客进行的初步接触。能否成功地接近顾客，直接关系到整个推销工作的成败，许多推销人员的成功与失败，往往都是在最初的几秒钟。因此，推销人员在接近顾客前必须做好充分的准备工作。

一、接近准备的必要性

在接近准备过程中，推销员应进一步审查顾客资格。从对推销对象有关资料的整理分析，能进一步了解推销对象，有利于设计与确定约见顾客的策略；同时，对顾客个人情况的分析，有助于推销人员制订面谈推销计划。充分的准备，有利于推销人员增强信心，从而为成功的推销奠定基础。

二、接近准备的内容

不论你推销什么商品，接近准备工作具体有以下 4 项：

（1）做好接近前的精神准备。

（2）了解目标顾客的情况。

（3）拟订推销方案。

（4）做好必要的物品准备。

（一）做好接近前的精神准备

在接近顾客前，我们最容易犯的毛病就是信心不足，总是担心这样、担心那样。是否会扰乱被访者的正常生活？顾客是否会接受推销访问？顾客拒绝成交怎么办？这种无形的“恐惧”如果表现在推销过程的言行举止中，会使顾客丧失对你个人及你所推销产品的信心。我们要时刻牢记一句话：“推销是信心的传递，要想使你的顾客相信你，就必须对你自己及你所推销的产品表现出十足的信心。”同时，必须克服畏难情绪和逃避心理，敢于正视顾客的拒绝，时刻保持一种高昂的精神状态，沉着冷静地去排除接近过程中遇到的种种障碍。

（二）了解目标顾客的情况

为了提高推销效果，争取在接近面谈中赢得主动地位，推销人员要对目标顾客进行详尽的了解，充分掌握目标顾客的资料。

1. 个体准顾客的相关资料

对个体准顾客应了解其姓名、性别、文化程度、家庭及其成员情况、需求内容、住址、个性、态度、职业、收入情况等内容。

2. 组织准顾客的相关资料

对组织准顾客应了解其组织的全称、简称、经营体制、所在地点及交通、生产规模、法人代表、主要决策人物的姓名、组织状况、经营及财务情况、购买行为状况、关键部门、关键人物等。

3. 熟悉顾客的相关资料

熟悉顾客对于推销员来说是比较固定的买主，对于对方的情况变化应随时掌握，在拜访前特别要掌握对方的个性、爱好、特长等。

（三）拟订推销方案

推销方案就是推销员展开推销活动的行动方案，它不一定是书面的，可以是内心的一种设想。推销员在访问顾客之前，对如何接近顾客，如何展开面谈，如何妥善处理异议并促成交易，都要经过认真考虑，并精心设计出对策，这有助于推销人员顺利接近顾客，较快地转入推销的正题，及时排除推销洽谈中的阻力，获得有效的推销成果。推销方案的主要内容有：

（1）设定访问对象、见面时间和地点。

（2）商品介绍的内容要点与示范。

（3）预测推销中可能出现的问题。

（四）做好必要的物品准备

物质准备工作做得很好，可以让顾客感受到推销员的诚意，可以帮助推销员树立良好的洽谈形象，形成友好、和谐、宽松的洽谈气氛。

物质方面的准备主要有两项：

（1）推销员自己的仪表准备。

（2）根据访问目的的不同，准备随身携带的必备物品。通常有：客户的资料、样品、价目表、示范器材、发票、印鉴、合同纸、笔等。

物质准备应当认真仔细，以防访问中因此而误事或给顾客留下不良印象。但是，也要防止行装过于累赘，以免风尘仆仆的模样给人留下“过路人”的印象而影响洽谈的效果。

三、表卡设计规范

（一）使用规范的表格和卡片的好处

推销员在接近准备工作中，需要做的文案准备工作很多，使用表卡具有以下一些作用。

（1）简化工作。使用表格或卡片代替一部分纯文字的工作，必然会使销售员的准备工作简化、有条理。

（2）加强工作的规范化、标准化。表格和卡片的使用，可以使文字性的准备工作变得规范、标准。一个企业的销售部门，应设计并制作规范的表卡，并大量、广泛地使用。

（3）防止遗漏。条理清晰的表卡，可以有效地防止销售员对某些工作的遗漏。

（4）提高效率。使用表卡的工作效率，一般是使用纯文字文本工作效率的几倍甚至十几倍。很显然，使用表卡可以提高工作效率。

（二）设计销售员使用表卡的规范

1. 设计原则

- 简化原则。
- 实用原则。
- 顺序原则。
- 美观原则。
- 节约原则。

2. 表卡的要素

表格主要包括以下 5 种要素。

- 表头：表格的名称。
- 格线：表格内的线条及由线条分割成的空间。
- 表格填写项目：由项目名称和填写空间构成。
- 审核项目：有的表格需要逐级审批，审核项目包括填写人项目和审核人项目。
- 表格说明：有的表格填写复杂，在表的下方有填写说明部分，也有的另附填写说明。

3. 卡片设计的特殊要求

管理和营销卡片是一种特殊的表格，它的特殊要求主要是利于单张印刷，纸张要便于携带，有时需要穿孔。

四、接近准备工作的表卡设计范例

由于企业销售的产品不同，表卡的设计，应根据企业的实际情况而定，这里提供一些范例表卡。

（一）了解个人顾客的情况使用的表卡范例

为了能更准确地把握顾客的基本情况，在实际工作中可根据具体产品的情况将要了解的内容设计成顾客基本情况卡，如表 6-1 所示。

表 6-1　准顾客基本情况卡

<table>
<tr><td colspan="6">1．顾客本人的一般内容</td></tr>
<tr><td>顾客姓名</td><td></td><td>家庭住址</td><td colspan="3"></td></tr>
<tr><td>联系电话</td><td></td><td>工作单位</td><td colspan="3"></td></tr>
<tr><td>年龄</td><td></td><td>性别</td><td></td><td>民族</td><td></td></tr>
<tr><td>受教育程度</td><td></td><td>职业</td><td></td><td>职务</td><td></td></tr>
<tr><td colspan="6">2．顾客家庭及其成员情况</td></tr>
<tr><td>配偶姓名</td><td></td><td>职业</td><td></td><td>职务</td><td></td></tr>
<tr><td>子女</td><td></td><td>职业</td><td></td><td>职务</td><td></td></tr>
<tr><td>子女</td><td></td><td>职业</td><td></td><td>职务</td><td></td></tr>
<tr><td>子女</td><td></td><td>职业</td><td></td><td>职务</td><td></td></tr>
<tr><td>顾客父亲</td><td></td><td>职业</td><td></td><td>职务</td><td></td></tr>
<tr><td>顾客母亲</td><td></td><td>职业</td><td></td><td>职务</td><td></td></tr>
<tr><td>配偶父亲</td><td></td><td>职业</td><td></td><td>职务</td><td></td></tr>
<tr><td>配偶母亲</td><td></td><td>职业</td><td></td><td>职务</td><td></td></tr>
<tr><td colspan="6">3．顾客家庭收入情况（打“√”）</td></tr>
<tr><td rowspan="3">月人均收入
类　型</td><td>≤1000 元</td><td></td><td>2000 元-3000 元</td><td colspan="2"></td></tr>
<tr><td>1000 元-1500 元</td><td></td><td>3000 元-5000 元</td><td colspan="2"></td></tr>
<tr><td>1500-2000 元</td><td></td><td>≥5000 元</td><td colspan="2"></td></tr>
<tr><td colspan="6">4．顾客消费偏好</td></tr>
<tr><td colspan="6">在右边空格将下列消费内容按消费者的重视程度排序：
食品（A）、服装（B）、住房（C）、电器（D）、休闲（E）、化妆品（F）
如：ABCDEF</td></tr>
<tr><td>档次（打“√”）</td><td>高档</td><td></td><td>中档</td><td></td><td>低档</td><td></td></tr>
<tr><td>年购买次数（打“√”）</td><td>1 次</td><td></td><td>2-5 次</td><td></td><td>≥6 次</td><td></td></tr>
<tr><td>以前购买
购买时间
购买地点
记　　录</td><td colspan="6"></td></tr>
<tr><td colspan="7">5．顾客的其他情况</td></tr>
<tr><td colspan="7"></td></tr>
</table>

（二）了解组织顾客的情况使用的表卡范例

为了能更准确地把握顾客的基本情况，在实际工作中可根据具体产品的情况将上面的内容设计成 3 个组织顾客情况卡，如表 6-2、表 6-3、表 6-4 所示。

表 6-2　顾客基本情况卡

组织名称			
组织地址			
联系电话		传真	
邮政编码		电报挂号	
组织性质	国有　合资　民营　个体　境外	规　模	大　中　小
所属行业		成立时间	
发展历程			
联系人员的相关情况			
决策人员的相关情况			
其他			

表 6-3　经营情况卡

1．产品市场情况			
产品名称	产量	生产能力	产品档次
2．技术装备水平			
设备名称	型号	先进程度	完好状况

续表

3．产品结构调整方向

4．在行业中的水平

市场位置：

增长趋势：

同行业竞争对手：

其他：

5．近年的经营业绩

年度	工业生产总值	利润水平	国税上交	地税上交

6．其他情况

表 6-4　购买行为分析卡

1．采购工作程序与制度

一般的采购工作程序与流程：

续表

采购审批流程：

2. 过去的购买习惯				
产品种类	平均购买批量	集中购买时间	每年的购买次数	支付方式

（三）推销方案启发点卡

为了使拟订推销方案的工作有效率，可使用顾客访问启发点卡（如表 6-5 所示）。

表 6-5　顾客访问启发点卡

001 推销方案代号：
2 顾客名称（姓名）：
003 访问目的：
004 访问时间：
005 见面地点：
006 见面的方式：
007 介绍产品的方式：
008 图片与模型演示方式：
009 示范与顾客操作方式：
010 可能出现的顾客异议及解决方案：
011 告别和续约见：
012 其他问题

（四）访问出发前物品准备检查卡

为了不丢三落四和防止其他问题的产生，在访问出发前可使用准备检查卡逐项检查（如

表 6-6 所示）。

表 6-6　访问前检查卡

（可在准备好的问题后面打“√”）

服装是否符合访问场合？
服装是否整洁、合体？
化装是否到位？
鞋帽是否干净？
提包、手袋是否整洁？
身份证
顾客资料
样品
示范器材
发票
印章
合同文本
笔记本
备用笔
赠品、礼物
随身货币
其他

第二节　约见顾客

一、约见顾客

约见顾客，或称商业约会，是指推销人员事先征得顾客同意以求接见的行动过程。约见实际上既是接近准备的延续，又是接近过程的开始。只有通过约见，推销人员才能成功地接近准顾客，顺利开展推销洽谈。通过约见，推销人员还可以根据约见的情况进一步展开推销预测，为制订洽谈计划提供依据。此外，约见还有助于推销人员合理地利用时间，提高推销效率。当然，在某些情况下，约见顾客这个环节有时也是可以省略的，这要视具体情况而定。

二、约见顾客的意义

约见是整个推销过程中的一个环节，在实际推销工作中，推销人员如果忽视了约见这一必要环节，便将造成整个推销工作不能正常进行，甚至完全失败。因此，在开始讨论约见的内容和方法之前，有必要讨论约见在实际推销工作中的意义。约见的意义主要表现在以下几个方面。

1. 约见有助于接近顾客

在许多情况下，接近顾客并不是一件困难的事情。但是，由于社会上对推销人员的一些偏见，有的顾客不欢迎推销人员来访，不希望外人干扰自己的日常工作，这也是出于一种自我保护意识，而对主动上门的推销人员总是存有一定的戒心。所以，若事先约定顾客，获得当面推销的机会，本身就是成功推销的开始，既可节省时间和精力，也可避免或少吃“闭门羹”。不打搅顾客的正常工作，是推销的基本礼仪。从实际推销工作的要求来看，事先约见顾客，得到顾客的允许，既表示尊重顾客，又可以赢得顾客的信任和支持。若顾客借口推托或婉言拒见，推销人员则应说明情况，取得顾客的合作，争取推销的机会，也可约定改日再见。若顾客答应在百忙之中挤出时间会见推销人员，这既可以节省推销人员的时间，又可以使顾客本人免受推销人员突然来访的干扰，良好的心境也有利于双方合作，形成融洽的推销气氛。实质上，约见是推销人员推销自己、推销产品、推销观念、推销购买建议的开始。顾客接受约见，意味着顾客已初步接受了推销人员的推销。

2. 约见有助于开展推销面谈

通过事先约见，求得顾客的同意，可以使推销人员初步赢得顾客的信任和支持，可以使推销人员对顾客有一个感性认识。通过事先约见，可以使顾客就约会的时间和地点做出适当的安排，对推销人员的推销建议亦会有自己的考虑，为进一步的推销面谈铺平道路，也便于双方都做好充分的准备工作。约见的时候，推销人员要准时到达约会地点，给人留下守时守信的良好印象。经过约见，推销人员可以扼要说明访问意图，使顾客事先了解洽谈内容，做出必要的安排。事先约见顾客，让顾客做好充分的思想准备和物质准备，既可以真正帮助顾客解决问题，又可以使顾客感到推销员的确是在为消费者服务。事先约见顾客，让顾客积极参与推销谈判，可以形成双向沟通，有助于宾主双方的相互了解，增强说服力，提高准顾客购买决策的认可程度。

3. 约见有助于推销预测

推销预测，就是要根据客观事实，根据顾客的初步反应，来预测未来推销活动中可能发生的各种情况。即对准顾客的个性、爱好等进行了解，对推销洽谈及顾客提出的异议做出接近实际的估计等。例如，如果顾客约定单独会见，可能说明对此十分重视。顾客约定下班后在家中商谈，则可以想象准顾客本人及其妻子、儿女和朋友可能在场参加讨论，或者说明这位顾客家庭的民主作风，或者说明他本人没有最后的购买决策权。无论通过什么方式来约见顾客，只要推销人员善于察言观色，就可以根据约见时顾客的初步反应，对顾客的情况有所了解，便于对即将到来的推销面谈过程中可能出现的种种情形做出更准确的判断，事先制订的推销方案也才能更加有的放矢。

4. 约见有助于顾客档案的建立、更新与完善

对于企业来讲，建立与完善顾客档案对于提高营销效率、扩大市场占有率，与交易伙伴建立长期稳定的业务联系，具有重要的意义。

实践证明，建立顾客档案应遵循动态管理的原则，也就是说，要不断对顾客的资料进行及时的补充及更新。推销人员在争取约见的过程中，可以对新顾客的基本情况有所掌握，对老顾客的变化情况有所了解，从而有助于顾客档案的不断建立、更新与完善。

5. 约见有助于推销人员更合理地安排工作时间

推销人员工作的大忌是推销无计划。没有明确的推销访问计划，企业的销售工作会成为一盘散沙。推销人员应该在对市场容量、企业状况及个人能力进行准确分析的基础上，客观、科学地制定出销售任务目标以及具体的每日、每周、每月的工作计划。但推销活动又是一个有机的整体，制订推销计划时，必须考虑其推销对象的工作计划安排，不能在时间上发生冲突。事先与顾客约定拜访，既体现了对顾客的尊重，又有助于推销人员合理地安排会见时间，提高了工作的计划性。

总之，争取约见是推销人员与顾客打交道的第一个环节，作为购销双方的首次接触，它对于整个推销活动的成功具有重要的意义。推销人员应树立自信心，克服畏难情绪和逃避心理，在做好思想准备的同时也做好约见前的物质准备，对推销过程中会用到的样品、价目表、合同，印鉴、发票等准备齐全，使推销工作有一个基础良好的开端。另外，推销人员也应认识到，争取约见是非常复杂的人际关系处理过程。推销人员不仅要处理好与购买决策人的关系，使约见按计划顺利进行，而且还要处理好与购买决策人相关的接待人员或秘书、亲人、朋友的关系，否则约见过程中可能会因此遇到重重阻碍。

三、约见顾客的内容

约见作为推销接近的前期准备工作，它的内容取决于接近和面谈的需要。作为接近顾客的一种有效方式，约见本身又是推销拜访的准备阶段，其主要内容取决于拜访活动的客观要求。在推销中，既不能以同一种方式拜访所有的顾客，也不能用同一种方式约见所有的客户。推销人员与准顾客之间的关系不同，约见内容则应有所不同。此外，约见内容还取决于接近准备情况。推销人员应该根据每一次推销访问活动的特点来确定具体的约见内

容，充分考虑有关顾客的各方面情况，而不是随心所欲地采取行动。一般来说，约见的主要内容包括下列几项。

（一）确定约见对象

我们应该找谁去推销？进行推销约见，首先要明确具体的约见对象。约见对象指的是对购买行为具有决策权或对购买活动具有重大影响的人。

确定约见对象的方法很多，譬如追踪调查法、逻辑推理法等。在确定访问对象时应注意如下几点。

（1）设法直接约见决策人及其他对购买决策具有重大影响的人，避免在无权或无关人员身上浪费时间。对于企业而言，公司的董事长、经理、企业厂长等是企业或有关组织的决策者，他们拥有很大的权力，是推销人员首选的约见对象，推销人员若能成功地约见这些决策者，将为以后的推销活动铺平道路。

虽然有些“要人”很难接近，但并不是绝对无法约见。由于现代化大市场的迅速发展，市场竞争日趋激烈，并造成市场垄断和资本集中，购买决策权越来越集中到少数人的手里，引起推销方式发生巨大变化。古老的“下层推销”方式逐渐发展成为现代的“上层推销”方式，尤其在一些大企业里，这种新推销方式甚至有取而代之的趋势，企业的董事长、总经理等重要人物纷纷亲自出马，开展所谓的“顶层推销”。

（2）尊重接待人员。无论约见何人，推销人员都应该一视同仁，不可厚此薄彼。有些要人将接待来访人员的任务全盘交给部下，他将按照部下的安排会见来宾，有时难以分清谁是真正的“要人”。推销中有句术语叫做"阎王好见，小鬼难缠"。有时推销人员必须过五关斩六将，方可进见真正的推销对象。因此，为了顺利地约见主要顾客，推销人员必须争取接待人员的支持与合作，尊重他们，把他们当作同等重要甚至更加重要的“要人”，使他们乐于帮助推销人员约见其领导或购买决策人，而不是为难或阻挠。

（3）做好约见的准备工作。推销人员应准备好必要的推销工具和推销辅助器材，如样品、照片、鉴定书、光盘、录像带以及必要的企业合法证件或其复印件、介绍信、引见信、名片、身份证等，甚至要调整好自己的情绪及态度。

总之，约见的第一项任务，就是确定适当的约见人选，只要推销人员认真进行接近准备和顾客资格审查，就可以准确地确定约见对象。

（二）确定访问事由

确定了访问对象，接着就要向对方说明访问事由。任何推销访问的目的只有一个，就是向顾客推销产品或服务。但是，具体到每次访问的目的却因推销活动的进行程度和具体情况不同而有所不同。推销人员约见顾客，总要有充分的理由，使准顾客感到有会见推销人员的必要。但就每次访问而言，访问的事由不应过多。一般说来，约见顾客的目的和事由不外乎下列几种。

1. 推销产品

推销访问的主要目的是直接向顾客推销产品。在约见顾客时，推销人员应该向顾客说明访问的真实意图，并设法引起准顾客的注意和重视，应着重说明所推销产品的特性和用途，以及能给准顾客带来的好处。若准顾客确实需要推销的产品，自然会欢迎推销人员的来访，给予必要的合作。若顾客根本就不需要所推销的产品，而推销人员以借口约见顾客，必是强人所难，自然推销不成。如果推销人员坚信推销产品对某特定的准顾客有利，而这位准顾客又拒不接见，此时推销人员可以适当运用一些技巧，在顾客方便时，再次约见。

2. 市场调查

市场调查是推销人员的职责之一。推销人员既要为直接推销进行准备，又要为企业经营活动提供制定决策的情报依据。推销人员把市场调查作为访问事由来约见顾客，比较容易被准顾客所接受，这既有利于搜集有关资料和信息，为进一步推销做好准备，又可以避免强行推销，甚至由市场调查转变为正式推销产品，以至当面成交。

3. 提供服务

各种推销服务与推销活动密切相关，顾客十分关注，服务亦成为推销的保证。服务在市场竞争中起着越来越重要的作用，所以各企业和推销人员都应重视为顾客提供服务。其实，推销本身就是一种服务，推销人员就是服务人员。没有服务或服务不佳，推销便无从谈起。利用提供服务作为访问事由来约见顾客，比较受顾客欢迎。既可完成推销任务，又可扩大企业影响，树立企业和推销人员的信誉。

4. 签订合同

在实际推销活动中，有时当面成交，当面签约，当面交货，当面付款。这样就必须考虑对推销对象和推销环境有影响的各种因素。若推销人员不事先约见顾客，盲目地制订访问计划，就完全可能与被访问准顾客的工作计划发生冲突；若推销人员事先约见顾客，然后再根据各位顾客的会见时间、地点等制订推销访问计划，就可以合理安排推销时间，紧紧抓住每一个推销机会，大大提高推销工作的效率。

（三）确定访问时间

访问时间的确定是约见的又一项主要内容。约见的主要目的之一就是节省推销员和顾客的时间。从推销实践来看，访问时间不妥当，会直接影响整个推销工作的成败。本着服务顾客的推销精神，在约定访问时间时，推销员应尽量替顾客着想，选择最佳的访问时间。但是，在实际推销工作中，并没有一个适合于所有推销对象的最佳访问时间，访问的对象不同、目的不同、方式不同、地点和路线不同，访问的时间也就有所区别。推销员在确定访问时间时应注意下列问题。

（1）掌握主动权。搞好推销工作的一项十分重要的原则是——推销员任何时候都应该掌握主动权，而不应该让顾客掌握主动权。如果顾客说他给推销员打电话，推销员应该接过话头，把打电话的任务承担过来。如果顾客说他以后再找推销员，推销员应主动与顾客联系。是由推销员提出洽谈时间，还是由顾客决定洽谈时间？一般来说，让顾客自由选择时间是一种没有必要的客气。因为对顾客来说，提出具体时间的这种建议比较容易接受，而当推销员泛泛地问顾客什么时候有空时，顾客总觉得他的时间排得满满的。顾客经常要求推迟访问时间：我这个星期没空，请你以后再来吧。无论如何，你还是应该设法与顾客约定一个具体的洽谈时间。可以问：我星期五再给您打电话，看您下星期一下午有没有空，好吗？如果顾客同意你星期五给他打电话，看他是否有空，你可以这样问：我们能否暂定星期五见面，比方说星期五上午十点四十五分，您看怎样？如果到时您还没空的话，可以告诉我，那样我就不用打电话麻烦您了。

（2）尽量为客户着想。首先，应根据访问对象的特点确定见面时间，避免在顾客忙碌的时间内约见。譬如星期一上午一般不宜访问团体客户，不宜在做饭时间访问家庭主妇。其次，推销员应考虑访问对象的心情，尽可能避免在顾客心情不好或情绪不佳时登门拜访。推销员应充分考虑顾客的个性与行动规律，设身处地为顾客着想，尊重对方意愿，共同商定约见时间。推销员建议的时间应当有选择余地。推销员不应该问顾客“星期二上午十点半有没有空？”而应该问顾客“什么时候拜访您比较合适，是星期二上午十点半还是星期四下午？”在给顾客提出两个时间供他选择时，其中一个时间应是比较具体的，而另一个时间应相对比较长，有弹性。具体时间最后能具体到分，这样可使顾客认为你的访问时间不会太长。

（3）应根据不同的访问事由选择日期与时间。如果是为了推销，应选择有利于达成交易的时间约见；如果是进行市场调查，应选择市场行情变化大、客户面临多种选择时约见；如果是收取货款，则应在客户资金周转良好、账面有余额时约见。

（4）应看推销产品与服务的特点确定约见与洽谈的时间，以能展示产品及服务优势的时间为最好。

（5）应讲究信用，准时赴约。在一般情况下，时间一经约定，推销员就应严格守约，准时赴约。万一出现意外情况，必须立即设法通知顾客，或推迟，或改日；如无法及时通知则应在日后尽快说明失约原因，表示歉意。从现代推销员的观点看，守约是讲究推销信用的一个重要方面，是推销道德的基本体现，是文明推销的客观要求。从推销心理来说，失约会制造不良的推销气氛，不利于进一步推销，甚至会遭到顾客的冷遇或拒绝。

（6）合理利用访问时间，提高推销访问效率。在实际推销中，无论约见时间如何确定，在推销员正式接近顾客、会见顾客或正式转入洽谈之前还不得不等待一段时间，因为顾客可能正忙于他事。对于顾客来说，推销员只不过是等上几分或几十分钟，但对推销员来说，几乎每次访问都要等待，长年累月地无穷等待，占用了大量的推销时间。因此，推销员应合理利用时间，用不停的紧张工作来充实自己。这样既可克服在等待中已产生的各种不良情绪，也可使接待人员和顾客感到推销员也是忙人，从而可能缩短让其继续等待的时间。

（四）确定访问地点

访问地点的确定，应与被访顾客、访问目的、访问时间和接近方式相适应。选择访问地点的基本原则是方便顾客，有利于推销。选择访问地点时，推销人员应该研究所在区域的推销环境及其变化趋势，综合分析，全面考虑，做出科学的决策。一般要注意以下几个方面。

（1）应照顾约见对象的要求，尽量满足顾客的愿望。

（2）最常用、最主要的约见地点是办公室和家庭。但办公室往往干扰较大，于洽谈不利。如果有专门的洽谈室或会议室，选在这种地方较合适，可使双方都静下心来进行洽谈，有利于洽谈的深入进行。家庭是比较理想的洽谈地点，但需取得顾客的同意，如果顾客不情愿，不可强求。

（3）公共娱乐场所只能作为礼节性拜访、初次认识、联络感情的场所，一般不作为实质性谈判的地方。

四、约见顾客的方法

如果你想拜访顾客，应采取什么方法与顾客联系拜访事宜，是写信还是打电话？在顾客对你、你的公司或你推销的产品都不了解的情况下，最好的办法是先给顾客写一封介绍信，然后再打一个电话。如果你不知道能否在电话里说清楚，或者不能在电话里约定洽谈时间，那么还是写信为好。当然，你不能用“如果您能告诉我什么时候拜访您合适，我将非常高兴”这样的话作为信的结尾。比较好的结尾是“我将打电话给您，我什么时候可以拜访您？”或“我下星期二拜访您是否合适？”如果你担心打电话会遭到拒接，你的信的末尾可以这样写：“本星期五下午二点二十分我将冒昧拜访您，时间不会太长。如果时间不合适的话，您可以让您的秘书告诉我。在此谨表歉意。”不要以为顾客不回答就是默许，到时候他也许会拒绝与你见面；不过，出现这种情况的可能性不大。

现代商务活动中常见的约见顾客的方式主要有以下几种。

（一）电话约见法

电话约见法是现代推销活动中最常用的方法，它的好处在于迅速、方便、经济、快捷，使顾客免受突然来访的干扰，也使推销人员免受奔波之苦，可节省大量时间及不必要的差旅费用。获得电话约见，成功的关键是推销员必须懂得打电话的技巧，让对方认为确实有必要会见你。由于客户与推销员缺乏相互了解，电话约见也最容易引起客户的猜忌、怀疑，所以推销员必须熟悉电话约见的原则，掌握电话约见的正确方法。打电话时，推销人员应事先设计好开场白，在语言的组织和运用中，要注意技巧。

下面举出的两种有关约定时间的问话，由于表达方式和用语的差异，其效果反应完全不同。

问话一：“王先生，我现在可以来看您吗？”

问话二：“王先生，我是下星期三下午4点来拜访您呢？还是下星期四上午9点来呢？”

十分明显，问话一的约见使推销人员完全处于被动的地位，易遭顾客的推辞。问话二则相反，推销人员对于会面时间已主动排定，顾客对推销人员提出的“选择题”若是一时反应不过来，便只好随推销人员的意志，做“二选其一”的抉择，而没法推托了。

还需注意的是：电话推销应避开电话高峰和对方忙碌的时间，一般上午10时以后和下午较为合适。在大家共用一个办公室或共用一部电话时，应取得大家的相互配合，保持必要的安静。

（二）信函约见法

信函约见法是指推销人员通过信函或电子邮件来约见顾客。信函约见是比电话更为有效的媒体。随着时代的进步出现了许多新的传递媒体，但多数人认为信函比电话更显得尊重他人一些。常见的约见顾客的信函方式主要有：个人信件、单位公函、会议通知、请帖、便条、电子邮件等。另外，使用信函约见还可将广告、商品目录、广告小册子等一起寄上，以增加顾客的关心。

信函约见既简便、快捷、易于掌握、费用低廉，又可免受当面约见顾客时的层层人为阻碍，可以畅通无阻地传递信息给目标顾客。但这种方式也有一定的局限，如：信函约见的时间较长，不适于快速约见；许多顾客对推销约见信函不感兴趣，甚至不去拆阅，推销人员花费较多的时间和精力撰写的约见信函往往如泥牛入海。

一般而言，推销约见信的写作和设计原则是简洁扼要、重点突出、内容准确。语气应中肯、可信，文笔流畅。约见信的主要目的在于引起顾客的注意和兴趣，必要时可以在信里留下一些悬念，让顾客去体会言外之意，但不可故弄玄虚，以免弄巧成拙，贻误大事。

（三）当面约见法

这是推销人员对顾客进行当面联系拜访的方法。这种约见简便易行，极为常见，是一种较为理想的约见方式。推销人员通过这一约见方式不仅对顾客有所了解，而且便于双向沟通，缩短彼此的距离，易达成有关约见的时间、地点等事宜。

推销人员在具体使用这一方式时，需察言观色，随机应变，灵活运用一些技巧，以保证约见工作的完成。例如，在途中不期而遇时，在见面握手问候时，在起身告辞时，推销人员都应该借机面约。

面约拜访方式具有五大优点：第一，有利于发展双方关系，加深双方感情；第二，有助于推销人员进一步做好拜访准备；第三，面约一般比较可靠，有时约见内容比较复杂，非面约说不清楚；第四，面约还可以防止走漏风声，切实保守商业机密；第五，面约方式也是一种简便易行的约见拜访方法。

当然，面约方式也有一定的局限性：第一，面约有一定的地理局限性；第二，效率不高，即使推销人员完全可以及时面约每一位顾客，但作为一种古老的方式，也是低效率的做法；第三，面约虽然简便易行，面释疑点，却容易引起误会；第四，面约一旦被顾客拒绝，就使推销人员当面难堪，造成被动不利的局面，反而不利于下一次的接近和拜访；第五，对于某些无法拜访或接近的销售对象来说，面约方式无用武之地。

尽管面约方式具有上述局限性，但仍不失为一种可行的约见方式。

（四）委托约见法

委托约见法是指推销人员委托第三者约见顾客的方式，也称托约。所委托的第三者，可以是推销员的同学、老师、同事、亲戚、朋友、上司、同行、秘书、邻居等，也可以是各种中介机构。委托约见可以借助第三者与推销对象的特殊关系，克服目标顾客对陌生推销人员的戒备心理，取得目标顾客的信任与合作，有利于进一步的推销接近与洽谈。但是，委托约见也有一定的限制：一是推销员不可能拥有众多的亲朋、熟人；二是自己的好友未必与目标顾客有交情；三是要搭人情，而且环节较多，如果所托之人与自己的关系或与目标顾客的关系较一般，会导致顾客对约见的重视程度不够。因此，运用此方法特别要注意真正了解第三者与推销对象的关系。

（五）广告约见法

广告约见法是指推销员利用各种广告媒体约见顾客的方式。常见的广告媒体有广播、电视、报纸、杂志、邮寄、路牌等。利用广告进行约见可以把约见的目的、对象、内容、要求、时间、地点等准确地告诉广告受众。在约见对象不具体、不明确或者约见顾客太多的情况下，采用这一方式来广泛地约见顾客比较有效。也可在约见对象十分明确的情况下，进行集体约见。广告约见有约见对象多、覆盖面大、节省推销时间、提高约见效率等优点，但也有针对性较差、费用较高却未必能引起目标顾客的注意等不足。

案例1

电话：“丁零！丁零！”顾客：“喂，您好！”销售人员：“您好，麻烦您，能请尤根·克拉莫布先生亲自接电话吗？”

顾客：“我就是！您有什么事吗？”

销售人员：“您好，克拉莫布先生！我叫格拉索……海尔曼-格拉索！是‘宝卡’公司的专业咨询师，我们的公司位于富里达，是专门从事办公室以及仓库资源合理化业务的。克拉莫布先生……有关你扩大卡塞尔仓库面积的计划，我们‘宝卡’公司早有耳闻了。所以我想给您看一些东西，这也许能够帮助您在新仓库里节省空间和人力消耗！您觉得咱们的这次见面安排在什么时候最合适？是下周二上午l0：20好，还是周三下午好？”

顾客：“那好吧，您星期二上午过来吧！”

销售人员：“我记一下时间，克拉莫布先生。您记住我的名字了吗？我叫格拉索(Glasow)！拼写是G，L，A，S，O，W！那咱们下星期二上午10：20见了，克拉莫布先生！真高兴能有机会和您见面！”

（资料来源：互联网）

事实证明，这种谈话模式在销售实践中所产生的效果很好。但是为什么呢？其实，销售人员在这里所说的每一句话都有其各自的作用。

首先，顾客接电话时并没有报自己的姓名，而说了“您好”。所以销售人员首先要确定，接电话的人是否真的是他想找的人。 在提出确认性问题的同时，销售人员也完成了对顾客的褒扬！“亲自”这个不起眼的小词强调了顾客的不可替代性。 销售人员的自我介绍也十分理想。他两次提到了自己的姓名，而且第二次特别强调了名字。很显然，与姓氏相比，我们的名字能给我们的谈话对象留下更深刻的印象。在提到自己公司名称的时候，销售人员直截了当地介绍了这次谈话的价值所在：促进办公室和仓库资源配置的合理化。销售人员找到了很好的切合点：切合点是指与顾客直接相关的推断或结论。在此次谈话中，销售人员所找的“切合点”表明，他把顾客的需要放在第一位。

以下案例 2 为接近顾客范例。

案例2

对 比 案 例

案例A

推销员甲：喂，有人在吗？我是×××××公司的业务代表林海。在百忙之中打扰您，想要向您请教有关贵商店目前使用收银机的事情。

店经理：店里的收银机有什么毛病呀？

推销员甲：并不是有什么毛病，我是想了解是否已经到了需要换新的时候。

店经理：没有这回事，不想考虑换台新的。

推销员甲：并不是这样的，对面那间店已经更换了新的收银机，我想你们也应该考虑换。

店经理：不好意思，目前还不想更换，将来再说吧。

案例B

推销员乙：郑经理在吗？在百忙之中打扰您，谢谢您。我是×××××公司在本地区的业务代表李放，经常路过贵店，看到贵店生意一直兴隆，实在不简单。

店经理：您过奖了，生意并不是那么好。

推销员乙：贵店对客户的态度非常亲切，郑经理对贵店员工的培训一定非常用心，我也常常到别的店，但像贵店服务态度那么好的，实在少数；对街的张经理，对您的经验管理也相当钦佩。

店经理：张经理是这样说的吗？张经理经营的店也非常的好，事实上，他也一直是我的学习对象。

推销员乙：郑经理果然不同凡响，张经理也是以您为模仿的对象，不瞒您说，张经理昨天刚换了一台新功能的收银机，他非常高兴，才提及郑经理您的事情，因此，今天我才打扰您。

店经理：喔！他换了一台新的收银机！

推销员乙：郑经理是否也考虑更换新的收银机呢？目前您店里的收银机虽然也不错，使用情况也还正常，但新的收银机有更多的功能，速度更快，既能让您的顾客减少等候时间，还可以为贵店的经营管理提供许多有用的信息。请郑经理一定要考虑使用这台新的收银机。

由以上对比案例可以看出，约见顾客的方法、技巧不同，约见效果也各不相同。

（资料来源：互联网）

第三节　接近顾客的方法

现代营销理论认为，推销产品首先是推销自己。如果顾客对销售人员不信任，他就不可能相信你的产品，更谈不上购买你的产品。在通常的印象中，能说会道是推销员的最有力武器，多数公司热衷于招聘口若悬河的销售人员。事实上，口才与销售成功与否并不存在正比关系。好的销售人员懂得什么时候该说，什么时候该闭嘴。国内外许多研究报告中提出，人们对销售人员的评价和看法，总是先入为主，有“首因效应”在起作用。如何接近客户，给客户留下良好的初次印象呢？综观五花八门的推销活动，接近顾客的方法可归纳为以下几种。

一、陈述式接近

陈述式接近，是指推销人员直接说明产品给顾客带来的好处，以引起其注意和兴趣，进而转入洽谈的接近方法。推销人员陈述的内容可以是推销品的利益，也可以是推销品使用之后所带来的感觉，或直接是某位顾客的评价意见，陈述完后常常提出一个问题以试探买主的反应。

（一）介绍接近法

介绍接近法是指推销员通过自我介绍或经由第三者介绍而接近推销对象的办法。介绍接近法按介绍主体不同，可分为自我介绍法和他人介绍法。

自我介绍法，是一种最常见的接近方法，推销人员通过自我介绍的方式接近顾客，介绍自己的身份、姓名、企业和产品，有时还会说明接近的目的。一般有口头介绍、资料介绍和名片介绍等方式。口头介绍可以详细解说一些书面文字或资料无法了解清楚的问题，利用语言的优势取得顾客的好感，打开对方的心扉；利用工作证、身份证，可以使顾客更加相信自己，消除心中的疑惑；名片交换非常普遍，给对方递上自己的一张名片也同样可以弥补口头介绍的不足，并且便于日后联系。

大多数推销员都采用自我介绍接近法，但是这种方法很难在一开始就引起顾客的注意和兴趣。因此，通常还要与其他的方法配合使用，以便顺利地进入正式面谈。如果能提前和客户做好约见，这种接触方式容易得到顾客的认可；要非常注意选择恰当的时机，在顾客休闲、心情轻松的时候接近。假设一个鲁莽小伙子，在顾客工作繁忙、刚被上司训斥以后去接触顾客，显然是非常愚蠢的；要赢得顾客的好感，在正式接近之前，如果能给顾客提供一些帮助，往往就能获得机会。

所谓他人介绍，就是利用与客户十分熟悉的第三者，通过写信、打电话或当面介绍来接近客户的方法。他人介绍接近法的主要方式是信函介绍、电话介绍、当面介绍等。一般说来，介绍人与客户之间的关系越密切，介绍的作用就越大，销售人员也就越容易达到接近的目的。因此，销售人员应设法摸清并打进客户的接近圈，尽量争取有影响力的中心人士的介绍和推荐。当然，他人介绍接近法也有一些局限性：由于第三者介绍，使销售人员置身于客户的接近圈内，第一次见面就是熟人，客户几乎无法拒绝销售人员的接近，故出于人情而接见销售人员，却不一定真正对销售产品感兴趣，甚至可能完全不予以注意，只是表面应付而已；对于某一位特定的客户来说，他人介绍法只能使用一次，如果销售人员希望再次接近同一位客户，就必须充分发挥自己的接近能力；有些客户讨厌这种接近方法，他们不愿意别人利用自己的友谊和感情做交易，甚至让销售人员不好下台，一旦惹恼了客户，再好的交易也可能告吹。

（二）赞美接近法

赞美接近法是指推销员利用顾客的自尊心理来引起顾客的注意和兴趣，进而转入正式洽谈的接近方法。著名人际关系专家卡耐基在《人性的弱点》一书中指出："每个人的天性都是喜欢别人的赞美的。"现实的确如此。赞美接近法是销售人员利用人们希望自己被赞美的愿望来达到接近顾客的目的。喜欢听好话是人们的共性，人们在心情愉快的时候，很容易接受他人的建议，这时，推销人员要抓住时机，正确地引导推销活动。使用赞美接近法应注意以下两点。

第一，选择适当的赞美目标。推销员必须选择适当的目标加以赞美。就个人购买者来说，个人的长相、衣着、举止谈吐、风度气质、才华成就、家庭环境、亲戚朋友等，都可以给予赞美；就组织购买者来说，除了上述赞美目标之外，企业名称、规模、产品质量、服务态度、经营业绩等，也可以作为赞美对象。

第二，选择适当的赞美方式。推销员赞美顾客，一定要诚心诚意，要把握分寸。事实上，不合实际的赞美，虚情假意的赞美，只会使顾客感到难堪，甚至导致顾客对推销员产生不好的印象，要点到为止。对于虚荣型顾客，则可以尽量发挥赞美的作用；对于年老的顾客，应该多用间接、委婉的赞美语言；对于年轻的顾客，则可以使用比较直接、热情的赞美语言。

（三）馈赠接近法

馈赠接近法是指推销人员以一些小巧精致的礼品赠送顾客，进而和顾客认识并接近，借以达到接近顾客目的的一种方法。推销员接近顾客的时间十分短暂，利用赠送礼品的方法来接近对方，以引起顾客的注意和兴趣，效果非常明显。

使用馈赠接近法应注意慎重选择馈赠物品，在进行准备时，推销员应该设法了解顾客的需要和喜好，了解顾客对赠送礼品行为的看法。

（四）利益接近法

利益接近法是指推销人员以顾客所追求的利益为中心，简明扼要地向顾客介绍产品能为顾客带来的利益，满足顾客的需要，从而达到正式接近顾客目的的一种方法。利益接近法着重渲染推销产品能给顾客带来的好处，符合顾客追求利益和满足需要的心理，因而能引起顾客的注意和兴趣，这是利益接近法的最大特点。

我们在一些企业里面看见，其销售活动往往不是通过销售产品，而是通过“为顾客提供利益”、“为顾客提供盈利方案”的方式进行的，特别是针对组织和企业客户的时候，这时，与客户的接触不直接是产品和业务员本身，而是“一套方案”。有的业务员接近顾客时，不是说“我们的产品如何如何、价格如何如何”，而直接带给客户的是“西部地区中间商的盈利解决方案”，或者是“加盟方案”、“个人创业方案”（很多通过特许经营的产品），或者是“合作建议书”、“合作开发市场的说明”、“最经济的设备购买方案”等。这种利益接近法迎合了大多数顾客的求利心态，销售人员抓住这一要害问题予以点明，突出了销售重点和产品优势，有助于很快达到接近顾客的目的。

一位保险公司代理在接近顾客时，首先递给顾客一张特制的 600 美元的支票副本，然后问道：“您希望退休后每月收到这样一张支票吗？”顾客承认非常希望如此，并要求告知详情。

一位冰激凌供应商见面就问某冷饮店经理：“您希望所售出的冰激凌每加仑单位减少 4 角钱成本吗？”那位经理马上表示愿意知道其中的道理。而一位文具推销员开头就说：“本厂出品的各类练习本比其他同类产品便宜一半。”这句话一出就使推销工作成功了一半！

二、演示式接近

演示式接近法是通过向顾客展示具体产品使用过程和效果或直接让顾客参与产品的试用，以引起顾客注意，并激发其购买欲望的方法。演示式接近按顾客参与方式不同可分为产品接近法和表演接近法。

（一）产品接近法

产品接近法也称为实物接近法，是指推销员直接把产品、样本、模型摆在顾客面前，以引起顾客对其推销的产品足够的注意与兴趣，因而导入面谈的接近方法。这种方法，利用产品本身的特点，比如功能、色彩、款式、造型、新颖性等方面来代替业务员的口头宣传，让产品本身引起顾客的注意。产品接近法也是推销员与顾客第一次见面时经常采用的方法。

使用条件：产品本身必须精美轻巧，便于携带；产品必须是有形实物，可以直接作用于顾客的感官；产品质地优良，经得起顾客反复接触。

（二）表演接近法

表演接近法是指推销人员利用各种戏剧性的表演活动引起顾客注意和兴趣，进而转入面谈的顾客接近方法，这是一种比较传统的推销接近方法。表演必须自然合理，打动顾客的心灵。推销员要设法让顾客参与演出，成为其中一名演员，甚至是主要角色。表演中所使用的道具最好是与推销活动有关的物品。

① “我可以使用一下您的打字机吗？”一个陌生人推开门，探着头问。在得到主人同意之后，他径直走到打字机前坐了下来，在几张纸中间，他分别夹了八张复写纸，并将其卷进了打字机。

“你用普通的复写纸能复写得这么清楚吗？”他站起来，顺手把这些纸分发给办公室里的每一个人，又把打在纸上的字句大声读了一遍。毋庸置疑，来人是上门推销复写纸的推销员，疑惑之余，主人很快被复写纸吸引住了。

② 美国有位小伙子想在某广告代理公司求职，却苦于见不到该公司总经理，于是他把自己装入箱内，让一家快捷运输公司将其运送进了广告公司的办公室。

③ 一位推销员在其顾客经常往返的公路边的一块大广告牌上写着：“邓肯先生，你每天损失 150 美元。就因为没有接见我！请找艾科恩机床公司的赫夫。”

该方法使用要点：必须有一定的戏剧性效果，足以引起顾客的注意和兴趣。

三、提问式接近

通过提问来接近顾客是最常用的技术，因为提问方法能使推销人员更好地确定顾客的需求，促成顾客的参与。在提问式接近中，问题的确定是至关重要的，应该提出那些业已证明能够引起顾客积极响应的问题。

（一）问题接近法

问题接近法主要是通过销售人员直接面对顾客提出有关问题，通过提问的形式激发顾客的注意力和兴趣点，进而顺利过渡到正式洽谈。推销人员在不了解顾客真实想法的情况下，直接向顾客提出问题，促使顾客思考，继而引发讨论，以此吸引顾客，从而转入推销面谈。

问题接近法是推销员公认的一种有效的方法。提问不仅容易引起顾客的注意，还可引发双方的讨论，而在讨论的过程中，顾客的真实需求、意见、观点等就比较容易得到表露。

推销人员在提问与讨论的过程中，就可能发现顾客的需求，并在一定程度上引导顾客去分析和思考，然后根据顾客对问题的反应，循循善诱地解答问题，从而把顾客的需求与所推销的产品有机地联系起来。

问题接近法虽然是比较有效的方法，但其要求也较高。推销人员在提问与讨论中应注意以下两点。

第一，提出的问题应表述明确，避免使用含糊不清或模棱两可的问句，以免顾客听来费解或误解。例如，“你愿意节省一点成本吗？”这个问题就不够明确，只是说明“节省成本”，究竟节省什么成本？节省多少？多长时间？都没有加以说明，很难引起顾客的注意和兴趣。而“您希望明年内节省 7 万元成本吗？”这个问题就比较明白确切，容易达到接近顾客的目的。一般说来，问题越明确，接近效果越好。

第二，提出的问题应突出重点，扣人心弦，而不可隔靴搔痒，拾人牙慧。在实际生活中，每一个人都有许许多多的问题，其中有主要问题，也有次要问题。推销员只有抓住最重要的问题，才能真正打动人心。推销员提出的问题，重点应放在顾客感兴趣的主要利益上。如果顾客的主要动机在于节省金钱，提问应着重于经济性；如果顾客的主要动机在于求名，提问则宜着眼于品牌价值。因此，推销员必须设计适当的问题，把顾客的注意力集中于他所希望解决的问题上面，缩短成交距离。

有一位推销书籍的小姐，平时碰到顾客和读者总是从容不迫、平心静气地提出两个问题：“如果我们送给您一套关于经济管理的丛书，您打开之后发现十分有趣，您会读一读吗？”“如果读后觉得很有收获，您会乐意买下吗？”这位小姐的开场白简单明了，也使一般的顾客找不出说“不”的理由，从而达到了接近顾客的目的。

一位口香糖推销员在遭到顾客拒绝时就提出一个问题：“您听说过维斯丁公司吗？”零售商和批发商都会说：“当然，每个人都知道！”推销员接着又问：“他们有一条规则，该公司购买人员必须给每位来访的推销员一小时以内的说话时间，您知道吗？他们怕错过好东西。您是有意逃避他们更好的采购制度吗，还是害怕看东西？”

某自动售货机制造公司指示其推销员出门携带一块两英尺宽、三英尺的厚纸板，见到顾客就打开铺在地面或柜台上，纸上写着“如果我能够告诉您怎样使这块地方每年收入二百五十美元，您会感兴趣吗？”

（二）好奇接近法

好奇接近法是指营销人员利用准顾客的好奇心理达到接近顾客之目的的方法。

好奇心理是人们的一种原始驱动力，在此动力的驱使下，促使人类去探索未知的事物。好奇接近法正是利用顾客的好奇心理，引起顾客对推销人员或推销品的注意和兴趣，从而点明推销品利益，以顺利进入洽谈的接近方法。推销员接近顾客时有的也不只是紧张和不安，有时推销也可能是愉快的，特别是对于喜欢创作的推销人员。好奇接近法需要的就是推销人员发挥创造性的灵感，制造好奇的问题与事情。

采用好奇接近法，应注意下列问题：

第一，引起顾客好奇的方式必须与推销活动有关；

第二，在认真研究顾客的心理特征的基础上，真正做到出奇制胜；

第三，引起顾客好奇的手段必须合情合理，奇妙而不荒诞。

一位英国皮鞋厂的推销员曾几次拜访伦敦一家皮鞋店，并提出要拜见鞋店老板，但都遭到了对方的拒绝。后来他又来到这家鞋店，口袋里揣着了一份报纸，报纸上刊登了一则关于变更鞋业税收管理办法的消息，他认为店家可以利用这一消息节省许多费用。于是，他大声对鞋店的一位售货员说："请转告您的老板，就说我有路子让他发财，不但可以大大减少订货费用，而且还可以名利双收赚大钱。"销售人员向老板提赚钱发财的建议，哪家老板会不心动呢？

美国一位保险公司推销员一接近潜在顾客便问："十磅软木，您打算给多少钱？"顾客回答说："我不需要软木！"推销员又问："如果您正坐在一艘将要下沉的船上，您愿意花多少钱？"保险公司推销员成功地引起顾客的好奇心，然后阐明这样一个观点：必须在实际需要出现之前就购买人寿保险。

再如，某推销员手拿一只大信封步入顾客的办公室，进门就说："关于贵公司上次所失去的250位顾客，我这里有一份小小的备忘录。"这自然会引起顾客的好奇心。

（三）求教接近法

求教接近法是指推销人员利用向顾客请教问题的机会，以达到接近顾客目的的一种方法。在实际推销工作中，推销员可能要接近某些个性高傲的顾客，这类顾客自高自大，目空一切，很难接近。但是，一般说来，顾客不会拒绝虚心求教的推销员。这类顾客喜好奉承，推销员若能登门求教，自然会受到欢迎。但在具体运用这种方法接近顾客时，应注意以下几个问题：第一，美言在先，求教在后；第二，求教在前，推销在后；第三，虚心诚恳，洗耳恭听。

（四）震惊接近法

所谓震惊接近法，是指推销人员利用某种令人吃惊或震撼人心的事物来引起顾客的兴趣，进而转入面谈的接近方法。如果推销员利用顾客震惊后的恐慌心理，适时提出方案，往往会收到良好的效果。

推销员在使用这种方法时应该注意以下几个问题。

第一，推销员用来震撼顾客的有关客观事实、统计分析资料或其他手段，应与推销活动有关。

第二，推销员震惊顾客，必须结合顾客的特征仔细研究具体方案。

第三，推销员震惊顾客要适可而止，应令人震惊而不恐怖。

第四，必须讲究客观科学，尊重客观事实。

某人寿保险推销员弄到一位顾客的照片，请摄影师加以修描，使照片里的主人看起来更衰老。推销员走进那位顾客的办公室，递上那张修描过的照片，问道："先生，今天您打算为这位老板做点什么呢？"

还有一位人寿保险推销员利用一项统计资料接近顾客："据官方最近公布的人口统计资料，目前有一件值得人们关注的事实：平均约有 90%以上的夫妇，都是丈夫先于妻儿去世，因此，你是否打算就这一事实早作适当安排呢？最安全可靠的办法，当然是尽快买下合理的保险。"

四、其他接近方法

（一）搭讪与聊天接近法

搭讪与聊天接近法，是指推销人员通过尽可能多的机会，比如会议、旅游、车船等人流集中的地方，以搭讪、聊天、娱乐等方式认识接近顾客。很多人都有这样一个体会：随团旅游或者同一节列车车厢的乘客 1～2 天下来，原来不熟悉的人都会变得比较熟悉，特别是见多识广、富于人格魅力的人很容易成为大家的朋友。业务员在社会生活中会有很多结识陌生人的机会，都不要放弃。

找准顾客、选准时机：独自一人而无人打扰的地方；顾客有较充分自由掌握的时间、如散步、闲坐、观景、晨起运动时，都是较好的搭讪时机。

积极主动：应积极主动出击，充满信心地上前搭话。有信心才能潇洒，才能给顾客留下一个好印象。

紧扣主题：在聊天时不可漫无边际地闲聊，而应尽快转入推销主题。

（二）调查接近法

这一方法是利用接触顾客的时机展开推广和销售活动，比如市场调查、专业客户座谈、客户意见访谈、客户需求征询、技术支持和售后服务接触、向客户咨询等。

"丁厂长，听说贵厂准备利用电子计算机进行科学管理，这是管理现代化的必然趋势，您可是先走一步了！我公司经营的各类电子计算机，品种多、性能好，但不知贵厂适用哪一种型号的？您知道，如果不适用，再好的设备也是废物。为了提供最佳服务，我想先做一些实际调查，您看怎样？"

“王院长，您认为贵院一些实验室里应该安装空气调节机，这一点我已经知道。不过，我想就有关情况做进一步了解，您能否花几分钟介绍一下？”

应用的要点：

第一，突出推销重点，明确调查内容，争取顾客的支持和协助；

第二，做好调查准备，消除顾客的防范心理，达到接近顾客的目的；

第三，使用适当的调查法，确保顺利接近顾客。

（三）连续接近法

利用第一次接近时所掌握的有关情况实施第二次和更多次接近的方法。

“陈经理，上次你说还要研究，今天特地来访，不知你有何打算？”也许上次陈经理只是随便应付而已，却意想不到这位推销员果真再次登门！

“钱主任，上月访问时给您留下产品说明书和价目表，你当时说将来可以考虑，这次来访，主要是想听听您的高见！”若发现顾客正忙于他事，推销员可留下资料作为再次接近的媒介，先退后进是上策。

“许厂长，去年跟您介绍一种新型电子计算机，你提出了许多问题，回去后我请教过有关专家，情况是这样的……”当然，对于自己所推销的产品，推销员也不是完全了解。不过，推销员应尽量掌握更多的产品知识。

连续接近法的使用要点：

第一，每次接见后都要进一步搜集有关资料，做好下一次继续接近的准备；

第二，树立信心、不怕困难、大胆接近；

第三，发展关系，建立友谊。

本章小结

通过本章的学习，使学生理解约见准备的重要性，掌握约见个人顾客、法人顾客应准备的内容，能灵活运用约见顾客的方法。

主要概念

接近顾客　　约见顾客

思考与练习

1．接近顾客要做哪些准备？
2．约见顾客的内容有哪些？
3．确定约见顾客的时间和地点时要注意什么？
4．约见顾客的方法有哪些？
5．接近顾客有哪些方法？
6．在商定业务洽谈时间时，为什么要提出两个约会时间供顾客选择呢？

实践与技能

案例分析

案例 1

周宏是一位医药代理，他在拜访A公司时，每次都是扫兴而归。A公司的经理不是外出就是开会，他六次拜访都无功而返。但周宏毫不泄气，决心继续拜访，不达目的誓不罢休。同时，他认为，用打电话或写信的办法事先通知对方是不妥当的，因为他唯恐遭到对方拒绝而使自己难堪。你会采取与周宏一样的办法吗？你能给周宏提出更好的解决办法吗？

案例 2

冯永中的工作是向建筑承包商推销建筑材料，关于推销工作，他曾有过这样一番解释：“有时候，我真头疼，不知道该怎么办才好。往往在我还没有设计好洽谈的主要内容时，顾客就打断我，他要我送一份书面的销售建议给他看。”顾客的这种反应能说明推销员的工作是不必要的吗？如何防止这种情况的出现？你碰到这种情况怎么办？

案例 3

一位推销人员急匆匆地走进一家公司，找到经理室敲门后进屋。

推销员：“您好，李先生。我叫李明，是美佳公司的推销员。”

曲经理：“我姓曲，不姓李”。

推销员：“噢，对不起。我没听清楚您的秘书说您姓曲还是姓李。我想向您介绍一下我们公司的彩色复印机……”

曲经理：“我们现在还用不着彩色复印机。即使买了，可能一年也用不上几次。”

推销员：“是这样……不过，我们还有别的型号的复印机。这是产品介绍资料。”（将印刷品放到桌上，然后掏出烟与打火机）“您来一支？”

曲经理："我不吸烟，我讨厌烟味。而且，这个办公室里不能吸烟。"

你认为本案例中李明推销访问的失败有哪些方面的原因？

案例 4

① 门铃响了，一个衣冠整齐的人站在大门的台阶上。当主人把门打开时，这个人问道："家里有高级的食品搅拌器吗？"男人怔住了，这突然的一问使主人不知怎样回答才好。他转过脸来和夫人商量，夫人有点窘迫但又好奇地回答说："我们家有一个食品搅拌器，不过不是特别高级的。"推销员回答说"我这里有一个高级的。"说着，他从提包里掏出一个食品搅拌器。如果顾客承认他缺少某种产品，推销时是可以借题发挥的。假如这个推销员改变一下说话方式，一开口就说："我是想问一下你们是否愿意购买一个新型食品搅拌器？"或者"您需要高级食品搅拌器吗？"你想一想，这种说法的推销效果又将会是如何呢？相比之下，两种不同方式的问话，效果是大有区别的。

② 一个过去从事推销各种家庭日用品的推销员现在改为推销真空吸尘器。自他参加推销工作以来，他总是成功地用一句话就可以引起顾客的注意。这一句话是："我能向你介绍一下怎样才能减轻家务劳动吗？"

③ 一个推销各种进口食品罐头的推销员说："罗兰先生，我一直很欣赏你们的橱窗。你们购置了很多高质量的产品。在城市里，你们一定有一流的超级市场。"听了这些话，罗兰先生洋洋得意地点头表示同意。用这样的方式开始销售谈话，推销员很有可能使顾客对他推销的罐头食品感兴趣并且向他订货。

④ 一个推销员把一块透明塑料布的样品递给一个汽车经销商，然后对他说："请你摸一摸这块塑料布，试试能否把它撕烂？"这个经销商有50辆新车存放在露天存车场。推销员是建议他用塑料布把汽车分别盖起来，防风沙、防雨淋以保护汽车。塑料布不容易撕烂，当然是盖车的好材料，但让顾客亲自检验一下质量，就会引起顾客的注意，坚定他购买的决心。

⑤ 推销员马修正想以老套话"我们又生产出一些新产品"来开始他的销售谈话，但他马上意识到这样是错误的。于是，他改口说："班尼斯特先生，如果一笔生意能为你节省125英镑，你会感兴趣吗？""我当然感兴趣了，你说吧！""今年秋天，香料和食品罐头的价格最起码要上涨20%。我已经算好了，今年你能出售多少香料和食品罐头，我告诉你……"然后他就把一些数据写了下来。多少年来，他对顾客的生意情况非常了解，这一次，他又得到了顾客很大一笔订货。

试分析上面有关产品推销的实例采用了怎样的接近顾客的方法？

第七章　价格谈判

学习目标

通过本章的学习，要求学生了解推销品价格的制约因素包括：同行产品的价格、相关产品的价格、产品自身的特性等，而消费者心理因素是影响价格的重要因素；熟练掌握推销品的定价策略、报价方法、还价与让价策略，培养自己在实践中讨价还价的能力。

案例导入

外航借“价格战”抢市场——如何定价

2009 年 7 月份，全球民航市场结束了“触底”历程，开始慢慢反弹，外航为了抢占复苏的市场，迫不及待地开始利用价格手段争夺市场，英国航空上周五起将中国往返英国的机票价格从 1 万余元猛降至 3380 元，下跌约 7000 元。只要旅客在 9 月 30 日前向英航官方网站订票，就有机会在 10 月 4 日至 2010 年 3 月 31 日，以低廉价格往返上海、北京与伦敦、阿伯丁、爱丁堡、格拉斯哥、曼彻斯特、纽卡斯尔、杰西等 7 个英国目的地。

除了英国航空外，多家外航一样开始启动了“价格战”，大韩航空 9 月 14 日前上海至温哥华往返机票已降至最低 7250 元，单程最低 4670 元。而美国达美航空的上海至底特律直飞新航线，往返价最低降到了 4850 元。通过中航信系统查询国际航线散客票价也发现，预订 10 月 22 日前往英国的机票，奥地利航空是 3570 元起、芬兰航空是 4000 元起；中国国航空的票价则是 6820 元起。

面对正在复苏的市场，国内航企却在频频撤兵，中国国航今年上半年的国际航线下降了 9.2%；东航今年上半年在国际航线上的运力调减了 19%。业内专家介绍说，航空业的淡旺季非常明显，而且容易受到一些外界因素的影响，过去国内航企就是因为把握不了市场的节奏，导致外航将国际航线上的头等舱、公务舱客源——“鲸吞”，目前外航在中欧中美航线上就一直比内航赚钱要多，就是因为有这些高端客源的支撑。

所以专家提醒说，在全球民航市场复苏之时，国内航企要赶快回到“位子”上去，将以前停飞的、缩减的航班重新复飞，免得“果子成熟”了，却失去了“园丁”的资格。

（资料来源：王飞．外航借“价格战”抢市场．广州日报，2009.）

案例分析：作为推销人员，应首先对市场进行深入了解，要认识到市场的构成群体中营销者，即竞争对手的报价策略；其次，不仅要重视产品或服务的现实购买者，更要重视潜在的购买者，应考虑市场的需求因素，针对需求来设计产品，开辟市场。在营销过程中，墨守成规势必落伍，积极创新才有出路。

第一节　推销品价格的影响因素

价格策略是企业市场营销组合策略的重要组成部分。价格制定的是否合理，不仅关系到企业能否将产品销售出去，实现企业的盈利目标，而且直接关系到消费者的切身利益。顾客以推销产品价格过高而拒绝购买的异议被称为价格异议。无论产品价格是否合适，总有顾客会说价格太高、不合理或者比竞争者的价格高，例如："太贵了，买不起"、"不合算"、"别人比你卖得便宜"等诸如此类的话。因此，合理的价格策略，既要以成本为导向，又要以竞争者为导向，还要以消费者为导向。价格永远不是销售的决定因素，谈价格为了不陷入"价格战"，唯一的办法就是使用从价格转化为价值的谈判方法，我们首先了解一下价格与价值的关系。

一、商品的价格构成

（一）商品的价格与价值

商品的价格以价值为基础，价格是商品价值的货币表现。商品的价值随着劳动生产率的变化而变化。劳动生产率的不断提高，单位产品的价值量必将不断下降。由于各个企业间劳动生产效率的不同，商品的价值量也不同，因而，市场上同类产品销售价格不同。因此，价格竞争一直深受商品生产者、经营者的重视，成为企业交易成败的决定因素。价格竞争是指企业运用价格手段，通过价格的提高、维持或降低，以及对竞争者定价或变价的灵活反应等，来与竞争者争夺市场份额的一种竞争方式。然而，一定条件下，将价格看成是交易成败的唯一决定因素势必造成价格竞争的泛滥，对企业推销产品来说效果不佳。

价格的双重性质决定了推销员单方面是很难把握商品价格的，因为，价格是生产者生产其产品时所耗费的代价的报酬，价格的底线是成本；另一方面，价格也决定了消费者的切身利益，只有价格符合消费者的预期时，消费者才会认为价格合理，才会去购买。因此，在价格问题上，生产者的利益和消费者的愿望是相反的，生产者希望价格越高越好，消费者则希望价格越低越好，而能够满足两者共同利益的是均衡价格，即供求量相等时的价格。在竞争激烈的市场上，质量、性能大致相似的同类商品，其价格的差异不会很大，这主要是均衡价格的作用。

随着全球一体化趋势的加强，企业必须要有面向全球竞争的新视野和新战略。就企业市场竞争而言，许多成功的企业在竞争战略上已经有了许多新的变化，这些变化的战略中枢已经明显地表现为以“价值”为核心的竞争，即“价值竞争”。价值是指顾客从拥有和使用某种产品中获得的利益与为了获得这些利益所付出的成本之差。

（二）商品价格构成

商品价格是价值的货币表现，价格应该由生产成本、流通费用、利润和税金构成。商品在生产领域和流通领域所消耗的物化劳动和活劳动之和即构成商品价格的全部内容。

（1）生产成本，即生产单位为生产产品或提供劳务而发生的各项生产费用，包括各项直接支出和制造费用。直接支出包括直接材料（原材料、辅助材料、备品备件、燃料及动力等）、直接工资（生产人员的工资、补贴）、其他直接支出（如福利费）；制造费用是指企业内的分厂、车间为组织和管理生产所发生的各项费用，包括分厂、车间管理人员工资、折旧费、维修费、修理费及其他制造费用（办公费、差旅费、劳保费等）。这些是价格构成的主体，不仅是制定价格的主要依据，也是最低界限。

（2）流通费用，即是商品流通过程中所支出的物质资料费用和劳动报酬，包括运输费、保管费、包装等，是商品在流通过程中所花费的物化劳动和活劳动的货币表现。

（3）利润和税金。利润是指企业销售产品的收入扣除成本价格和税金以后的余额。税金是国家通过法律形式对企业和个人征收的一部分社会纯收入，是国家财政收入的主要来源。利润和税金都是价格构成的要素。

二、推销品价格的影响因素

需求是一种愿望，又是一种能力，它是消费者在某时愿意并能够购买的商品数量。除了供求对商品的价格产生直接影响外，其他一些间接因素也是企业推销员推销产品时不可忽视的重要方面。

（一）同行产品的价格

在激烈的市场竞争中，同行业竞争者的产品价格变动将大大影响本企业产品的价格。在同质产品市场上，如果竞争者削价，企业也必须随之削价，否则顾客就会购买竞争者的产品而不购买本企业的产品；如果某些企业提价，其他企业也可能会随之提价（如果提价对整个行业有利），但是如果一个企业不随之提价，那么最先发动提价的企业和其他企业也不得不取消提价。

推销员要随时掌握竞争者的价格变动，调整自己的竞争策略，时刻保持产品的价格优势。在推销过程中，应对竞争者价格的常见方法有两种：一是如果产品在规格、质量等方面大致相同，就应该与竞争者保持大致相同的价格；二是当价格变动时，要密切关注竞争者产品的现行价格及变动趋势，调整自己的推销策略。

（二）相关产品的价格

相关产品包括该产品的替代品和互补品。这两种类别的产品价格的变动都会影响推销品价格的变动。

所谓替代品，是指使用价值相近，可以相互替代来满足人们同一需要的商品，例如煤气和电力等。一般来说，在相互可替代的商品之间，某一种商品价格提高，消费者就会把其需求转向可以替代的商品上，从而使对替代品的需求增加，对被替代品的需求减少，反之亦然。

所谓互补品，是指使用价值上必须相互补充才能满足人们某种需要的商品，如汽车和汽油，家用电器和电等。在互补商品之间，其中一种商品价格上升，需求量降低，会引起另一种商品的需求随之降低。

（三）产品自身的特性

某些产品因自身的某些特性，在企业进行推销的时候，其价格的制定要受到影响，主要有以下几个方面。

（1）生命周期短的产品。一般情况下，如果产品的性能差，用途单一，则生命周期较短，商品的价格应控制在较低水平上，便于企业采取薄利多销的方式获得更多的收益。

（2）产品的易腐性。易腐性强的产品，推销价格不同时期变化较大。在产品新鲜时，价格定得很高；反之，则低。不易腐烂变质的商品，其价格比较稳定。

（3）季节性产品。季节性产品指产品在不同的季节（1 年中）或者在不同的时间段（1 天中）的需求存在着规律性的巨大波动，产品同时又不具有可储存性或者储存成本非常高。例如电力，在高峰时期需求量远远大于低谷时期的需求量，但是又不能像一般商品那样在低谷时期生产出来而又将它储存起来，以便在高峰时期供给，因此对于该产品的定价一般采取高峰高价，低谷低价。一些鲜活食品只有在当季才能生产出来，例如：新鲜水果当季供给量多，价格低；过季则价格高。

（4）产品的知名度。知名度高的产品，一般质量高、信誉好，容易为消费者接受，因此价格比较高；反之，则较低。

此外，经济周期、政府的政策法令等方面的因素也会对产品的价格产生影响。

三、消费者心理因素影响价格

尽管一种产品的价格的制定要依据其价值、供求、政策，但是在用户的心目中，价格

“昂贵”与“便宜”这两个概念，经常受购买者需求的强烈程度、需求层次、购买力及心理因素的影响，具有浓厚的主观色彩。

消费者心理是指消费者在购买和消费商品过程中的心理活动。消费者购买过程中的心理变化是：先接触商品，引起注意；然后经过了解和比较，产生兴趣和偏爱，出现购买欲望；条件成熟，做出购买决定；买回商品，通过使用，形成实际感受，考虑今后是否再次购买。从消费者接触产品直到购买产品这一过程中可以看出，顾客的心理变化是一个复杂的过程，因此，心理因素对商品价格的影响较大，主要体现在以下几个方面。

（一）顾客的误解

误解是指认识与对象的不一致，即消费者对某种产品的特性或价格等有关情况产生认识上的错误，以至于意思表示与内心意志不一致。例如，在一些人看来，名牌就是高档高价。认为档次高、名气大的名牌产品，价格当然就高。因此，不少企业善于在追求商品价格和档次上做文章。针对这种高档名牌产品，推销员可抓住顾客的这一心理误区，反复宣传和推销产品的优良品质，强化顾客的这一认识，很快打动顾客的心。反之，如果是低档次商品，则顾客又会认为“便宜没好货”，这时推销员应努力去改变顾客的这种片面认识，让顾客走出误区，建立起价廉物美的观念。

（二）顾客价值观

很多顾客会以自己的价值观为标准来衡量产品的价格，不同顾客以自己的价值观看待同一产品的同一价格，会产生不同的结果。推销人员在向顾客推销产品时，所介绍的产品的某个优点若是与顾客的价值观相一致，其产品报价就易于为顾客接受，即使价格较高顾客也可能会认为物有所值；相反，推销品的某一特点与顾客价值观不一致，顾客会对产品报价提出质疑，即使价格合理也会认为不值得购买。

（三）顾客习惯心理

顾客对于长期性、经常性购买的日用品会形成一种价格习惯，心理会有一个价格的上限和下限，如果商品价格超过上限，则认为太贵；商品价格低于下限，则会对商品的质量产生怀疑，这种心理的形成会影响顾客的购买行为。比如醋，这是一种价格低廉、品牌间差异不大的商品，消费者购买它时，大多不会关心品牌，而是靠多次购买和多次使用而形成的习惯去选定某一品牌。

习惯常常是无法抗拒的，它甚至比价值心理对人的决定作用还要大。顾客一般都有特定的消费习惯，这是顾客在日常生活中、长期的消费行为中形成的。例如，当顾客最初使用某种名牌商品后感觉很好，形成了对该种商品质量、功效的认识，并逐渐产生了对这个品牌的喜好，就建立了对该品牌的信任，增强了使用该品牌的信心，一般情况下不会改用其他品牌的商品，而成为该品牌的忠诚顾客。针对顾客的这种购买行为，企业要特别注意给顾客留下深刻印象，当商品价格必须变动时，会促使顾客改变原有习惯，顾客可能会非常不适应，因此企业必须慎之又慎；或者将价格的调整幅度限定在顾客可接受的范围之内，同时做好宣传解释工作，使顾客尽快接受新的价格。

（四）顾客比拟心理

每个人都有一定的身份，尤其是那些有了一定名誉、权力和地位的人，更是无时无刻不在注重自己的身份，显示自己的身份，尽可能地使自己的言谈举止与社交活动同自己的身份相符。例如，某人穿的是名牌高档服装，乘的是劳斯莱斯轿车，住的是五星级豪华酒店。当这一信息传递给外界后，那么这个人的身份就会很自然地显露出来。于是营销专家根据人性本身的这种心理，总结了一套相应的营销理论——身份比拟原理，让品牌成为顾客表达自我身份的有效武器。对企业来说，开发比竞争对手更胜一筹的、能够显露消费者身份的产品，也就成了一个重要课题，因为顾客会有意无意地进行价格比拟，以满足个人的某种社会性需要，而这直接影响到顾客的购买决策。

顾客的这种比拟心理使得其只购买高档、名牌商品，获得心理上的满足；而有些顾客是因为“面子”心理而愿意购买一些高档商品，目的是获得心理上的平衡。这时，推销人员推销此类高档消费品时，最好是坚定自己的价格，绝对不要与顾客讨价还价。

（五）顾客的心理预期

任何一类产品都有一个“心理价格”，顾客对于所购买产品也会在心里给该产品一个“心理价格”。如果产品的售价高于“心理价格”，也就超出了大多数顾客的预算范围；低于“心理价格”，又会让顾客对产品的品质产生疑问。因此，了解消费者的心理价位，有助于企业为产品制定合适的价格，有助于推销人员促成产品的销售。例如，随着人们生活水平的提高和环保意识的增强，顾客对于绿色食品会很感兴趣，继而会认为生产绿色食品的企业付出的成本和劳动较多，相比其他食品来说这种产品的价格当然应该较高，这种情况下，推销人员即可将价格定的高些；反之，顾客的心理预期低，则报价不宜过高。

（六）顾客的感受心理

顾客的感受心理，即价格错觉。有些时候由于某种产品周围陪衬的价格不同，而显出价格高低不同，这是给顾客造成的一种心理错觉。例如，同样是20元的化妆品，摆在上百元的高档品牌中就显得廉价，而摆在几元的产品旁边就显得昂贵。正是因为这一感受性心理特征要以比较为基础，所以商家或推销人员经常会采取这样一种方式让顾客产生心理错觉和偏差，促使顾客做出购买决定，达成交易。

以上是顾客的一些主要价格心理，这些都会影响顾客的购买行为，推销人员一定要认真分析顾客心理，灵活应对和处理。此外，顾客的情感因素也会对推销品的价格产生不同的影响。例如，推销工作如果是在一个十分融洽的气氛中进行，推销员和顾客之间建立了良好的关系，这对于交易的达成就十分有利。

第二节　推销品定价策略

所谓定价策略，是指企业根据市场中不同变化因素对商品价格的影响程度采用不同的定价方法，制定出适合市场变化的商品价格，进而实现定价目标的企业营销战术。定价策略是企业营销乃至整个企业管理中最关键的一个环节，是企业决策的重要内容。有时，一个定价策略甚至事关企业生死存亡。价格是价值的表现，无论对企业和整个社会来说，价格都是人们关注的焦点，从如火如荼的价格战到关系国计民生的价格指数，价格的每一点变化都牵动着人们的心。本节从价格的实质入手，介绍一些常见的定价策略。

一、低价销售策略

低价销售策略，也就是薄利多销策略，是指在推销时，有意识地以相对低廉的销售价格，刺激顾客需求，促进产品销售的策略。这种策略主要是依据规模经济效益，即产品销量的扩大能使单位产品的固定成本下降，从而为长期的利润目标和提高市场占有率打下基础。例如，有些产品需求价格弹性较大，其价格的变化对销量有很大的影响，价格上升，需求量会减少很多；而有些市场容量较大，并且比较容易生产的产品，采用低价策略，可以有效阻止竞争者进入该产品市场。

二、高价销售策略

高价销售策略是指将企业的产品价格定得高于同类企业，或较大幅度地高于成本。企业使用这种定价策略，可取得较丰厚的利润。这种策略容易影响产品的销售，因此，在出现下列情况时，才可选择高价销售策略。

（1）新产品可以制定高价策略。当顾客对一些新产品一时很难判断其质量，并且这种产品的质量又无同类产品可以比较，这时就会认为“价高必然质优”，愿为其支付高价。此外，对国内尚无人生产，估计在较长时期内也不会出现竞争者的新产品，也可采用高价策略。

（2）需求弹性较小的产品。例如：食盐这类生活必需品可采用高价销售策略，因为这类产品即使将价格提高，也不会影响人们购买。

（3）受到国家及有关部门嘉奖的产品。例如：金牌产品、银牌产品，由于做工精细，质量上乘，产品的知名度较高，往往可以高出同类产品的价格进行销售。

三、阶段定价策略

阶段定价策略，是根据产品生命周期的不同阶段，即导入期、成长期、成熟期和衰退期，利用每个阶段产品的不同产量、成本、质量和供求关系等对价格的影响和要求，所制定的最有利于自己的一种价格策略。这种定价策略若运用得当，可扩大产品销售，增强产品竞争力，为企业求得最大的经济利益。

（一）导入期价格策略

在产品导入期，新产品初试成功，投入生产和销售的数量少，与市场上已有的同类产品相比，在技术上和经济性能上尚不具备优势。其特点表现为：企业生产能力不大，产品质量不够稳定，产品成本较高；用户对新产品缺乏了解和信任；利润较少，甚至出现亏损。

依据产品导入期的特点，其价格策略主要有高价和低价两种。

（1）适宜采取高价策略的新产品一般有：不易被仿制，或者不能被仿制的产品；需求弹性小的产品；更新速度快的产品等。对这些产品使用高价策略，可以树立优质形象，可迅速收回投资，及时取得利润；在经营上处于主动地位，一旦发现定价过高，可随时采取降价措施等。

但是，企业采取高价策略也存在一些弊病：价高利大，竞争者将迅速进入；价格较高，难以进入市场。

（2）适宜采取低价策略的产品一般有：结构简单、易被仿制的产品；需求弹性较大的产品；市场广阔、销路较大的产品等。对这些产品采取低价策略的好处是：低价产品易打开销路；价格低，利润薄，可避免竞争者进入。

但这种价格策略会造成投资回收期长，调整价格余地较小的不利局面。

（二）成长期价格策略

新产品投入市场一段时间以后，销售量快速上升，产品进入成长期。其特点表现为：产品的产销量迅速扩大，工艺逐渐完善，质量趋向稳定；成本下降，利润上升；竞争者加入，市场上同类产品日渐增多，竞争加剧；产品知名度提高，顾客对产品产生一定的信任感。

在产品的成长期，原来的高价和低价逐步转为正常价格。所谓正常价格，是指正常纳税后的销售收入能补偿合理成本，并提供不低于行业平均利润的价格水平。供应偏紧和质量较优的产品，允许保持高于行业的平均利润，以体现优质优价政策。

（三）成熟期价格策略

产品由成长期进入发展缓慢时期，销售量停止增长，产品进入生命周期的成熟期。其特点表现为：产销量比较稳定，成本仍有少量下降，利润稳定并达到最高；该行业进入者较多，竞争日趋激烈；市场需求达到饱和。

在产品的成熟期，如果产品的利润水平过高，可能诱使其他企业重复布点生产，参加竞争，从而导致产品供过于求。因此，如果企业的产品利润率明显高于同行业平均水平，应适当降低产品价格，以保护产品竞争力。但企业采用低价时，要掌握降价的依据和幅度，若价格降得过低，企业可能不堪重负；价格降得太少，对保护销售不起实质性作用。

（四）衰退期价格策略

由于技术创新，市场上出现了新的产品，逐步替代老产品，老产品销量不断下降，产品进入生命周期的衰退期。其特点表现为：产品销售量开始下降，利润减少到最低水平；由于工艺落后，设备磨损严重，费用上升，成本增加，甚至出现亏损；新产品的出现，使众多生产该产品的企业相继退出市场。

这一时期，企业应着眼于最大限度地挖掘产品在生命周期最后阶段的经济效益。因此，最好还是采用低价策略。一是继续保持产品在成熟期间的价格，但在经营上企业必须采取一些促销手段，例如，加强广告宣传、改进包装、附赠礼品、加大回扣等，否则此价格策略难以持久；二是大幅度降价，使价格降到能将竞争者驱逐出市场的地步，以此增加本企业市场份额，延长产品寿命。

四、折扣定价策略

在产品推销活动中，通过折扣可以降低部分产品价格，以达到争取快销和多销的目的。运用这种策略时，顾客一定会对产品质量产生怀疑，推销人员在介绍产品时有必要向顾客解释清楚，采取折扣让价是公司实施的一种促销手段，质量不存在问题。这种定价策略主要包括以下几种：

（一）数量折扣

是指企业对购买一定数量和金额的用户，给予大小不同程度优惠的一种折扣。即购买数量越多、金额较大，给予的折扣越多。具体又分为：累计数量折扣。在一定时期内，企业按照用户累计购货数量和金额的大小给予不同的折扣；非累计数量折扣。即用户每次购买一种或多种产品，达到一定数量或一定金额时，给予一定的折扣。例如，一次购进 100 台，可给 10%的折扣；超过 100 台，给予 12%的折扣。

（二）季节折扣

是指生产季节性产品的企业，对在当季购买产品的用户所给予的优惠折扣。季节折扣主要用于全年生产、季节销售的产品。例如，某产品在旺季时每件 100 元，淡季可打 10%或 15%的折扣，就是企业在使用季节折扣。

（三）现金折扣

是指企业对按约定日期付款的顾客给予不同优待的一种折扣。例如，付款期限为一个月，立即付现可打 5%的折扣，10 天内付现可打 3%的折扣，20 天内付现可打 2%的折扣，最后 10 天内付款则无折扣优待。

（四）新产品推广折扣

一般情况下，为了打开销路，鼓励顾客积极购买新产品，会采取折扣的方式，吸引更多买主。

五、心理定价策略

心理定价策略，是指在产品推销过程中，根据顾客的心理特点，以迎合顾客的不同层次消费需求和不同购买欲望而制订的一种定价策略。商品报价只有获得顾客心理上的认可，才是一个成功的定价。因此，企业定价时必须研究顾客的购买行为，激发顾客的购买欲望，达到扩大产品销售的目的。常用的心理定价策略主要有：

（一）尾数定价和整数定价策略

（1）尾数定价策略，也称零头定价或缺额定价，即给产品定一个零头数结尾的非整数价格。大多数顾客在购买产品时，尤其是购买一般的日用消费品时，很乐于接受尾数价格。例如：将产品价格定为 0.99，而不定为 1 元；9.98 而不是 10 元等。消费者会认为这种价格经过精确计算，购买不会吃亏，从而产生信任感。同时，价格虽离整数仅相差几分或几角钱，但给顾客一种非常廉价的感觉。这种策略通常适用于基本生活用品。

（2）整数定价策略。整数定价与尾数定价正好相反，是指企业有意将产品价格定为整数，以显示产品具有一定质量。整数定价多用于价格较贵的耐用品或礼品，以及顾客不太了解的产品。对于价格较贵的高档产品，顾客对质量较为重视，往往把价格高低作为衡量产品质量的标准之一，容易产生“一分价钱一分货”的感觉，从而有利于销售。

（二）声誉定价策略

声誉定价策略是指针对顾客“便宜无好货、价高质必优”的心理，对在顾客心目中享有一定声望，具有较高信誉的产品制定高价的一种策略。不少名牌产品和稀缺产品，如豪华轿车、高档手表、名牌时装、名人字画、珠宝古董等，在顾客心目中享有极高的声望价值。购买这些产品的顾客，往往不在意产品价格，而最关心的是产品能否显示其身份和地位，价格越高，心理满足的程度也就越大。购买高档产品、名贵产品的消费者，大多数是家庭经济条件较好的消费者，当这些产品投入市场时，价格定得高一些，反而会引起这些顾客的购买欲望，有利于产品的销售。

（三）习惯定价策略

习惯价格是指某些日用品顾客经常购买，已经形成了为顾客所适应的价格。企业对这类产品定价时要充分考虑顾客的习惯心理，采用“习惯成自然”的定价策略。对顾客已经习惯的产品价格，不宜轻易变动。降低价格会使消费者怀疑产品质量是否有问题，提高价格会使消费者产生不满情绪，导致购买的转移。当企业因某种原因必须提价时，应采取改换包装等措施，减少抵触心理，并引导消费者逐步形成新的习惯价格。

（四）招徕定价策略

招徕定价策略是指为了适应顾客“求廉”的心理，将产品价格定得低于一般市价，个别的甚至低于成本，以吸引顾客购买、扩大销售的一种定价策略。这种策略可分为以下两种。

1. 组合定价

当企业经营两种以上相关的产品时，可将关联产品的价格一个定得高些，一个定得低些，对其进行组合。例如，打印机的价格很便宜，但是它的墨盒却不便宜。又如对一个既生产刀架、又生产刀片的企业来说，将剃须刀架价格从原来的正常价格 10 元降为 9 元，而刀片则从正常价格 0.2 元提到 0.3 元。这样，消费者每购买刀片和墨盒时，就能弥补企业剃须刀架和打印机的损失，而消费者购买刀架和打印机时还会觉得便宜合算。虽然低价不赚钱，甚至亏本，但从总的经济效益看，由于低价产品带动了其他产品的销售，企业还是有利可图的。

2. 捆绑定价

捆绑定价，也叫价格捆绑策略或捆绑价格策略。是指将两种或两种以上的相关产品，捆绑打包出售，并制定一个合理的价格，这种销售行为和定价方法常常出现在信息商品领域，例如：微软公司将 IE 与 Window 98 浏览器捆绑，并以零价格附随出售。

（五）撇脂定价策略

撇脂定价策略是指针对新产品的定价策略，产品上市初期把产品的价格定得很高，以攫取最大利润，一段时间之后根据市场情况再适当调低价格。这种高价会使人们产生这种产品是高档品的印象。撇脂定价的条件有：

第一，市场有足够的购买者，他们的需求缺乏弹性，即使把价格定得很高，市场需求也不会大量减少；

第二，高价使需求减少，但不致抵消高价所带来的利益；

第三，在高价情况下，仍然独家经营，别无竞争者。

这种策略一定程度上会为企业带来丰厚的利润，但也损害了消费者的利益，不利于开拓市场，容易加剧竞争，最终迫使企业降低产品价格。

第三节　推销品报价方法

推销人员在向顾客报价时，必须采用一种适当的方法向顾客陈述其产品价格的合理性，让顾客从内心真实地接受产品的报价。顾客对产品价格的认同，也是顾客做出购买决定的标志。因此，推销人员必须掌握一定的报价方法，才能提高推销效率。

一、成本核算法

成本核算法，是以产品的成本作为依据向顾客解释推销品价格的一种报价方法。产品成本有总成本、固定成本、变动成本、边际成本之分，这对制定价格策略有着重要意义。产品成本的高低在很大程度上反映着产品价值量的大小，并同产品出厂价格的水平高低成正比。在正常生产条件下，产品的生产成本低于价格，才能使企业在出售产品时收回耗费在该产品中的成本支出，从而使生产不间断地继续下去，并为企业创造一定的利润，这是企业生存和发展的前提条件。如果产品的成本在很长一段时间内高于价格，企业就不能以其销售收入补偿在生产过程中的消耗及支付劳动报酬，更谈不上发展。

在推销活动中，推销人员可向顾客分析产品成本的构成情况，了解企业通过销售产品从中获得利益是一种正常现象，是合情合理的。因此，适当地采用此方法可让顾客感受到推销人员的真诚，增加对推销品的信赖。

二、需求导向法

需求导向法，是指企业在报价时不再以成本为基础，而是以消费者对产品价值的理解和需求程度为依据引导顾客进行购买的一种报价方法。采用此方法时，推销人员必须向顾客说明目前产品的销售情况，比如，推销人员可以列举某一地区或城市该产品的销售量数据，证实产品正处于市场旺销期，顾客需求量较大，产品供不应求。要注意强调市场供不应求时，产品价格可能会上涨，机不可失，时不再来。以引导顾客及时做出购买决定。

三、产品比价法

产品比价法，是指以某种同类或相关产品作为标准品，以它们的现行价格为标准，通过对产品的成本或质量进行比较陈述价格的一种方法。

对于同类产品，推销人员在向顾客报价时，可以比较同类产品与本产品的优缺点，依据同质同价、优质优价、低质低价的原则，说明本产品价格的合理性。例如，一位顾客来到电动车市场，打算购买一辆电动车，而电动车品牌特别多，价格也都相差不多。此时推销人员向顾客报价时，应该不是直接报出电动车的价格，而是与其他品牌的电动车做出比较，向顾客介绍自己销售的电动车的优势，通过与顾客交流掌握顾客的某种需求，比如有的顾客喜欢速度快的电动车，而有的顾客比较重视安全，或者有些顾客重视电池寿命等。

四、分解价格法

分解价格法是指将购买商品的总支出分解为商品寿命中每一小段时间的支出，达到突出顾客收益大、支出小的效果。有些时候，顾客一听某产品的价格很高，就会被吓住，如果解释不清楚，顾客很可能打消购买的念头。例如：

顾客："你的地毯价格太贵了，要 560 元一件。"

推销人员："太太，我们的地毯有 20 平方米的面积，您放在客厅里使用大小正合适，而且它的正常寿命是 5 年，您平均每天才花 0.3 元就可以拥有这样漂亮、高贵的地毯了，您还认为贵啊！"

推销人员在对很多产品进行报价时，都可以采取这样的解释和介绍。比如，一些女顾客去商场购买皮靴时，发现价格都在 1400 元左右，感觉比较贵，当推销人员解释说这样的皮靴式样新颖，穿上好几年都不会过时，而且质量较优，把价格均摊这几年的话，每年所花的钱就没多少了，这样解释之后就很容易让顾客从心理上接受，认为是物有所值。

五、优质优价法

优质优价法，是指价格和质量成正比关系。例如：一家零售商购货价格为 0.65 美元一双的袜子，开始售价定为每双 1 美元，其销售量很低，后来把价格提高到每双 1.14 美元，结果销售量大增。一家大型百货公司所经营的布匹，定价每米 1.77 美元时的销售量较定价每米 1.69 美元时的销售量要大得多。

对许多顾客来说，很难判断某种产品的质量，他们往往是按价论质。推销人员在推销价格比较高的产品时，应该更多地向顾客解释产品的品质，通过向顾客解释其生产过程、生产工艺等，说明产品质量可靠，因此，价格较高是合情合理的。

六、观察报价法

法国大文豪罗曼·罗兰说过：“面部表情是多少世纪培养成的语言，它比嘴里讲的要复杂千百倍。”作为推销人员要善于从顾客的表情中发现他们的喜怒哀乐。例如：一位保险推销员，在给顾客讲述一个充满感情的、很有说服力的第三者因为购买保险而从灾难中得到补偿的故事时，竟让对方忍不住眼含热泪，那么这个信号就很清晰地告诉推销员，顾客是非常有同情心并且关注自己的家庭成员的，这个信号为推销员销售保险产品提供了宝贵的线索和方向。又比如，当推销员从顾客的言行中发现他们有购买意向并且有砍价欲望的时候，应该将商品的价格故意报高，给自己保留一个价格底线，经过双方据理力争的讨价还价，推销人员再给予让步，这时顾客一般都会接受，最终下定决心购买。

在实际推销工作中，顾客为了保证实现自己所提出的交易条件，取得主动权，一般不会首先提出成交，更不愿主动、明确地提出成交，但是顾客的购买意向总会通过各种方式表现出来，对于推销人员而言，必须善于观察顾客的言行，捕捉各种信号，及时促成交易。

第四节　讨价还价与让价

在推销活动中，报价与还价是必不可少的，也是最为重要的内容。在掌握了各种应对顾客的定价和报价方法之后，推销人员还必须掌握报价的基本原则和讨价还价的技巧。

一、报价应遵循的原则

在实际推销过程中，报价需要根据谈判双方的状况、谈判环境、价格水平、成本、同类竞争者等因素进行决策，最终的目标是谈判双方共同找到一个最佳而理想的报价，然而这在实际生活中是很难做到的。例如：

小王打算购买一部手机，到某品牌专卖店询问，推销员将自己专卖店内各种型号的手机都介绍给他，他看上了一部，询问价格，推销员说：“如果您购买这一部，我还有相应的优惠，这需要1500元。小王与推销员讨价还价后以1350元成交。

可是，小王回家以后心里在想：是不是价格太高了？而推销员在小王走后也有些后悔，心里在想：是不是卖得太低了？

以上这种情况可能很多人都会遇到，无论是谁都只考虑当时的利益，而没有充分考虑到这一利益是否对自己来说是最合适的。

（一）要价高让步慢

在商品推销的报价还价过程中，报价可能由推销人员提出，也可能由顾客提出。推销人员的报价是最高价，顾客的报价是最低价。但是，习惯上，推销人员的报价是顾客比较关注的。当推销人员报高价时，会影响顾客对推销产品的价格评价，也为以后顾客的还价留下了余地。很多人通过实践证明，推销人员要价高时，往往会以较高的价格水平成交。但是，当推销人员要高价时，要注意必须合情合理，不能信口开河，漫天要价；顾客还价时要逐渐让步，一次不能让太多。

（二）坚定自己的报价

推销人员应在首次报了高价后，坚定自己的报价，不能随意变更。倘若推销人员在报出价格之后，随意变更价格，这会使顾客对推销人员的诚信和产品的质量提出质疑，使顾客对产品失去信心，很可能造成交易的失败。

（三）报价具有可信性

推销人员首次报价要明确、清晰、完整，不可含糊不清，多家店铺同一产品应保持统一报价或相近报价，否则顾客会认为推销人员没有认真对待此次交易，或者不是专业人士，因而降低对产品的可信度，对产品及企业都产生不良印象。

二、讨价还价策略

报价是价格谈判的第一步，当一方报价后，对方将会做出回应。在双方价格谈判中，各自都在心里确定了一个可接受的价格底线，如果接近或超出卖方的价格底线，则卖方将会盈利多一些；若是接近或低于买方的价格底线，则买方会获益更多些。而双方心里确定的那个价格底线之间的区域就是讨价还价的一个空间。例如，推销人员心里希望某产品以1000元成交，顾客希望600元成交，而当最后成交价格高于1000元时对推销人员有利，低于600则对顾客有利，而600元与1000元之间就是双方讨价还价的空间。一般情况下，卖方会把自己的心里保留价定得比实际高一些，买方会把自己的心里保留价定得比实际低一些，这样对双方都有好处。

（一）讨价还价的原则

（1）将人和谈判主题分开。在谈判过程中，很多人都想通过一次谈判达成很多交易。事实上，在许多情况下，我们必须面对一个事实，那就是整个谈判中只有一个主要议题，这个议题的焦点就是价格。因此，双方在进行讨价还价时，应尽可能抓住这个争论的焦点，不要将推销人员或者顾客的个人情感掺杂进去，买卖各方都必须理解对方的观点，主动听取对方的发言，相互沟通对问题的看法，而不是互相指责，从而得到一个满意解决问题的机会。

（2）价格谈判要集中在利益上，而不是立场上。利益和立场的区别类似于解决问题和期望结果、现实和愿望的区别。也就是说，一个人的立场是他进行决策的依据，而一个人的利益则是促使其采取某种立场的基础。谈判必须集中在利益上而不是立场上，只有双方共同努力，寻找对双方都有利的方案，营造良好的洽谈气氛，才有助于双方找到取得共同利益的共同点。

（二）讨价还价的策略

在讨价还价过程中，买方会利用各种手段去影响卖方的判断，尽量使卖方接近自己的心里保留价；而卖方则会千方百计地提高买方的心里保留价。因此，谈判中谁能够有力地影响或引导对方，谁就能赢得主动，并控制整个价格谈判的进程。讨价还价是谈判中一项重要的内容，一个优秀的谈判者不仅要掌握谈判的基本原则、方法，还要学会熟练地运用讨价还价的策略与技巧，这是促成谈判成功的保证。讨价还价的一般策略有以下几种。

1. 投石问路

在进行价格谈判过程中，卖方可能首先会要价，这时买方不会马上还价，而是提出各种各样的疑问。例如，想要试探对方的要价有无回旋余地，就可提议："如果我方增加购买数量，贵方可否考虑优惠价格呢？"然后，可根据对方的开价，进行选择比较，讨价还价。谈判中类似这样的提问还有很多，要想在谈判中掌握主动权，就要尽可能地了解卖方的情况，投石问路就是了解对方情况的一种战术。通常情况下，任何一块"石头"都能带给买方进一步的了解，而且卖方难以拒绝。对于推销人员来说，应该慎重对待买方的每一问题，不能随便答复，以免被对方抓住破绽使自己陷于被动地位。

2. 低价策略

交易谈判的报价是不可逾越的阶段，只有在报价的基础上，双方才能进行讨价还价。在推销人员和顾客即将进行价格谈判时，推销人员可利用前面所讲的报价方法在谈判中获得主动优势。

（1）以最小单位报低价。所谓"最小单位"，就是报价时所采用的计价单位应该尽量采取最小的计量单位，这样可以使顾客心理上产生一种错觉而感到价格不贵且容易接受。

在报价中，采用较小的计价单位之所以会使顾客感觉价格便宜，是因为，一方面，卖方采用的单位报价一般暗示着顾客自己起码的货币支出，所以，在报价单位较大时，顾客朦胧地感觉到自己从口袋中掏出的钞票较多，因而心理感知价位较高；相反，当报价单位较小时，顾客似乎觉得要付出的货币数量并不多，因而心理感知价位不贵。另一方面，顾客在倾听时，对“数字”的敏感程度远远大于对“单位”的敏感程度，因而对大单位与小单位价格变化的数字差距的反应较快，而对单位的“偷梁换柱”之间的换算却感觉迟钝，所以，在习惯了正常单位较高价格数字的顾客来说，突然听到一个较低的价格数字，心理上会觉得便宜很多。所以，为了使顾客容易接受报价，最好采取最小单位报价，让顾客感觉价格较低，消除成交障碍。

例如：一个顾客买香菜，问菜农：“怎么卖？”答：“8毛钱1两。”对于平时习惯了六七元一斤的顾客来讲，会感觉几毛钱的价格非常便宜。其实，仔细一算才猛然醒悟，这香菜原来8元钱1斤。

（2）时间细分报低价。该策略即是前面所讲的“分解价格法”，假如一件高档商品价格比一般商品贵365元，365元的价格“大差距”容易使顾客感觉商品特别昂贵。如果我们按照商品的使用时间进行细分，比如商品使用10年，按年分摊，则购买高档商品比普通商品每年仅仅多支付36.5元，按天细分，则仅仅每天多支付1毛钱。而1毛钱，在顾客的眼中，实在是一个毫不起眼的支出。经过如此细分，一个较大的价格差距变成一个微不足道的价格差距。顾客想到其实仅仅多花了一点，就得到了理想中的高档商品，当然乐意了。

因此，我们要转移顾客的注意力，即把顾客注意力从关注整体使用寿命价格差距转移到关注细小时间段内的价格差异，把一个巨大的价格矛盾缩小成微小的价格差异，价格太贵的异议自然就烟消云散了。

（3）对比示范报低价。用较高的产品价格去和所谈产品的价格进行比较，这时所谈产品的价格就显得比较低了；推销人员还可以将所推销的产品与一些劣质的竞争产品放在一起示范，通过示范对比强调所推销产品的优点。

3. 优点补偿策略

每位顾客心中都有一个天平，天平的一侧是顾客购买所要付出的价格，另一侧是商品优点所带来的价值。当顾客感觉价值比价格少时，天平会向价格一侧倾斜，顾客就会感觉商品太贵；当顾客感觉价值比价格多时，天平向价值一侧倾斜，顾客就感觉商品不贵，从而产生购买动机，发出某种形式的购买信号。因此，当顾客认为价格太高时，就应该在天平价值一侧继续增加商品内在的优点，使顾客认识产品所有的优点以及这些优点能够给他们带来的利益，从而使天平达到平衡或偏向价值一侧。这种策略告诉顾客，尽管所付出的价格较高，但却得到了更多的商品优点和利益作为补偿，心理自然就平衡多了。

4. 抬价策略

在谈判过程中，抬价策略是抵制对方进一步要求杀价的好办法，是推销谈判中经常使用的策略。一般来说，这种策略可以帮助推销人员证明他的报价是合理的，如果买方对所需购买的产品不甚了解，推销人员就可以用抬价的方法使买方相信他的报价是合理的。

例如，卖方在某项交易中最初报价 10 万元，当时买方拒绝了，一个月后，买方又找到卖方要求商谈这项交易时，卖方则可以说明之前的报价没核算正确，实际价格为 12 万元。此时，买方会后悔当时没买。如果买方真想做成这笔交易，那么就不会要求降价更多了，可能会出价 10 万元成交。又比如，买卖双方原定 1 万元成交某产品，买方还想提出延长保修期、免费运送等条件，这时，卖方可提出如果答应这些条件则必须以 1.1 万元成交。这时经过讨价还价后，卖方的提价就成功地遏制了买方的进一步要求，不知不觉中买方就会降低自己的期望。可见，灵活运用此策略，往往可以达到意想不到的效果。

在价格谈判中，当顾客认为推销品价格太高时，可选择以下方法处理。

（1）将顾客从价格的执著转移到对产品整体价值的认知上。例如：

王女士：“价格太贵了！”

推销员：“您认为在价格方面贵了些，我也认同您的看法，但这是有道理的，就像奔驰汽车比起一般品牌的汽车就要贵得多......同样，同一产品，在我们厂家经销，我们厂家的实力和品牌，对顾客的服务保障和信誉能让您买得放心，买得满意，这就是价值所在，眼前就算您多花了一点钱，但买回的是您家人、朋友都赞美的和有保障的产品，您说是吗?

（2）探明虚实，掌握重点。例如：

王女士：“能便宜点吗？还是感觉价格太高了。”

推销员（中肯的态度）问顾客：“张女士，买卖双方其实都有共同的利益点，讨价还价也是正常的，很多问题我们都可以公开探讨一下，沟通越深入越有利于我们达成共识。我想请教一下，您认为我们的价格贵，主要是从哪些方面去理解和进行比较的呢？你是认为产品的款式不好还是售后服务的问题？您是认为产品的功能问题还是操作起来比较困难？”

像这样提出一些相关的问题，来引导对方讲出自己的真实看法，从而可以掌握重点，对其加以说服。

（3）当顾客不断要求降价时，可选择放出去再收回来的策略加以应对。例如：

王女士：“7 折可以吗？”

推销员：“对您提出的折扣要求我完全表示理解，如果我是顾客我也会有同样的要求。但是，您试想想，厂家何尝不是也想以最高的价格出售，但是，毕竟市场不是由厂家单方面构成的，厂家的定价也要考虑市场因素和消费者的承受能力。但是，我们也希望顾客同样能理解到，如果厂家不顾顾客利益，不顾产品质量来减低成本，降低价格，我相信这是顾客所不愿看到的，所以我相信如果您能理解这一点，就会明白厂家保持一个适当的价位，这也是自己的利益所在。”

（资料来源：齐瑞瑞. 中国总裁培训网.）

三、让步策略

实际谈判过程中，让步是客观存在的，也是不可避免的。在某种意义上，让步是谈判成功的保障，换句话说，没有让步就没有成功的谈判。推销人员在实践中必须掌握并学会灵活运用让步的原则与策略。

（一）让步原则

价格让步的方式、幅度直接关系到让步方的利益，理想的方式是每次作递减式让步，它能做到让而不乱，成功地遏止对方产生无限制让步的要求，因此必须遵循以下原则。

（1）每次让步都给对方一定的优惠，表现了让步方的诚意，同时保全了对方的面子，使对方有一定的满足感。

（2）让步的幅度越来越小，越来越困难，使对方感到我方让步不容易，是在竭尽全力满足对方的要求。

（3）最后一次让步是想告诉顾客，我方让步到了极限。有些情况下，最后一次让步幅度较大，甚至超过前一次，这是表示我方合作的诚意，发出要求成交的信号。

（二）让步策略

1. 逐步让价法

逐步让价法是指推销人员报价后分多次让价。特点是让价的速度平稳，不急不躁，每次让价的幅度都很小，而每次的让价要求都是给予顾客的答复，因此，每次都有可能达成交易。推销人员的每次让价幅度不大，也不会使顾客获利太多，有利于掌握主动权。

但是，使用该方法会给顾客造成一种印象是：每次的让价是否说明该产品还有讨价还价的余地。有些顾客则会得寸进尺，不断地提出让价要求；每次让价幅度较小，会使顾客认为便宜没希望，很有可能放弃购买。

2. 一次性让价法

当推销人员报价之后，在顾客三番五次的磨价过程中，一定要坚定自己的价格，让顾客认为你妥协让步的可能性很小，或者认为该产品可能的确不能便宜多少，当讨价还价到一定程度的时候，推销人员可以采用一次性让价到位的方法，给顾客一个惊喜，加速达成交易。

采用这种让步方式时，推销人员一定要注意态度坚定，如果顾客没有较强的毅力和持久的耐心，一般情况下会接受报价；关键时刻的较大让步会使顾客在筋疲力尽的讨价还价过程中感受感激之情，以达成交易。但也要注意的是，推销人员的口气坚定，可能会使顾客感觉没希望让价，最终放弃。

3. 由多到少让价法

推销人员在与顾客讨价还价过程中，让价幅度由多到少，逐次下降，这种方式符合大众的心理，容易为顾客接受。推销人员在价格谈判之初就给予顾客较大让步，会使顾客感觉到你的坦诚与爽朗的性格，为下一步谈判的顺利进行创造了良好的条件。之后再逐步缩小让价幅度，让顾客感到推销人员已经做出了很大的让步，对方确实已经做出极大努力了，再要求让价就有些不合情理了。

案例1

一天傍晚，两个中年男子走进我们的展厅，我和他们打招呼，他们只顾自己说话，没有理我，甚至没看我一眼。我安静地跟在他们后面，仔细听他们的谈话。

从他们的谈话中我听出来，一个是甲方老板，而另一个背包的应该是乙方供货装修的，准备装修酒店，要找深色砖，铺过道大厅用。

他们在HQ款产品跟前停了好一会儿。背包的顾客开门见山地问："这款砖的工程价是多少？"

我回答说："工程价格要根据您所需要的数量来定，请问……"

"400平方米。"他干脆地回答，拦住了我的问题。

"我们最少的工程量为500平方米，工程价是××。您400平方米不能算作工程，不过你们的眼光真不错，这款产品是我们本月出来的最新产品，目前也只有我们这一家有货，它特别显档次。"我想绕开价格问题。

"那也太贵了吧！"他保持着说话简短、急速的风格，音调不减。

我回答说："是稍微贵了一些，不过HQ砖是采用纳米抛光的最新工艺，致密度和光泽度都很高，而且防污、防滑性特别好！"

"还能便宜吗？"他似乎有点不耐烦。

"我们的砖不论从厂家规模，还是产品质量，在业内都是得到专家与用户认可的，但是价格却是中等价位。所以这已经是最低的了！不过，我可以申请工程价给您。”我做出了主动让步的姿态。

他脸一沉：“我信吗！我做砖的时间比你的年龄还要大！”

他说完转身就走。这下我更确定了，他是乙方供货商，包工包料的。经验告诉我，他们肯定会回来买，因为甲方老板看上的砖，乙方不好改变方案；这款砖只有几家名牌有，但从花色逼真与价格方面，我们很有优势。他们现在不买，多半是因为他们还不着急用。

过了几天，“乙方”一个人过来了，态度柔和了一些，他要求降低价格，我没同意，他匆忙喝掉我端上的茶，又匆忙离去。看来他确实接受不了这个价格。

第二天，甲方老板和乙方同时过来。乙方偷偷向我说他只能接受180元左右的产品。在这种情况下，我向甲方老板推荐了价格更便宜的HL产品。

“这款砖与HQ款的做工工艺都是一样的，只是HQ款的色料贵一点，所以价格高。事实上，HL款仿石材逼真，铺起来更显高档大气。”

乙方也帮着说：“嗯！这款的平整度挺好的！”

最终这一单以较高的价格成交。

（资料来源：互联网）

本 章 小 结

价格是谈判中的主要议题，灵活性很大，很难把握。并且受到各方面因素的影响和制约，包括：同行产品的价格、相关产品的价格、产品自身的特性，以及消费者心理因素的影响。推销人员在推销过程中，必须掌握产品的定价策略，如低价销售策略、高价销售策略、阶段定价策略、折扣定价策略和心理定价策略，对顾客报价时，要掌握恰当的陈述价格的方法，包括：成本核算法、需求导向法、产品比较法、分解价格法、优质优价法和观察报价法。推销报价应遵循一定的原则，在促成交易的目的下讨价还价，适当情况下采取合理的让价策略，最终促成交易。

主要概念

价格　低价销售策略　高价销售策略　阶段定价策略　折扣定价策略　心理定价策略　成本核算法　需求导向法　产品比较法　分解价格法　优质优价法　观察报价法

思考与练习

1．商品价格主要由哪些部分构成？影响价格的因素有哪些？
2．消费者心理因素对价格的影响表现在哪些方面？
3．在推销某一商品时，应采取的定价策略是什么？
4．试举例说明如何向顾客报价？
5．什么是心理定价策略？包括哪几种？
6．推销人员在与顾客讨价还价过程中应遵循什么原则？采取什么策略？

实践与技能

1．请找两名同学分别担任推销人员与顾客，模拟报价、讨价还价和让价的过程。背景资料如下：提供一部二手手机，告诉学生这部手机的原价、功能特性以及使用年限，其他情形可自拟。

2．案例分析

中方某公司向韩国某公司出口丁苯橡胶已一年，第二年中方又向韩方报价，以继续供货。中方公司根据国际市场行情，将价格从前一年的成交价每吨下调了120美元（前一年1200美元/吨），韩方感到可以接受，建议中方到韩国签约。

中方人员一行二人到了汉城该公司总部，双方谈了不到20分钟，韩方说："贵方价格仍太高，请贵方看看韩国市场的价格，三天以后再谈。"

中方人员回到饭店感到被戏弄，很生气，但人已来汉城，谈判必须进行。中方人员通过有关协会收集到韩国海关丁苯橡胶进口统计，发现从哥伦比亚、比利时、南非等国进口量较大，中国进口也不少，中方公司是占份额较大的一家。价格水平南非最低但高于中国产品价。哥伦比亚、比利时价格均高于南非。在韩国市场的调查中，批发和零售价均高出中方公司的现报价30%～40%，市场价虽呈降势，但中方公司的报价是目前世界市场最低的价。

为什么韩国人员还这么说呢？

中方人员分析，对手以为中方人员既然来了汉城，肯定急于拿合同回国，可以借此机会再压中方一手。那么韩方会不会不急于订货而找理由呢？

中方人员分析，若不急于订货，为什么邀请中方人员来汉城？再说韩方人员过去与中方人员打过交道，有过合同，且执行顺利，对中方工作很满意，这些人会突然变得不信任中方人员了吗？从态度看不像，他们来机场接中方人员，且晚上一起喝酒，保持着良好的合作气氛。

从上述情况分析，中方人员一致认为：韩方意在利用中方人员出国心理再压价。经过商量，中方人员决定在价格条件上做文章。总的来讲，态度应强硬，（因为来前对方已表示同意中方报价），不怕空手而归。其次，价格条件还要涨回市场水平（即1000美元/吨左右）。再者不必用两天给韩方通知，仅一天半就将新的价格条件通知韩方。

在一天半后的中午前，中方人员通过电话告诉韩方人员："调查已结束，得到的结论是：我方来汉城前的报价低了，应涨回去年成交的价位，但为了老朋友的交情，可以下调20美元，而不再是120美元。请贵方研究，有结果请通知我们，若我们不在饭店，则请留言。"

韩方人员接到电话后一个小时，即回电话约中方人员到其公司会谈。韩方认为：中方不应把过去的价格再往上调。

中方认为：这是韩方给的权利。我们按韩方要求进行了市场调查，结果应该涨价。

韩方希望中方多少降些价，中方认为原报价已降到底。经过几回合的讨论，双方同意按中方来汉城前的报价成交。

这样，中方成功地使韩国放弃了压价的要求，按计划拿回了合同。

问题：

（1）中方的决策是否正确？为什么？

（2）中方谈判人员是如何运用报价策略的？

（3）中方谈判人员是如何运用讨价还价策略的？

（4）在此案例中，你还有其他更好的解决问题的方法吗？

第八章　顾客异议及处理

学习目标

通过本章的学习，使学生了解顾客异议的含义、类型和产生原因，能熟练掌握并灵活运用顾客异议的处理原则、方法与策略。

案例导入

推销员最忌跟顾客争执

爱尔兰小伙子欧哈瑞，年轻时酷爱跟别人抬杠，他当过汽车司机，后来改行推销卡车。其实推销员这个职位根本不适合他这个爱抬杠的人，客户挑剔他的车子，他就会涨红脸大声强辩。欧哈瑞承认，那时候他在嘴上赢得不少辩论，但是这对他自己的工作毫无用处，他一辆卡车也推销不出去。渐渐地，他意识到自己的弱点，就从各个方面反省自己，改变自己。他开始懂得克制自己，避免和客户发生口角。

现在，欧哈瑞是纽约怀德汽车公司的明星推销员，他是如何走向成功的呢？欧哈瑞这样说："如果我现在走进顾客的办公室，而对方说：'什么？怀德卡车，不好！我要的是何赛的卡车。怀德的卡车送给我我都不要！'"

"我会说：'老兄，何赛的卡车确实不错！买他们的卡车绝对错不了。'"

"这样的话，他就无话可说，没有抬杠的余地了。如果他说何赛的卡车最好，我说没错，他只有住口了。他总不能在我同意他的看法后还说上一下午'何赛的卡车最好'吧！当我们不再谈何赛的卡车后，我便开始介绍怀德卡车了。"

"当年要是听到他那种话，早就会被气得脸一阵红一阵白了，我会开始挑何赛卡车的毛病。我批评别人的车子不好，对方就说好，越辩论对方就越喜欢我对手的货物。"

就这样，欧哈瑞成功地运用了舍车保帅的策略，尽管对方在口舌上占了上风，但是，他却在推销卡车上取得了胜利。

案例分析：一般来说，辩论的结果往往是让对方觉得自己更加正确。所以作为推销员，应多听少说，以谦恭的态度与顾客交流，减少不必要的争辩。不逞一时口舌之利，而着眼于最终利益的获得，永远是一个成功推销员的明智选择。

第一节 顾客异议概述

作为一名推销人员，你可能会经常听到顾客提出的各种各样的异议。例如：“太贵了”、“效果真像你说的那样吗”、“我不需要你们的产品”、“我已经选择其他的品牌了”等。据美国百科全书的统计，推销员每达成一笔生意平均要遇到 179 次异议。可见，顾客异议是常见的现象。在买卖过程中，顾客的异议是多种多样的，必须因时、因地、因人、因事而采取不同的方法来解决。

一、顾客异议的概念

所谓顾客异议，是指顾客对推销人员或其推销的产品、推销方式或者交易条件发出的怀疑、抱怨及所做出的一种否定或反对意见。一般情况下，当推销人员以各种方法和手段向顾客介绍推销品的有关信息时，顾客都会提出一些不同的意见和看法作为拒绝购买的理由。事实上，顾客的拒绝是一种非常正常的现象，据美国有关机构的一项调查资料表明：和气而好说话的顾客只占推销成功客户比例的 15%。从心理学角度来说，每个人内心都存在着自我防卫机制。面对推销，顾客的条件反射多数表现为轻微的异议，是在寻找借口力求避免做出购买承诺。这种异议只是为了抵御推销员进攻的本能反应，一旦他们认识到你是诚心诚意的，你的产品和服务值得购买，戒备心就会消除。因此，专业推销员不应被这些异议吓倒，而是应该用更谦和的态度拉近与顾客的距离。

在顾客做出购买决定时，看似平静的外表下却蕴藏着内心激烈的“斗争”，在买与不买之间徘徊且难以做出选择。此时，他会提出各种疑虑或刁难（异议），而这些异议恰恰说明了客户对产品有渴望和需求，只是他还没有完全被说服。因此，他需要更多信息来确认做出的购买决定是正确的。

可见，异议并不可怕。中国有句老话，“嫌货才是买货人”。销售人员应当坦然面对和接受异议。因为，异议是销售真正的开始。

二、顾客异议的类型

1. 按照异议的性质划分

按照异议的性质划分，可分为真实异议和虚假异议。

真实异议，是指客户提出异议是有事实依据的，因而是真实有效的。比如，某客户告诉推销员，该企业流动资金暂时不足，没有能力购买推销品，或者是购买推销品需领导批准。如果实际情况的确如此，这些异议都是真实的、有效的。

虚假异议是指客户提出的异议是违反客观事实的，因而是虚假的、无效的。比如，某客户账户上有很多存款却说因没有钱而不购买推销品，明明他有权决定是否购买推销品，却说需要等领导批准，这些话与客观事实不符，因此这些异议都是虚假的、无效的。

2. 按照异议的内容划分

按照异议的内容划分，可分为以下几种类型。

（1）需求异议，是指顾客认为不需要产品而形成的一种反对意见。

（2）产品异议，是指顾客认为产品本身不能满足自己的需要而形成的一种反对意见。例如：“我不喜欢这种颜色”、“这个产品造型太古板”、“新产品质量都不太稳定”，等等。

（3）财力异议，是指顾客认为己方缺乏货币支付能力的异议。例如，“产品不错，可惜无钱购买”。

（4）权力异议，是指顾客以缺乏购买决策权为理由而提出的一种反对意见。例如，顾客说“我做不了主”、“领导不在”等。

（5）价格异议，是指顾客以推销产品价格过高而拒绝购买的异议。例如，“太贵了，我买不起”，“太贵，我想等打折时再买”。

（6）货源异议，是指顾客认为不应该向有关公司的推销人员购买产品的一种反对意见。例如：“我用的是某某公司的产品”，“我们有固定的进货渠道”，“买国有企业的商品比较放心”，等等。

（7）推销人员异议，是指顾客认为不应该向某个推销人员购买推销产品的异议。有些顾客不肯买推销产品，只是因为对某个营销人员有异议，比如：“我要买老王的”、“对不起，请贵公司另派一名推销人员来”，等等。

（8）购买时间异议，是指顾客自认为购买推销产品的最好时机还未成熟而提出的异议。例如：“我们还要再好好研究一下，然后再把结果告诉你”，“我们现在还有存货，等以后再说吧”，等等。

三、顾客异议产生的原因

推销活动的最终目的是使交易达成，在这个活动中，顾客必须为得到推销品付出代价。然而，顾客总是处于自身支付能力有限和消费欲望无限的矛盾中，其自然要为自己的付出做出评价。因此，顾客是天生的异议持有者，这是一种非常正常的现象。由于顾客的心理变化影响其购买欲望，所以产生顾客异议的原因很复杂，既有必然因素，也有偶然因素；既有主观因素，又有客观因素，这些因素之间相互联系，相互影响。作为推销员，必须对产生顾客异议的原因进行认真分析，才能恰当处理顾客异议。导致异议产生的原因如下。

（一）顾客方面的原因

1. 顾客的需求

需求动机，在心理学上一般被认为涉及行为的发端、方向、强度和持续性，它是推动人们进行各种活动的愿望和理想。消费者的购买动机是建立在消费者需求基础上，能引起购买行为的愿望或理想。在组织行为学中，激励主要是指激发人的动机的心理过程。通过激发和鼓励，使人们产生一种内在驱动力，使之朝着所期望的目标前进。如果顾客认为自己不需要某种产品，就会拒绝购买，对于这种情况，推销员的激励措施也是很难改变顾客的。

顾客需求方面的异议分为真实需求异议和虚假需求异议。真实的需求异议是成交的直接障碍，推销人员如果发现顾客真的不需要时，就应该立即停止推销。例如，顾客从不吸烟，对于戒烟产品当然不会有任何购买欲望。虚假的需求异议既可表现为顾客拒绝的一种借口，也可表现为顾客没有认识或不能认识自己的需求。例如，一位女顾客提出："我的皮肤很好，就像小孩一样，不需要用护肤品"、"我们根本不需要它"、"这种产品我们用不上"、"我们已经有了"，等等，推销人员应认真判断顾客这类异议的真伪性，对需求异议虚假的顾客，设法让他觉得推销品提供的利益和服务符合其需求，使其产生购买动机，再通过激励措施进行推销。

2. 顾客的支付能力

顾客购买某种产品不仅需要有购买动机，而且支付能力也是一个重要条件。顾客拒绝购买的理由有"产品不错，可惜无钱购买"、"近来资金周转困难，不能进货了"，等等。一般来说，对于顾客的支付能力，推销人员在寻找顾客的阶段已进行过严格审查，因而在推销中能够准确辨认真伪。如果顾客确实缺乏足够的支付能力，推销人员可根据具体情况，或协助对方解决支付能力问题，如答应赊销、分期或延期付款等；或通过说服使顾客觉得购买机会难得而负债购买；如果顾客是以缺乏支付能力作为借口，推销人员应该在了解真实原因后再做适当处理。

3. 顾客的购买权限

很多场合下，顾客并不提出其他相关异议，只是强调自己不能做主，这种以自己无权决定购买产品而提出的异议称为权力异议。例如："领导不在，我作不了主"，"这个事情我得回去商量一下"，等等。权力异议也分为两种情况：一是顾客确实无权购买；二是顾客以无权购买为借口，拒绝购买。这种情况下，就需要推销人员认真做好市场调查，了解顾客所在企业的决策机构，减少产品推销的盲目性，提高效率。

4. 顾客的偏见或习惯

所谓顾客偏见，是指顾客以自己的心理状态，从主观意愿出发，提出缺乏事实根据或不合理的意见。主要表现为推销人员的购买建议与顾客的观点差距较大，顾客总是依据自己的购买经验、购买习惯和兴趣偏好等为标准，来判断推销产品，因而给推销造成困难。例如，一些顾客认为只要是名牌产品，它的质量就一定没问题，其他没有听说过的品牌他就拒绝购买。在此种情况下，推销人员应尽量耐心地解释，从认知的角度进行科学的分析，使顾客树立新的消费观念和消费方式，引导顾客改变落后的生活方式，达到有效处理异议的目的。

5. 顾客有稳定的采购关系

许多企业购买者在长期的生产经营活动中，已经建立了较为稳定的合作伙伴，对于新的推销会考虑成本等问题。若是新的推销能够给企业带来更多、更好的交易利益，企业也会考虑重新构建合作伙伴关系；否则，顾客不会冒险丢掉长期建立起来的合作关系。

6. 购买时间异议

购买时间异议是一种来自顾客本身的异议，是顾客心理活动的一种表现，不同阶段的购买时间异议，说明顾客有不同的原因。若顾客在推销活动开始时就提出时间异议，则应视为是一种搪塞的表现，是顾客拒绝接近的一种手段；若顾客在推销活动进行到一定程度之后或推销活动即将结束时，才提出购买时间异议，多数情况下表明顾客的其他异议已经很少或不存在了，只是在购买的时间上仍有一点顾虑和犹豫，属于有效异议，推销人员此时要运用适当的方法与策略，消除顾客的购买时间异议，促成交易的达成。

此外，顾客自身的知识结构和认知水平也是顾客异议的形成因素。一般而言，受教育程度与认知水平越高，对于购买和消费方面的知识就了解越多，就越容易沟通，达成交易的可能性较高；反之，则产生异议较多。

（二）产品方面的原因

产品是推销活动的客体，只有当顾客对该产品产生需要并符合自己的心意时，顾客才乐于接受和购买。因此，产品不仅在内涵（价格、功能等）上要满足顾客的需求，在外延（品牌、服务等）上也要符合顾客的心理。因此，产品异议带有强烈的感情倾向及主观偏见的色彩，并受到购买习惯及广告宣传的影响。

1. 产品价格

价格异议是指顾客以推销产品或服务的价格过高或对比同类产品或服务价格偏高为由而拒绝购买的异议，是推销谈判中最常见的现象。无论产品的价格怎样，总会有人说价格太高、不合理或者比竞争者的价格高等。例如，“太贵了，我买不起”、“我想买一种便宜点的型号”、“我不打算投资那么多，我只使用很短时间”、“在这些方面你们的价格不合理”、“我想等降价再买”，等等。当顾客提出价格异议时，表明他对推销产品有购买意向，只是对产品价格不满意。当然，也不排除以价格高为拒绝推销的借口。在实际推销工作中，价格异议是最常见的，也是推销人员很难处理的异议。要想促成交易，推销人员必须掌握丰富的商品知识、市场知识和推销技巧，提高业务水平。

2. 产品质量

产品质量包括内在质量和外在质量。内在质量包括产品的结构、性能、物理性能和化学成分等；外在质量包括产品的外观、形状、色泽和气味等。产品质量必须具备5个方面的特点：产品性能、寿命、可靠性、安全性和经济性，优异的质量是赢得顾客好感的直接原因。顾客最常见的购买心理就是物有所值，因此，顾客购买产品首先关心的是其实用性。如果顾客在以上5个方面认为产品存在质量问题，就会提出异议。有些时候顾客也只是以产品质量不满意作为借口拒绝购买，事实上可能是想压低价格。当顾客提出质量异议时，应该认真找出并确定引起顾客异议的深层次原因，使顾客正确认识产品的质量。

3. 产品服务

随着人们生活水平的提高，消费者更加注重一个产品的售前、售中和售后服务，因为产品的销售服务的好坏直接影响到顾客的购买行为。顾客购买某种推销品，实质上已不是购买产品本身，而是购买产品的各项服务利益。如果顾客得不到预期的服务，就会对服务产生异议，阻碍交易的达成；对企业来讲，产品的销售服务是现在乃至将来市场竞争中最有效的手段，推销人员应尽可能减少顾客异议，为顾客提供一流的、全方位的服务，以赢得顾客，扩大销售。

4. 品牌和包装

产品的品牌和包装也是商家推销产品的重要方法之一，因为很多顾客购买产品时会注重选择有著名商标和精美方便包装的产品。著名品牌一定程度上代表着商品的高质量，所以顾客在挑选时为获得这种心理上的安全感，愿意相信著名品牌。

包装也是商品的重要组成部分，具有保护和美化商品、利于消费者识别和促进销售的功能，是企业采用的重要竞争手段之一。某种产品即使价格合理，美誉度高，但如果包装很不方便，那么顾客也会提出异议，因此推销人员一定要灵活处理，抓住顾客对产品的信任，做出恰当的解释。

（三）推销员方面的原因

推销人员异议是指顾客认为不应该向某个推销人员购买推销产品的异议。例如，有些顾客不肯买推销产品，只是因为对某个推销人员有异议，他不喜欢这个推销人员，不愿让其接近，也排斥此推销人员的建议。但顾客肯接受自已认为合适的其他推销人员。比如："我要买老王的"、"对不起，请贵公司另派一名营销人员来"，等等。推销人员是企业的形象代表，其行为很大程度上代表了企业的行为。因此，推销人员的任何行为表现都要特别注意，对顾客应以诚相待，与顾客多进行感情交流，消除异议，争取顾客的谅解和合作。

作为一名合格的推销人员，首先必须具备良好的思想品质和职业道德，顾客至上的观念和忘我的工作热情；其次，要注意通过内在气质和外在的设计来衬托自己的个人形象，热情接受顾客的任何提问；最后，要注意推销礼仪，讲究推销艺术和方法，吸引顾客、诱导顾客。推销人员必须注意以上 3 点，在推销洽谈中灵活运用。

（四）其他方面的原因

1. 推销环境的影响

顾客面临的内外部环境（包括自身环境和社会环境）会影响顾客的购买行为。例如，某位顾客正在生气的时候，最好换个话题或环境进行产品的推销，否则不但达不到好的效果，还会遭到排斥；当国民经济处于低谷时，消费者会采取收缩型的购买行为，此时向顾客推销产品，往往会事倍功半。

2. 企业方面的影响

企业自身的形象也会影响到推销的效果。比如，企业领导不重视推销工作，产品质量不稳定，广告宣传力度不够，使顾客不了解产品信息，企业的知名度不高等都会影响顾客对其产品的购买。

导致顾客购买异议的原因有很多，推销人员必须通过调查，分析各种顾客异议产生的真正原因，采取灵活多变的推销策略，最终实现销售产品的目的。

第二节　处理顾客异议的原则

顾客异议的处理原则是指推销人员基于对顾客异议发生规律的认识，所归纳和总结出来的异议处理依据和规范。顾客是天生的异议持有者，异议是一种非常正常的现象。因此，推销人员在面对各种可能出现的顾客异议时，必须正确对待，争取最好的处理结果。在处理顾客异议时，应遵循以下原则。

一、做好充分准备

“不打无准备之仗”，这是销售人员面对顾客异议时应遵循的一个基本原则。推销人员在销售前，要充分估计顾客可能提出的任何异议，做到心中有数。每天都要总结一天来在销售中遇到的各种顾客异议，认真分析和研究顾客提出这些异议的原因或实际心态，只有这样才能在遇到难题时从容应对。事前无准备，就可能不知所措，顾客得不到满意答复，自然无法成交。

顾客异议是销售过程中必不可少的一部分，这种障碍是客观存在的，推销人员必须正确对待。顾客异议不仅是销售障碍，它也是探查目标客户内心反应的路标，要认真听取顾客的意见和想法，并且表现出极大的关心和兴趣；要欢迎顾客提出异议，并以冷静、豁达的态度去正确对待它，这样才能寻找到有效的解决方法。

阅读资料

推销技巧

必须树立正确对待推销异议的观念，这些观念包括：

（1）异议原本就是交易过程中的一部分。在推销工作中，顾客异议是一种高频度发生的事情，事前要做好充分心理准备。优秀推销员的不同之处在于，面对顾客异议能表现出自己高水平的业务素质和真诚为顾客着想的态度，从而降低顾客异议的发生频率。

（2）表示异议是顾客的习惯之一。在顾客表示异议时，并不意味着他们对你一点好感都没有。更常见的情况是，表示异议的顾客，对你及你所推销的产品已经有了一定的了解。

（3）顾客现在表示异议，不等于永远都拒绝你的产品。顾客只是在那个特定的时空条件下对特定的产品产生的异议。你还存在着将来的机会，问题是你必须提供给他改变态度的时间。

（4）人们都有对推销员说“不”的权利。被拒绝的事实并没有禁止你向顾客提供充分的信息，使其了解接受推销品可以得到的益处。

（5）如果推销品确非眼前顾客所需要的，也不要忘记请他帮助你进行口碑宣传，推荐可能的顾客，并向其可能作出的贡献致以谢意。

二、适时处理原则

根据美国对几千名销售人员的研究，优秀销售员所遇到的顾客严重反对的机会只是其他人的十分之一，原因就在于优秀销售员往往能选择恰当的时机对顾客的异议提供满意的答复。在恰当时机回答顾客异议，便是在消除异议负面性的基础上发挥了其积极的一面。能否正确地选择处理异议的最佳时机是考察推销员能力和素质的重要条件之一，也是推销人员必备的基本功。

（1）对于顾客提出的异议，如果是推销人员必须答复的，而且能够给消费者一个圆满的答复的，应立即处理，及时化解顾客疑虑。例如：

顾客："为什么染过后的颜色这么快就掉色了？"

美发师："掉色的原因有很多种，根本的原因都是由于毛鳞片被打开，然后色素流失带氧化。而毛鳞片只有在遇到碱性的东西或加热时才能被打开，所以当您在使用一些碱性的洗发水洗头时，比较容易掉色。因此我们建议您在染色后，尽量少用一些碱性的洗发水清洗头发。"

（2）如果推销人员不知如何回答或者顾客情绪激动，则不一定立即答复，可以策略性地转移顾客的注意力。比如，对顾客表示同情，或者了解一下异议有关的细节，并告诉顾客会尽快向公司反映情况。

（3）对于不能直接回答的问题，推销人员应及时向公司反映并将有关结果尽快回复顾客，且不可言而无信，搪塞顾客。如果有的异议已在预料之中，推销人员应做好准备，先发制人，在顾客提出异议之前及时解答，消除顾客的疑虑。

三、忌与顾客争辩

不管顾客如何批评，永远不要与顾客争辩，这是推销人员应该谨遵的一条基本原则。"占争论的便宜越多，吃销售的亏越大"，与顾客争辩，失败的永远是推销员。推销人员在回答问题或异议时难免会陷入争论，与洽谈的其他时候相比，这时争论不仅极容易发生，而且会带来糟糕的后果。有时推销员会突然发现自己在不知不觉中和客户争论起来，还不知道是怎样开的头，也弄不清究竟是由谁挑的头。这就要求推销员必须记住：不管客户怎样激烈地反驳，不管他的话语怎样与你针锋相对，想和你吵架，你也不要争论。宁可在争论时输给客户，也要把东西推销出去，这才是真理。

当顾客对某个推销人员的服务与解释感到强烈的不满时，便会产生一种排斥心理，假如该推销人员继续按照自己的主观想法向顾客解释，顾客的不满与愤怒就会更加加剧。所以，在此情况下，最好的方法是请该推销员暂时回避，另请一位推销人员去协调。

同样，顾客在情绪特别激动的情况下，往往采用大嗓门，想用高声压倒对方来证明自己有理时，则最好换个环境（或时间）跟顾客进行沟通，这时处理顾客的不满会更有效些。

例如："先生，你不要在这吵了…"（错误）

"我认为…你又不信…"（错误）

"那随你…我是说…"（错误）

"先生。对不起，我刚才那位同事…"（正确）

"你好，我们换个地方说…"（正确）

推销人员在消除顾客不满时，要学会倾听，即聆听顾客的不满。聆听顾客不满时，须遵循多听少说的原则，一定要冷静地让顾客把他心里想发的牢骚都发完，同时用“是”、“的确如此”等语言及点头的方式表示同情，并尽量去了解其中的缘由，这样一来就不会发生冲突，甚至是争吵。

案例1

黄小姐到某百货商场去购买×品牌的眼部修复霜。到了商场，推销员说那一款今天卖完了，便推荐同一品牌的另外一款眼霜。可到家后，黄小姐仔细阅读后才知道这一款是用于改善眼角鱼尾纹的，不是自己需要的那一款。便拿到该商场要求退货，推销员一听是退货，脸马上拉了下来，跟先前推销时判若两人，说：“化妆品只要产品质量没有问题，消费者皮肤适用，是不给退货的”。黄小姐一听也火了，“当初自己就不想要这一款的，你说什么一样的，非要推荐这个给我……”推销员对黄小姐的抱怨心不在焉地听着，满脸的不屑一顾，这下可把黄小姐给激怒了，强烈要求见商场部门经理，并要求严惩这个推销员。

四、尊重顾客异议

顾客的意见无论是对是错、是深刻还是幼稚，推销员都不能给对方留下被轻视的感觉。美国心理学家马斯洛认为，每个人都有受尊重的需求，都希望得到别人的尊重。推销人员向顾客推销产品的过程也是双方思想交流的过程，推销员要尊重顾客的意见，讲话时面带微笑、正视顾客，听对方讲话时要全神贯注，回答顾客问话时语气不能生硬。“你错了”、“连这你也不懂”，“你没明白我说的意思，我是说……”，这样的表达方式抬高了自己，贬低了顾客，挫伤了顾客的自尊心。

尊重顾客还表现在推销员向顾客道歉时要有诚意，决不能口是心非，或只是任由顾客发泄，自己站在一旁无视顾客的感受，这会让顾客感到这个推销员是在愚弄自己。推销员在处理抱怨时应该是发自内心的，不论顾客的抱怨合不合理，都应该向顾客表示歉意。例如：

“先生/小姐，实在抱歉，您看给您带来了不少麻烦...”（正确）
“不好意思，这是我们的疏忽...”（正确）
“给您带来不便，我们表示非常抱歉...”（正确）

行销理论中有个原则“推销是我的义务，拒绝是顾客的权利”。面对顾客的抱怨和不满，推销人员应该有积极的态度，要勇于正视顾客的抱怨，把抱怨理解为顾客的一种权利。

阅读资料 2

处理顾客抱怨的技巧

1. 不要回避或漠视顾客的不满;
2. 推销人员要有容忍对方责难的雅量;
3. 要冷静听完对方的抱怨;
4. 不要与顾客争辩;
5. 尊重对方的立场，尽量照顾对方的面子;
6. 不要意气用事，改变一下人物、时间、地点不失为好方法之一;
7. 切忌过于主观;
8. 不要替自己找借口;
9. 不要急于下结论;
10. 避免采取轻视对方的言行;
11. 报告主管，商谈解决之道;
12. 要有“转祸为福”的应变能力。

（资料来源：候铁珊．推销原理与技巧[M]．大连：大连理工大学出版社，1994.）

第三节　处理顾客异议的方法

有了面对客户异议的处理原则，还要在实际推销过程中，掌握一定的工作方法，这样才能从容处理客户的异议，提升自己的推销能力。由于顾客异议发生的时间、地点、环境条件各不相同，因此处理顾客异议的方法应该而且必须是多种多样的，最常用的有以下几种。

一、直接否定法

直接否定法，也称反驳处理法，是指推销员根据比较明显的事实与充分的理由直接否定顾客异议的方法。推销人员采用这种方法给顾客直接、明确、不容置疑的否定回答，迅速、有效地输出与顾客异议相悖的信息，能加大说服的力度和反馈速度，从而达到缩短推销时间、提高推销效率的目的。例如：

顾客：“你们的产品比别人的贵。”

推销员：“不会吧，我们这里有不同企业同类商品的报价单。我们产品的价格是最低的。”

顾客："听说这种布下水后缩得很厉害。"

销售员："不，这种布料经过特殊工艺处理，基本上不缩水。"

1. 直接否定法的优缺点

（1）优点：

① 以合理而科学的根据反驳顾客，可以增强推销论证的说服力；

② 增强顾客的购买信心；

③ 有效地处理顾客异议，提高推销的效率。

（2）缺点：

① 顾客容易产生心理压力和抵触情绪；

② 造成推销洽谈的紧张气氛，阻碍推销谈判的成功；

③ 不仅没有达到化解顾客异议的目的，反而制造新的异议。

2. 注意事项

直接否定法适用于处理由于顾客的误解、成见、信息不足等而导致的有明显错误、漏洞、自相矛盾的异议，不适合于处理因个性、情感因素等引起的顾客异议。在运用时要注意以下几点：

（1）反驳要有理有据，用真实说话；

（2）态度友好，以诚待客；

（3）察言观色，密切关注顾客的心理变化。

二、间接否定法

间接否定法，也称委婉处理法，是指推销人员并不直接反驳顾客的异议，而是根据有关事实、理由间接地否定顾客异议的一种处理方法。采用这种方法时，推销人员首先要承认顾客异议的合理成分，然后用"但是"、"不过"、"然而"等转折词将话锋一转，对顾客异议予以婉转否定。这种方法适用于顾客因为有效信息不足而产生的片面经验、成见和主观意见，而且顾客能自圆其说的情况。

采用这种方法，推销员首先表示对顾客的理解、同情，或简单地重复顾客的异议，尽量做到语气委婉，使顾客得到某种心理平衡，避免引起双方对立。先退后进，有利于保持良好的推销氛围。例如：

顾客："这架照相机太复杂了，用起来不方便。"

推销员："这是一架高级照相机，操作是稍微复杂一点，不过，只要掌握了使用方法，用起来还是很方便，而且效果特别好。"

1. 间接否定法的优缺点

（1）优点：

① 不直接否定顾客异议，易被顾客接受；

② 能够缩短推销人员与顾客的心理距离；

③ 有利于保持良好的推销气氛和人际关系。

（2）缺点：

① 推销人员首先做出的“退让”，可能会削减顾客购买的信心，降低推销人员说服的力量，也会促使顾客因为受到鼓励而提出更多的异议。

② 推销人员话题的转换，可能会使顾客觉得推销人员圆滑、玩弄技巧而产生反感情绪。

2. 注意事项

（1）推销人员运用间接否定法的关键是，要注意如何不露声色地转移话题。

（2）推销人员采用的词汇要恰当，否则也会让顾客感觉被否定而产生不满。

（3）运用这种方法要注意推销的重点。承认顾客异议有一定道理，是为了保全顾客面子，缩短双方的心理距离，从而达到消除顾客异议的目的，因而要淡化对顾客的“退让”，突出“但是”之后的推销劝说，使顾客改变原有看法而接受推销人员的建议。

案例2

一位顾客在购买吸尘器时提出：“这种型号的吸尘器价格太贵，几乎比另外一个型号贵了一倍。”推销员回答到：“先生您说得很对，这个款式的价格确实是比较高。但是它的功能也是其他产品不能相比的，它有内置的可以灵活拆卸的垃圾桶，方便您及时清理吸尘器中的垃圾；它内置了雾化装置，确保吸尘过程中不会产生任何扬尘；而且它能够处理一些比较顽固的污垢，洗尘效果更好，更加省时省力。所以，一分价钱一分货，它的性价比还是很高的。”

三、沉默处理法

沉默处理法，又称为不理睬法或者装聋作哑处理法，是推销员对于顾客所提出的异议判明其与推销活动以及实现推销目的无关或无关紧要时避而不答的处理异议的方法。在推销活动中，有些顾客异议是无效的、无关的，甚至是虚假的，推销人员完全可以不予理会。千万不能顾客一有反对意见，就反驳或以其他方法处理，那样就会给顾客造成你总在挑毛病的印象。

面谈中应该把更多的时间留给顾客，看上去顾客似乎是主动的意见发出者，而推销员是被动的接受者，其实不然，心理学家大量研究证明："说"与"听"两者相比，听者有利。因为交谈中听者思考的速度大约是说者的 5 倍。因此，善于倾听的推销员可以有充分的时间，对顾客真实的需求、疑虑进行准确的鉴别和判定，及时捕捉各种购买信号。当顾客抱怨你的公司或同行时，对于这类无关成交的问题，都不予积极回应，可以转而谈你要说的问题。例如：顾客说："啊，你原来是××公司的推销员，你们公司周围的环境可真差，交通也不方便"。尽管事实未必如此，也不要争辩。你可以说："先生，请您看看产品……"。

案例3

涂料推销人员在向一位公司采购部经理进行推销活动。

顾客："你们公司生产的外墙涂料日晒雨淋后会出现褪色的情况吗？"

推销人员："经理您请放心，我们公司的产品质量是一流的，中国平安保险公司给我们担保。另外，您是否注意到东方大厦，它采用的就是本公司的产品，已经过去10年了，还那么光彩依旧。"

顾客："东方大厦啊，我知道，不过听说你们公司交货不是很及时，如果真是这样的话，我们不能购买你们公司的产品，它会影响我们的工作。"

推销人员："经理先生，这是我们公司的产品说明书、国际质检标准复印件、产品价目表，这些是我们曾经合作过的企业以及他们对我们公司、产品的评价。下面我将给您介绍一下我们的企业以及我们的产品情况……"

从该案例中，我们可以知道采用不理不睬法处理顾客异议，就是回避、忽视它，将顾客的注意力转移到其他问题上。这可以使推销人员避免在一些无关、无效的异议上浪费时间和精力，也避免发生节外生枝的争论。

1. 沉默处理法的优缺点

（1）优点：

① 可以使推销员按照预定的推销计划和策略展开工作，精力集中考虑重点问题，提高推销效率；

② 不去正面反驳异议，可以缓和双方紧张的交易气氛。

（2）缺点：

① 忽略顾客异议，可能会使顾客觉得自己的异议没有得到应有的重视而产生不满；

② 如果使用不当，可能会忽略一些其他重要的顾客异议，影响交易达成。

2. 注意事项

（1）要注意即使顾客提出的异议是无效或虚假的，也要耐心聆听，态度要温和谦恭，让顾客感到受尊重；

（2）在忽略顾客的某一异议时，注意马上找到不应忽略的问题，避免顾客感到受冷落；

（3）有时为了沟通感情，也可以花费一点时间回答顾客一些无关紧要的问题。

四、抵消处理法

抵消处理法，也称为补偿法，是指推销人员在坦率地承认顾客所指出的异议的确存在的同时，指出顾客可以从推销品及购买条件中得到另外的实惠，使异议造成的损失得到充分的补偿。当顾客异议的确切中了产品或公司所提供的服务的缺陷时，千万不可回避或直接否定，明智的方法是肯定缺点，然后淡化处理，利用产品的优点来补偿甚至抵消这些缺点。这样有利于使顾客的心理达到一定程度的平衡，有利于使顾客做出购买决策。

当推销的产品质量确实有些问题，而顾客恰恰提出："这东西质量不好。"推销人员可以从容地告诉他："这种产品的质量的确有问题，所以我们才削价处理。不但价格优惠很多，而且公司还确保这种产品的质量不会影响您的使用效果。"这样一来，既打消了顾客的疑虑，又可以价格优势激励顾客购买。这种方法侧重于心理上对顾客的补偿，使顾客获得心理平衡感。

案例4

在一次冰箱展销会上，一位打算购买冰箱的顾客指着不远处一台冰箱对身旁的推销员说："那种ＡＥ牌的冰箱和你们的这种冰箱同一类型、同一规格、同一星级，可是它的制冷速度要比你们的快，噪音也要小一些，而且冷冻室比你们的大12升。看来你们的冰箱不如ＡＥ牌的呀！"推销员回答："是的，你说的不错。我们冰箱噪音是大点，但仍然在国家标准允许的范围以内，不会影响你家人的生活与健康。我们的冰箱制冷速度慢，可耗电量却比ＡＥ牌冰箱少得多。我们冰箱的冷冻室小但冷藏室很大，能储藏更多的食物。你一家三口人，每天能有多少东西需要冰冻呢？再说吧，我们的冰箱在价格上要比ＡＥ牌冰箱便宜300元，保修期也要长6年，我们还可以上门维修。"顾客听后，脸上露出欣然之色。

顾客异议某种程度上可能是正确的，而产品不可能尽善尽美，推销宣传也会有疏忽和不当之处，与竞争对手的产品和推销人员相比也有长短优劣。针对这类情况，推销人员应该尊重事实，客观地对待异议，相信顾客也不会苛求推销品没有任何缺陷。美国著名的推销专家约翰·温克勒尔在《讨价还价的技巧》一书中指出："如果客户在价格上要挟你，就和他们谈质量；如果对方在质量上苛求你，就和他们谈服务；如果对方在服务上挑剔你，你就和他们谈条件。"总之，一个优秀的推销员能坦然地面对自己推销品的缺陷，相信推销品的优点足以让顾客忽略推销品的缺陷而决定购买。

1. 抵消处理法的优缺点

（1）优点：

① 对顾客坦诚，有助于建立融洽的洽谈气氛；

② 通过运用此方法，可以突出产品的优势；

③ 坦白产品缺陷，可缓解顾客的抱怨和不满。

（2）缺点：

① 某种情况下，也可能使顾客失去信心，认为推销人员只顾自己的利益；

② 运用不恰当，可能会使顾客产生质疑和误解，增加推销难度。

2. 注意事项

（1）运用这种方法时应当注意，前提是顾客得到补偿的利益要大于异议涉及问题所造成的损失，否则得不偿失的结果反而会动摇顾客的购买决心；

（2）推销人员承认与肯定的顾客异议必须是真实而有效的，并且要及时使顾客得到推销品及其成交条件的有关优点和利益方面的补偿；

（3）在劝说中，应淡化顾客异议，强化符合顾客主要购买动机的推销品优点，使顾客认为异议可以得到补偿。

五、利用异议法

利用异议法，又称为转化法，是指推销人员直接利用顾客异议中有利于推销成功的因素，并对此加工处理，转化为自己观点的一部分去消除顾客异议，说服其接受产品。

转化法是一种有效的处理顾客异议的方法。顾客的反对意见是有双重属性的，它既是交易的障碍，同时又是一次交易机会。这种方法是"以子之矛，攻子之盾"，推销员可以改变顾客异议的性质和作用，把顾客拒绝购买的理由转化为说服顾客购买的理由，把顾客异议转化为推销提示，把成交的障碍转化为成交的动力，不仅有针对性地转变了顾客在关键问题上的看法，而且使之不再提出新的异议。其特点是：推销员直接承认和肯定顾客的意见，在此基础上转化顾客异议，这样可以保持良好的人际关系和洽谈气氛。

例如：

顾客："你们的产品又涨价了，我们买不起。"

推销员："你说得对，价格又涨了。不过现在它所用的原材料的价格还在继续上涨，所以商品的价格还会涨得更高。现在不买，过一段时间价格会更贵。"

这个例子中推销员就是利用顾客提出的产品涨价这个异议，先肯定，然后向顾客解释涨价的原因，并引导顾客及时做出购买决定。

1. 利用异议法的优缺点

（1）优点：

① 可以有效转化顾客异议，将不利因素转化为有利因素，有效促成交易；

② 有利于协调推销员与顾客之间的关系，使顾客从心理上容易接受。

（2）缺点：

① 推销人员直接利用顾客异议来处理，会使顾客感到有损自尊，可能会引起反感；

② 该方法使用不当，可能会使顾客提出更难解决的异议。

2. 注意事项

（1）要做到真诚地响应顾客异议。由于在利用转化法时，顾客异议中所包含的积极因素是利用的依据，推销员不仅应肯定顾客异议的实际性、合理性与积极性，而且应做到态度诚恳，语气热情，要讲究礼仪，不能伤害顾客的感情，并保持良好的推销气氛。

（2）必须认真分析与区别对待顾客异议。推销人员首先要肯定顾客的异议，但不是不加分析地肯定与赞美顾客的全部异议，而是要抓住顾客拒绝购买的关键因素。

（3）应当正确分析顾客购买动机，向顾客传递正确的信息，不要欺骗顾客。

六、问题引导法

问题引导法，又称为询问法，是指推销人员利用顾客提出的异议，直接以询问的方式向顾客提出问题，引导顾客在回答问题过程中不知不觉地回答自己提出的异议，甚至否定自己，同意推销人员观点的处理方法。

例 1（机智型询问）

顾客说："我对寿险不感兴趣。"

销售代表："我和您一样对寿险并不感兴趣，但这并不代表我们的家人对它也不感兴趣，而真正需要它的不正是我们的家人吗？"

例 2（真诚型询问）

顾客:“你的产品是不错，不过，现在我还不想买。”

推销人员:“先生，既然产品很好，您为什么现在不买呢？”

顾客:“产品虽然不错，可它不值 5 万（元）一件啊!”

推销人员:“那您说说这样的产品应该卖什么价格？”

顾客:“反正太贵了，我们买不起。”

推销人员:“看您说的！如果连您都买不起，还有什么人买得起？您给还个价。”

在上述的案例中，推销人员对待顾客异议，没有马上讲事实摆道理，而是向顾客提出问题，引导顾客自己否定自己，最终达成交易。这种方法在实际推销过程中常常被推销人员所采用，并能取得成效。

1. 问题引导法的优缺点

（1）优点：

① 运用询问法来处理顾客异议，使推销人员能够得到更多的顾客信息，为进一步推销创造条件；

② 真诚虚心的询问会让顾客感到受尊重或重视，从而愿意配合推销人员的工作，使推销保持良好的气氛与人际关系；

③ 另外，询问法还使推销人员从被动听顾客申诉异议变为主动地提出问题与顾客共同探讨，从而有利于其采取有的放矢的推销策略。

（2）缺点：

① 对于推销人员的提问，有些不愿意回答的顾客，可能会产生反感与抵触情绪；

② 推销人员的多次询问也可能会使更多异议产生，从而破坏推销气氛，阻碍推销工作顺利进行。

2. 注意事项

（1）推销人员在运用这种方法时，对顾客的询问应当及时。因为只有及时询问顾客，才能了解顾客的真实想法以把握出现购买障碍的真实根源。

（2）询问应紧紧围绕顾客的有关异议，避开次要的、无效的顾客异议，以提高推销效率。

（3）追问应适可而止，并注意尊重顾客。对于不形成购买障碍的，顾客不愿回答的，或者根本说不清楚根源的异议就不要再追问。

七、预防处理法

预防处理法是指推销人员确信在推销过程中顾客会提出某种异议，因此在顾客提出异议前，自己先把问题说出来，继而适当地进行解释说明。例如：

推销人员希望顾客在15天内付款，“先生，您一眼就可以看出我们公司产品的质量是可靠的，并且价格也比较合理，在功能上也很有特点。您也知道，我们公司要维持合理价格，既凭借可靠的质量、高效率的操作，同时也采用企业界的一贯做法，要求顾客在规定期限内付款，这样才能够保证我们资金的周转速度，从而把更多的实惠给予顾客，所以，虽然我们的付款要求比较严格，事实上也是增加了顾客的利益。”

该案例中，推销人员首先提出顾客可能提出的各种异议，并进行了适当的解释，在语言上首先占据了主动，有效地阻止了顾客异议。

1. 预防处理法的优缺点

（1）优点：

① 该方法的最大好处就是先发制人，可以有效地阻止顾客的异议；

② 通过阻止顾客异议，提高了洽谈效率，使交易能很快达成。

（2）缺点：

该法用之不当，可能会形成异议的传染与扩散，让顾客失去购买信心，不仅达不到预定的结果，还可能造成不好的影响。

2. 注意事项

推销人员在采用这种方法时，需要注意推销活动的各个阶段顾客可能提出的各种异议，并事先对其详细罗列，做好充分准备，在推销中视具体情况灵活运用。

第四节　处理顾客异议的策略

推销过程中，顾客会提出各种各样的异议，推销人员只有以正确的态度去面对，才能对其进行有效处理，达成交易。这些异议都是不可避免的，而处理顾客异议的策略有很多，关键是推销人员如何合理地运用。

一、处理顾客需求异议的策略

推销过程中，顾客需求异议的提出有3种原因：第一，对推销品的需求认识不足；第二，顾客的需求发生变化；第三，顾客以此作为拒绝购买的借口。消费者有购买打算，就有可能产生“需求异议”。它往往是在推销人员向顾客介绍产品之后，顾客当面拒绝。比如他们会说：“你推荐的产品不是我需要的”、“我身体很结实，不需要保健品”，等等。推销人员若想实现交易，必须想办法应对顾客的需求异议。

案例5

曼丽是一名公司职员。这天下午，她到单位附近的一家药店选购了两包夏桑菊颗粒，正要离开时，一名卖场的促销员叫住了她：“大姐，您好。您是想买祛火的冲剂是吧？”

“没错。”曼丽说。

“这是我们药店新进的凉茶，您要不要看一下呢？”推销员指着货架车说，“这是正宗的广东凉茶，祛火效果非常好！”

“我一直用的是‘夏桑菊’，还没用过这种凉茶呢！”曼丽担忧地说。

“不要紧，试试不就知道了！”推销员接着推销。

“不用了，我不需要！”曼丽摇摇头说。

“您不是想降火吗？怎么会不需要呢？这种凉茶确实比夏桑菊好多了！”推销员还是不肯放弃。

“下次吧，我还有急事要办，没有工夫听你推销！”曼丽显得有点不耐烦。这时推销员还是穷追不舍，对着曼丽大肆推荐。曼丽生气地说：“没完没了！我说不要就不要，你再这样，我连夏桑菊也不买了！”

这时，促销员才没趣地退下来。

以上案例说明消费者对于产品的需求一般有两种情况：一是有明确需求的消费者，他们能够直奔主题，果断购买所需的产品，并很少向营业员咨询；另一种则是没有明确需求的消费者。这类顾客进店后，往往会先在货架前徘徊，或者不断进行产品对比，有时也会向推销员主动咨询。但不管是哪一种类型的消费者，推销人员都要针对顾客的需求特点，灵活应对。

（一）分析法

分析法是指推销员对消费者的异议进行认真分析。需求异议分为“真实异议”和“虚假异议”。真实的需求异议是成交的直接障碍，比如你所推荐的产品确实不是消费者所需要的，那么你就应该立即停止推荐活动；而“虚假异议”，即消费者不是真的没有需求，只是因为某方面的原因才提出拒绝，比如对产品的不了解，或者曾有过不愉快的消费经历等。

（二）专业法

专业法，即向消费者提供专业的服务、指导，帮助消费者消除心中的顾虑，以实现交易。比如对于不了解产品特性的消费者，推销员可以这样解释："这种凉茶之所以与众不同，是因为其中包含烧仙草、鸡蛋花、布渣叶、夏枯草、白茅根。您知道，仙草有清热解毒、防治感冒和中暑、降低血压等作用，鸡蛋花、布渣叶都可清热、利湿、解暑，白茅根则是利尿等作用。因此，您为什么不能改变消费习惯，尝试新产品呢？"通过店员专业的讲解，帮助消费者弄清楚原委，异议便自然消除了。再例如，非洲土著人不穿鞋，然而他们却是鞋的最佳推销市场，因为他们有着巨大的潜在需求。对待这样的消费者，可以用"专业法"来处理异议。

二、处理顾客价格异议的策略

价格是推销活动中不可避免的顾客异议，因为价格是顾客购买时考虑的主要因素，它也是推销活动中买卖双方讨论的主要话题。因此，推销人员能否妥善处理价格异议，直接关系交易的成败。有人曾对世界各地参加推销研究班的推销人员进行了调查，调查结果揭示了顾客提出价格异议的动机主要有以下几个方面：

（1）顾客只想买到便宜产品；
（2）顾客想利用这种策略达到其他目的；
（3）顾客想比其他顾客以更低的价格购买推销品；
（4）顾客想在讨价还价中击败推销人员，以此显示他的谈判能力；
（5）顾客想向众人露一手，证明他有才能；
（6）顾客不了解商品的价值；
（7）顾客想了解商品的真正价格；
（8）顾客想从另一个供应商那里买到更便宜的产品；
（9）顾客还有更重要的异议，这些异议与价格无联系，他只是把价格作为一种掩饰。

案例6

客户："请问这套房子最低多少钱能卖？"

经纪人："您先别着急讨论价钱，先看看它符不符合你的要求再说，主要是要合适，您觉得呢？"

经纪人："您看，这个小区环境这么好，还有老人社区活动中心，您的父母可以在这里享受天伦之乐。老人开心，您也开心啊。"

客户："50万？太贵了吧？"

经纪人："虽然这套房子的价格是比其他的贵一点，但这套房子是最通风的。况且，五层是最好的楼层，价格自然就贵一些。"

经纪人："先生，您说的不错，现在的房价确实很高，但是买房肯定是要比租房来得划算，您想想，一套房子少说也要住几十年吧？我们不说70年，就以50年计算，您一年只要花一万元，每天只要30元钱就可以拥有一套属于自己的房子，过上有房一族的生活了，而如果没有房，单单租房，每年最少也要2万元，而且房子最后还是人家的。"

客户："每平方米7000？太贵了吧？"

经纪人："是比较贵，要不买早上看的那套，那套每平方米才要6000。"

客户："不要，那套楼层太低，而且还西晒。"

经纪人："先生，看得出来，您还是更注重房子的品质，那么多花点钱买个好生活，难道不值嘛？"

价格异议，是所有消费异议中最常见的一种，主要表现为：消费者因产品的价格过高而产生异议，拒绝购买。由于价格与消费者的切身利益密切相关，无论你的产品价格是不是"真高"，消费者仍希望你能"更降一层楼"。所以，"讨价还价"是消费者的本能反应，比如他们会说："太贵了，能不能便宜点"、"其他店便宜多了，你们定价不合理"、"如果能再便宜点，我就买"，等等。如果推销员不能妥善处理消费者的"价格异议"，交易将很难达成。处理顾客价格异议的策略有以下几种。

（一）价值与价格结合策略

推销人员在洽谈中，可以从产品的价值、使用寿命、使用成本、性能和优势等方面进行对比分析，强调"一分价钱一分货"，使顾客充分认识到产品的价值和优点，认识到推销品给其带来的实质性利益和实惠，以激发顾客强烈的购买欲望，从而分散顾客对价格问题的看法。尽量做到把产品的价值与价格联系起来，通过与顾客进行共同的计算、分析和比较等，使顾客认识到：相对而言，该推销品的价格还是合理的，性价比较高。

（二）让步策略

在交易的过程中，讨价还价是不可避免的。在遇到价格障碍时，推销员可根据具体情况，在权限许可的范围内适当调整价格，以有效解决价格异议。采取这一策略可使顾客增加购买的数量，或者增加顾客的重复购买率。但推销员在做一定让步时，需要遵循以下原则。

（1）不轻易让步。只有充满自信，才可能说服别人。如果只想以降价化解价格异议，很容易处于被动地位。

（2）不要做无意义的让步，应体现出自己的原则和立场。

（3）以退为进，在让步时提出某些附加条件，减缓让步的速度。

（4）让步要恰到好处，一次让步幅度不能过大，让步频率也不宜太快。

（5）不做损害企业利益和形象的让步。

（三）说服策略

当顾客提出价格异议时，就是其对该产品感兴趣的一种信号，说明顾客对产品的其他方面（如品牌、质量、包装等）比较满意。在向顾客报价时，首先说明该报价是考虑顾客情况后，给予顾客的最优惠价格，并暗示顾客这已经是公司所能够给予的价格底线，努力说服顾客以抑制其继续讨价还价。

三、处理顾客产品异议的策略

产品异议在顾客的购买过程中很常见，顾客往往会从主观意志出发，对产品性能、款式、规格、可靠性、安全性和耐用性等方面提出自己的看法。比如消费者会说："这种产品的规格太小，不符合我的要求"，"我要的是上海产的，而不是北京产的"，等等。此外，对产品外包装、使用效果等方面产生的异议，也属于产品异议的范畴。通常情况下，消费者提出"产品异议"，表明其对产品有一定的认识，但了解还不够，担心这种产品能否真正满足自己的需要。因此，虽然有比较充分的购买条件，就是不愿意购买。处理顾客产品异议的策略有以下几种。

（一）现场示范法

在推销过程中，一些顾客常常因自己的购买意愿和购买习惯而对其他同类产品的各种属性提出异议，认为不是自己需要的，或者这些产品可能达不到预想的要求。因此，处理这类产品异议的有效方法就是采取现场示范的方法，将推销品的特点、功能等向顾客展示，现场证明推销品的实际使用效果，打消顾客心中疑虑，使顾客信赖推销品，促使交易达成。

案例7

在德国，不少商店为了推销一种眼镜去雾剂，在店里专门准备了一把电水壶，见有戴眼镜的顾客光临，就请他取下眼镜为他示范。推销员先用水蒸气在眼镜上一喷，镜片满是水雾。擦净后，再抹上去雾剂，再喷雾，镜片透明无雾。至此，顾客也就对该产品深信不疑，购买欲望大大增强。

（二）亲身体验法

由于许多产品的特征，其性能和使用效果是很难用肉眼看到的，因此现场示范法也无法让顾客真正了解产品的实际效用，这种情况下必须让顾客亲身体验。让顾客亲身感受推销品，亲自试用或操作，顾客才会对产品的各种性能充分了解，从而深信不疑。

案例8

国外有家铜业公司，生产裹铜不锈钢炊具，其特点是比不裹铜钢炊具导热性能好。为了证明这一点，公司发给每个推销员一根“导热棍”，棍子不长，用钢制成，其中一半包了一层铜，另一半则未包铜。推销时，推销员请顾客拿着这根“导热棍”，一手握住一端，然后推销员用打火机烧棍子的中央，一直烧到顾客松开先烫手的那一端为止，而这一端总是裹了铜的。对此，亲身体验过的顾客都不得不信服。于是，该公司的炊具逐渐得到顾客认可，销量稳步增长。

（三）邀请考察

有些产品体积庞大，十分笨重，推销人员不能随身携带，如机电设备等，这类产品无法做到现场示范和亲身体验，这种情况可以邀请顾客到本企业或销售代理点亲自考察、观摩，也可将推销品的生产制造、工作原理、功能及操作过程制作成录像供顾客观看，这是一种被广泛使用的方法。

四、处理货源异议的策略

货源异议是与产品品牌、供货商等有关的异议，也是由顾客的购买经验和购买习惯造成的，推销人员必须正确对待这种异议，真诚地去解决问题。处理该异议的策略有以下几种。

（一）坦诚对待法

在顾客有长期的采购关系，或者经历过上当受骗的事情时，对推销人员可能会产生不信任和反感情绪，由此会产生货源异议。这种情况下，推销员应多与顾客交流，加深彼此之间的了解。尊重顾客的异议，真诚倾听顾客的意见，这样顾客就容易接受推销人员，并可能会向推销人员说出自己的顾虑和期望，此时推销员就可以对顾客进行有力的解释和劝说，最终促成交易。

（二）强调竞争使顾客受益

顾客常常会因自己的购买习惯而不接受新产品和服务，这种情况下推销人员应向顾客指出，在购买产品的时候采用单一的供货来源具有很大的风险，如果供货单位一时失去供货能力或者破产，将会导致顾客因购买不到所需产品而影响生活或者生产。为了抵御风险，顾客应当采取多渠道策略解决其购买需要。这不仅会增强顾客采购的主动性和灵活性，也可以对不同货源的产品质量、价格、服务、交货期等进行多方面的比较分析，择优选购，从中获得更多的益处。

（三）证据说明法

在解决货源异议时，推销人员可以向顾客提供一些客观证据来消除顾客疑虑，向顾客说明所推销产品质量是可靠的，渠道是合法的，例如厂家的代理授权证书、企业营业执照、产品生产、销售许可证、质量管理体系认证证书、产品质量鉴定报告、获奖证书以及知名企业、知名人士的订货合同或者使用记录等资料。由于这些证据顾客可以通过其他渠道进行求证，所以有利于顾客消除顾虑，促进交易达成。

五、处理财力异议的策略

在推销过程中，大多数情况下，顾客对推销品存在需求和购买动机，只是因为支付能力的限制，导致顾客提出财力异议。

案例9

萧伯伯是一名退休工人。周末的时候，他来到附近一家药店买药。新来的店员小苏热情地接待他："这位大伯，您想买点什么？"

"我最近睡眠不好，用哪种药管用一些呢？你帮我介绍一下吧！"萧伯伯焦急地说。

"我建议您用安神补脑液，它是品牌药，15.2元/盒。"小苏递给萧伯伯一盒药。

"15.2元！你们的药好贵，我可买不起！"萧伯伯连忙摆手说。小苏见状，急忙换了一种："您想要便宜的，我们这里也有。这种药才十块多，要不您试试？"

"不行不行，还是买不起。你不知道，最近我的经济陷入低谷，开始闹危机了，需要花钱的地方太多。退休金就'仨瓜俩枣'，真是不够用！"没想到萧伯伯还是一个劲地摇头。

"4～5块的药也有，您要不要呢？"小苏继续推荐更为低端的产品。

可谁知道，萧伯伯还是以"财力有限"为理由，婉转地拒绝了。可他迟迟不愿离开，直到最后才说："我很想购买你第一次推荐的安神补脑液，可惜太贵了！"

针对以上类似情形，处理财力异议的措施有以下几中。

（一）引导法

引导法是指推销人员通过消费引导，使消费者放弃"财力异议"的一种说服方法。在此之前，推销人员必须分清消费者所提出的财力异议是"真实异议"，还是"虚假异议"，对于顾客这种提出财力异议的同时又不想放弃高价产品的情况，推销人员不要一味地更换产品档次，推荐便宜的产品给消费者，这样不利于成交。因为顾客提出“财力异议”的原因，也许只是不想泄露自己的经济状况，或者希望能够降价。此时，推销人员可以说：“价格不同，品质也不同，这种药疗效好，多花几块钱也是值得的，还有什么比您投资健康更重要呢？”只要推销员引导得当，消费者还是可以欣然接受的。

（二）分期或延期付款法

对于确实因为“财力有限”而提出“财力异议”的消费者，推销人员可以使用分期付款或延期付款的方式。首先要确定消费者的“财力异议”是真实的还是虚假的，例如，推销员问“您认为什么样的价位和什么样的产品，您能接受呢”，如果消费者回答“这样的产品我能接受，价格优惠一点就好了”。这说明财力异议是虚假的，是希望产品降价，推销员可适当调整。如果顾客确实存在支付困难，可在顾客提供信用担保的条件下，给予顾客分期或延期付款的优惠。

六、处理权力异议的策略

“权力异议”的产生，一般有以下3个方面的因素：一是不符合自身的消费习惯，比如消费者一直使用的是另一种品牌，和推销员推荐的不一致，因此消费者不得不以“缺乏购买决策权”而提出异议，这是一种虚假的消费异议；二是顾客还处于消费犹豫期，担心该产品的价格高于同行，或者对产品的质量不放心等，因此提出“权力异议”作为“不购买”的借口；三是顾客确实没有决定权，特别是一些未成年人、老年人或者家庭妇女，常常需要遵照家庭成员的意见消费，因此提出“权力异议”，这是真实的“权力异议”，理应得到商家的尊重和理解。

案例10

顾女士经常要到商店为家庭成员购买生活用品。一天，顾女士来到商店想为丈夫购买某清火牙膏，她走到货架前询问推销员。

推销员说：“对不起，没有您要的这个品牌。但是同类产品，我们有好几种，请您看看怎么样？”

“我最关心的是效果，品牌无关紧要！”顾女士说。

“那是当然的，其实它们的成分都差不多，而且价格实惠！”小李取了一盒其他品牌的牙膏给顾女士。

顾女士拿到手里看了半天，说："因为我丈夫一直都使用的是那个品牌的牙膏，这个还是不要了！"

小李一听，急忙问："为什么做不了主呢？大姐，我看您像是'一家之主'，这事儿肯定您说了算！"

顾女士被逗乐了："牙膏是我丈夫使用，不知道他同不同意？"

"您真细心！"小李伸出了大拇指，"一看就知道您是有经验、有学问的人，我想您选择了更好的产品给他，他一定不会反对的！我说的没错吧。"

"那好，我就买一个回去试试吧！"顾女士爽快地说。

针对以上类似情形，处理权力异议的策略有以下两种。

（一）引导鼓励法

对于有权做出购买决定，但又举棋不定的顾客来说，采用引导鼓励法会收到一定的效果。推销人员面对这种顾客，要积极引导、说服顾客，帮助顾客认清这一决定可以为自己的家人或单位带来益处和实惠，以打消顾客的顾虑，促成交易。

（二）顺水推舟法

"顺水推舟法"是根据消费者提出的"权力异议"，首先表示认同和理解，然后顺水行舟，一步步解除消费者的异议。对于存在真实"权力异议"的消费者，推销员一定不能强买强卖，而要先找到消费者"权力异议"的根源。比如，当顾客表示"要和家人商量一下"的时候，店员不妨拿出手机，大方地交给顾客。"请用我的手机给您的家人打个电话，我也可以把产品特点详细在电话里向您家人阐述清楚，我想他们一定会支持您的正确选择"。这样，消费者的后顾之忧就可以顺利解除，交易成功就是顺理成章的事情。需要店员注意的是，"顺水推舟法"只适用于帮助那些具有真实"权力异议"的消费者，对于"虚假"的权力异议，是无效的。

七、处理购买时间异议的策略

在推销活动中，顾客经常会提出购买时间异议拖延成交的时机。顾客购买时间异议产生大致分为 3 种情况：一是顾客确实存在一定的困难；二是顾客拒绝购买的一种借口；三是优柔寡断无法决定。实际上，顾客借故推托的时间异议多于真实的时间异议，他们主要是为了对所购产品进行更多的比较或者为了争取更大的价格或者服务优惠。无论是何种情况，推销人员都要以积极的态度去对待。可以采取以下几种策略。

（1）良机激励法。主要是采用对顾客有利的机会激励顾客，使其不再犹豫不决，当机立断，快速成交。例如，可以说"目前正值展销期间，在此期间购买可以得到 20%的优惠价格”，“货已经不多了，如果你再犹豫的话，就可能被别人买去了”；或者提醒顾客，未来产品的供求关系很有可能会发生变化，随着物价水平的上升，顾客可能要花费更多的金钱来购买同等数量的商品，而且拖延购买不仅费钱、费时、费力，还会增大顾客的机会成本和时间成本。但要注意的是，使用这种方法必须确有其事，不可虚张声势欺诈顾客，否则将适得其反，欲速则不达。

（2）潜在风险法。这种方法是利用顾客意想不到，但又很可能会发生的一些潜在风险对顾客进行影响。例如，利用厂家调价、原材料涨价等情况对顾客进行影响，使顾客认识到存在的这些不确定因素可能给自己带来的损失，促使顾客尽早做出购买决定。

（3）竞争诱导法。推销人员向顾客指出购买该产品将会使顾客在某些方面获益，而且这些好处已经在他的竞争对手那里得到了证实，顾客如不尽快购买推销产品，将会在与同行的竞争中处于不利位置。这种方法可以打破顾客心中假定的竞争均衡格局，引起顾客对其所处环境的关注，从而促使顾客为了改变其所处形势而做出购买决定。采用这种方法，推销人员一定要对竞争对手的情况十分了解，以便将真实存在的危机告诉顾客。

本 章 小 结

通过本章知识的学习，使学生掌握顾客异议的含义、类型，了解顾客异议的处理原则和方法，重点掌握顾客异议的处理策略，认真学习和观察生活，熟练掌握处理顾客异议的技巧，在现实生活中灵活运用。

主要概念

顾客异议　产品异议　价格异议　需求异议　直接否定法　间接否定法　沉默处理法　抵消处理法　利用异议法　问题引导法　预防处理法

思考与练习

1. 何谓顾客异议？产生的原因有哪些？
2. 顾客异议有哪些类型？试举例说明。
3. 怎样正确对待顾客异议？
4. 处理顾客异议的原则与方法是什么？试举例说明。

5．遇到顾客提出产品异议应该如何处理？

6．生活中，推销人员经常使用什么样的异议处理策略？举例说明。

实践与技能

1．假定你是某化妆品公司的推销员，你要向顾客推销你公司的产品，请完成下列练习。

（1）列出买主可能向你提出的三个异议。

（2）选择不同的方法分别处理以上的三个异议。

（3）为每个异议的处理写出你与买主之间的对话。

2．案例分析：

美国纽约电话公司曾遇到一个蛮不讲理的顾客，他拒付电话费，声称记录是错的。他暴跳如雷，破口大骂，甚至威胁要砸碎电话机，同时写信给报社，向公共服务委员会抱怨，为此与电话公司打了好几场官司。公司派出好几个人去处理此事都失败了。后来，公司派出一位最有耐心的职员。在他面前，那位顾客仍是没完没了地大发脾气。第一次，这位职员静静地听了三个小时，对顾客所讲的每一点都表示同情，后来他又去了三次，静听顾客的抱怨。在第四次会谈时，顾客的态度渐渐地变得友好起来。最后，这位职员说服顾客加入他的“电话用户保护协会”，与此同时，顾客付清了全部账单，结束了他的投诉。

问题：

结合实际谈谈，推销员应该如何应对不讲理的顾客？

3．请模拟以下对话，并回答问题。

一天一直在下雨。傍晚，店里突然进来一对年轻夫妇，我迎上去帮他们开门。

“您好！选点什么产品呢？”我尽量保持一种职业的和气。

顾客的脸上没有任何表情，也没有看我，只说了句：“哦，随便看看。”

我只得又没话找话：“装修真不容易啊！工期赶着，什么天气都要出来买材料。”这句话好像有点效果，顾客点点头说：“是啊！都转好几家了”。

“都转好几家了”，这可是个不错的信号。我马上接着问：“那应该对想要的产品风格和价位有谱了吧？”

顾客却说：“便宜、干净一点就行”。

这时候，那个女顾客突然问了一句：“你们不是名牌吧？好像都没听说过！”

终于接触到实质了。我知道，从现在开始的每一句话都有可能影响他们的购买决定。顾客之所以这样问，是对产品的质量寻求一点保证，我还不能明明白白地反驳他。

我笑着回答她：“没听过很正常，我没卖陶瓷的时候，一个陶瓷的品牌都不知道；谁要是不装修，谁也不会关注这些。其实我们品牌在全国，特别是在北京都属一线品牌，首都机场、地铁5号线都是用我们的砖。”

女顾客不说话了，但她的眼神透露出了一些认同。这时男顾客说：“那我们就好好看看！”

当我们走到一款卫生间的样板间时，我指着那一款说：“您看看这款，用在卫生间里特漂亮，既简洁又大方，而且还不失格调，最适合家居使用了。”

“啊！每平方米竟然是75元，价格太贵！我们不要。”女顾客对价格的反应比较强烈。

我马上说：“相对来自山东和四川的瓷砖来说，这个价格可能高了点，可是，瓷砖是贴在墙上的，要是不好，您想换都换不了，所以自家装修，质量最好不要打折扣。我们墙砖的釉面，全部都是进口的，而且加厚，高密度不透水，您可以摸下这个釉面，手感很细腻光滑，保证您用着放心！”

男顾客还真伸手摸了几下，我知道他根本摸不出来。

女顾客：“嗯！你们这砖是不错，就是价格我们承受不了！”

这时男顾客说：“你们负责送货吗？”

男顾客这句话让我认识到，他们的意见并不统一，而且这位男顾客显然并没有将价格作为第一考虑要素，他也相对更容易突破。但是我不能马上满足他的要求，因为好处要一点一点地给。

“负责送货，但不负责搬运，都是这规矩，”我回答说，看到他们脸上出现顾虑，刚要极力反对，我马上跟上一句：“其实小区周边有很多扛货的工人，你们也不费事。”

男顾客点点头，最后说：“你给我们一个最低价，合适我们就定，不行就走人了。”

我回答说：“价格不能再低了，但是我可以申请给您送货到家，这样您也能省个几百块钱的搬运费，这样每平方米也省了不少钱呢！”

顾客这回不再犹豫了，说：“那就定吧！不过你可一定要保证质量啊！”

我说：“没问题！您就放一百个心吧！做生意就得讲究信用，我给你们签份合同单……”

（1）请分析以上案例属于什么类型的顾客异议？推销人员又是采用何种策略处理的？

（2）找三位同学分别扮演男、女顾客和推销员，模拟该场景，其他同学观看，结束之后请其他同学分析并说出自己的体会。

第九章 成交与履约

学习目标

通过本章的学习，使学生了解推销成交的内涵，掌握推销成交的原则，能够在实践中及时准确抓住推销成交的信号，了解推销成交常用的方法以及每种方法的适用情境。

案例导入

2008 年 3 月的一天，北京的王女士到湖南长沙出差，在家乐福购物中心购物结束路过出口门厅某红酒销售柜台时，促销员很礼貌地向她鞠一躬并且说道："您好！请这边领取奖品!"，一向谨慎且反感推销的王女士此时并没有多想便走到该红酒柜台前。

在出示自己的购物小票之后促销员告诉她，她的购买金额可以享受当天两瓶红酒优惠 20 元人民币的价格，王女士立刻觉得这并不是领奖而是变相的销售，心里顿时产生反感情绪。促销人员一看马上解释活动仅限当天，并且一再强调根据购物小票金额她最多只能买两瓶，她才逐渐打消了内心的反感情绪。

由于是出差在外携带不方便，所以王女士并不打算购买该品牌红酒，于是对促销人员说，"很抱歉，我是出差到长沙来，携带不便所以不打算购买"，促销小姐马上很礼貌的回答，"没关系，说抱歉的应该是我们，我们没有把您应该享有的实惠送给您！这种酒平时销售价格高达两百元，这次活动只能凭当日购物小票每满两百元才能参加两瓶的 20 元赠购活动"。

王女士一听就觉得有些心动，她迟疑了一下，虽然自己不喝酒也不懂酒，但平时在工作和生活中经常要用红酒待客，就开始考虑是不是在行李箱中能挤出一块地方可以放下两瓶红酒。促销员见状马上说，"其实两瓶酒也没有多重，您可以不要外包装和衣服一起放在行李箱中。有个顾客也是出差来长沙，刚才一下买走了一箱，您看，这里还有他的亲笔签字"。

促销员的话打消了王女士的一切顾虑，她听从了促销员的劝告，最终买了两瓶红酒带走。

（资料来源：互联网）

案例分析：这是一个非常优秀而且“狡猾”的推销人员，在推销的过程中从始至终她紧紧抓住消费者的心理，尽量让顾客产生信任感，一旦出现反感情绪马上采取措施进行化解。当顾客做出否定回答的时候能够谨慎处理，并在顾客表现出有购买意图的时候趁热打铁，抓住顾客疑虑所在，多方解释，打消疑虑，用最快的速度实现成交。

第一节　推销成交的内涵与原则

推销成交是推销活动的高潮和关键阶段。推销活动进入成交阶段表明推销活动已接近胜利，但同时这也是最艰难、最关键的时候。在这个阶段，本来非常有购买意愿的顾客可能因为种种突发因素影响其购买行为，又或者并没有购买意愿的顾客被某些方面的因素打动，产生购买行为。推销人员在此环节中应当谨慎捕捉沟通过程中客户表现出的各种行为和情感细节，在把握基本原则的基础上，选取恰当的推销成交策略方法，从而最终成功完成推销活动。

一、推销成交的内涵

推销成交，顾名思义是指顾客正式接受推销人员的推销建议和推销品。推销成交是在继续前面的接近顾客、价格谈判以及很大程度甚至完全彻底打消掉顾客疑虑之后的推销活动的延续，是推销成功的重要标志，但不是最终结果。

在这一阶段推销人员不仅要继续接近顾客和坚持解说及说服顾客，还要能够及时有效地采取措施调动顾客心理驱动力，抓住最佳时机和要点，促进顾客做出最终购买决定。为了使推销活动顺利进行，必须对推销成交环节有清晰和正确的认识。

第一，推销成交是一个信息沟通的过程，以顾客最终做出购买决策为实现依据。

第二，推销成交是顾客对推销人员推销行为和推销品的一种积极反应。推销人员在信息沟通的过程中为了实现推销成交，直接的目标就是使得顾客对推销品产生积极的反应。因此在传播信息时应当突出重点，在分析顾客需求和心理的基础上突出描述顾客需求关注的产品的正面信息，并且尽可能打消顾客对推销品负面信息的疑虑，通过刺激顾客对推销品产生积极反应，来促进推销成交的实现。

第三，推销成交是推销过程的重要环节，但不是最终环节。推销最终目的是要赢得顾客对产品、服务以及品牌的忠诚，因此推销人员促成推销成交必须以诚信为前提，以消费者满意为最终目标，而不是以单一一次推销成交为终极目标。

二、推销成交的原则

推销成交在整个推销过程中具有特殊的意义，是推销成功与否的关键性标志。为了实现这一目标，在这一环节中推销人员要在错综复杂的推销环境中妥善处理各种问题，同时必须遵循一定的推销成交理念和原则。

1. 互利互惠原则

互利互惠原则是指一切推销成功都必须建立在互利互惠的基础之上，否则推销成功就无法实现。这里的“利”和“惠”都是指好处、利益。推销必须在推销一方实现利益的基础上为顾客让渡出一定的利益、好处，顾客才愿意购买或者长期购买推销品。一切带有欺骗性的、强制性的推销都不能实现真正的推销成功。要想贯彻好互利互惠原则，就应该做到以下几点。

首先，要明确交易给双方带来的利益。买卖双方都必须从交易中各取所需，顾客从交易中得到推销品的使用价值或者收藏价值等，而推销人员则代表企业在交易环节中得到经济利益的补偿；抑或顾客从交易中得到价格的优惠，而推销人员则代表企业在交易过程中实现商品的快速流转……不同顾客对推销品的关注层面不一样，企业针对不同时段的推销也有不同的目标。只有在实现一方利益的同时，自愿、主动让渡另一方所要求的价值，才能实现成交。

其次，要充分展示产品或服务给顾客带来的利益或价值。在明确交易给双方带来利益的基础上，推销人员要充分展示推销品可以给顾客带来的利益或者价值，这是说服顾客成交的主要途径。在交易中，顾客最关注的是自身利益，这种利益展示做的越充分和具体，顾客被说服的可能性就越大。

最后，找出双方利益分配的最佳点。成功的推销人员总是在保证顾客满意的前提下，争取自己的最大利益。如何分配双方的利益，寻找到双方利益分配的最佳黄金分割点，要靠推销人员对产品、市场及对顾客心理的把握和娴熟的推销技巧。

2. 建立良好关系原则

买卖双方既是一种经济利益的交换关系，又是一种人与人之间的交往关系。推销不仅仅是推销产品的过程，更是人际沟通的过程。推销人员要想把产品推销给顾客，从中赢利，必须首先与他们建立良好的人际关系。这种关系不仅是经济利益方面的，还是富于感情的；不能是假装的、虚伪的，应该是真诚的、坦率的；不应该是短期的，而应该是长期的。世界上成功的推销专家，无一不注重建立良好的人际关系。

此外，长远来说，推销成交的顾客会成为一种资源，会通过重复购买和口碑效应，为推销人员带来更多的订单，因此和顾客建立良好的人际关系对于销售工作有着至关重要的作用和意义。

三、推销成交的基本策略

一般来说，在推销过程中，推销人员应当掌握以下推销成交的基本策略。

第一，推销人员应当密切注意成交信号，当机立断，及时促成交易。所谓成交信号，是指顾客在推销面谈过程中所表现出来的各种成交意向。成交意向的表现形式十分复杂，顾客有意无意流露出来的种种言行都可能是明显的成交信号。在实际推销过程中，顾客往往不愿意首先提出成交，更不愿意主动明示成交。为了保证自己所提出的交易条件，或者为了杀价，即便心里很想成交，有些顾客也不说出口。好在顾客心理的成交意向总会通过各种方式表现出来，为了有效地促成交易，推销人员必须善于观察顾客的各种表现，捕捉这种成交信号，及时成交。在实际推销工作中，一定的成交信号取决于一定的推销环境和推销气氛，还取决于顾客的购买动机和个人特性，具体的推销成交信号可能但不限于直接邮寄广告得到反应、顾客经常接受推销人员的约见、顾客的接待态度逐渐转好、面谈过程中顾客主动提出更换见面场所、面谈期间顾客拒绝约见其他公司的推销人员或有关人员、接见人员主动向推销人员介绍其公司负责采购的人员和相关人员、顾客提出各种问题要求推销人员回答、顾客提出各种购买异议等。

第二，推销人员应该灵活机动，随时促成交易。理论上完整的推销过程要经历寻找顾客、审查顾客、选择顾客、约见顾客、接近顾客、面谈、处理异议、成交等不同阶段。但是，在实际推销工作中，这些不同的阶段是相互联系、相互影响、相互转化的。在此过程中，成交的机会也是复杂多变的，顾客的购买意愿可能会在不同时间段有不同的表现。推销人员需要在推销过程的各个环节中及时捕捉推销成交信号，善于抓住成交时机，当机立断，达成交易。

第三，推销人员应该培养正确的成交态度，消除成交过程中的各种心理障碍。推销人员一般情况下容易担心成交失败、具有职业自卑感、等待顾客主动提出成交要求、成交期望过高等常见心理障碍。推销成交是推销过程中最关键的环节，气氛相对紧张，推销人员如果自身存在某种心理障碍，这些障碍很可能会变成推销成交的障碍。要消除这些障碍，推销人员应当树立正常的成交态度，加强成交心理训练。

第四，推销人员应该谨慎对待顾客的否定回答。成交是顾客的肯定回答，是顾客接受推销人员及其推销建议和推销品的行动过程。成交是推销人员的共同目标，但大量的实践研究证明一次性成交的概率是很低的。顾客拒绝成交实际上是一种成交异议，成交异议既是成交障碍，又是成交信号。推销人员应当认真分析各种成交异议，找出根源，并运用有关技术和方法加以处理，消除障碍，促成交易。

第五，推销人员应该充分利用最后的成交机会。现代推销学研究结果表明，即使在正式面谈中多次失败，在面谈结束时也可能最后达成交易。从推销心理学理论上讲，面谈结束时的最后一刻往往是最佳的成交时机。这时顾客没有成交的心理压力，开始轻松愉快起来，他们开始对“可怜的”推销人员产生一点点同情心，并且又产生成交的念头，生怕错过这个好机会，许多生意就在这告别前的一刻成交。在实际推销工作中，许多推销人员忽略了这一最后的成交机会，这是很大的损失。

第六，推销人员应该留有一定的成交余地。在正式面谈过程中，推销人员应该及时提示推销重点，开展重点推销，吸引顾客，说服顾客。在处理顾客异议时，推销人员也应该提出有关推销要点，补偿或者抵消有关购买异议。到了成交的阶段，似乎该说的都说了，该看的都看了，顾客已经明确了推销要点，不用再做更多的说明了。但是为了最后促成交易，推销人员应该讲究推销策略，遇事多留一手，等到成交时再一一提示有关有利于成交的推销要点和优惠条件，促使顾客下定最后的购买决心，有效地达成交易。例如，在成交关头，推销人员可以进一步提示推销重点，“还有三年免费保修服务呢”、“还有两件赠品呢”、“还有这个特点呢”，等等。另外，我们还应该特别提出，推销人员也要为顾客留下一定的购买余地，即使这一次不能成交，也希望日后还有成交的机会，而不要企图高压成交，以免失去最后的成交机会。

总之，在推销成交过程中，推销人员应该讲究一定的成交策略，坚持一定的成交原则。推销人员应该培养正确的成交态度，消除各种心理障碍，谨慎对待顾客的否定回答。推销人员应该充分留有成交余地，利用一切可以利用的成交机会，有效地促成交易。当然，在实际推销工作中，推销人员既要讲究成交策略和原则，也要讲究成交技术和方法。只有适当地运用有效的成交技术和成交方法，推销人员才能成功地促成交易，完成推销任务。

第二节　推销成交常用方法

推销成交方法是指在最后成交过程中，推销人员在适当的时机，用以启发顾客做出购买决定从而促进顾客购买的推销技术和技巧。

一些推销人员在成交的最后关头不能抓住时机主动地向顾客提出成交要求，他们害怕提出成交要求后如果顾客拒绝会破坏气氛，一些新推销人员甚至对提出成交要求感到不好意思。据调查，有 70%的推销员未能适时地提出成交要求。许多推销人员失败的原因仅仅在于他们没有开口请求顾客订货。美国施乐公司前董事长波德说，推销员失败的主要原因是不要订单。

在推销洽谈的最后阶段，推销人员应该密切注意成交信号，做好推销成交的准备，同时还要学会运用不同的成交方法。由于推销人员所推销的产品不同、推销对象不同以及所处的社会环境和条件都不尽相同，因而推销人员采取的方法和技巧也应有所不同。推销人员应针对具体情况具体分析，运用相应的推销成交方法和技巧。

一、请求成交法

1. 请求成交法的含义

请求成交法又叫做直接成交法或者直接请求成交法，是指推销人员直接要求顾客购买推销品的一种成交技术。请求成交法是一种最常用的成交方法。推销人员应该利用各种成交机会，积极提示，主动向顾客提出成交要求，努力促成交易。

例如下面的场景：

……

刘先生：王小姐，我们的产品可以让您的销售人员不断地重复收看，也可以再复习。这个课程的订购单您看一下，这套课程总价是2800元，如果您需要请在这个订单上签好名字，这课程一共24讲。冒昧地问一下，您办公室的电话是多少？

王小姐：62147046。

刘先生：62147046，好的。

……

这时顾客并没有反对的表示，就可以请求顾客确认订货单，让顾客签名。这时销售员要有一个直接递笔的动作，这是一个销售技巧，让顾客快速做决定。

2. 请求成交法的特点

从上述简单事例可以看出，请求成交法的使用具有许多优点。只要使用得当，便能收到较好的效果：

（1）节约推销时间，提高推销效率；

（2）有效捕捉成交信号，充分利用各种成交机会；

（3）适时提出交易请求，有效促进推销成交实现。

但同时请求成交法如果使用不当或者滥用，也会造成不好的后果，主要表现为以下几方面。

（1）滥用请求成交法有可能产生成交高压，破坏成交气氛。

在推销过程中如果推销人员没有恰当地把握好推销成交时机，过早地盲目地给顾客施加成交压力，要求成交，就可能使顾客产生一种高度紧张的心理状态，使顾客有意识或无意识地自动抵制成交，破坏成交气氛。

（2）滥用请求成交法，可能僵化推销氛围，使推销人员失去成交控制权。

请求成交提出的时机不正确有可能导致顾客对推销人员和推销品直接产生消极反应，给予推销员否定的回答，僵化气氛，最终使得推销人员不但失去成交控制权，而且毫无回旋余地。

（3）请求成交法使用不当有可能会使推销人员处于被动局面。

在使用请求成交法过程中，如果推销人员沟通方式掌握不恰当，有可能使顾客在心理上马上处于主动地位，觉得是推销人员“有求于”自己。顾客掌握了成交的主动权，推销人员自己则处于被动成交的位置。

3．请求成交法的使用策略

（1）适时适地使用。

请求成交法主要适用对象：

① 适用于已经具有明显的购买倾向，但仍在拖延时间的顾客；

② 适用于在推销洽谈刚开始时，提出很多问题，现在所有的异议虽然都已经解决了，但却因为一时不好意思立即表示肯定态度而在等待的顾客；

③ 适用于多血质的顾客和受示型的顾客。

通常，请求成交法可以在下列几种情况下使用。

① 面对老顾客。

对老顾客而言，买卖双方已经建立了较为长久和良好的人际关系，推销人员对顾客的需求很了解，顾客也接受过推销品，对推销品并不陌生。因此，顾客对推销人员的直接请求一般不会提出反对意见。面对老顾客，推销人员可以很轻松地说：“您好！近来挺好吧！今天刚好有一批新款产品到，您挑一件吧”。

② 在顾客发出购买信号时。

如果顾客对推销品已经有好感，也流露出购买的意向，但是由于某些原因又不能最后下定决心购买，或者不愿意主动提出购买，这时，推销人员就可以用请求成交法主动提出成交建议，促成顾客采取购买行动。例如，可以对犹豫不决的顾客说，“这种产品实用又美观，现在又搞特价活动，您买了肯定不会后悔！”或者“机会难得，这种产品很畅销，买过的人都非常满意，您就放心购买吧”！

③ 在顾客对产品提出的问题已经解决时。

有的顾客对推销品感兴趣但是还没有马上意识到成交的问题，这时推销人员在回答和解决了顾客提出的问题之后，可以接着说，“您还有什么疑问么？没有的话您确定一下什么时候给您送货比较方便？”或者说，“购买这款产品您如果填写详细的订单信息之后我们会有售后跟踪服务，您方便留下个人电话么？”这种类型语言的主要作用是集中顾客注意力，促进顾客进行购买思考和决策。

（2）使用注意事项。

① 成交请求提出的时机要合适。请求成交法要求推销人员在推销过程中分析推销场景、顾客反应，及时捕捉顾客发出的各种成交信号，适时适地提出成交请求。成交请求的适时适地的提出可以转化为适当的成交压力和成交动力，有利于推销人员及时促成交易。反之，成交请求的滥用会造成成交障碍。

② 推销人员应主动提出成交请求。一旦在推销过程中看准了时机，推销人员应该立即主动提出成交请求。主动性是请求成交法的最大特点，只有主动提出请求才能及时有效地促成交易的达成。

③ 推销人员应该树立正确的推销态度。在使用请求成交法的过程中，由于种种原因可能会给顾客造成“推销员有求于我”的感觉，这样推销人员就处于被动地位，失去推动成交实现的主动性。造成这种现象的主要原因是推销人员利用请求成交法时信心不足，语气过于低声下气，因此推销人员必须树立正确的推销态度，将自己与顾客放置于平等地位，二者的关系是自由平等的“买卖”协议关系，并不是谁“求”谁的关系。

④ 推销人员避免对顾客加压过大。请求成交法的精髓在于通过推销人员主动提出或者建议顾客进行购买决策的做出，形成适当的成交压力或者动力，从而促进成交的实现。如果推销人员在做成交请求时过分地热情或者语气强硬，则会给顾客心理上带来过大的压力，导致顾客对推销人员及其推销方式产生反感情绪，成交压力或者动力就变成成交障碍。推销人员在推销过程中要学会“察言观色”，适当地把握主动请求成交的程度和力度。

二、假定成交法

1. 假定成交法含义

假定成交法，也叫做假设成交法，是指推销人员假定顾客已经接受推销建议而直接要求顾客购买推销品的一种成交技术。在整个推销面谈过程中，推销人员随时都可以假定顾客已经接受推销建议。假定成交法的力量来自于推销人员的自信心，推销人员应该认真做好接近准备，认真进行顾客资格审查工作，一旦成交机会成熟，推销人员就应该坚信：“这位顾客会买的，他一定会购买的，这一点我毫无疑问”。

例如，推销员在推销过程中可以这样说，“丁董事长，既然一切都满意，我们就这样决定，马上准备交货了”，“杨经理，这是订货单，麻烦您签个字吧”，“马总，我用一下你的电话，告诉公司下月送货来”，或者“刘太太，让我为您包好”。在推销过程中，经过一番推销演示之后，顾客即使有购买意愿往往也不愿意主动提出购买。推销人员应当正确判断顾客心理，在充分自信对方会购买的基础上及时运用假定成交法提出成交，同时也能增强顾客的购买信心。

2. 假定成交法的特点

首先，正确运用假定成交法，可以节省推销时间，提高推销效率。

其次，正确使用假定成交法，可以适当减轻顾客心理的成交压力。在成交时，顾客心里的接近压力会转化为成交压力，直接阻碍成交。在使用假定成交法时，推销人员不应明示成交，而应暗示成交，尽量避免直接施加成交压力，把推销人员的推销提示转化为顾客的购买提示，可以大大地减轻或者消除顾客的成交心理压力，有利于促成交易。

再次，正确使用假定成交法，可以把成交信号直接转化为成交行为，直接促成交易。在整个推销过程中，顾客随时都有可能有意无意地流露出各种成交意向，推销人员应该密切注意各种成交信号，充分利用它们，直接促成交易。

最后，假定成交法是最基本的成交技术之一，具有十分广泛的用途。假定成交法还是其他各种成交技术的基本依据，例如选择成交法、小点成交法等都是以假定成交法作为基础的。

3. 假定成交法的使用策略

为了有效地使用假定成交法促成交易，推销人员在推销过程中必须注意以下问题。

（1）推销人员必须密切注意各种成交信号。成交信号是顾客成交意向的外部表现，是一种成交暗示。从现代推销学理论上讲，所谓成交假定，也就是指推销人员把成交信号假定为成交行为。因此，在使用假定成交法时，推销人员应该密切注意顾客的心理变化和行为反应，密切注意各种有利的成交信号。在实际推销工作中，推销人员不断地向顾客传递推销信息，顾客也会产生一定的行为反应，这些反应是顾客的信息反馈，表明了顾客的态度和动机。顾客的内心活动及其变化也一定会以各种方式表现出来，形成各种异议信号和成交信号。所谓异议信号，就是异议暗示，也是一种秘密异议，是隐藏在顾客内心深处的真实的购买异议，是成交的障碍。如果顾客的购买异议一旦被妥善处理，异议信号也可能转变为成交信号。而成交信号的具体表现形式则是千差万别、千变万化的，没有绝对的标准。因此，推销人员除了学习现代推销学基本理论和成交技术之外，推销人员还必须努力实践，在实践中学习，积累经验，探索规律，培养职业敏感度。

（2）使用假定成交法时必须具有十足的成交信心。假定成交是推销人员假定成交，而不是顾客假定成交。在使用假定成交法时，推销人员主观假定顾客已经接受推销建议，已经决定购买推销品，是单方面假定成交。成交时推销主体双方的一致性行为，必须双方自愿，双方平等，双方同意，双方接受，因此在进行假定时必须有足够的成交信心和把握。而成交信心和把握是建立在推销人员对推销过程和客户反应的准确判断基础之上。

（3）推销人员必须在假定成交法使用过程中将成交信号转化为成交行为。成交信号是顾客购买意向的各种外部表现，成交行为是顾客的实际行动过程。成交信号并不是成交行为。在使用假定成交法时，推销人员应该假定顾客已经接受推销建议，已经决定购买推销品，把成交信号转化为成交行为，把顾客的购买意向转化为购买行动。只有及时有效地实现这种转化，才能有效地促成交易。在假定成交时，推销人员应该密切注意观察顾客的行为反应，把成交暗示转化为成交明示。此外，推销人员同时应当根据相关法律法规，完成必要的成交手续，避免出现成交误会，产生成交纠纷。否则，推销人员单方面假定成交，并没有将成交信号转化为顾客真实购买行为，容易导致顾客不以为然，造成成交误会，甚至引发经济纠纷。因此，在使用假定成交法时，推销人员必须注重落实成交行动，充分完成双方的成交行为。

（4）推销人员应当创造有利的成交气氛，选择适当的成交方式。成交压力会使顾客产生一定心理障碍，直接阻碍成交，而不利的成交气氛会增强成交压力。在使用假定成交法时，推销人员既要有假定成交的自信心，又要有促成交易的耐心；既要有推销信心，又要增强顾客的购买信心。在使用该方法时，推销人员需要尽量保持自然的语气，创造有利的成交气氛，减轻顾客的成交心理压力，推销成交则会顺理成章地实现。

（5）假定成交法最适用于老顾客。假定成交法用途很广泛，主要适用于老顾客。对于准顾客来说，推销过程更为系统，购买决策更为谨慎，推销人员不可盲目假定成交；对于老顾客来说，推销过程可以适当简化，购买决策已经形成习惯，推销人员可以迅速假定成交。

三、选择成交法

1. 选择成交法的含义

选择成交法是指推销人员直接向顾客提供一些购买决策选择方案并且要求顾客立即购买推销品的一种成交技术。从现代推销学理论上讲，选择成交法是假定成交法的应用和发展。推销人员在假定成交的基础上向顾客提供成交决策比较方案，先假定成交，后选择成交。

选择成交法的理论依据是成交假定理论，推销人员假定顾客一定要购买推销品，问题在于顾客究竟要购买什么？购买多少？如何购买，等等。例如，“先生，请这边坐……您要来点什么？咖啡？牛奶？可乐？还是茶……”“小姐，您喜欢这件红的，还是喜欢那件绿的？还有这件黄的……”“唐经理，先要5吨还是10吨？”“吴先生，您是要大包装还是小包装的？”等等，都是选择成交法的典型推销辞令。

2. 选择成交法的特点

从以上的实例可以看出，首先正确使用选择成交法，可以减轻顾客购买压力，创造良好的成交气氛。推销人员使用选择成交法，似乎是把成交主动权交给了顾客，实际上是将成交选择权交给顾客，这样可以让顾客主动参与成交活动，减轻顾客成交心理压力，造成良好的成交气氛。

其次，正确使用选择成交法，可以有效促成交易。在使用选择成交法时，推销人员不是直接请求顾客购买推销品，而是直接假定顾客已经决定购买推销品，直接提供选择成交方案，间接促成交易。推销人员避开成交本身的问题，直接提供具体的成交选择方案，这样使得顾客无法拒绝成交，从而有利于促成交易。

再次，正确使用选择成交法，推销人员可以掌握一定的成交主动权，留有一定成交余地。推销人员直接假定顾客已经决定购买推销品，直接向顾客提供成交方案，把购买选择权交给顾客，把成交主动权留给自己。顾客在成交范围内选来选去，最终结果还是成交，让顾客自己做出购买决策，无法全面拒绝成交选择方案，给推销人员留有一定成交余地。即使选择成交失败，还可以进一步促成交易。

3. 选择成交法的使用策略

选择成交法并不是放之四海而皆准的常胜不败的方法，为了正确应用，有效促成交易，在使用时必须注意以下问题。

第一，推销人员必须针对顾客的购买动机和购买意向，直接假定顾客已经决定购买推销品，先假定成交，后选择成交。选择成交是建立在假定成交的基础之上，推销人员要善于捕捉各种成交信号，假定成交，在此基础上提供选择成交方案，否则选择成交失去基础，推销人员将陷于被动地位。

第二，推销人员应该看准成交信号，直接向顾客提供成交选择方案。选择成交法的基本原理是选择提示。在使用时，推销人员要把顾客注意力集中在成交活动范围内，将成交选择权交给顾客，调动顾客成交积极性，减轻顾客的成交心理压力，消除成交心理障碍，创造良好成交气氛。在推荐选择方案时，推销人员应该注意沟通技巧，自然诚恳，主动热情。

第三，推销人员应该把成交选择方案限定在成交范围之内。在使用选择成交法时，推销人员向顾客提供成交选择方案，把成交选择权交给顾客，促成双方自愿成交。但是推销人员必须限制顾客的选择权，把顾客的选择范围限定于成交活动本身范围之内，无论顾客做出什么选择，结果一定是成交。

第四，推销人员应该向顾客提供适当的成交选择方案，有效促成交易。一般情况下，推销人员应该尽量选择与成交行为有直接联系的选择提示，作为向顾客提供的成交选择方案，例如交货时间、交货地点、付款方式、运输方式、订货数量、订货规格、性能特点、质量要求等，都可以作为成交选择提示的基本内容。在某些特殊情况下，推销人员也可以灵活机动，使用一些间接的成交选择提示，间接地促成交易。但是选择哪种推销提示，都必须有效地限制顾客的成交选择权，防止顾客滥用成交选择权，利用成交选择权来拖延成交或拒绝成交。

第五，推销人员应该掌握成交主动权，积极促进交易。使用选择成交法时，推销人员在将成交选择权交给顾客的同时，自身一定要牢牢掌握成交主动权，控制成交气氛，施加成交压力，主动促成交易。具体来说，推销人员应该开展重点推销，提供重点成交选择方案，限制顾客选择范围，引导顾客购买，节省推销时间，提升推销成交效率。

四、小点成交法

1. 小点成交法含义

小点成交法，也叫做次要问题成交法或者避重就轻成交法，是指推销人员利用成交小点来间接促成交易的一种成交技术。

从推销学理论上讲，小点成交法是利用了顾客的成交心理活动规律。一般来说，重大的购买决策问题能够产生较强的成交心理压力，而较小的成交问题则产生较小的成交心理压力。在重大成交问题面前，顾客往往比较慎重和敏感，一般不轻易做出明确购买决策，甚至不会轻易表露出任何成交信号。而在小的成交问题面前，顾客往往比较容易决策。小点成交法正是利用顾客这种心理活动规律，避免直接提示重大成交问题，而直接提示顾客不太敏感的成交问题，先小点成交，后大点成交，先就成交活动的具体条件和具体内容与顾客达成协议，再就成交活动本身与顾客达成协议，最后达成交易。

例如，“李总，关于设备的安装和后期维护，我们将全面负责，如果您没有其他问题，我们就这样决定了？”“刘主任，您看我们的价格确实很优惠吧？……既然这样，您看第一次我们先送多少货过来？”“何总，您不必担心交货时间方面的问题，我们保证按照客户的具体要求及时交货，这个月或者下个月都可以，您看呢？”“梅小姐，这边还有绿色、蓝色和红色，您看直接拿灰色的还是换一件别的颜色？”等等，都是属于小点成交法常用的说辞，推销人员抓住推销过程中的成交信号，巧妙地将其转变为成交小点问题，针对顾客的购买动机和购买意向，处理相关异议，减轻顾客成交压力，有效促成顾客自动成交。

2. 小点成交法特点

从上述实例中可以看出，小点成交法具有许多优点，具体表现为以下几个方面。

首先，正确使用小点成交法，可以创造良好的成交气氛，减轻顾客的成交心理压力。小点成交法的原理就是“避重就轻”，避开顾客较为敏感的重大决策问题，而就小点问题侧面切入，把顾客的注意力集中于较为轻松的小点问题，减轻顾客成交的心理压力，逐步说服引导顾客成交，造成有利的成交气氛。

其次，小点成交有利于推销人员主动提出成交，并且保留有一定的成交余地。小点成交法要求推销人员直接促成小点成交，间接促成大点成交。推销人员在推销过程中可以密切关注顾客成交信号，选择若干与成交间接相关的小点问题作为顾客成交的提示，倘若在推销过程中其中一个被顾客拒绝，推销人员也可以继续提示其他小点成交。

3. 小点成交法使用策略

在使用小点成交法时，推销人员必须注意以下相关问题。

第一，推销人员应该针对顾客的购买动机和购买意向，适当选择成交的小点。顾客购买动机是顾客成交的动力，使用小点成交时，推销人员应该直接针对顾客的个性特征和购买动机，选择有效的成交小点，诱发顾客的购买欲望，才能创造良好的成交气氛，有效促成推销成交。

第二，推销人员应该把小点成交直接转化为大点成交的成交信号，及时促成大点成交。小点成交并不完全等于大点成交，顾客对推销品的某一方面认可不等于对推销品整体的认可。推销人员在使用小点成交法的同时，既要把成交小点与成交大点结合起来，选择适当成交小点，又要把成交小点与成交大点区分开来，把成交小点直接转化为大点成交的信号，及时促成大点成交，完成成交手续，达成最后的交易。推销人员同时应该避免直接提示大点成交，只有这样，推销人员才能创造和谐的成交气氛，有效促成交易，避免发生成交误会和成交纠纷。

第三，推销人员必须认真处理顾客对有关问题的异议，不能用小点成交提示回避顾客所提出的重大问题。小点提示可以有效缓解顾客购买的心理压力，促成交易达成，但阻碍成交的最根本问题是成交异议，推销人员对成交异议必须认真对待和回答。如果推销人员试图借助小点成交掩盖或者忽略顾客的成交异议，最终只能导致推销失败。

五、从众成交法

1. 从众成交法含义

从众成交法，也叫做排队成交法，顾名思义是指推销人员利用顾客的从众心理来促使顾客立即购买推销品的一种推销成交技术。消费者行为学研究表明，顾客的购买行为会受到自身所处社会环境影响，人们的消费行为既是一种个体行为，又是一种社会亚文化群体行为。从众成交法正是利用顾客所处环境对顾客的制约和影响，通过形成一定的购买风气和气氛，说服顾客购买，促成交易。

例如，“王女士，这是今年最流行的服装款式，您要一件什么颜色的？”“赵大哥，我们这款产品特别畅销，马上就要售完了，您不来一套？”，等等，这些推销语言都是利用人们的从众心理，促进顾客做出购买决策。

2. 从众成交法特点

从上面可以看出，从众成交法首先有利于推销人员吸引和招徕顾客。现代推销过程中顾客寻找是推销第一环节，只有成功地接近顾客，才能有效达成交易。推销人员利用从众成交法时，利用老顾客口碑吸引新顾客，有利于吸引和招徕顾客，提高推销工作效率。

其次，使用从众成交法，可以增强推销人员的说服力，提升推销人员的成交信心。正所谓“借别人之口夸自己”，从众成交法虽然推销词还是由推销人员来说，但是内容却是由“其他顾客”来决定，消费者更容易信服。

再次，使用从众成交法，有利于推销人员掌握成交主动权，积极引导顾客自动成交。推销人员在使用从众成交法过程中，首先集中攻克一部分顾客，利用老顾客传播效应带动其他顾客成交，“让这一部分顾客去说服其他顾客”，促使大批顾客从众自动成交，提高推销效率。

3. 从众成交法使用策略

为了正确使用从众成交法，有效促成交易，推销人员必须注意以下问题。

第一，推销人员必须针对顾客的从众心理动机，选择和使用具有一定影响力的基本顾客和中心顾客。是否能说服新顾客，引发其从众购买心理，关键在于基本顾客和中心顾客是否对新顾客有影响力，正所谓“影响有影响力的人”，推销人员应该选择目标顾客群体普遍认同或者愿意顺从的基本顾客和中心顾客“元素”，利用这些元素来刺激新顾客购买。例如，对时尚消费人群，可以选择影视明星广告或其购买行为进行说服，“这个品牌也是某某明星的最爱”，“韩国著名影星某某一直为这款产品代言”等。

第二，从众成交法主要适用于有大批用户的普通商品，不适用于特别推销，尤其不适用于具有反从众心理现象的顾客，例如个性消费群体。从众成交法的基本原理是利用从众心理促成大量成交，对于不具有从众心理的顾客以及不需要大量成交的推销品，使用从众成交法的效果适得其反。

六、机会成交法

1. 机会成交法含义

所谓机会成交法，也称作限制成交法、唯一成交法或者最后成交法，是指推销人员直接向顾客提示最后成交机会而促使顾客立即购买推销品的一种成交技术。

机会成交法在日常促销环节的推销工作中较为常见，例如，“广大消费者朋友们，元旦三天全场九折，今天是最后一天了，请大家抓紧时间，莫失良机”、“本品只能凭有效会员卡购买”、“这款手机很畅销，我们只剩下最后一部了”，等等。

2. 机会成交法特点

从上面可以看出，机会成交法如果使用恰当可以起到以下几个方面的作用。

第一，可以创造有利的成交气氛，吸引顾客注意力。人们往往对于各种各样的机会尤其是一去不复返的机会更加关注，通过稀缺的购买机会提醒消费者，往往能够在第一时间吸引顾客注意力，刺激顾客购买兴趣和欲望。推销人员辅助以恰当的广告宣传方式，直接提示成交机会，造成良好的成交气氛，非常有利于促进成交实现。

第二，合理使用可以向顾客施加一定的成交机会心理压力，促使顾客主动成交。通过稀缺成交机会刺激顾客产生一定的成交心理压力，使顾客处于一种决策前高度紧张的心理状态，有利于促进顾客迅速做出购买决策，主动成交。

第三，合理使用可以主动限制顾客的成交内容和成交条件，促使顾客立即购买，及时达成交易。推销人员方面通过限制购买机会而限制顾客成交条件和内容，例如电影首映等不能重复推销的产品和服务，机会成交可以有效地推进顾客立即购买。

此外，除去以上优点，机会成交法如果使用不当，也可能给顾客带来过高的心理压力，造成不利的成交气氛；滥用机会成交法，也有可能使顾客失去购买信心或者对推销品失去信任。

3. 机会成交法使用策略

在使用机会成交法时，要特别注意以下问题。

第一，推销人员必须认真选择成交机会，诱发顾客的购买心理动机。

推销人员在制定选择成交机会的内容时，应该针对顾客购买动机，选择和使用适当的成交机会因素，尤其是对顾客的购买条件和内容进行一定的限制，通过“稀缺”来刺激顾客的求新、求廉、求奇等心理带来的购买欲望。否则，顾客对转瞬即逝的机会也会毫不在意。

第二，推销人员应该结合一定的广告宣传，造成一定的机会成交气氛。

为了吸引顾客，推动推销人员主动成交，使用机会成交法之前应该配合对推销品的大力广告宣传，充分整合利用各种现代信息传播手段，提示成交机会，吸引顾客，造成有利的机会成交气氛，施加机会成交压力，引起大批连锁成交。

第三，推销人员应该直接提示成交机会，开展重点推销。机会成交法可以是利用最后机会、优惠机会、减价机会、展销机会等吸引消费者购买，推销人员在制定机会政策时，应认真分析成交机会因素，结合推销重点，直接提示成交机会，增强说服力，诱发顾客的主要购买动机，直接促成交易。

七、异议成交法

1. 异议成交法含义

异议成交法是指推销人员利用处理顾客异议的时机直接向顾客提出成交要求而促成交易的一种成交技术。从现代推销学理论看，异议成交法是请求成交法和假定成交法的一种综合实际应用和发展，是一种直接成交法，是一种大点成交法。

顾客异议一般来说，既是成交的直接障碍，又是成交的明显信号。只要推销人员能够成功处理顾客异议，就可以有效地促成交易，促使顾客立即购买推销品。例如，推销员经常可以这样说，“王经理，既然您已经完全相信这种新包装的优点了，您打算要哪一种规格的？”“胡总，既然您已经同意我的看法，我们就这样决定了？”“董事长，既然贵公司有能力也有需要购买这种设备，那我们就派人马上送货并安装了”。

2. 异议成交法的特点

异议成交法最大的优点和好处在于，正确使用异议成交法有利于推销人员充分利用顾客的各种异议，将推销障碍转化为异议成交信号，从而进一步转化为异议成交行为。

3. 异议成交法使用策略

异议成交法看似简单，但如果处理不当，异议依然成为成交障碍，而无法成为成交信号。因此，推销人员在使用该方法时，应该注意以下有关问题。

第一，推销人员应该认真深入分析顾客异议及其根源，看准成交信号，充分利用各种异议成交机会。成交过程中，顾客有可能提出各种各样的成交异议，有些异议只是顾客拒绝成交的借口，一种非成交信号。因此，在使用异议成交法时，推销人员应该认真分析各种异议及根源，针对顾客异议，究其原因，放过无关的异议和非成交信号，看准成交信号，充分利用各种异议成交机会，提升推销效率。

第二，推销人员应该抓住有利时机，适当施加异议成交压力，及时促成交易。异议成交是一种间接成交技术，但是妥善处理异议并不等于成交一定实现，更不一定会直接促成顾客主动成交。在使用异议成交法时，推销人员应该抓住有利的成交时机，向顾客施加适当的异议成交心理压力，把成交信号转化为成交行为，促使顾客自动成交。

第三，推销人员应该讲究成交策略，同时并用多种成交技术。顾客异议说到底是成交信号，而不是行为。因此，在使用异议成交法的同时，推销人员应该充分利用各种异议成交机会，同时并用多种成交技术，迫使顾客立即购买推销品，及时促进推销成交实现。

八、保证成交法

1. 保证成交法含义

保证成交法又称作承诺成交法，是指推销人员直接向顾客提供成交保证来促使顾客立即购买推销品的一种成交技术。

顾客在购买过程中往往会害怕或者担心决策失误而拒绝成交，或者故意拖延成交，顾客的这种成交心理障碍直接阻碍成交，不利于及时达成交易，甚至使推销人员失去最后成交机会。这种障碍产生的原因错综复杂，推销人员可以针对顾客的购买动机，向顾客提供一定的成交保证，消除顾客的成交心理障碍，增强顾客的成交信心，促使顾客立即做出购买决策。

从某种意义上来说，推销人员针对顾客疑虑做出保证是对顾客异议的一种处理，因此保证成交法可以看作是异议成交法的一种具体表现形式。

2. 保证成交法特点

保证成交法的典型优势表现在两个方面。

首先，可以消除顾客的成交心理障碍，增强顾客的成交信心，有助于迅速推进成交实现。在成交时，推销人员只要针对顾客的主要购买动机，直接提供有关成交保证条件，就可以解决顾客的后顾之忧，消除成交心理障碍，增强顾客的购买信心。例如，推销人员可以这样说，“钱总，请您放心购买，我们保证贵公司只会盈利不会亏损，只要按照我们规定的经营标准进行经营，每进 2 吨货物，保证获利 10 万元”。能够直接消除顾客疑虑的保证，可以增强顾客的成交信心，很有可能在短时间内促进顾客实施购买行为。

其次，正确使用保证成交法，可以增强成交说服力和成交感染力，诱发顾客的购买动机，创造良好的成交气氛。推销人员具有说服力和感染力的推销既可以使顾客增强购买信心，减少心理压力，也可以刺激顾客的购买动机，强化购买欲望，创造出良好的推销氛围，使顾客在自愿、轻松的氛围中主动成交。

3. 保证成交法使用策略

保证成交法是推销人员向顾客做出承诺以促进购买的技术，“一诺千金”，在使用时必须注意以下问题。

第一，推销人员必须针对顾客疑虑有针对性地提出保证。只有深入分析清楚顾客真正的疑虑，有针对性地提出成交保证，才能彻底打消顾客的成交心理障碍，实现购买。

第二，推销人员必须出具有效的相关文件和保证材料。“空口无凭”，推销人员往往无法以个人名义向顾客做出关于产品质量、售后服务等保证，只有出具有效的相关文件和资质证明材料，推销人员的成交保证才会真正有说服力，顾客才能真正相信，从而实施购买。

第三，推销人员在使用保证成交法推销的过程中，自身要具有充足的信心，同时要注意语言的感染力。只有这样，才能从情绪上打动顾客，让顾客在更加良好的氛围中实现成交。

第三节　合同签署及后续工作

推销人员与客户就交易条件全部谈妥以后，由于这些交易条件涉及方方面面的内容，为了进一步明确双方的权利与义务，还需要将所有交易条件转化为书面协议，即合同。

一、合同签约

1. 签约准备

(1) 起草合同并严格审查各项条款。

推销人员在口头上与顾客达成购买协议之后，推销成交并没有完全实现，一般情况下，还需要签订文字合同。因此，推销人员必须提前将需要签订的购买协议模版起草完整，合同的内容一般包括：当事人的姓名、住所；商品的数量、质量、价款或酬金；合同履行的期限、地点和方式；违约责任及解决争议的方法。合同的各个条款记载着不同的交易条件，体现着交易双方在各个方面及各个阶段的权利和义务关系。任何不应有的缺省都将会影响合同的顺利履行。因此，在合同起草时一定要备齐合同必要的条款。

(2) 慎重对待客户修改或新增条款。

合同是双方真实意思的体现，平等自愿与诚实守信是合同双方当事人应遵守的基本原则。对本方起草的合同提出修改意见和增加条款，是对方的权利，也是非常正常的事情。合同的内容应完全、充分反映双方谈妥的交易条件，如果对方对合同的修改或增加的条款超出了当初双方已谈妥的交易条件，说明客户又出现了新的异议。只有妥善处理新出现的异议，才能最终在合同上签字盖章，不然，本方的利益在合同被修改或新增条款后很难保障。

(3) 满足客户看货、试用等要求并解答疑问。

在交易条件谈妥之后，客户在正式签约前往往会处于慎重提出看货、试用等要求。推销员切忌对顾客的这些要求表现出不满、不耐烦的情绪，要根据实际情况尽量满足顾客的最后要求。反之，很可能前功尽弃，功亏一篑。

2. 劝导签约

当推销人员和顾客双方都做好充分的签约准备之后，接下来的事情顺理成章就是签订书面文件。推销人员此时需要再次强调购买，更进一步劝导顾客尽快签约，完成正式签约程序，以免“夜长梦多”。劝导签约的基本方法包括以下几种。

（1）强调顾客利益。

推销过程中推销人员虽然辛苦，但是顾客对自己经过讨价还价、货比三家争取到的交易条件也非常珍惜。此时，如果推销员及时向顾客强调交易对顾客更有利，并且适时向顾客征询是否需要签署书面合同，顾客一般会答应并且要求尽快签约。例如，推销人员可以这样向顾客说，“陈总，您提出的这个价格我确实很为难，从来没有这样低的价格卖出过……您是要今天签合同么？”“我们这款产品在沃尔玛的货架上标价一直是现在价格的两倍，从没有打过折……您购买的话需要在购物小票上签个字”，等等。

（2）让顾客信赖。

交易条件达成后，顾客往往还会在内心做最后一遍审核，此时推销人员可以向顾客不失时机地宣传产品生产厂家或者销售商家信誉、企业文化、品牌形象及未来发展目标等，使顾客受到感染，强化顾客购买的信心，对购买产生更为强烈的信赖感，从而尽快签约。

例如，销售人员经常可以在顾客签约之前对顾客说，“您放心，我们商场是全国连锁知名品牌，销售的都是质量信得过的品牌产品，您可以放心购买”，或者说，“我们这款产品品牌是专业生产空调的，企业一直致力于研究高效节能空调，在行业内属于领先水平，您完全可以放心购买”等。

（3）让顾客心理满足。

推销人员也可以通过情感沟通使得顾客心理满足感加强，从而促进顾客迅速签订购买合同。通过情感沟通可以使顾客对交易本身产生满足感，这种满足感可能并不是来源于产品及交易条件本身，而是来源于推销人员与顾客的直接语言情感沟通，最终增加顾客的购买满意度。例如，推销人员可以在签约前利用休息闲暇对顾客说，“您是做什么工作的，老师么？和您说话让人觉得很舒服”，或者说，“您的气质很不错，一看就觉得是高级知识分子”。

（4）强调签约有利于保证双方利益。

签订书面合同本身就是为了保证交易条件达成后，以固化的书面文件来强化双方的权利和义务，保障双方的利益，这是当代信用体系逐步完善的必要条件。

3. 签约后作业

签约并不是推销工作的终结，与顾客正式签订书面购买协议之后，还需要包括履行合同义务在内的一些后续细节工作需要完善和处理，对这些工作的妥善处理将提升顾客的购买满意度，增加顾客二次购买的可能性，同时可以通过口碑效应挖掘潜在客户市场。

（1）庆贺签约。

达成交易对买卖双方来说都是一件值得庆贺的事情，推销人员应当主动提出，并结合具体情况，通过相应的仪式或者语言，为双方庆贺。一来可以增加顾客满意度，提升交易质量。二来可以增进与顾客的感情，使得顾客与推销人员情感上站到同一战线，感觉交易建立在共赢基础上，有利于铺平双方长期合作的道路。

在庆贺的过程中，为了增进与顾客的情感交流，推销人员完全可以撇开推销产品主题，借助于其他共同感兴趣的话题，与顾客展开一定的情感沟通。

（2）索取客户详细资料。

每一个与你成交的客户都有一定的成交原因，同时日后有可能成为你的客户资源。因此，尽可能取得客户的相关详细资料，用来具体分析客户市场购买的特性，以及日后展开售后回访服务。有可能的情况下，与该客户建立良好的关系，他还会为你介绍新的客户。

例如，某服装折扣店每次都将满意度较高的顾客姓名和电话记下来，每次商店有新产品上市或者促销信息就会通过“飞信”发送信息给老顾客，老顾客接到信息之后经常会呼朋引伴，一起光顾这家折扣店。这样一来，这家折扣店的老顾客越来越多。

（3）认真履行合同。

无论用何种方式提升顾客购买满意度，归根结底，必须首先保证严格履行购买合同，“说到做到”，让顾客对推销一方的产品和服务产生基本的信任，这是顾客满意的基础。因此，与顾客签订的购买合同必须认真履行，在确保顾客满意的同时，树立自身的形象。

4. 推销失败的告辞

推销员在经过种种推销努力后，并不是每次都会成功，往往多数以失败告终。因此，推销人员不但要学会在成交情况下完成后续作业，而且要清楚成交失败后需要注意的一些事项。在推销遭到拒绝后，推销人员千万不能急躁，此刻应该清醒地认识到，转身就走是不礼貌的，再待下去很可能也无济于事，理智的做法就是如何以简短的几句话来结束这种尴尬的局面，既不失礼貌，又落落大方，同时也有可能挽回最后一丝推销余地，铺平再次造访之路。

（1）买卖不成人情在。

交易成功之后，推销员与客户再沟通和交流比较容易，交易一旦失败，推销人员往往草草收场。成功的推销人员一定要做到“买卖不成人情在”，对拒绝自己的顾客彬彬有礼，感谢他们给予自己机会，并为打扰或者耽误对方的时间向他们致歉。良好的风度和友好的态度会使顾客产生一丝悔意，为再次推销成功铺平道路。

（2）请求指点。

在推销人员费劲口舌，但最后仍未成交的情况下，推销人员也可以主动向顾客请教，从推销整个环节了解顾客不愿意成交的原因和影响因素，找出需要改进的方面。这种情况下，推销人员态度一定要诚恳，表明只是想请顾客以客观的态度来看待此次推销，从而使自己的工作得到不断的改进和提升，以及表明希望得到客户帮助的强烈愿望。

（3）保留后路。

推销失败后彬彬有礼保持风度，实际上是为了保留与顾客再次接触的可能性。为了提高下次成交的成功率，推销员一方面要有礼貌地向客户道歉，并感谢客户在百忙之中抽出时间听取自己的推销；另一方面推销人员要尽可能留下产品样品或者宣传资料请顾客再考虑，并留下自己的联系方式，保留一切交易成功的可能。

5. 编制推销报告

交易无论成功与否，对于有价值的客户，都应当给予足够的重视，要通过编制推销报告文件的形式将客户信息归纳整理，以备存查。推销报告文件一般包括以下几项内容。

（1）客户基础资料，即客户最基本的原始资料。主要包括名称、地址、电话、所有者、经营管理者、法人代表及他们个人的兴趣、爱好、家庭、学历、年龄、能力；创业时间、与本公司交易时间；企业组织形式、行业、资产等。

（2）客户特征，主要包括服务区域、销售能力、发展潜力、经营观念、经营方向、经营政策、企业规模、经营特点等。

（3）业务状况，主要包括销售业绩、经营管理者和业务人员素质、与其他竞争者的关系、与本公司的业务关系及合作态度等。

（4）交易现状，主要包括客户的销售活动现状、存在的问题、保持的优势、未来的对策，企业形象、声誉、信用状况，交易条件等方面的问题。

二、讨债技巧

尽管我们对应收账款做了科学的管理，对货款回收采取了种种预防措施，但也很难完全避免客户拖欠货款的情况发生。作为推销员，有必要研究学习一些讨债的技巧，以利于追讨顾客所拖欠的债务。

1. 讨债的一般手段

（1）利用行政干预手段协助讨债。

利用行政干预手段协助讨债，是指债权人在讨债过程中，通过债务人的上级领导机关对债务人进行说服教育，规劝债务人尽快偿还债务。市场经济条件下，政府行政机构虽然已不再直接管理企业具体业务，但仍可对企业的生产经营活动产生重要影响。一个得不到政府支持的企业，是很难维持和生存发展下去的。因此，推销人员可以利用政府行政机关这种影响力来协助追讨债务，如果推销人员能够说服债务人的上级机关出面进行干预或者协调，对于收回货款会有很大帮助，尤其是当债权人和债务人同属于一个部门领导时，其效果将更加明显。

需要注意的是，由于债务人的上级机关并不能强制债务人必须履行债务，只能通过说服教育、督促债务人履行债务合同，所以讨债者不能将此作为唯一依赖的手段，应该同时配合其他手段使用。

（2）利用法律诉讼手段帮助讨债。

利用法律诉讼手段帮助讨债是指债权人通过法律诉讼的程序，通过各级执法部门强制性执行债务合同。这是当代法律对债权人合法权益的最高保障，诉讼结果具有法律效力，任何个人和企业都必须无条件服从。

但利用法律诉讼手段也存在种种弊端，例如，程序较为复杂，耗费时间久，成本大，而且不利于日后双方关系的维护和发展，一般情况下，不到最后万不得已，不选择法律诉讼手段帮助讨债。正如我们通常所说，不是迫不得已，不会“撕破脸皮，对簿公堂”。

（3）以中断合作关系的手段帮助讨债。

现代市场经济中，企业与企业之间的关系不仅是简单的债权人与债务人的关系，也不仅仅是买方与卖方的关系，更重要的是在产业链上形成了互利互惠的合作关系。任何一方破坏这种合作关系，从长远来说只会对自身发展有害无益。因此，无论是债权人还是债务人都希望在公平的基础上尽量能持久维系良好的合作关系。根据这一特点，讨债人在讨债过程中，可以利用中断合作关系而迫使债务人尽早清偿债务。

例如，山西是全国知名的煤炭大省，在全国煤炭市场占有举足轻重的位置，但在一个时期由于货款拖欠严重，甚至影响到很多企业的正常运转，为了清偿拖欠的债务，各大矿业集团统一采取了一个行动，不清欠款则不发煤。这一举措的实施使得大量欠款在短期内得以回收，效果很好。

（4）运用经济抗衡手段帮助讨债。

运用经济抗衡手段帮助讨债，是指双方同时互为债务人和债权人的情况下，债权人根据双方合同应当同时履行的原则，针锋相对地逼使债务人履行债务的一种方法。例如：某企业与一用户签订购销合同，规定付款方式为款到发货，但眼看已经过了交货期，仍不见用户的货款到账，尽管用户一再催促，企业仍拒绝发货。

这种方法对于技术贸易、租赁交易等有较好的效果，而对于商品的交易则有一定的局限。现实生活中，先款后货往往难以做到，除非一些比较紧俏的商品，有的企业为了牵制对方，对于一些成套供应的商品，扣住其中一些关键部件暂时不供应，直到对方付清货款。或者常用的做法是发二分之一货物之后清算三分之二货款，等到发完全部货物之后清算尾款，这样可以通过相互制约化解风险。但无论如何相互制约和抗衡，都必须事先在合同中约定，否则私自不按照合同履行就算是违约。

（5）通过对债务人“输血”帮助讨债。

对于客户确实因为支付能力不足而形成的拖欠，也可以通过“输血”扶植的手段来帮助讨债。“输血”具体是指债权人通过各种方法帮助和扶持债务人，使其具备偿债的支付能力。一般来说，对债务人的扶持措施主要包括以下几种。

第一，给予资金资助。客户欠款可能是因为暂时流动资金不足影响正常运转，在这种情况下，如果适当给予一定的资金援助，帮助客户企业盘活经营，回收利润，可以在帮助客户企业改善经营的同时提升对方的债务支付能力，从而保障自身债务的顺利回收。一般来说，债权人通常可以通过为债务人向银行提供贷款担保等方式帮助债务人解决流动资金的不足，恢复生产，赚取利润，偿还债务。

例如，小姜大学毕业后自主创业成立了一家通讯器材专卖店，他本人诚实经营，社会信誉度非常高。由于之前购买经营设备向某办公用品店赊购价值两万元的产品，到购买合同货款到期之日小姜按照合同该支付办公用品店两万元货款。但由于小姜的企业缺乏流动资金导致本来盈利性较好的经营项目暂时中断，小姜本人也没有能力支付两万元货款。得知小姜正为了筹款向银行申请贷款而苦于缺少担保的具体情况之后，该办公用品店业务人员向该店市场部经理王先生汇报，王经理当即表示愿意为小姜提供贷款担保。小姜顺利拿到了银行贷款，专卖店的业务也一天一天红火起来，欠款也很快还清，而且他们从此成了业务上合作密切的伙伴，小姜给王经理带来很多新的购买订单，王经理也给小姜这个老顾客提供了很多购买优惠条件。

第二，给予技术援助。有的时候债务人不能按时偿还债务的原因在于技术工艺落后，导致效益不佳，支付困难。此时，债权人可以在有条件的情况下向债权人提供技术方面的支持或者援助，帮助企业改进工艺，解决企业技术难题。通过技术援助，改善企业经营状况，增加企业利润，从而偿还债权人债务。

第三，给予物质资助。如果债务人不能按期偿还债务的原因在于缺乏必要的材料或者产品积压导致周转困难，债权人可以在某种前提条件下向债务人提供物质帮助或者利用自己的销售网络帮助债务人推销积压的商品，加速债务人资金周转，从而提升债务人偿债能力。

例如，胜利建设有限公司有一笔巨额工程欠款拖了很久，迟迟未能入账，通过调查，了解到欠款方是当地某房地产公司，由于企业一个重要的地产项目缺乏钢材导致大笔资金无法盘活，企业遇到前所未有的财务危机。胜利建设有限公司通过自身的市场资源当即为这家地产公司筹措了相当部分钢材，解决了其燃眉之急，盘活了项目，很快胜利公司的账目上对方公司的欠款如数到账。

第四，其他临时帮助。若债权人没有时间和精力从长期去帮助债务人提升其偿债能力，则可以通过短期手段帮助债权人偿债。

2. 讨债技巧

讨债手段的选择要视对具体情况的分析来确定，在使用讨债手段时，要注意一些技巧。

（1）三思后行。

“凡事预则立，不预则废”，就讨债过程来说，包括准备、软磨、强攻、扫尾四个阶段。准备工作是否充分有可能直接影响到讨债工作的成功与否。在实施讨债工作之前应当充分做好准备工作，主要内容除了对对方企业具体情况进行前期调查之外，还应当结合具体情况确定本次讨债工作的具体策略，甚至制订具体的行动方案和备选方案。“不打无准备之仗”，只有行动之前做好充分的准备工作，设想好各种对方拒绝还债的理由和情形，并制订出相应的应对方案和备选方案，讨债工作成功率才会高。

（2）出手迅速。

讨债工作宜早不宜迟，争取快速行动、争取主动权，防止债务人做好应付讨债的各种准备，也要预防可能发生的各种意外。例如，债务人中断承包、租赁、联营协议；当事人辞职、退休；企业被兼并、破产倒闭；债务人借故拖延时间；市场行情突变、价格大跌，原价讨回的抵债物大大贬值等情况。

（3）盘根究底。

在激烈的市场竞争中，企业的经营情况往往大起大落很难预料，企业不按时偿还债务的原因也变幻莫测。而作为企业的商业机密，讨债人无法直接得知企业不按时偿债的真正原因。讨债人应当密切关注企业经营状况和相关市场行情，分析企业拒不还债的真正原因，对症下药。

（4）情法同步。

在讨债时，要注意“文武之道，一张一弛”。一方面，讨债人可对债务人表示同情，并可采取一些措施帮助对方解决自身问题；另一方面，讨债人也要与对方摆事实讲道理，必要的时候则通过法律或行政手段来追讨债务，以达到最终迫使对方偿债的目的。

本章小结

通过本章的学习，使学生理解成交的内涵，掌握实现推销成交的基本方法，能够在此基础上懂得结合实际情况选择适当的推销成交方法，并能够妥善处理推销收尾细节工作。

主要概念

推销成交　选择成交法　请求成交法　异议成交法　小点成交法　从众成交法　机会成交法

思考与练习

1．什么是推销成交？推销成交的基本原则有哪些？
2．推销成交的基本方法有哪些？
3．比较请求成交法与异议成交法，并分析二者是否可能同时使用？
4．小点成交法与选择成交法有什么异同？
5．什么是假设成交法？假设成交法在什么情况下比较适用？

实践与技能

1．案例分析

案例 1

一办公用品公司的推销员到某局办公室去推销一种纸张粉碎机。办公室主任在听完推销员的推销介绍之后，摆弄起这台机器，并自言自语道："东西倒是很适用，只是办公室这些小青年，毛手毛脚的，只怕没用上几天就坏了。"推销员一听，马上接着说："这样好了，明天我把货送来时，顺便把纸张粉碎的使用方法和注意事项给大家讲一下。这是我的名片，如果使用中出现什么故障，请随时与我联系。我们负责维修。主任，如果没有其他问题，我们就这么定了。"办公室主任很快接受了这个条件，实际上，他随之也接受了推销人员的推销建议。

请思考：
（1）该推销员运用了何种促进成交的方法？
（2）这种促进成交的方法有哪些优缺点？使用的时候要注意什么问题？
（3）遇到案例中类似情况，你愿意选择哪种成交方法？为什么？

案例 2

纽约市泰勒木材公司的推销员克洛里，因为"当面指责顾客错误"，得到过许多深刻的教训。他说："多少次上当吃亏，使我认识到，当面指责顾客是一件多么可笑的事。你可以赢得辩论，但你什么东西也卖不出去。那些木材检验员，顽固得就像球场上的裁判，一旦判错，绝不悔改！"

有一天下午刚上班，电话铃就响了。克洛里拿起听筒，里面传来一个焦躁愤怒的声音，抱怨他们运去的一车木材大部分不合格。那车木材卸下四分之一以后，木材检验员报告，有55％不合规格，决定拒绝收货。

克洛里马上乘车到对方工厂去，他基本上能猜到问题的所在。在路上，他想：用什么办法可以说服那位木材检验员呢？

要是在以前，克洛里到了那里，马上就会得意洋洋地拿出《材积表》，翻开《木材等级规格国家标准》，引经据典地指责对方检验员的错误，斩钉截铁地断定所供应的木材是合格的。

无论克洛里的“知识和经验多么丰富”，无论克洛里的“判断多么正确”，最终，还得按照顾客的意见办事。不是把木材运回去换一批，就是退货。克洛里的态度愈是坚决，对方就愈不让步。

克洛里刚刚参加了卡耐基培训班，学了许多卡耐基处理人际关系的原则。他决心学以致用，既不伤顾客的面子，又使问题得到妥善合理的解决。

到了工厂，供应料长板着面孔，木材检验员满脸愠色，只等克洛里开口，就好吵架。

克洛里见到他们，笑了笑，根本不提木材质量问题，只是说：“让我们去看看吧。”

他们闷不出声地走到卸货卡车旁边，克洛里请他们继续卸货，请检验员把不合格的木材一一挑出来，摆在另一边。

克洛里看检验员挑选了一会儿，发现他的猜测没有错，检验员检验得太严格了，而且他把检验杂木的标准用于检验白松。

在当地，克洛里检验木材还算一把好手。但他没有对这位检验员进行任何指责，只是轻言细语地询问检验员木材不合格的理由。

克洛里一点也没暗示他检验错了，只是反复强调是向他请教，希望今后送货时，能完全满足他们工厂的质量要求。

由于克洛里和颜悦色，以一种非常友好合作的态度虚心求教，检验员慢慢高兴起来，双方剑拔弩张的气氛缓和了。

这时候，克洛里小心地提醒几句，让检验员自己觉得，他挑选出来的木材可能是合格的；而且，让检验员自己了解，按照合同价格，只能供应这种等级的木材。

渐渐地，检验员的整个态度改变了。他坦率地承认，他对检验白松的经验不多，并反过来问克洛里一些技术问题。克洛里这时才谦虚地解释，运来的白松木树为什么全部都符合要求。克洛里一边解释，一边反复强调，只要检验员仍然认为不合格，还是可以调换的。

检验员终于醒悟了，每挑选出一块原来他认为“不合格”的木材，就有一种“罪恶感”。最后，他自己指出，他们把木材等级搞错了，按合同要求，这批木材全部合格。克洛里收到了一张全额支票。

尽量克制自己，不做当面指责别人的蠢事，克洛里使一桩生意起死回生，减少了一大笔损失。更重要的是：克洛里与这家工厂、与这位木材检验员建立了良好的关系，学会了处理人际关系的艺术，这一点，绝对不是金钱能够买到的。

请思考：

（1）克洛里成功的原因是什么？

（2）请结合身边案例，说明克洛里采用的是何种推销方法与技巧？

3．设计推销场景，要求学生正确选择运用各种推销成交方法。

第十章 网络推销

学习目标

通过本章的学习，使学生了解网络推销与传统推销的差异，掌握选择适当的第三方电子商务网络销售平台的方法，能综合运用推销基本原理和技巧，展开网络推销。

案例导入

淘宝第一美女网上开店月入两万

浙江树人大学大二女生李叶是个娇小的女孩子，但是她已经是一个成功的网店掌柜，而且是自己亲自做“model”的老板娘！

高三就做掌柜

女孩子大多数喜欢买衣服，更不用说漂亮的女孩子了，李叶像其他女孩子一样有着满满一柜子的衣服。高三的时候，看着那么多穿不完的衣服，想扔掉又舍不得，于是动了卖衣服的念头。她看着身边有的同学假期兼职做服务员、保安，虽然赚钱不多，可是却带来了巨大的成就感，于是她买了笔记本电脑，认真的做起了淘宝网店卖服装的生意。

三个月接一单

网店开起来后最开始一直无人问津，渐渐地连她自己甚至都忘记了自己还有个网店。足足等了三个月后，突然有一天有人发短信问她衣服的价格，她才想起自己的网店事业来。于是她热情耐心地解答客户的问题，终于她的网店有了零的突破。从此之后，局面奇迹般好起来，订单越来越多，目前她的网店平均月收入额两万元人民币。

最近，李叶被互联网网友以“淘宝第一美女”盛传，她的网店知名度也随之提升。

（资料来源：阿里巴巴网站）

案例分析：网络作为一种新型的销售渠道已经越来越广泛的应用于推销活动中。李叶作为个体销售人员借助阿里巴巴淘宝网展开销售，她的成功与她恰当地选择了销售平台有很大关系。目前互联网中有很多类似于淘宝的销售平台，为个人、企业销售产品或服务提供了创新性的便利条件。

第一节 网络推销环境

一、网络推销的含义

狭义的网络推销是指以互联网为推销媒介，借助于互联网向顾客推销商品或服务的销售活动。广义的网络推销则指的是以互联网、移动通信、传真电话等媒体为推销媒介，实现向顾客推销商品和服务的销售活动的总称。

网络推销作为一种全新的推销方式，与传统推销相比有明显的优势。由于互联网技术发展的成熟以及联网成本的低廉，互联网络如同一种“万能胶”，将企业、团体、组织以及个人跨时空联结在一起，使得相互之间信息的交换变得“唾手可得”。推销人员可以借助于互联网、移动通讯、电话传真等现代技术手段，跨越时间和空间界限，在花费较低成本的前提下，与顾客或者潜在顾客进行沟通、开展销售活动。

二、网络推销的特点

现代互联网等高新技术不仅打破了推销人员与顾客之间沟通的时间和空间界限，更加为推销工作提供了更多的便利条件和开展空间，因此与传统推销方式相比较而言，网络推销表现出一些独有的特点。

1. 跨时空

与传统面对面推销不同，通过使用传真、电话留言、互联网 qq、阿里旺旺等沟通软件、E-mail 等一系列工具，推销人员可以将商品和服务信息全天候 24 小时传达到顾客手中，现代高科技手段使得推销工作脱离时空限制达成交易成为可能。

2. 跨地域

传统推销绝大多数要靠推销人员与顾客面对面直接沟通，面对外地顾客，推销人员有时甚至需要千里迢迢赶赴客户所在地进行推销，即使借助传统书信的方式沟通，由于技术手段的限制，很多信息也不能有效传递。而现代网络推销则在很大程度上突破这种限制，通过以互联网为主要媒介的沟通网络，借助于现代多媒体技术，可以有效地将推销信息全方位地传递到甚至全球各地的用户手中。

3. 交互式

虽然网络推销是借助于互联网等媒介向客户进行推销，但与传统媒介最大的不同就是通过现代互联网与客户之间的信息沟通是交互式的，即信息传播是双向的，并不像传统媒介例如电视广告，只是单向的产品信息向顾客传播。信息互动式传播突破了传统媒介信息单向传播的限制，有效地使推销人员与顾客沟通互动，极大地促进了推销成功。

4. 多媒体

与传统商品展示不同，网络推销借助于现代远程数字输送、多媒体数字制作等技术，可以将推销品的相关信息更加生动、具体、传神地向顾客直接传递，结合推销人员相关推销技巧和策略，可以使顾客对推销品有更加全面、直接和准确的了解。

5. 高效性

由于网络推销打破了时间、空间的限制，推销人员可以自由选择时间、地点借助网络平台进行推销，甚至可以实现一对多的推销。因此为推销工作节省了很多时间和资源，从而极大地提高了推销工作的效率，实现了推销工作的高效性。

6. 技术性

正因为网络推销借助了现代先进的科学技术手段，因此推销工作对于推销员的基本技术素养要求也更加严格，懂得基本电脑网络操作已经成为现代推销人员的必备技能，如何更好地借助于现代网络技术将产品和服务推销到各个目标市场成为现代推销人员在激烈的竞争中处于不败之地的主要手段，推销工作表现出更加强烈的技术性。

7. 经济性

通过网络推销突破了传统推销工作的时间、空间限制，借助于多媒体手段实现了向顾客全方位展示产品。而且，随着技术的发展，网络设备购置费用逐渐在降低，网络推销工作在节约推销资源，实现高效推销的同时，极大地缩减了推销成本。因此，网络推销由于其低成本、高回报的特性，越来越被众多企业和推销人员所采用。

三、网络推销渠道

网络推销渠道大体上可以分为3大类，自建渠道、第三方渠道以及其他渠道。

1. 自建网站销售平台

自建网站销售平台指的是企业或者销售人员通过申请属于自己的域名，构建自己的销售网站，制作相关网页展示自身的产品和服务。通过客户点击网站了解产品信息、订购产品。典型的开展自建网站销售的企业例如戴尔公司，各种类型都客户可以通过点击企业官方网站进行在线浏览产品信息、选择订购产品、下订单、支付货款、选择收货方式等操作。再如专门从事 B2C 销售的麦考林网站，顾客可以通过点击网站浏览商品、咨询、下订单、付款、选择收货方式等操作。

自建网站对于大多数企业来说创建成本和后期维护成本较高，需要企业具备相当的规模、品牌知名度、技术及资金实力，因此这种方式对于大部分大型知名生产性企业和资金实力较为雄厚的销售型企业非常适合，却不适合于实力相对较弱的中小企业。

2. 借助于第三方网络销售平台

第三方网络销售平台是指专业从事网络销售的企业向产品生产企业、个人和产品需求客户提供的网络销售平台。目前常见的第三方网络销售平台有阿里巴巴、中国制造网、ebay 易趣网等。这些网站都是专业从事为企业和个人提供第三方网络销售平台的工作。

以阿里巴巴（全称为阿里巴巴中国集团公司）为例，旗下包括阿里巴巴国际站、阿里巴巴国内站、淘宝等三个销售平台，每个平台都有不同的市场定位，分别为不同的买家和卖家提供第三方网络平台。

3. 借助于其他沟通工具展开销售

除去借助专业网络销售平台开展网络推销工作以外，还可以借助于博客、论坛还有聊天等其他网络沟通工具开展网络推销。例如借助于 qq、msn、E-mail 推销等方式。

案例1

刘同学的qq服装卖场

刘佳宇是某高校大一电子商务专业学生，为了有效将专业理论知识与实践能力相结合，他打算在网上经营品牌服装。刘佳宇通过经营服装的朋友认识了“马克 · 华菲”品牌服装的供货商，对方答应按一级代理商价格向他供应该品牌服装。由于刘佳宇是在校学生，没有资金和技术力量，无法自建网站，因此他开始选择借助于淘宝网。

可是经营了一段时间刘佳宇发现，淘宝上销售同一品牌服装的卖家成千上万，竞争非常激烈，要想让自己的店铺在网购市场取得一席之地必须进行付费的网络推广，而他又没有足够的费用。经过再三思索，他决定开辟自己的第二销售平台——qq空间。

众所周知，大部分网友的qq空间都是用来记载自己日常生活的日志、上传生活照片等，qq空间是大多数网友相互之间在网上了解对方的一个平台，很少有人用qq空间来经商。刘佳宇真是看中了这个契机，他把自己的“马克 • 华菲”低价折扣店从淘宝搬到了qq空间。

很快，很多不经常上淘宝购物的网友被他的qq空间商品吸引，都通过qq留言表示愿意购买他的服装。

就这样，刘佳宇的“马克·华菲”低价折扣店通过qq空间奇迹般地红火起来，而他本人也通过这件事情得到很多网络推销的启示。

第二节 网络推销开展

在了解了网络推销的基本环境之后，在开展网络推销之前，推销企业或者个人还必须选择合适的网络推销渠道，针对相关内容培训网络推销人员以及制定系统的网络推广策略。

一、网络推销渠道选择

根据前面第一节内容所述，网络推销渠道可以自建，也可以选择第三方渠道或者借助于其他非专业销售渠道。渠道选择的依据主要是结合销售主体的资金、技术以及产品本身特性。一般来说，企业作为销售主体，无论是实力还是销售目标都与个人有很大不同。企业在网络销售的同时，希望建立产品品牌、树立企业形象；个人则更多希望销售业绩的增加以及个人信誉的提升。因此，下面从企业和个人两个角度来探讨如何选择网络推销渠道。

1. 企业推销渠道选择

现代企业销售活动已经越来越离不开网络推销，但是如何有效整合网络资源，在最低的成本投入下实现经济、品牌收益最大化是企业要考虑的问题。选择自建网站销售可以树立企业品牌形象，但是需要较高的筹建投入、推广费用以及后期维护成本，而且面临较高的风险；选择第三方网络销售渠道可以有效降低企业经济成本，但是企业品牌形象的树立会受到限制；对一般性企业来说很少选择借助其他非专业销售工具展开网络推销。因此企业如何选择网络推销渠道，主要取决于企业的实力和经营目标。

一般来说，对于处于生存和发展阶段的中小型企业，主要以销售为目标，因此会选择成本较低的第三方网络销售平台。对于已经具备一定知名度的实力较强的企业，主要以打造品牌形象为目标，大多数情况下会选择自建网站，一方面自行独立架构自己的销售网络，另一方面，通过独立网站展示企业产品和实力，从而在网络平台中树立自身的品牌形象。

2. 个人推销渠道选择

与企业开展网络推销一样，在竞争日趋激烈的销售市场上，个人开辟网络渠道也已经成为大势所趋，开展网络推销成为个人推销在竞争中处于不败地位的必要的工作技能。但同时与企业开展网络推销又不同，个人开展网络推销所拥有的资源、追求的目标都有所不同，个人更加关注平台的经济方面的投入和回报。因此，在选择推销渠道时，个人更加愿意整合价格低廉、受众率较高的第三方平台和其他一些非专业网络沟通平台。

目前，在国内电子商务市场，个人参与较多的第三方零售平台主要以淘宝网为代表，腾讯的“拍拍店铺”、百度的“有啊”等，进入门槛都比较低：成本较低，对销售人员要求也较低。个人参与较多的第三方批发平台主要以阿里巴巴国内站为代表，个人通过注册成为网站会员，可以以个人名义展开网上销售工作。

有些销售人员出于种种原因借助非专业的网络沟通工具进行网上销售，例如 E-mail 销售、qq 空间展示、msn 销售等。一方面，这些非专业销售工具的免费使用可以降低推销人员推销成本，同时避开专业销售平台的激烈竞争；但另一方面，从长远来说，非专业销售工具的使用不利于推销品品牌形象的树立，也不利于推销人员信誉度的积累和提升。

二、网络推销沟通

无论网络推销还是传统推销，沟通都要向顾客传递产品信息，并在公平共赢原则基础之上，建立良好稳定的人际关系。但网络推销打破了传统面对面推销沟通方式的局限，而且更加注重信息传递和关系的建立。

1. 沟通工具

（1）即时沟通。

现代科学技术的发展为推销人员提供了即时在线沟通的可能。相对其他网上沟通方式而言，在线即时沟通更加具有针对性、更加直接，是网络推销必不可少的环节。

与客户进行即时沟通首先要选择恰当的沟通工具，目前用户过亿的沟通工具主要有 qq、msn 和阿里旺旺。相比较而言，不同沟通工具的适用人群、主要功能及使用效果都有所不同。表 10-1 为 qq、msn 及阿里旺旺使用比较。

表 10-1　即时沟通工具比较

比较指标 / 工具	使用人群	主要目的	主要功能
qq（腾讯）	大部分普通网民	休闲娱乐	聊天、传送文件、空间展示、游戏
msn（微软）	白领	信息传递	沟通、文件传递
阿里旺旺（阿里巴巴）	中小企业主、电子商务人员	寻找商机、沟通客户、交流经验	聊天、传送文件、与阿里巴巴网站对接

开展网络推销的企业和人员应当根据自身具体情况，分析目标客户市场和消费者购买行为，合理选择适合自身的即时沟通工具。

（2）电邮沟通

开展网络推销除了要与顾客进行必要的在线即时沟通之外，往往需要结合其他沟通方式，例如向顾客发送报价单、订单确认、定期发送新产品信息、向顾客发送购买意见反馈表等。一般情况下，网络推销人员可以选择电子邮件发送附件的方式向顾客发送相关信息。

目前，大多数门户网站都提供了一定容量的免费邮箱供会员使用，常见的有网易邮箱、新浪邮箱、qq 邮箱等，会员可以结合自身需求命名较为容易识记的名称加上网站后缀名称作为邮箱全称。但同时，免费邮箱的使用又不利于企业品牌形象的树立，因此部分企业选择购买企业 vip（very important person）邮箱，或者通过使用阿里巴巴阿里旺铺邮箱，改变邮箱名称后缀，在与客户沟通过程中，树立企业品牌形象。

企业和销售个人在开展网络推销工作时，应当制定系统、完整的沟通政策，选择确定合理的电子邮箱，定期向不同类型的顾客发送所销售产品的相关信息和资料。

案例2

都是邮箱惹得祸

小张是浙江某专门生产礼品包装的企业销售员，2009年由于受金融危机的影响，工厂订单急剧下降，企业效益不佳，小张收入也急剧下降。

正当小张一筹莫展之时，他大学同学推荐他试一下网上销售，看看是否能够增加一些订单。小张抱着试一试的心态，年初的时候在阿里巴巴的国内站上注册了个人会员，并在网上上传了自己所在企业的产品详细介绍和照片。此后，小张每天使用在线即时沟通工具阿里旺旺，等待商机出现。

很快，小张就收到了有一个名叫“诚信待客”的来自广西某销售企业的询盘，对方是一家专业生产礼品的厂家，并且表示对小张销售的包装产品很感兴趣，希望能在价格合理的情况下大批量订货，向小张索取报价单。小张二话没说习惯性地打开自己平时使用的个人邮箱将早已制作好的产品报价单发送到对方指定邮箱，高高兴兴地等着对方的回音。

可是时间一天一天过去了，对方却一直杳无音讯，通过阿里旺旺询问的时候，对方总以种种理由推脱。小张终于按捺不住，直接询问对方不订货的理由，对方的其中一个业务人员只好告诉他，“我们看到你发送报价单的邮箱不是企业邮箱，再加上你在阿里巴巴还没有成交记录，所以采购经理对你不是很信任，我们打算再考虑考虑”。小张一听顿时明白了，之后他很快把事情向自己所在企业的销售经理反映，销售经理马上通知销售部相关人员，以小张的名义利用企业在网易购买的vip邮箱，把相关报价单发送给对方，并且附带了一份情况说明。

对方收到企业邮箱信件之后，果然不久打消了所有疑虑，开始联络小张洽谈产品订购事宜。每次回想起这笔宝贵的订单，小张都深有体会地说，“和客户沟通千万要慎重使用邮箱”！

2. 沟通内容

与传统推销方式一样，开展网络推销的时候，推销人员需要向顾客介绍企业信息、展示产品，并尽量创造轻松、愉快的推销氛围，与顾客建立良好的人际关系。

（1）产品信息展示。

网络推销可以借助于网络多媒体技术，将产品外观、质量、包装、价格等详细参数结合图片、文字、声音制作成ppt、动漫、视频等形式的文件，向客户发送或者邀请客户点击查看，一些网络软件产品还可以在线向顾客直接演示或者提供给顾客一定免费期限的使用版。通过多媒体作品的演示，可以让顾客对产品详细参数有比传统推销人员演示更加直观、理性和准确的认识，这也有利于促进顾客购买。

此外，对于一些多媒体无法真实展示的参数或者使用效果，推销人员可以利用传统邮寄的方式免费赠送给潜在顾客使用样品，结合互联网多媒体产品展示，增进顾客对产品的认识，促进顾客购买产品。例如，香水、洗发液等产品，其效果往往无法用文字、图片或者视频完全真实表现，企业和推销人员可以选择免费赠送点击销售产品的顾客进行样品试用，以此增加消费者对产品使用效果的直观认识，提升购买概率。

（2）企业信息展示。

顾客通过网络进行购买行为时，最大的障碍在于网上诚信识别；而推销人员通过网络进行销售时，最大的推销障碍也在于诚信的展示。因此，如何通过网络将与推销品相关的企业信息很好地展示给顾客，对于顾客打消购买疑虑，对企业和推销人员产生信任有非常重要的作用。

一般情况下，企业可以选择展示企业网站、展示相关有效证件和荣誉证书来展示企业形象。对于拥有自建网站的生产和销售企业，最好展示自身实力的方式就是展示自建网站。自建网站一方面可以通过各种多媒体演示有效地将企业信息展示给顾客，另一方面也是企业实力的一种证明。

对于借助于第三方或者其他网络平台开展销售的企业和个人，也可以将企业和销售个人相关有效证件例如营业执照、税务登记证等资质证明材料上传、展示到相关网络空间，同时也可以将企业和个人所获得的相关荣誉证明材料上传到网络空间，以此来增加顾客对销售方的了解和信任，最终起到促进销售的作用。

（3）人际关系建立。

首先，要巧借网络文字和图片，与顾客轻松愉快地沟通。前面章节已经论述到，推销成交要在良好的人际关系基础之上得以实现。因此，推销人员与顾客沟通愉快、建立良好的人际关系是推销成交的必要条件。推销人员通过网络与顾客进行沟通时，由于不是直接面对面的沟通，比较容易出现信息表达与接收之间的误解，巧妙通过借用各种幽默的网络图片、语言化解和避免这种误解和意义，有助于在“冰冷的屏幕面前”创造和谐愉快的推销氛围，与顾客建立良好的人际关系。例如，经常网络卖家会向买家说“亲，建议您订购蓝色的，非常适合您的年龄”，“亲，给您造成的不便非常不好意思，我们下次一定注意”……

第二，推销人员与顾客进行电子邮件往来时，一定要注意书信格式规范化、言辞礼貌、尊重对方以及态度热情大方等书信礼节。一些网络推销人员每次在与新老顾客发送电子邮件时，坚持使用称呼、问候以及落款。而有一些推销人员认为与老顾客已经非常熟悉，因此发送电子邮件时常常省去称呼、缺乏问候，甚至没有落款，不注重网络书信的礼节。网络书信礼节一方面代表推销人员甚至推销企业的形象，另一方面代表推销人员对顾客的态度，在网络时代人与人的情感沟通只能通过只字片语来判断和分析。因此，推销人员应该坚持保持与顾客书信沟通的礼节。

第三，推销人员应当借助网络适时向顾客发送关心和问候信息。对于远在甚至千里之外的网络顾客，推销人员应当像对待传统推销的顾客一样对待他们，给予他们一样的关注。推销人员应当定期适时向顾客通过网络 E-mail 等方式发送新产品发布信息、产品促销活动信息及其他有助于情感沟通的节假日问候信息等，通过关注和关爱来维系网络顾客。

案例3

“万人迷”推销员

玛丽是一名某国际知名品牌化妆品网站销售员，她的工作就是通过公司销售网站向顾客推销产品。与其他同事不同的是，玛丽不仅一直保持良好的销售业绩，而且与大多数顾客都成了亲密的朋友。很多同事都羡慕她的业绩和她与客户的关系，都想知道她是怎么与顾客沟通的。

玛丽很坦率地告诉同事们，她保持销售业绩的秘诀和她与客户保持密切关系的秘诀都一样，那就是“尊重”和“真诚”。她告诉同事们，无论接受多么难缠或者态度傲慢的顾客咨询，她都会保持用“微笑的心”去面对顾客，尽量做到礼貌和耐心；此外她给所有的顾客发送E-mail时，都会使用规范的称呼和问候语以及结束语和落款，另外，她还一定会留下自己的各种联系方式，以便顾客有问题随时可以联系到她。最后，她告诉大家，她的“杀手锏”就是每隔一定时间，她都会向购买过商品的顾客发送E-mail询问使用效果，每到圣诞节、感恩节和万圣节等节日，她都会发送祝福信息给所有的顾客。

难怪顾客都喜欢玛丽，并且亲切地称呼她为“万人迷推销员”。

3. 沟通策略

（1）有效选择目标顾客。

与传统推销的顾客选择相似，网络推销也要选择目标客户，只是选择方式和策略有所不同。网络推销人员不仅要识别现实中推销产品和服务的目标客户，而且要识别分析目标客户中上网群体以及他们的上网习惯。

例如，汽车装饰品销售人员阿辉总是能很容易从网上找到客户，他的目标顾客选择秘诀就是qq车友群和汽车论坛的网友。因此，推销人员可以通过分析网上目标顾客的共同上网时间、习性甚至上网地点来寻找目标顾客，开展推销沟通工作，这样才能达到“有的放矢”。

（2）关注顾客沟通习惯。

网上不同年龄、职业、性别、地区的网民都有不同的沟通习惯，网络推销人员要适当关注不同群体的这些不同习惯，在与目标顾客沟通时应当尽量注意。例如，细心的网络推销员李某发现，大多数网友在告别的时候都是用数字“88”，利用谐音来取代“拜拜”作为告别语，但是他的有些顾客就非常反感这样的告别方式，认为这是对对方的不尊重，或者是一种轻率和“油嘴滑舌”的表现。经过统计他发现，反感这种告别语的绝大多数是教师、研究人员等高级知识分子，从此以后他再与这些顾客沟通时，尽量避免使用这样的告别语，果然沟通效果有所提升。

（3）创新与顾客沟通方式。

随着网络技术的飞速发展，网上新鲜的事物日新月异。善于借助网上新事物与顾客进行沟通，有助于在众多推销企业和人员中脱颖而出，让顾客产生较深刻的印象。

案例4

神奇的新年礼物

王女士曾经在某咖啡销售网站购买过产品，新年到来之际，她收到网站销售人员发来的一封祝福邮件，附件中是一个excel（表格）格式的文件。她感到很好奇，什么样的电子贺卡是用excel做成的？该不会是病毒吧？

王女士打开附件文件，看到excel文件中显示的是一副梅树的图片，图片提示用鼠标点击会有意外的收获。怀着半信半疑的态度，王女士数遍点击梅树的各个部位，这时候神奇的效果出现了，鼠标点击过的部位，都盛开一朵朵梅花，单调的梅树图片瞬间变得缤纷灿烂。

王女士觉得这样一个小小的E-mail图片非常神奇，她非常喜欢，并给对方回了E-mail表示感谢。从此她记住了发给她E-mail的这个网络销售人员和这家网站，并时不时订购一些商品。

（案例来源：根据真实故事改编。）

另外，千万不要忘记网络虽然非常神奇，但网络毕竟不是万能的。如果能结合一定的传统推销方式配合网络推销，传统推销与网络推销相互补充，相得益彰，推销成功的可能性会更大一些。

三、网络推销推广方法

网络推销要想取得良好的业绩必须结合恰当的网络销售推广策略。一般来说，网站推广的基本方法包括以下 6 种。

1. 搜索引擎推广方法

搜索引擎推广是指利用搜索引擎、分类目录等具有在线检索信息功能的网络工具进行网站推广的方法。由于搜索引擎的基本形式可以分为网络蜘蛛型搜索引擎（简称搜索引擎）和基于人工分类目录的搜索引擎（简称分类目录），因此搜索引擎推广的形式也相应地有基于搜索引擎的方法和基于分类目录的方法，前者包括搜索引擎优化、关键词广告、固定排名、基于内容定位的广告等多种形式，而后者则主要是在分类目录合适的类别中进行网站登录。随着搜索引擎形式的进一步发展变化，也出现了其他一些形式的搜索引擎，不过大多是以这两种形式为基础。

搜索引擎推广的方法又可以分为多种不同的形式，常见的有：登录免费分类目录、登录付费分类目录、搜索引擎优化、关键词广告、关键词竞价排名、网页内容定位广告等。

从目前的发展趋势来看，搜索引擎在网络营销中的地位依然重要，并且受到越来越多企业的认可，搜索引擎营销的方式也在不断地发展演变，因此应根据环境的变化选择搜索引擎营销的合适方式。

2. 电子邮件推广方法

以电子邮件为主要的网站推广手段，常用的方法包括电子刊物、会员通讯、专业服务商的电子邮件广告等。基于用户许可的 E-mail 营销与滥发邮件（Spam）不同，许可营销比传统的推广方式或未经许可的 E-mail 营销具有明显的优势，比如可以减少广告对用户的滋扰、增加潜在客户定位的准确度、增强与客户的关系、提高品牌忠诚度等。

3. 资源合作推广方法

通过网站交换链接、交换广告、内容合作、用户资源合作等方式，在具有类似目标网站之间实现互相推广的目的，其中最常用的资源合作方式为网站链接策略，利用合作伙伴之间网站访问量资源进行合作，互为推广。

每个企业网站均可以拥有自己的资源，这种资源可以表现为一定的访问量、注册用户信息、有价值的内容和功能、网络广告空间等，利用网站的资源与合作伙伴开展合作，可以实现资源共享，共同扩大收益。在这些资源合作形式中，交换链接是最简单的一种合作方式，调查表明这也是新网站推广的有效方式之一。交换链接或称互惠链接，是具有一定互补优势的网站之间的简单合作形式，即分别在自己的网站上放置对方网站的 LOGO 或网站名称并设置对方网站的超级链接，使得用户可以从合作网站中发现自己的网站，达到互相推广的目的。交换链接的作用主要表现为：获得访问量、增加用户浏览时的印象、在搜索引擎排名中增加优势、通过合作网站的推荐增加访问者的可信度等。交换链接还有比是否可以取得直接效果更深一层的意义，一般来说，每个网站都倾向于链接价值高的其他网站，因此获得其他网站的链接也就意味着获得了合作伙伴和一个领域内同类网站的认可。

4. 信息发布推广方法

将有关的网站推广信息发布在其他潜在用户可能访问的网站上，利用用户在这些网站获取信息的机会实现网站推广的目的，适用于这些信息发布的网站包括在线黄页、分类广告、论坛、博客网站、供求信息平台、行业网站等。信息发布是免费网站推广的常用方法之一。

案例5

网络合作推广

小高是某购物网站市场推广人员，今年年初的时候，公司要求制订一系列网站销售推广计划，其中有一条就是计划与其他网站合作推广。小高苦思冥想了许久，不知道该与哪些网站合作推广自己所在公司的网址。

偶然的一个机会，小高在上网的时候，发现很多网站都有淘宝的链接广告，而自己公司的业务也是做网上商品销售的，可以向淘宝学习，和其他网站合作链接。经过研究发现链接淘宝的网站大多数都是年轻人经常上的论坛、门户网站甚至是同类型的购物网站。通过分析，小高总结出一下几条：

（1）网站联合推广是推广网站最有效和最快捷的途径；

（2）网络联合推广可以选择不同类型的网站进行推广，关键是网站用户与自身目标客户是否相同；

（3）即使是竞争对手也可以联合进行推广，关键是企业自身实力与竞争对手相当，且业务模式与对手有所区别；

（4）无论与什么类型的网站进行联合推广，重要的是能够推广自身的同时也给对方带来利益。

根据这几条结论，小高最后选择了一个当地人们都喜欢上的社区门户网站、一个与自己所在公司规模相当的商品销售网站以及一个颇受年轻女士青睐的时尚论坛网站作为联合推广的合作伙伴，并制订了详细的推广计划。他的计划得到了公司领导的一致认同。

（案例来源：根据真实故事改编。）

5. 快捷网址推广方法

快捷网址推广方即合理利用网络实名、通用网址以及其他类似的关键词网站快捷访问方式来实现网站推广的方法。快捷网址使用自然语言和网站 URL 建立其对应关系，这给习惯于使用中文的用户提供了极大的方便，用户只需输入比英文网址要更加容易记忆的快捷网址就可以访问网站，用自己的母语或者其他简单的词汇为网站“更换”一个更好记忆、更容易体现品牌形象的网址。例如，选择企业名称或者商标、主要产品名称等作为中文网址，这样可以大大弥补英文网址不便于宣传的缺陷，因而在网址推广方面有一定的价值。随着企业注册快捷网址数量的增加，这些快捷网址用户数据也可相当于一个搜索引擎，这样，当用户利用某个关键词检索时，即使与某网站注册的中文网址并不一致，同样存在被用户发现的机会。

6. 网络广告推广方法

网络广告是常用的网络营销策略之一，在网络品牌、产品促销、网站推广等方面均有明显作用。网络广告的常见形式包括：Banner 广告、关键词广告、分类广告、赞助式广告、E-mail 广告等。Banner 广告所依托的媒体是网页，关键词广告属于搜索引擎营销的一种形式，E-mail 广告则是许可 E-mail 营销的一种。可见，网络广告本身并不能独立存在，需要与各种网络工具相结合才能实现信息传递的功能。因此也可以认为，网络广告存在于各种网络营销工具中，只是具体的表现形式不同。将用户网站用网络广告推广，具有可选择网络媒体范围广、形式多样、适用性强、投放及时等优点，适合于网站发布初期及运营期的任何阶段。

网站推广是个系统工程，而不仅仅是各种网站推广方法的简单应用，网站推广综合解决方案中，将上述网站推广方法作为常规方法，在网站推广总体策略指导下，对于不同的网站会根据其特点选用相应的方法，在此基础上进一步采用各种网站推广方法的有效组合，以及更高级的手段来进行网站推广。

第三节　网络客户管理

网络推销与传统推销方式最大的区别就在于与客户沟通的方式发生了变化。传统推销过程中，推销人员与客户通过面对面开展沟通，沟通方式更为直接，不容易产生误解。而网络推销则通过互联网的方式，推销人员同时面向更为广大的客户推销，但是沟通却缺乏一对一的针对性。因此，对于网络推销而言，网络客户管理工作显得尤为重要。开展网络推销首先应当建立客户资料库，在此基础上对客户进行分类管理，制订有针对性的推销方案。

一、建立客户资料库

Internet 网络既架起沟通全球各地的桥梁，又将人与人阻隔在电脑屏幕的两端。因此要想拜访客户必须首先组建目标客户的资料。客户资料库组建指的是将目标客户的联系地址、E-mail、手机号码等基本信息资料收集整理，形成客户资料数据库。客户资料库的组建有利于对客户进行定期的拜访、推销和回访。客户资料来源有 3 种。

（1）将现有的老顾客资料整理入库。将现有顾客的基本资料及时整理，定期将推销的信息通过邮寄、E-mail 或者手机短信的方式等发送给顾客，促进原有顾客的重复购买。

（2）将已经存在一定购买欲望的潜在顾客资料整理入库。有一些客户虽然没有形成购买，但是已经通过各种方式在网络上表现出对自身产品有一定购买兴趣，可以通过申请注册网站会员等方式鼓励客户留下基本资料，收集整理形成客户资料库。

（3）将其他目标顾客资料整理入库。除了已经存在的老顾客以及即将成为现实顾客的潜在顾客之外，还需要挖掘网络中其他潜在的目标客户。可以通过购买、与其他网站共享等方式收集客户资料。

二、客户分类管理

组建客户资料库之后，需要对客户进行分类管理，对于不同类型客户开展不同类型网络推销。可以结合具体情况从不同角度对客户进行分类。

1. 根据客户意愿进行分类

可以将客户分成购买意愿强烈、一般、没有和较差等不同级别，对不同级别采取不同营销措施。

2. 根据客户地域进行分类

对于目标顾客地域分布比较广的情况，可以将客户按照地域来源进行分类，针对不同地区消费者的不同消费理念、消费方式开展有针对性的网络推销以及进行相应推销措施配套。

3. 根据客户个人特性分类

例如，有些产品目标顾客群体中不同性别的人消费行为差异较大，可以根据性别将顾客分类，对于不同性别的客户在推销过程中区别对待，可以起到较好的推销效果，推动网络推销成功实现。

4. 其他分类方法

对于客户进行分类可以结合销售产品、目标客户群体的具体情况，选择恰当的方法。可以是一种分类方法，也可以多种方法同时综合使用。

三、与顾客建立良好的关系

网络推销过程中与顾客沟通不仅需要向顾客传播推销产品信息，而且需要定期向顾客传播网络促销信息，以及通过公关方式与顾客建立良好的沟通关系。

1. 向顾客直接传播产品推销信息

除了通过网络向顾客直接介绍产品信息之外，可以借助于客户资料库中相关资料向顾客通过手机信息发送、E-mail 等方式辅助说明产品信息。

2. 向顾客传播网络促销信息

在拥有客户资料基础上，定期向所有目标客户通过 E-mail、手机信息等方式发送网络销售平台促销活动信息，通过线上、线下辅助方式吸引、提示消费者点击网络销售平台，促进购买。

3. 向顾客传递公关信息，建立良好关系

推销过程中，不仅要追求推销成交的实现，更要着眼于与顾客建立长期的良好关系，形成顾客忠诚度，实现销售工作的持续发展。

（1）节假日问候。

定期在节假日的时候不仅在网络推销平台页面表达对在线顾客的问候，也可以通过客户相关资料用 E-mail、邮寄贺卡以及手机短信息等多种方式向目标顾客发送相关问候信息，形成顾客良好印象，建立网络销售平台的美誉度。或者在顾客生日的时候，发送针对性的生日问候，让顾客更加容易形成良好的印象。

（2）老客户回馈信息。

针对忠诚顾客以及购买量较大的顾客制定针对性让利回馈措施，通过 E-mail、手机信息等方式向顾客进行传播，提示顾客及时参与活动。

（3）其他公关信息。

在发生公关危机情况下，通过已有资料库中客户相关联系方式，向客户传递企业公关信息，及时准确将企业态度、意向向客户表达，有利于网络推销工作的顺利进行。

案例6

“麦考林”和她的客户

麦考林是总部在上海的一家B2C销售网站，办公室女孩儿芳芳是她的忠实客户。芳芳不仅自己经常从麦考林网站中购买商品，而且常常鼓动办公室其他同事也购买麦考林的商品。用她的话说，“就是莫名其妙地喜欢这家网站”！

原来，自从芳芳第一次通过手机号码注册从麦考林买了东西之后，每次麦考林有什么诱人的打折促销活动都会在第一时间发送信息给她。同时，麦考林定期制作的新产品图册都会按时邮寄到芳芳的办公室，没事的时候麦考林产品图册成为她的休闲必读杂志，每次翻阅之后又总是忍不住对其中的某些产品感兴趣，然后下订单购买。更有意思的是，每次芳芳在翻阅图册的时候其他女同事都会忍不住过来一起看，也总有一些同事对其中的一些商品感兴趣，很多同事被芳芳影响，变成了麦考林的忠实顾客。

3月1日是芳芳的生日，这天早上正在上班的芳芳突然发出快乐的笑声，大家都忍不住问她是不是收到什么特别的祝福了，她说，麦考林在她生日的这天向她赠送了20元的“现金券”，也就是说，她在麦考林的账户上多了20元人民币！

虽然20元并不是个大数目，但是芳芳和她的同事们都觉得像这样生日的时候直接赠送现金券的购物网站还真是少见，大家都觉得是一份惊喜，也都在等待自己生日的时候收到麦考林的赠券。

慢慢的，越来越多的人像芳芳和她的同事们一样，喜欢上了麦考林购物网站。

（案例来源：根据真实故事改编。）

本 章 小 结

通过介绍网络推销环境和如何开展网络推销，使学生了解如何根据自身情况选择网络推销渠道平台，掌握借助于不同平台寻找目标顾客，开展网络推销工作的基本技能。

主要概念

网络推销 第三方平台 即时沟通工具 网络推广

思考与练习

1．什么是网络推销？举例说明。

2．据你所知，网络推销可以借助于哪些平台？这些平台有什么特点？

3．在开展网络推销时，应该如何与顾客沟通？与顾客沟通需要注意哪些问题？

4．如何才能使更多的人知道你的网店或者你的网上销售业务？

实践与技能

1．跟踪调查一个正在经营的淘宝网店，分析店铺主人与顾客的沟通方式，总结他（她）做得好的地方和有待于改进的地方，并为其写出改进建议或者策划书。

2．假设你是一家羽绒服生产企业的销售人员，目前打算以个人名义开展该品牌羽绒服的网上销售工作，写出具体的网络推销计划，包括如何选择网络销售渠道和制订推销计划。

3．案例分析：下面是淘宝某店铺销售人员的经验心得，仔细阅读之后请思考问题。

淘宝三钻卖家的生意经

大家好，好久没写帖，从4月份开始，生意就渐渐的忙起来了，但是每天还是会抽出一点时间来逛逛论坛，现在最喜欢逛的地方就是创业先锋版块，可以了解到很多淘友的创业经历，每次看完一个人的故事，总是会有一些小小的收获，有实际的操作经验，但主要的还是提高了坚持下去的信心。

1. 直通车推广

我的店铺现在已经快4颗钻了。2月份刚过完年的时候，我当时还是4颗小红心，当时店铺每天的访问量几乎为0，因为我卖的产品本身就比较特殊，总的购买人群数量就比较小，80%～90%的自然流量几乎被皇冠店铺给吸走了。而剩下的流量，也被参与直通车推广的卖家瓜分了。因为通过正常的搜索，我的店铺产品被顾客找到的可能性几乎和下雨天看到日全食的几率相仿。我当时果断地拿出了500元，心想，这500元烧了如果没有什么效果的话，我就永远不弄直通车了。第一天，没经验，流量是有了，但是30元在2个小时之内就被烧光，产品自动停止推广了。成交是0，于是，我去论坛疯狂看资料，第二天改变了竞价词的购买价格。越是离自己推广的产品近的词，越是要高价去抢，第2天，烧了20元不到，成交是0，但是有人收藏我的宝贝了。我心中一喜，到第3天，那个产品已经开始有人购买了。到现在，我店里那款产品我还一直坚持在推广，累积卖出也接近上千盒了，那个产品利润是0，推广的人也不多，我的价格优势是很明显的，每天都能带来稳定的流量。要知道，顾客只买一款产品加上运费是不合算的，你一定要告知顾客这一点，每个人都想要少花钱买到自己喜欢的东西，所以这个时候，你就要给顾客推荐一些销量比较好（不一定是你店铺这款产品的销量，可以是皇冠店铺的热卖产品）但是你有利润的产品，因为皇冠店铺热卖的产品，一定是有他的原因的，从顾客的评价中就可以看出来，你只需要把顾客的评价总结一下，就可以把这款产品最真实的一面展现给顾客了。即使你自己没有亲身使用过，这些评价也是很客观的。

2. 店铺专业性

要知道顾客被你一款产品吸引，进入了你的店铺，他不会立即就购买你的产品，肯定要经过一番对比的。而对比的对象80%的可能性就是皇冠店铺，因为他们搜索同一款产品的名字，出现在最初几页的一定是皇冠店铺的产品，这个时候，一个店铺的专业程度就起到很重要的作用了。从我自身的情况来看，因为大部分的皇冠店铺卖的价格都比我贵，所以，我本身是有价格优势的，在专业程度相仿的情况下，顾客肯定是找我买东西。而如果我的专业度超过了皇冠店铺，他们100%会舍弃皇冠店铺，而死心塌地的选择我了。

店铺专业度体现在哪些方面呢？我个人觉得有两点比较关键。A.产品描述的专业性：从文字到图片，包括整个宝贝描述的编排，风格，产品相关内容，都是很关键的。像我店里的产品描述都是很精致的，比一般的皇冠店铺看上去要丰富很多，也专业很多。B.服务的专业性：从顾客和你聊天的第一句话开始，你就要展示出你内心的自信，我卖正品的，怕什么，心中要坦荡荡的，同时要把产品相关的参数第一时间告诉顾客，别的客人使用过之后的感受也可以告诉他，给他们一个充分的参考。

3. 不要承诺，要意外惊喜

何为意外惊喜呢？举个例子，几个月之前呢，我在淘宝网买了几件衣服，本身衣服拿到手的时候，感觉一般般，不是特别满意，有一件还偏小。当时我就想给个中评。在我收拾衣服的时候呢，突然发现某一个袋子中放了一盒饼干，当时感觉很意外，和掌柜联系了一下，他说是送给我吃的。当时还蛮开心的，一盒饼干就把先前的不愉快完全抵消了。所以受到启发，我也开始这样模仿，我以前喜欢卖东西的同时给顾客很多承诺，一般会答应送一些赠品，后来有的时候因为库存的关系，赠品有的时候会漏发，所以顾客在收到东西的时候，因为我的承诺没有兑现，很多人心里会有些不爽，虽然还没有因为这些得到中差评，但是严重地影响了顾客的二次光顾。那我现在会怎么做呢？在和顾客谈的时候，我对赠品的事只字不提，但是发货的时候，我总会多发一些东西给顾客，有的时候是一包小小的润滑剂，有的时候会是一个日常实用的小物件，这样的话，顾客收到东西之后，突然发现竟然多发了一些东西，他们就会特别惊喜，不是说这些赠品值多少钱，而是贵在当时的心理体验，他们是会记忆很深的，而且你在他们心中的形象会突然变得很大方、很慷慨。

4. 抓住皇冠店铺的弱点

关于这一点，我想多说一些，因为我的感触是很深的，我以前生意不好的时候，几乎是天天在研究同行的店铺，任何细节我都不会放过，生怕错过很多重点。经过我一段时间的观察，还真的发现很多皇冠店铺的短板。

A: 服务

皇冠店铺因为生意很好，客服都很忙，以一敌百说的可能有些夸张，但是一个客服和一个顾客这样1对1的服务几乎是不可能的，所以，在这些地方，我们新店就有明显的优势了，顾客的提问，我可以在10秒之内给予最迅速直接专业的回答，而不是隔个2分钟再慢慢悠悠的答一句，所以，顾客会很容易就来我的店铺买东西。在热情这一点上，我们新店是完胜皇冠。

B: 相关知识

每一个产品都有和它相关的东西，你要把店铺做到不仅卖产品，也在做知识普及，让每一个在你店铺买过东西的人都学到了知识，都渐渐地变成了专家。这点要做到的话，工作量是挺大的，我就曾经泡过很多论坛，找了很多专业方面的知识，做成了靓丽的图片，放在了我的店铺中。另外我最近也在做产品的测评工作，用实际的数据把产品最真实的一面展现出来。而这些都要花时间，皇冠店铺没空的，不会做这些。我们又胜一筹。

C: 论坛

不知道你们发现没有，皇冠店铺很少在论坛里面发帖的，不是因为他们很冷漠，不愿意分享经验，而是因为太忙了，有那个时间可以多做两笔生意了。所以，这又是我们新店的一个突破口。我们要时时刻刻地关注淘宝的最新公告，最新的活动，积极地在论坛里面活动，你露脸的机会越多，生意越好。皇冠店铺对这一块领地是心有余而力不足。

D：进步空间

正是因为我们是新手，我们成长的空间是巨大的。皇冠店铺发展到一定的阶段就会遇到瓶颈，而他们是没有任何人可以借鉴的，都得自己想办法去解决，但是我们新手遇到问题时，因为有皇冠在前，他们肯定也遇到过相类似的问题，我们就可以很容易地度过那些难关。可以说这一点我们是很占他们的便宜的。

今天写这个帖，主要讲一下我这个月的收获，希望我的经验能帮助现在仍处在困难之中的人们，希望他们看完这个帖子，能够再多坚持一天，一个月，也许就会有拨云见日的那天。讲了这么多，最后我想说一句，我觉得现在说的皇冠，更多的是指店铺内核部分，有了一颗皇冠的心，其实比什么都重要。

思考题：

（1）如何在竞争激烈的网络市场中打造自己的核心竞争优势？

（2）在网上销售商品时，应该如何与顾客沟通？

（3）如何在网上找到自己的目标顾客群？

第十一章　推销人员管理

学习目标

通过本章的学习，使学生明确选择成功销售人员的方法，了解销售人员招聘和选拔的过程及不同渠道来源中销售人员的优劣势；懂得销售人员培训的目标、内容及方法；掌握推销人员的薪酬种类，能够根据组织状况以及员工状况选择适当的薪酬体系；熟悉激励推销人员的方法；了解业绩评估的意义，掌握业绩考评的方法并能够灵活运用。

案例导入

知名企业是如何激励推销人员的?

一、海尔集团通过设置营销员、营销师、高级营销师、营销专家的专业技术职务序列吸引营销人才，激励营销人员热爱市场营销工作，拓展海尔产品的市场占有率。

二、小天鹅集团公司重视营销队伍建设，明确强调企业的第一线在市场。在小天鹅公司，科室以上的领导干部及技术骨干都上过市场，站过柜台，体验过市场的严酷。新员工第一课就是上市场。最近六年来进入公司的新员工无一例外地都被派往市场搞推销，体验推销员的辛苦甘甜。拟进入管理层的人员都要过销售关，需要有不平凡的销售业绩。

三、红桃集团对营销人员实行参股、赠股和股权分红制，将营销人员的利益与企业利益紧紧地连为一体，做到约束和激励并重。几年以前到岗的营销人员基本上都成了大小股东。

四、常州船用电缆厂通过开展“经营首脑外交”，带出了一支敢于闯市场的高素质销售队伍。董事长兼厂长刘洪儒亲自跑市场，他和经营厂长每年都要带领销售人员主攻重、大、新客户，不断扩充自己的客户群。

（资料来源：北京人才市场报）

案例分析：营销人员的管理是一门学问，许多企业都感到营销人员不管不行，可管多了、管死了也不行。通过以上的案例可以总结出一些基本的管理技巧：对销售人员首先要善于激励，其次要懂得尊重，再次要善于沟通，最后要有一定的约束机制。做到了以上的四条，才能稳定队伍、上下团结，使整个公司形成积极向前的氛围，最终促进企业的快速发展。

第一节　推销人员选拔与培训

推销人员是企业对外的“窗口”，是企业形象的“展示厅”，其素质的高低、服务的好坏直接关系到企业的形象。因此，企业要实现战略目标，取得良好的经济效益和社会效益，一定要重视推销人员的组织与管理。如何进行推销人员的组织与管理？其中一个重要的方面就是如何组建一支销售队伍，并通过培训和指导使之成为一支有效的销售队伍。

一、推销人员选拔

（一）推销人员选拔的程序

推销人员的选拔过程包括九个步骤：先行接见；填写申请表；面试；业务测验；调查；体格检查；销售部门初步决定；高层主管最后决定；正式录用。

（1）先行接见。先行接见便于对应聘者有一个最初印象，如年龄、性别、外貌、体格等，而后决定是否给予申请表。应聘者一般都会递交个人简历，可对其审查，并可挑选出最适合的人选，以节省选拔的时间及费用，提高效率。初步接见过程中淘汰的人通常很少。

（2）填写申请表。通过填写申请表，企业可据此初步断定申请人是否具备工作所需的一般条件或资格，可以此作为面谈时提问的导向，便于对申请人所提供的各项资料进行全面衡量。

企业通过应聘者提交的申请表来了解应聘者的情况，从中挑选出合格的应聘者，所以，应聘者应认真、如实填写申请表，必要时须出示有关证件资料。一般来说，申请表内容包括：姓名、性别、年龄、身高、健康状况、学历、工作经历、本人特长、居住地址、联系电话及邮编、推荐意见等有关应聘者的基本资料。同时可根据申请表的资料对一些缺乏必备条件如年龄、学历、工作经验等条件的应聘者予以淘汰。

（3）面试。面试是整个选拔工作的核心内容，这是一种应用较广、具有客观性和有效性的选拔方式。面谈是一种有目的的谈话，其目的是要增进相互了解，也可以弥补申请表所无法体现的推销人员的沟通能力、应变能力等方面的不足，但是主考人必须按照具体规则判断应聘者是否具备推销工作的能力，是否具备成为优秀推销人员的资质、潜力，是否与申请表内容相符等（如表 11-1 所示），当然在整个面试过程中，主考人员应尽量营造愉快和谐的气氛，以缓解应聘者的紧张。面试主考人员应对面试的结果作明确、客观的评估，以便决定应聘者是否进入下一阶段的甄选。

表 11-1　销售工作应聘者面试评估表

应聘人员：　　　　　　　　　　　　　　　　　　　　　　时间：

评估项目	评估标准	评估等级			
仪表	外表很好，体格正常，干净整洁，健康良好	优	良	中	劣
口才	吐字清晰，用词恰当，表达清晰，逻辑性强				
知识	大专学历，知识丰富				
经验	专业工作经验及同类工作经验丰富				
智慧	思路敏捷，考虑细致，分析合理，理解力强				
进取	上进心强，不过分计较地位权利				
诚意	言必由衷，态度明朗，不易动摇，毫无做作				
毅力	不屈不挠，不轻易改变工作				
说服	能引人注意，激发兴趣，使人领悟，辩论有力				
友情	能唤起他人同情，建立亲密友谊				
成熟	目标明确，责任心强，认识现实，自律力强				
抱负	谋求发展，发挥潜能，争取最好工作成绩				
综合评估					

评语：

主聘面谈人：　　　　　　　　　　　　　　　　　　　　　职位：

（4）业务测验。目前许多大公司在选拔素质较高的销售人员时，都采用测验这一形式。业务测试更多地是来判断应聘者是否胜任推销人员工作，它更注重应聘者的真实能力水平。业务测试主要包括文化测试、心理测试及能力测试、环境模拟测试，测试要保证具有一定的可靠性、客观性。

（5）调查。在测验合格后，就要对应聘者所提供的资料进行调查，以查证资料的真实性。调查可采取如：拜访查询或电话询问、信件查询等方式，向申请人所提供的证明人或其他与其相关的个人进行核查。

（二）推销人员选拔的原则

1．双向选择的原则

双向选择，是指管理部门根据本公司产品推销活动的实际要求，自主地选择本企业所需要的推销人员；另一方面又指应聘者可根据自身的条件自由地选择企业。

双向选择原则是劳动力市场上劳动力资源配置的基本原则。该原则一方面能使公司不断提高效益，改善自身的形象，增强自身的吸引力；另一方面，还能使劳动者为了获取理想的职业，在招聘竞争中取胜，而努力提高自身的科学文化知识、技术业务等方面的素质。随着国际化统一市场的逐渐形成，企业之间的竞争也必然越来越激烈，能够使自己的公司在激烈的市场竞争中取得优势，归根到底是看企业职员的整体素质。因为，企业没有高素质的推销人员就难以保证产品销售系统的畅通。对于推销人员的招聘，搞好双向选择很容易使得企业的推销队伍上下团结一致，为着企业的销售目标的实现而奋斗，这对于企业经营文化的发展也很有利。

2. 效率优先的原则

效率优先，是指人事部门在招聘过程中，要尽量用较少的招聘费用，录取到高素质的、适应本企业产品推销需要的人员。

效率优先是市场经济条件下一切经济活动的基本准则，推销人员的招聘工作也不例外。其具体体现就是在招聘工作中，根据不同的招聘要求，灵活选用适当的招聘形式和方法，在保证聘用推销人员质量的情况下，尽可能降低投入成本。

3. 德才兼备原则

一家世界最大的轮胎公司，曾以它的 500 家主要代理商老板为对象，做了一次问卷调查，问题是，“到你店里来的推销员中，你认为哪一种人最受欢迎？”结果，50%以上的答案是：“我最喜欢人品好的推销员。”这表明，推销员的人品是非常重要的。

4. 遵守国家的法令、法规的原则

在推销人员招聘中一切与国家的有关法规相抵触的聘用活动都是无效的，都要被法律所禁止。

5. 面向社会、公开招聘的原则

招聘是一种规模较大的社会活动，要对符合招聘条件的人提供平等的竞争机会，必须遵守公开招聘、平等竞争、全面考核、择优录用的原则。公开招聘的程序是：

（1）由人事部门和销售经理负责成立招聘专门工作小组；

（2）确定招聘对象、招聘原则、录取标准；

（3）拟定招聘简章并向社会公布。

阅读资料

几个公司的招聘流程

宝洁公司

有下列4个循序渐进的步骤：

（1）简历和测试（申请表、销售职业兴趣及解决问题的能力）；

（2）初次30分钟的面试；
（3）60分钟的综合面试；
（4）小组审查面试。

西北共同人寿保险公司

采用如下步骤选择加盟人员：
（1）高层销售经理面试；
（2）了解保险如何开展工作；
（3）销售素质测试；
（4）展望市场的潜力；
（5）接触时下的实习生和职业代理人。

日杂用品公司

采用筛选、首次面试、第二次面试、野营一天，然后提供最后结果。

华莱士公司

（1）利用校园面试，并采用包括逻辑思维和沟通技能的测试；
（2）一个小型的比萨晚会；
（3）一天见习；
（4）一天实习。
整个过程需要6～8周。

（资料来源：姬爱国．现代推销理论与技巧[M]．郑州：中原农民出版社，2007.）

（三）推销人员招聘的渠道

推销人员的来源主要包括两个方面：一是从企业内部选拔业务能力强、素质高的人员充实到销售部门，二是从企业外部招聘。从企业外部招聘主要有以下几种途径（如表11-2所示）。

1. 大中专院校及职业技工学校

大中专院校及职业技工学校是招收应届毕业生的主要途径。这些学校能提供大量的、高素质的人才。企业可以有选择地去物色人才，派人到有关学校召开招聘洽谈会或参加学校组织的专场人才交流会。为便于增进学生对企业的了解，招聘优秀学生到企业来工作，招聘主持人应向学生详细介绍企业情况及工作性质与要求，最好印发公司简介小册子，或制作录像带、VCD光盘，或印制介绍图片。

2. 人才交流会

各地每年都要组织几次大型的人才交流洽谈会，如春季或秋季人才交流会、外资企业人才交流会、学生专场人才交流会等，到场应聘者动辄就是万人，甚至数万人。企业交纳一定的费用就可进场摆摊设点进行招聘，花费费用少，时间短，见效快。

3. 职业介绍所

许多企业通过职业介绍所来获得所需的推销人员，但最好制作详细的工作说明，让职业介绍所的专业顾问帮助遴选，使招聘工作简单化。

4. 各种招聘广告

刊登报纸的分类广告是最普遍的方式，也可刊登在各类专门杂志上，或可利用电视、互联网刊登招聘广告。

5. 行业协会

如市场协会、营销协会、各行业商会等，他们对行业情况比较了解，经常访问制造商、经销商、销售经理和推销员，企业可通过他们的介绍或推荐来获得专职的推销人员。

6. 业务接触

公司在开展业务过程中，会接触到客户、供应商、非竞争同行及其他各类人员，这些人员都是推销人员的可能来源。

表 11-2　招聘销售人员的渠道

渠道	优点	缺点
公司内部	应聘者熟悉产品类型；熟悉公司运作；更忠于公司；比外部招聘成本低；提供了公司内部的提升机会；对应聘者的能力和工作习惯有所了解	可能缺少适合岗位的人选；应聘者被拒绝后可能不满意；应聘者对销售工作有误解；应聘者在转向销售工作时有一段困难适应期
学院和大学	在一个地方有很多适合的候选人；应聘者处于学习过程，更易于培训；应聘者渴望开始工作，工作热情高；应聘者已展示了建立和达到目标的能力；通常新毕业生的工资低于老销售人员；通常应聘者更年轻，更有精力投入到工作中；新毕业生更具适应性和愿意被重新分配；新毕业生比老销售人员更乐于工作出差	应聘者缺少工作经验，可能并不完全理解销售工作的要求；应聘者可能在一定程度上不成熟；新销售人员比老手有更高的销售拒绝率；应聘者可能“炒”招聘公司的鱿鱼，他们参与公司面试，但并不想到公司工作
竞争对手处	应聘者是老手并了解他们的企业；应聘者了解购买公司产品的客户类型；应聘者对销售工作有实际的理解；应聘者已建立了客户群并可能带来客户；应聘者具有可供评价的销售记录；应聘者可能对公司产品有所了解	雇用费用更高；应聘者可能并不忠实于一家公司；你能将应聘者挖过来，别人也能将他们挖走；应聘者养成了特定的工作方式难以再培训；如果应聘者离开，可能带走客户

续表

渠道	优点	缺点
其他行业	应聘者与年轻人相比，不易于流动；应聘者是老手，不需进行销售培训；应聘者可能带来新气氛；应聘者具有可供评价的销售记录；对销售职业有很好的理解；应聘者一般会带来工作热情；他们的愿望可能是改变公司的业绩	与大学生相比，雇用费高；应聘者可能不愿在你的公司中从事销售；应聘者有特定的处事方法，并可以不经过培训；应聘者有一种“首席歌唱家”的傲慢态度
非销售区域的专业人员	对业务有一定的了解；有成熟的看法；有热情、愿意学习；为销售工作带来新气氛；一般愿意努力工作以在销售中取得成绩	应聘者对建立销售事业的耐心不够；对销售职业有不现实的看法；转变职业给他们带来了较大压力，雇用费高

二、推销人员培训

招聘到推销人员之后，就要对新人进行职业培训。在顾客自由选择度日益增强和产品复杂程度越来越高的今天，推销人员不经过系统的专业训练，是不能很好地与顾客沟通的。因此，有远见的企业在招聘之后，都要对应聘者进行几周乃至数月的专业推销培训。

（一）推销人员应具备的素质

一名理想的推销人员应具备以下素质。

（1）强烈的敬业精神。推销人员必须有着强烈的敬业精神、高度的责任感和持之以恒的热诚。热爱推销事业，一生中售出了数十亿美元保单的保险泰斗班·费德雯，被称为日本推销之神的原一平，创造人寿保险推销奇迹的销售女王柴田和子等人对事业的执著，赢得了客户的尊重。推销人员要本着为人民服务的精神，真心实意地为消费者谋福利，遵守职业道德，遵纪守法，合法推销。

（2）广博的知识面。推销人员进行推销活动，需要具有广博的知识面，具备丰富的业务技术知识，其中包括：产品知识、企业知识、专业知识以及良好的气质。

（3）敏锐的观察能力。市场是瞬息万变的，企业需要推销人员具有敏锐的观察能力：在推销活动中，能够敏锐地察觉客户的真实意图、购买心理，提高推销的成功率；对各种信息能进行辨别，及时发现和抓住市场机会，为企业提供准确的市场情报。

（4）良好的服务态度。推销人员应真正树立“用户第一”、“客户是上帝”的思想。良好的服务态度，能够获取客户的信任，要想客户所想，急客户所急。

（5）较强的说服能力。较强的说服能力对于推销人员来说是非常重要的基本业务技能，要和客户进行沟通，了解客户所想、所需，并熟练地运用各种推销技巧，展示、介绍自己的产品，善于排除客户的异议，成功地说服客户，直至达成交易。

（6）顽强的意志品质。做推销工作，挫折与失败是难免的。如果以消极被动的心态对待挫折，在失败面前抬不起头来，就会被挫折与失败吓倒，一事无成。作为一名优秀的推销人员，要以一种超然的姿态正视推销工作中遇到的挫折和困难，要从挫折中总结教训，从失败中看到希望。

阅读资料 2

有一次，日本的松下公司招聘一批推销人员，考试是笔试和面试相结合。这次招聘的人总共就十名，可是报考的人数却达到了几百，竞争非常激烈。经过一个星期的筛选工作，松下公司从这几百人中挑出了十名优胜者。松下幸之助亲自过目了一下这些入选者的名字，令他感到意外的是，面试时给他留下深刻印象的神田三郎并不在其中。于是，松下幸之助马上吩咐下属去复查考试分数的统计情况。

经过复查，下属发现神田三郎的综合成绩相当不错，在几百人中名列第二。由于计算机出了毛病，把分数和名次排错了，才使神田三郎的成绩没有进入前十名。松下幸之助听了，立即让下属改正错误，尽快给神田三郎发录取通知书。

第二天，负责办这件事的下属向松下幸之助报告了一个令人吃惊的消息：由于没有接到松下公司的录取通知书，神田三郎竟然跳楼自杀，当录取通知送到时，他已经死了。这位下属自言自语地说：“太可惜了，这样一位有才华的年轻人，我们没有录取他。”

松下幸之助听了，摇了摇头说：“不，幸亏我们公司没有录取他，这样的人是成不了大事的。一个没有勇气面对失败的人又如何去做销售？”

（资料来源：中国人力资源开发网）

（二）确定推销人员培训的具体目标

对现代企业的销售经理来说，当今的推销人员正在向具有较高成本与价值意识的顾客推销，而且，他们推销的产品在技术方面往往很复杂。因此，销售经理希望推销人员能更成熟、知识更广博。因此，如何搞好推销人员的培训，提高推销人员的业务素质，以达到提高推销业绩的目的，这些问题经常困扰着企业销售部门。大量实践证明，要搞好推销人员的培训，必须首先明确培训目标。

推销人员培训的目标可以概括如下。

（1）推销人员需要了解企业并弄清企业所有情况。大多数销售经理会把培训计划的前半部分用来讲述企业的经营历史与目标、机构与权限、主要的高级职员、企业的财务结构和设施，以及主要产品和销售量。

（2）推销人员需要了解企业的产品情况。应给推销人员讲明产品的生产工艺与各种用途。

（3）推销人员需要了解顾客与竞争者的特点。一方面，他们需要了解各种类型的顾客及其需要、购买动机和购买习惯；另一方面，他们还要了解企业竞争者的策略和政策。

（4）推销人员需要懂得如何作有效地推销介绍。推销人员要接受推销学基本原理的培训。此外，销售经理还要提出各种产品的主要推销论点，有些产品还需要提供推销宣传稿。

（5）推销人员需要明白外勤工作的步骤和责任。推销人员要懂得如何在现有客户和潜在客户之间分配时间、如何有效地使用推销费用、撰写报告和安排销售访问路线。

此外，对推销人员来说，通过培训可以获得以下利益：

（1）较多的工作满足感；

（2）较高的工作安全感；

（3）较强的自信心；

（4）较多的晋升机会；

（5）较多的工资收入；

（6）较优越的感觉；

（7）较强的业务知识与技能。

（三）培训的内容

一个企业推销人员的培训计划内容，常因工作的需要及推销人员已具备的才能而异，一般包括以下内容：

（1）企业一般情况介绍（包括：企业的经营历史、重要性、地位、营销策略、企业文化等）；

（2）推销产品的有关知识（包括：产品的用途、结构、品质、工艺、包装、价格、维护及修理办法等）；

（3）有关产品推销的基础知识；

（4）有关推销的技巧性知识；

（5）有关销售市场的知识；

（6）有关行政工作的知识；

（7）有关顾客类型的知识。

（四）培训方法。

（1）课堂培训法：是应用最广泛的培训方法之一，是一种正规的课堂教学培训方法。

一般由推销专家或有丰富推销经验的推销人员采取讲授的形式将产品生产、营销策划、推销技巧、企业政策等知识传授给受训人员。

（2）会议培训法：这种方法是通过推销人员与主讲教师或推销专家之间就某一议题进行汇报、交流，而形成的一种“以会代训”的方法。

（3）模拟培训法：是由受训人员亲自参与并具有实战感的一种培训方法。可分为实例研究法、角色扮演法和业务模拟法。实例研究法主要解决如何处理实例中遇到的问题；角色扮演法是由受训者扮演推销人员进行推销活动，由有经验的推销人员扮演客户，受训人向“客户”进行推销的模拟培训法；业务模拟法是对受训人如何开展多种业务的培训方法。

（4）实地培训法：是在工作岗位上练兵的一种培训方法。在接受一定的课堂培训后，将新来的推销人员放在工作岗位上，由有经验的推销人员引导，逐渐熟悉业务，适应工作。

阅读资料 3

某摩托车销售公司在选聘好推销人员后就开始了严格的培训工作，他们主要采用了以下几种方式。

1. 集中课堂培训

公司把新聘的十几个推销员召集在一起，住进了三星级宾馆，包租了宾馆的一个大会议室进行为期一周的封闭式课堂培训。培训内容包括：

（1）请公司副总讲解企业历史、现状、发展前景、企业理念、经营风格、公司制度等；

（2）请销售副总讲营销目标、过程、手段、方法、策略等；

（3）请高校教师讲授营销基础知识、社交礼仪等；

（4）请销售经理讲解市场运作、客户开发、管理、服务等。

2. 经验培训

由公司的培训讲师来主持。对新员工进行角色练习、案例分析、游戏、团队项目、人际关系培训等，并让学员相互讨论、分析、总结、提高。

3. 参观考察

理论培训后，公司组织新雇员到厂区、车间参观，了解产品生产流程，并与生产工人沟通交流。然后到比较成熟的市场和专卖店参观，让学员“看”、“听”别人怎样做生意，并让他们和老业务人员交流。

4. 提供指导

公司由销售经理带领4个有经验的业务人员对受训者进行包干指导。首先，每人负责对3个学员进行全方位指导，带领他们一起拜访客户，将经验毫无保留地传授。然后，让新手去和客户接触，有经验的业务员只陪同观察而不参与其中，待拜访结束后再进行评讲、总结。

（资料来源：董亚辉. 推销技术[M]. 对外经济贸易大学出版社，2008，有改动。）

第二节　推销人员的组织结构与规模

推销组织是推销战略实施的重要工具，企业如何组织灵活、精简、高效的推销队伍和团结、协调精干的推销人员，关系到企业能否实现企业战略目标及各项推销行动计划。所以，设立何种类型的推销组织对企业来说十分重要。

一、推销人员组织结构的基本类型

推销人员组织结构归纳起来主要有 4 种基本类型：即产品型组织、客户型组织、职能型组织和区域型组织。

1. 产品型组织

产品型组织结构是指企业将产品按品牌或性能进行分类而建立起来的推销组织形式，由专门推销人员负责销售其中一种或几种产品或服务的推销，如图 11-1 所示。

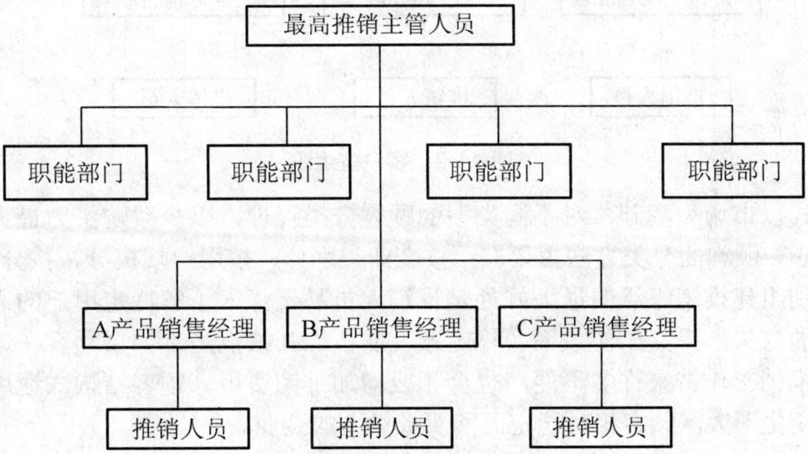

图 11-1　产品型组织

通常，在下列条件下采用此种推销组织形式较为适宜。

（1）产品技术性强，生产工艺复杂，要求不同产品线的推销人员有各自专门的知识，否则很难有效地把产品推销出去。

（2）企业产品种类繁多，用途各异，推销人员难以顾及各种类型的顾客。但也有一种特殊情况，即企业的产品和种类繁多而买主却是共同的。在这种情况下，以产品组织形式所建立的推销组织就会显示出极大的欠缺。首先是很不经济，有些费用重复发；其次是不同产品部门的推销人员争取同一客户，但由于不同产品的营销策略和推销方针不同，会导致客户的误解，影响销售全局。

2. 客户型组织

客户型组织又称市场管理组织，是根据市场细分类别来划分客户类型，由专人负责不同客户的推销业务而建立的推销组织形式，如图 11-2 所示。

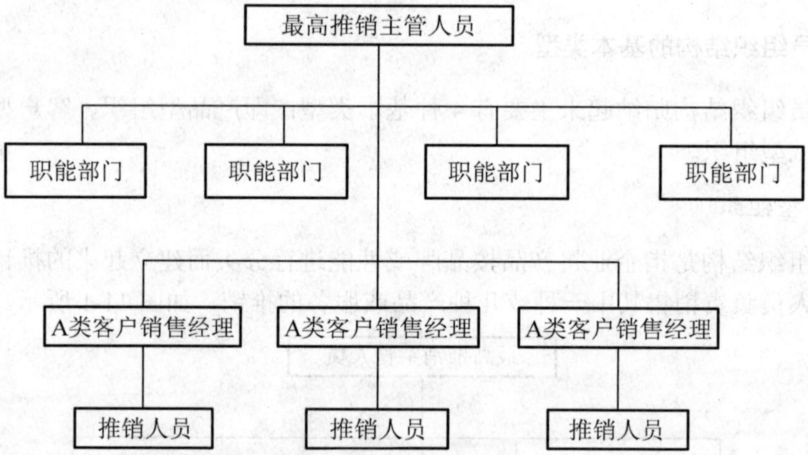

图 11-2　客户型组织

这种形式以市场为基础，对不同类型的顾客分类管理，以少数购买力最大的顾客为推销组织的核心。顾客的分类方法主要有：按产业类别分，按用户规模分，按分销途径分等。按照顾客类别组建推销组织的最大好处是推销人员易于深入了解特定用户的需求，有利于在推销中有的放矢，提高工作效率，稳定顾客队伍。其缺点是，如果顾客在地域上较为分散，则会给推销工作带来许多不便，也会相应增加推销费用。顾客结构式适用于那些产品种类不多、变化不大，顾客相对稳定而购买批量大的企业。

3. 职能型组织

职能型组织是按照需要完成的推销工作或推销职能来配备推销人员、进行各项推销活动（如营销调研、推销计划、广告宣传、客户服务等）而建立的推销组织形式，是推销部门最常见的组织形式之一，如图 11-3 所示。

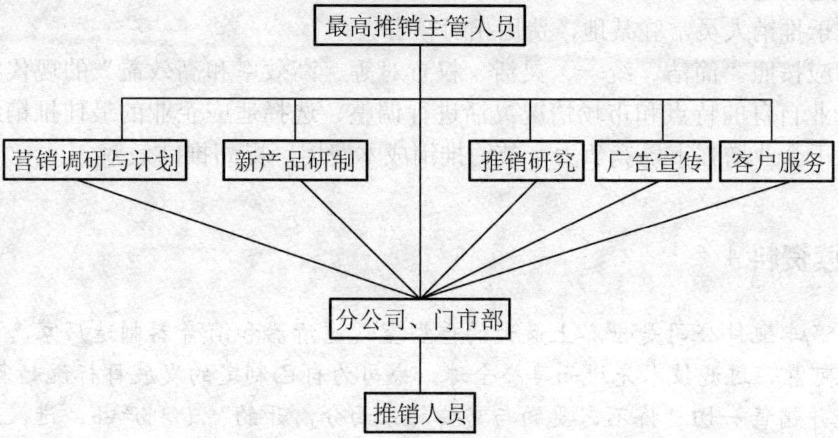

图 11-3 职能型组织

4. 区域型组织

区域型组织是一种传统而又简单的组织类型，将企业的目标市场按区域分派给推销部门、经理和推销人员负责推销工作，其组织形式如图 11-4 所示。

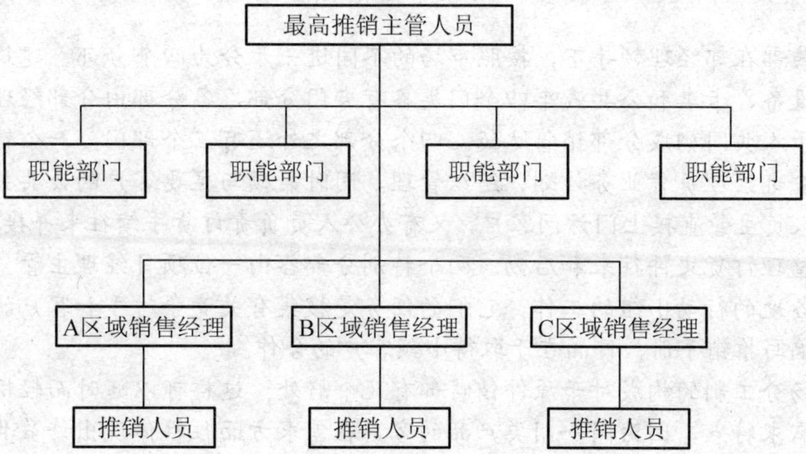

图 11-4 区域型组织

这种组织形式具有以下好处。

（1）推销人员责任明确，有利于激励推销人员努力工作。当企业能够正确评估各地区销售潜力时，这种形式更为有利。

（2）有利于推销人员与当地企业界及其公共关系部门建立联系，加强协作往来，便于推销业务的连续进行。

（3）由于推销人员常驻某地，费用相对较省。

总之，应按照“简洁、统一、灵活、权责对等、高效率和高效益”的现代组织设置原则，根据企业自身的特点和市场情况灵活进行调整、选择适应企业的最佳推销组织结构，这样，有利于企业增强市场竞争力，节约推销成本费用，提高推销效率。

阅读资料 4

唐纳森汽车配件公司是世界上最大的重型空气滤清器和消音器制造厂家，而且以产品高质、性能可靠、过滤技术先进而享誉全球。公司为自己制定的发展目标说起来十分简单：设计、制造并销售一切“将不需要的与需要的东西分离开的”专利产品。进入20世纪80年代后，公司的生产线中又增加了空气清洗器、电脑机房微滤设备、污染空气过滤器和液体清滤设备等。公司下设商务开发、专业研究、人才资源、财务管理、法律事务、生产、采购、质量保证、工程技术等九个生产性部门，直接与遍布世界主要工业产销地区的分支机构共同负责产品开发、制造、管理等业务。另有四个部门分别直属执行总裁和副总经理领导，直接负责对各地的销售、服务等工作，分别叫做原件销售部、零部件销售部、工业部和国际部。

原件销售部在部经理领导下，按照市场的不同进一步分为四个分部。建筑机械、农业机械、工业设备、卡车和公共汽车四个门类各有专门分部，各分部由分部经理负责，另配助理人员若干人共同构成分部销售队伍。四个分部之外还有三个部门，一个辅助部、两个特别分部。分部经理负责业务计划、组织管理，同时兼顾与主要客户的公共关系。每个分部既有外销人员主管直接上门访问客户，又有办公人员负责订货手续往来并接待客户来访。辅助部负责整理订货文件往来和后勤。两个特别分部各由一位项目经理主管。一个负责协调派往世界各地的行动小组的工作，它们的任务是搜集有关竞争对手和客户的所有情报；另一个负责编写推销手册，目的在于取得小额客户的合作。

采用市场分工制的构成对于原件销售部有几个好处：这样可以随时而轻松地发现市场变化和客户需求特点，因为同一门类产品的客户在需求方面往往体现出许多共性。这样可以帮助生产部门安排生产，统一调动工程技术人员；也可以很容易地与生产同一门类产品的生产部门保持横向联系，因为销售部门和它联系的生产部门关心的产品是统一的。

（资料来源：董亚辉．推销技术[M]．对外经济贸易大学出版社，2008.）

二、推销人员规模的确定

推销人员规模是否适中，直接影响着企业的经济效益。推销人员过少，不利于企业开拓市场和争取最大的销售额；推销人员过多，导致成本增高。因此，合理确定推销人员的规模，是合理设置推销组织的关键一环。科学地确定推销人员规模主要有以下 3 种方法。

1．销售能力分析法

该方法是指通过测量每个推销人员在范围大小不同、销售潜力不同的区域内的销售能力，计算在各种可能的销售人员规模下，公司的销售额和投资报酬率，以确定人员推销规模的方法。

销售能力法的分析有 3 个步骤。

步骤一：测定销售人员在不同的销售潜力区域内的销售能力。一般来说，销售潜力越大，销售绩效越高。但销售绩效的增加往往赶不上销售潜力增加的步伐。如通过调查发现，某公司销售人员在具有全国 1%的销售潜力的区域内，其销售绩效为 10 万元；而在具有全国 5%销售潜力的区域内，其销售绩效为 15 万元。所以，必须通过调查测定各种可能的销售潜力下销售人员的销售能力。

步骤二：计算在各种可能的销售人员规模下的企业销售额。计算公式为：

企业销售额=每人销售额×销售人员数

步骤三：依据投资报酬率确定最佳销售人员规模。根据各种可能的销售人员规模下的企业销售额（即销售收入）以及通过调查得出各种相应情况的销售成本和投资情况，即可计算出各种销售人员规模的投资报酬率。计算公式为：

投资报酬率=（销售收入－销售成本）/投资额

其中，投资报酬率最高者即为最佳销售人员规模。

这种方法比较复杂，要求必须有足够的地区来做相同销售潜力的估计，运用起来比较困难。另外，研究中忽略了地区内客户的组成、地理分散程度及其他因素的影响，将销售潜力作为影响销售绩效的唯一因素，所以，只有当其他因素相同，且各种可能的销售人员规模的销售潜力资料很容易取得时才运用此法。

2．销售百分比法

销售百分比法是指企业根据历史资料计算出销售队伍的各种耗费占销售额的百分比以及销售人员的平均成本，然后对未来销售额进行预测，从而确定人员推销规模的方法。这种方法简单易行，但存在一定的局限性。因为这个销售百分比是根据历史资料计算出来的，随着现代化推销工具和手段的运用，这个比率可能会与以前不一样。所以，用历史数据来指导未来实践可能会有一些偏差。

3. 工作量法

工作量法是指企业根据不同客户的需要，确定总的工作量，从而确定人员推销规模的方法。

工作量法包括 5 个步骤:。

步骤一：按年度销售量将客户分为若干级别；

步骤二：确定各级别客户每年所需的访问次数；

步骤三：每个级别客户的数量乘以各自所需的访问次数，得出每年总的访问次数；

步骤四：确定一个销售人员平均每年可进行的访问次数；

步骤五：将年度总的访问次数除以每个销售人员的平均年访问次数，即可得到所需销售人员数。

第三节 推销人员的薪酬与激励

人员管理的核心是调动其工作的积极性，而建立科学合理的报酬形式，采取有效的激励措施，对于调动推销人员的积极性、主动性，提高工作效率有着重要的作用。反之，如果报酬不合理、激励不得当，即使拥有了最优秀的推销人员，仍然不会有最优秀的推销业绩。

一、推销人员的薪酬

推销人员所获得的报酬形式是否得当，对其推销商品的积极性和创造性起着较为重要的影响作用。一般来讲，推销人员的报酬与完成推销量的多少以及工作能力强弱和推销经验多寡直接挂钩。从目前工商企业的实际情况看，推销人员报酬形式主要分为以下几种。

1. 固定工资制

固定工资制是指推销员在工作一定时间（一个星期、一个月等）后，领取一定数量的报酬。固定工资以工作的时间为基础，与实际工作的效率没有直接联系。

（1）固定工资制的优点。

① 推销员收入稳定，生活有基本保障。由于预先知道收入的数量，能够量入为出，有计划地安排生活。

② 有利于培养推销员对公司的“忠诚心”。获取佣金的推销员，其收入往往与自己的工作业绩相联系，因而对公司的归属感比较淡薄。固定工资制恰恰相反，推销员的收入与

推销额并无直接关系，他们领取工资主要是因为他们是本企业的成员。

③ 管理上有较大的灵活性。因为收入与效率不挂钩，所以在销售区域、客户、推销产品等方面进行调动，矛盾就比较少。

④ 对一些工作性质本身决定，很难直接用劳动成果来衡量其劳动量的推销员，如传教式推销员、一些高级销售管理人员用固定工资制就比较适宜。

⑤ 公司有很大一部分销售成本是固定的，便于管理。

（2）固定工资制的缺点。

① 推销工作本身具有独立性和灵活性的特点，工作成果主要取决于推销员的努力，企业很难对推销员直接进行管理。劳动报酬应该成为企业调动推销员积极性的重要手段。同时，富有才干、勤奋工作的推销员也应该多劳多得。但是，固定工资缺乏灵活性，在很大程度上是干多干少、干好干坏都一个样。因此，它被认为是支持那些没有进取心的推销员的报酬形式。

② 推销员的报酬与他们的劳动成果没有关系，同样意味着企业的销售成本与销售收入没有联系，这就可能造成销售成本失控，以致企业出现亏损。

由于上述缺点，目前，很少有企业对推销员实行固定工资制。

2. 固定佣金制

所谓推销员的佣金就是以他们完成的推销额的一部分作为他们的报酬。实行固定佣金制，推销员的收入便是他们完成的推销额乘以一个给定的百分比。因此，在固定佣金制下，推销员收入取决于两个因素：完成的销售额和给定的固定佣金率。

某大型机械公司推销员的固定佣金为已销售并实际装（车）船货物金额的4%。某月这位推销员共与客户签订16000元购货合同，但因当月可供商品数量不足，只装船托运15000元货物，问该推销员该月收入应为多少？

固定佣金=已销售并实际装船货物金额×固定佣金率

15000元×4%=600元

中小型工业企业和批发商业企业对推销员实行固定佣金制的居多，房地产推销员基本采用固定佣金制。零售商业企业实行固定佣金制的，主要是部分经营皮革、家具、地毯等高值产品的商店。

佣金占销售额的比例也变化很大，主要是因行业而异。这里还有一个销售费用问题（包括差旅费、外出就餐津贴、款待客户和向客户赠送纪念品等）。如果推销员销售费用自理，佣金的固定比例自然就会高一点；反之，则相反。

（1）固定佣金制的优点。

① 推销员的收入和他们的劳动成果直接挂钩，干得越多，收入越高，这就有利于调动

他们的工作积极性。争取获得更多的收入将成为推销员提高业务水平和扩大销售量的内在动力。

② 固定佣金制对企业和推销员双方都很容易掌握，即双方都可以根据固定的佣金率和推销员完成的推销额计算出应支付和应领取的佣金，这就可以避免双方出现矛盾。

③ 由于佣金为销售额的一部分，因而水涨船高，一般不会出现销售成本失控。

④ 简化了企业对推销员的管理。为了增加收入就得努力工作，并不断增加才干，没有能力或不能吃苦的则自行淘汰。

（2）固定佣金制的缺点。

① 推销员没有固定收入，生活不安稳，这给他们的心理造成很大压力。

② 推销员对企业的“忠诚心”极差，流动性大。一旦企业不景气，产品无销路，固定佣金急剧下降，以致没有收入时，他们将不得不另找门路，为其他企业效力。

③ 因为佣金是建立在销售额基础上的，因而推销员不愿干销售以外的工作，不愿受销售区域的限制，不愿推销新产品，不愿发展新客户，这就增加了销售管理工作的难度。

④ 固定佣金制可能会造成所谓的推销员收入“失控”现象，即有的推销员的收入过高，甚至超过了高级管理人员的收入水平，这自然会引起内部员工的不满。他们会认为销售额上升并不完全是推销员努力的结果，而主要是产品质量提高，或是市场需求变化造成的。

3. 预提金制

预提金制是对固定佣金制的修正，即一些企业在实行固定佣金制的基础上，为了保障推销员的基本生活，稳定推销员情绪，允许他们预先提取一部分钱以应付日常需要，日后在佣金中扣除。

某皮革公司的推销员的固定佣金率为销售额的 10%。如销售状况不理想，她预提上半年平均收入的 75%。假设上半年平均收入为 400 元，则今年她每月预提收入为：

$$400\text{ 元}\times 75\%=300\text{ 元}$$

这位推销员的收入每一季度结一次账。假定某年第二季度 4、5、6 三个月，她的推销额分别为 1600 元、1000 元和 11140 元，她这三个月的收入情况如表 11-3 所示。

表 11-3　某公司推销员第二季度收入情况表

（单位：元）

月份	推销金额	实际佣金	收入	欠公司金额
4	1600	（1600×10%）	300	140（300－160）
5	1000	（1000×10%）	300	200（300－100）
6	11400	（11400×10%）	800（1140－340）	0

4. 固定工资加佣金

固定工资加佣金即支付薪金的同时，利用佣金来刺激推销人员更好地工作，这种形式实际上是薪金制和佣金制的结合。工资加佣金弹性较大。如果企业只想给推销员一个小小的刺激，那可以适当定高工资，定低佣金率；如果企业想给推销员较大的刺激，则可以将工资定低，而适当提高佣金率。

一家化妆品公司对推销员实行工资加佣金制。某推销员的报酬是月工资 200 元，另加完成商品推销额的 5%的佣金。假定某月该推销员完成商品推销额为 2000 元，则该月她的收入为：

工资+佣金=工资+（完成商品推销额×佣金率）

=200 元+（2000 元 × 5%）

=200 元+100 元=300 元

工资加佣金制的价值在于，如使用得当，既能克服固定工资制和固定佣金制的缺点，又能吸取上述两者的优点。这种报酬制度比较适合于工作相对稳定，但销售额又能在一定程度上反映其工作态度的推销员，如零售商店的售货员等。

工资加佣金制也有局限性，关键是如何确定合适的佣金率。

5. 指标佣金制

指标佣金制（Quota Commission）又称工资加指标佣金制，指推销员在领取工资的基础上，按超额完成推销定额的金额的百分比获得佣金。在这种报酬制度下，每个推销员都分配到一个推销任务指标，这个指标是由管理人员根据推销员的基本工资和销售成本率两个因素确定的。

推销指标额=基本工资/销售成本率

推销指标额×销售成本率=基本工资

实行指标佣金制的理由是，无论是工资或佣金作为销售成本，必须由相应的销售收入作保障。

某一个日用工业品推销员的报酬形式是工资加指标佣金制，其中基本工资每月 200 元，超额完成推销指标可获得占超额金额 10%的佣金，同时销售成本率为 4%。假定该推销员某月完成金额 7000 元，问该月该推销员收入应是多少？

销售指标：200 元÷4%=5000 元

佣金：（7000 元-5000 元）×10%=200 元

该月该推销员收入=基本工资+佣金

=200 元+200 元=400 元

6. 固定工资加红利制

红利（Bonus）是指年终分配的一部分利润。在固定工资加红利制下，推销员的每月收入是固定的，而在每个财务年度末，一般在圣诞节之前，根据企业一年的经营状况，每个推销员结合工作贡献再分得一份企业利润，即红利。红利可能是现金，也可能是股票。美国著名的西尔斯公司推行的利润分享计划（Profit-sharing Plan）就属这类报酬制度。

固定工资加红利制的优点是，使推销员清楚地意识到企业的经营状况与自己的经济利益息息相关，它有利于培养推销员对企业的“忠诚心”和“归属感”。

7. 固定工资加奖金制

奖金是指企业对员工的突出表现的金钱奖励。对于推销员，奖金的运用范围很广，它可以用来奖励推销员对推销方法的改进、开拓新的客户、超额完成推销任务、推销新产品成功、提出合理化建议，以及在企业开展的推销员竞赛中获得优胜等。奖励可以是定期的，也可以是不定期的，或者两者结合。奖金的最大优点是它的灵活性，可以随时根据具体情况用它来嘉奖推销员，以调动他们的积极性。

奖金是实行奖励的手段，本身不是独立的报酬形式，它一般和固定工资相结合，成为完善固定工资制的一种方式。

二、推销人员的激励

（一）激励推销人员的原因

有些推销人员即使没有管理部门的任何指导也会尽心竭力工作。对他们来说，推销是世界上最令人神往的工作，他们胸怀大志，工作主动。但是，对大多数推销人员来说，需要鼓励和特别的刺激，才能使他们的工作达到最高水平。现场推销工作尤其如此，其理由如下。

（1）工作性质。推销工作经常受到挫折，推销人员通常要独立工作，他们的工作时间是无规律的，并且经常离家在外。他们面临着有进取心的、富有竞争意识的竞争对手。由于条件限制，他们常常无法去完成为赢得客户所必须做的事情，有时他们会失去经过艰苦努力而争取到的大订单。

（2）人固有“懒惰本性”。“Y 理论”认为：人的本性是懒惰的，不愿承担责任。大多数人如果没有特别的激励，例如金钱的获得和社会的承认，就不能发挥其全部才能。

（3）推销员个人的问题。有时推销人员会为个人问题而苦恼，例如家里有人生病、婚姻不和谐以及负债等。

美国推销专家福特·沃克（Walker）成功地对激励推销人员的问题做了研究，并提出以下模式（如图 11-5 所示）。

激励 → 努力 → 成绩 → 奖赏 → 满足

图 11-5

上述模式表明对推销人员的激励越大，他作出的努力也就越大；更大的努力将会带来更大的成绩；更大的成绩将会带来更多的奖赏；更多的奖赏将会产生更大的满足感；而更大的满足感将产生更大的激励作用。企业销售管理部门必须使推销人员领悟和相信这种连锁反应的作用，因此，要做好以下工作。

（1）应使推销人员认识到，通过更加努力推销或经过培训后把工作做得更细致，便可推销更多产品。但是，如果销售量主要取决于经济条件或竞争行为的话，这种连锁反应便会受到某种程度的损害。

（2）应使推销人员认识到，得到成绩突出奖是要付出额外努力的。但是，在确定奖励标准时，如果只凭主观臆断，定得过低或定得不合理，这种联动作用就会受到损害。

（二）激励推销人员的方式

对推销人员进行激励的原则是否公平合理，这对提高推销人员工作绩效有直接作用。对推销人员的激励一般分为物质和精神两个方面。物质激励主要包括工资加级、发放奖金或奖品以及享受其他福利待遇等。精神激励主要包括口头或文字表扬、证书、奖章等。一般来说，推销人员在其物质需要得到基本满足后，就日益追求精神需要的满足，对推销人员激励的正确做法是将物质激励和精神激励有机地结合起来。

企业可以通过环境激励、目标激励、物质激励、精神激励和销售竞赛等方式来提高推销人员的工作积极性。

1. 环境激励

环境激励是指企业创造一种良好的工作氛围，使推销人员能心情愉快地开展工作。企业对销售人员的重视程度很重要。有些企业认为销售人员不怎么重要，有些企业则认为他们是实现企业价值的人，应给他们提供无限的机会。事实证明，如果对销售人员不重视，其离职率就高。企业可以召开定期的销售会议或非正式集会，为销售人员提供一个社交场所，给予销售人员与公司领导交谈的机会，给予他们在更大群体范围内结交朋友、交流感情的机会。

2. 目标激励

目标激励是指为销售人员确定一些拟达到的目标，以目标来激励销售人员上进。企业应建立的主要目标有销售定额、毛利额、访问户数、新客户数、访问费用和货款回收等。其中，制订销售额是企业的普遍做法。

许多公司为其销售人员确定销售定额，规定他们一年应推销的数量，并按产品分类确定。销售定额是在制订年度市场营销计划的过程中确定的。公司先确定一个可能达到的合理的预计销售指标，然后管理部门为各地区确定销售定额，各地区的销售经理再将定额分配给本地区的销售人员。

3. 物质激励

物质激励是指对做出优异成绩的销售人员给予晋级、奖金、奖品和额外报酬等实际利益，以此来调动销售人员的积极性。物质激励往往与目标激励联系起来使用。研究人员在评估各种可行激励的价值大小时发现，物质激励对销售人员的激励作用最为强烈。

阅读资料 5

某电子产品企业的销售部门按行政区划将全国划分成不同的销售区域，每年年初向销售区域总经理下达其所辖区域的年度销售计划。销售区奖金总额根据该销售区的年度销售总额的一定比例提取。每个业务人员的奖金也与其所负责区域的销售额挂钩。如果销售区完不成销售计划，无论什么原因，销售区所有人员的奖金都会受到很大影响。

为了提高自己的销售量，业务人员在向批发商推销产品的时候，往往向客户承诺一些难以实现的优惠条件，比如批发商进货达到一定量时给予高额返利，向批发商或者专卖店提供进行统一形象装修的补贴等。同时，为了扩大自己的销售额，除了开拓自己负责的区域以外，许多销售区还向相邻销售区的经销商以优惠条件批发产品，以至于最后各销售区之间互相抢占对方地盘。

刚开始时，这种做法的确提高了企业的销售额，企业也因此在一些地方的市场占有率得以大幅度提高，销售区经理和业务人员的奖金收入在业内达到了中高水平。但是两三年以后，这种做法的弊端就开始暴露出来。一方面，许多经销商发现该企业的业务人员不守信用，令他们蒙受了很大损失，纷纷停止从这家企业进货；另一方面，由于各销售区之间互相冲货愈演愈烈，严重影响了企业的整体市场策略。最后，企业的整体销售业绩开始下滑。

4. 精神激励

精神激励是指对做出优异成绩的销售人员给予表扬，颁发奖状、锦旗，授予称号等，以此来激励销售人员上进。对于多数销售人员来讲，精神激励也是不可少的。精神激励是一种较高层次的激励，通常对那些受正规教育较多的年轻销售人员更为有效。所以企业负责人应深入了解销售人员的实际需要，他们不仅有物质生活上的需要，而且还有诸如理想、成就、荣誉、尊敬、安全等方面的精神需要。尤其当物质方面的需要基本满足后，对精神方面的需要就会更强烈一些。有的公司每年要评出“冠军推销员”、“推销状元”、“推销女状元”等，效果都很好。

5. 销售竞赛

竞争能激发销售人员求胜的意念，提高业务员的士气。销售工作是一项很具挑战性的工作，每天都要从零开始，充满艰辛和困难，所以销售主管要不时地给其加油或充电。开展业绩竞赛是一个充电的好办法。竞赛奖励的目的是，要鼓励销售人员做出比平时更多的努力，创造出比平时更高的业绩。

要注意的问题是：竞赛项目及奖励办法的科学设计。

（1）奖励设置面要宽，竞赛至少要设法使参加者人数的50%～60%有获得奖励的机会。成功的奖励办法是能鼓励大多数人。奖励面太窄，会使业绩中下水平的业务员失去信心。

（2）业绩竞赛要和年度销售计划相配合，要有利于公司整体销售目标的完成。

（3）要建立具体的奖励颁发标准，奖励严格按实际成果颁发，杜绝不公正现象。

（4）竞赛的内容、规则、办法力求通俗易懂，简单明了。

（5）竞赛的目标不宜过高，应使大多数人通过努力都能达到。

（6）专人负责宣传推动，并将竞赛进行实况适时公布。

（7）要安排宣布推出竞赛的聚会，不时以快讯、海报等形式进行追踪报导，渲染竞赛的热烈气氛。

（8）精心选择奖品，奖品最好是大家都希望得到，但又舍不得自己花钱买的东西。

（9）奖励的内容有时应把家属也考虑进去，如奖励去香港旅行，则应把其家属也列为招待对象。

（10）竞赛完毕，马上组织评选，公布成绩结果，并立即颁发奖品，召开总结会。

（三）对不同类型推销人员的激励

为了更好地达到激励推销人员的目的，还可以根据推销人员的不同类型设计激励方法。

1. 追求舒适者

特征：一般年龄较大、收入较高。

需要：工作的安全感、成就感、尊严。

激励方式：分配挑战性任务，参与目标的设置，给予一定的自由和权力，并经常沟通。

2. 追求机会者

特征：一般收入较低。

需要：适当的收入、被认可、工作安全。

激励方法：薪资、沟通、销售竞赛。

3. 追求发展者

特征：一般比较年轻，受过良好的教育，有适当的收入。

需要：个人发展。

激励方法：良好的培训机会。

除此以外，还可根据推销员的业绩状况，采取不同的激励方式。比如，优秀的推销人员他们关心的是地位、社会认可和自我实现。而一般的推销人员他们关心最多的是奖金和工作的安全感。需要不同，采取的激励方式也应不同。

阅读资料 6

激励问题成员的方法

一个销售队伍中总会出现一些问题成员，这些成员会有较为明显的毛病，或遇到较大的困难时，常常需要主管予以协助和监督。常见的问题成员的特征主要有恐惧退缩、缺乏干劲、虎头蛇尾、浪费时间、强迫推销、惹是生非、怨愤不平、狂妄自大等。销售主管应研究这些现象产生的原因及解决办法。下面针对不同类型的问题成员提出一些引导方法以供主管参考。

（1）如何引导恐惧退缩型成员。其办法主要有：帮助他建立信心，消除恐惧；肯定他的长处，也指出其问题所在，并提供解决办法；陪同其销售、训练，使其从容行事，由易到难再渐入佳境；培训其产品知识与销售技巧。

（2）如何引导缺乏干劲型成员。其办法有：指出缺乏干劲的弊端；外在激励和内在激励双管齐下；陪同销售并予以辅导；更换业务销售区域；提高业务配额；以增加薪水，提供奖品做特别挑战；给予短暂休假，调养神经。

（3）如何引导虎头蛇尾型成员。办法主要有：带动或陪同销售；要求参加销售演练或资料收集整理；分段式考核；多做心理调整；规定各时段各作业区域的销售目标。

（4）如何引导浪费时间型成员。其办法有：晓之以理，告之以时间就是金钱，效率就是生命；动之以情，帮助他制定拜访客户的时间表及路线，分析拜访客户的次数及对客户解说的最低时间；要求制定严格的工作时间表及时间分配计划书。

（5）如何引导强迫推销型队员。方法有：指出强迫推销的弊端及渐进式方法的好处；加强服务观念的教育，教授更多的推销技巧；改变只计佣金的计酬方式，开展多项目多层次的竞赛。

（6）如何引导惹是生非的成员。方法主要有：指出谣言对个人及团体的危害；追查谣言的起源及用意，孤立造谣者，并予以教育；尽量避免无心的玩笑。

（7）如何引导怨怼不平的成员。其方法主要有：给予劝导及安抚，将心比心；引导他多参加团体活动并充分发表意见；用事实说话，销售绩效上比高低，使其心悦诚服；检查公司制度有无不合理之处，有则改之，若完全是队员无理取闹，则必须予以制止，尽量化冲突为理解，维系双方的关系，如果各种方法都无法奏效，到无法容忍时即可予以解聘。

（8）如何引导狂妄自大型成员。主要方法有：告之山外有山，天外有天，强中更有强中手，不可学井底之蛙，夜郎自大；以事例说明骄兵必败；提高销售配额，健全管理制度；肯定其成绩，多劳就多得；不搞特殊化。

激励明星业务员的方法

顶尖业务高手难以驾驭是销售主管所普遍遇到的问题。但只要用心去做，还是有方法可循的。

明星业务员一般都有特长，或善于处理与客户的关系，或精通推销技巧，总之能取得优秀的销售业绩。这些明星队员虽然绝技各异，但他们也有共同的倾向和特性。现总结各行各业业务主管管理明星业务员的经验，具体如下。

（1）树立其形象。明星业务员通常追求地位，希望给予表扬与肯定，很注重自己的形象并希望得到他人的认可，热衷于影响他人。

（2）给予尊重。因为他们需要别人的尊敬，特别是主管的重视，希望别人把他们当做每件事做得好又做得对的专家，乐于指导别人。

（3）赋予成就感。起初销售人员要求的是物质上的满足及舒适，一旦钱赚到一定程度，他们就更需要精神上的满足。此时，内在的激励就能够起到更重要的作用。

（4）提出新挑战。明星业务员一般有更充沛的体力，他们会不断地迎接新的挑战，去创造不可能的销售纪录。不断提出新的目标，会激发他们的行动。

（5）健全制度。明星业务员大多希望有章可循，不喜欢被别人干扰或中途放弃。制度要能够保证他们充分发挥自己的潜力。

（6）完善产品。所谓“巧妇难为无米之炊”，再能干的业务员也要以优质的产品作为后盾。明星业务员一般对自己的产品具有高度的信心，如果公司的产品品质失去信誉或他们对产品有所怀疑，他们就可能跳槽。因此，应不断地完善和发展自己的产品。当然这需要产品研制和生产部门的积极配合。

（资料来源：企业管理学习网）

第四节　推销人员业绩考评

绩效评估体系是否科学和公平，同样关系到企业的生存和发展，它是推销员管理不可或缺的内容之一。所谓业绩，是指完成工作的效率、效能和效果。推销人员的工作业绩是决定企业销售工作效果的关键。对推销员业绩的考评就是对企业的推销员完成工作职责及所取得的销售工作的效率、效能和效果的考核与评价。

一、推销人员业绩考评的意义

推销业绩的考评是对推销工作的总结、检查和评价，对于促进人员推销，提高工作效率具有重要的作用。

（一）业绩考评是推销员人事决策的重要依据

推销业绩是每个推销员工作能力和工作效果的最后结果和综合反映。因而绩效考核往往作为人事决策时重要的参考指标。企业在决定推销员的升迁、任免、调遣、加薪等问题时，都要以推销员的绩效考评作为重要的依据。因而对推销员的绩效考评，具有人事管理的作用，有助于人才适才适所，业绩与利益挂钩。

（二）业绩考评是激发推销员工作激情的动力

业绩考评最积极的目的是使推销员了解到自己工作的效果与企业期望之间的关系。通过制定科学、合理的绩效标准，使推销员有了奋斗的目标；通过对推销员业务的考评，可以让推销员清楚地看到自己对企业的贡献；通过推销业绩评价和奖励，可以使推销员得到相应的激励和惩罚。这些正向激励或反向激励，可以不断地激发推销员工作的激情，进一步完善人员推销工作。

（三）业绩考评是企业制定营销政策和战略的参考

推销员的业绩在一定程度上反映了企业市场营销的绩效。当企业推销员的业绩普遍下降时，企业领导就应检查企业的营销战略和政策是否适应竞争新形势，是否存有某些方面的不足，然后采取措施来加以完善。当企业推销业绩无显著上升时，说明企业已采取的各种促销措施尚无成效，企业就可做出分析，相机采取措施。当企业推销员的业绩普遍上升时，说明企业制定的促销措施是正确的，已开始取得成绩，企业可做出下一步的计划。

（四）业绩考评是甄选、培训推销员的依据

通过对推销员业绩的考评，不仅能甄选出优秀的推销员，将其委派到重要的工作岗位，而且有助于发现每个推销员的工作特点，用人所长，为更好地发挥每个推销员的长处提供依据。

阅读资料 7

通用公司最好到最差的员工等级制度

杰克·韦尔奇（Jack Welch）是通用公司受人尊敬的前任首席执行官，在离职前他着手实施了一个彻底的变动，他所预想的业绩分析制度是如此明确和公开地将麦子与稻草分开，以至于没有人会质疑为什么解聘业绩较差的人。他希望界定一个标准让那些长期以来业绩低下者对管理者解聘他们的决定没有怨言。这导致了通用公司新的业绩制度产生，在这个制度中，员工被划分成不同的等级，他们的分数呈喇叭口形状分布。

一些人可能认为这是无能的首席执行官所采取的鲁莽行为，而后来像惠普、太阳微系统、福特、微软、思科、英特尔等领头企业均采用了该制度。据分析家估计，在过去的几年里，20%的美国公司已经强制实施了业绩分类评估系统，并且这种趋势仍在发展。同时，由于衡量销售成功主观和客观上具有高度可视性的特征，这些公司正力图使自己成为一流的和最具有影响力的团队。

强制等级系统在销售部门中的评估并不是新鲜事物，所不同的是公司对那些名单之末的人所规定的潜在不良后果。这一过程在一些公司中变得很神秘，并由于这一强制性解雇的不良名声而被称为“评级与封杀”。这种怨恨情绪之所以明显的原因之一是雇员们对这一使他们恼火的强制等级制度感到怀疑——但又经常是正确的——这种评级对于公司更加容易地进行理性化开除员工是一个好的方法。正如韦尔奇所说的：“如果10%的最差员工不离开公司……这就不仅是经理们的失误，也是虚伪的善良所致。”

韦尔奇在通用公司推行的等级制度似乎是合理的。这个制度能够监督那些害怕面对糟糕业绩做出反应的软弱经理。曾为通用公司和得克萨斯仪器公司（Texas Instruments）设计等级制度的人力资源顾问迪克·格洛特（Dick Grote）说：“经理们想生活在忧愁湖上，那里所有的孩子都是出类拔萃的，但实际并非如此。”随着强制等级制度的执行，经理们开始正直地评价员工的所作所为。

但在实际中，等级制度的一些缺点也暴露了出来。例如，它迫使经理去惩罚那些超级明星团队中虽然不是非常优秀的好员工。相反，一个平凡的员工在一个普通的团队里可能会显得优秀。南佛罗里达大学产业心理学家保罗·斯培科特（Paul Spector）说：“在很多情况下，最差业绩的员工并不比最好的员工差多少。”

因此，正如一些人所预计的，诉讼会不断产生，尤其是在那些小规模的、比较优秀的销售团队中惩罚最不好的成员很容易引发诉讼案。保罗·格雷戈里（Paul Gregory）是一名就业法的专业律师，他说：“如果员工间没有一个清晰的差别，是很难证明解雇员工是合理的。”如果这一被解雇的人多年来被告知他（她）的工作表现不错时，这一点则尤其如此。格雷戈里说：“问题的部分原因出在评级与封杀上，大部分经理没有被训练来给予公正的评价，因此没有正直的业绩评论的历史存在。”

（资料来源：王海滋，赵霞．销售管理[M]．武汉理工大学出版社，2008.）

二、推销人员业绩评估的内容

（一）销售量

销售量是指企业或推销人员在一定时期内实际推销出去的产品数量。它是推销绩效评估的主要内容之一，推销人员推销出去的产品越多，其推销成绩就越大。要正确评估销售量，首先，要对销售量的范围进行准确的界定，确定销售量所包含的内容，运用统一的统计口径，包括合同供货方式和现货供货方式，已售出的产品数量以及尚未到合同交货期提前在报告内交货的预交产品数量，但要扣除销售退回的产品数量。其次，要运用一定的方法考察销售量的变化，准确地评价推销人员的工作业绩，如通过对产品推销计划完成任务情况、不同品种的销售量、对新老用户的销售量等情况进行考察，进一步分析其原因以及销售量和市场占有率的变化发展趋势等。

（二）推销额

推销额是以价值形式反映产品的销售情况，既考虑产品数量也考虑产品价格。在评估销售额时，应先根据各推销产品的不同价格和销售量计算出区域内推销人员、各种产品、不同消费者群或推销对象的销售额，累加求出总的销售收入，再依据一定的方法进行比较分析。具体的推销额评估分析方法如下。

（1）总销售额评估：用于全面分析公司业绩。某公司销售额增长状况如表11-4所示。

从表11-4中可以看出，该公司的市场占有率从2006年到2008年三年中大幅下降，一方面是由于在这三年中整个行业销售额在不断上升，另一方面是由于公司自身的原因造成的。对于该公司自身的原因，应该具体分析进而提出改进措施，以便改善销售业绩。

表11-4　销售额增长状况分析表

年份	公司销售额/百万元	行业销售额/百万元	市场占有率
2006	18	120	15%
2007	20	200	10%
2008	25	220	11.36%

（2）区域销售额评估，如表 11-5 所示。

表 11-5　区域销售额分析研究表

区域	市场指数	销售目标/百万元	实际销售/百万元	实际值/目标值	偏差/百万元
1	18%	5.6	6	107%	+0.4
2	32%	6.4	6.5	102%	+0.1
3	40%	8	7.5	94%	-0.5
合计	100%	20	20	100%	0.0

从表 11-5 中可以看出区域 3 业绩最差，区域 1 业绩最好。区域分析法也可用以评估销售人员。但评估后应进一步分析区域或销售人员未达成目标的原因，诸如：是潜在的消费者少，区域设计不合理，还是竞争对手太强，或是销售人员素质差等，进而提出改进的措施，改善销售业绩。

（3）按产品销售评估，如表 11-6 所示。

表 11-6　产品销售分析表

产品	销售额配额/万元	实际销售额/万元	偏差/百万元	实际销售额/销售额配额
A	55	58	+3	105.45%
B	55	43	-12	78.2%
C	60	65	+5	108.3%
D	40	45	+5	112.5%
合计	210	211	+1	100.5%

（4）消费者类型销售额评估，如表 11-7 所示。

表 11-7　消费者群销售额分析表

消费者类型	销售目标/百万元	实际销售额/百万元	销售额/目标值	偏差/百万元
1	3	3.5	116.7%	+0.5
2	7.0	6.5	95.7%	-0.3
3	7.5	7	93.3%	-0.5
4	6	6.5	108.3%	+0.5
5	5	4.6	92%	-0.4
合计	28.5	28.3	99.3%	-0.2

（三）推销费用

销售费用是指在推销产品过程中所发生的费用。考核推销人员为了完成推销任务所支出的费用情况，可以及时发现费用开支中的问题，有利于把推销费用控制在预算范围内，提高费用使用效率。进行推销费用评估常用指标有以下两种。

（1）产品推销费用率，是指在一定时期内推销费用与推销额的比例。推销费用包括与产品推销活动紧密相关的成本、费用开支，如：推销项目可行性调研的费用、印刷费和广告费、交通费、通讯费、业务招待费、展销场地租赁费等。

（2）推销费用降低率，是指一定时期内，推销人员实际支出的推销费用与计划核定的推销费用限额之间的比例。它反映了推销费用节约或超支的程度。费用的评估，可以按总费用或各分类费用结合各类别的费用配额进行比较分析。

（四）销售利润

销售利润是推销成果的集中体现。将销售收入与销售成本和费用进行比较，就可以看出推销人员为企业创造了多少利润。在分析销售利润时，不仅要分析销售利润的计划完成情况，而且要进一步分析其变化的原因，分析不同因素，如销售量、产品价格、销售成本和销售结构等因素对销售利润的影响，以便于及时发现问题，提出改进措施。利润的评估也可以按总利润及各分类利润进行分析。利润评估可以加强高利润区域、高利润产品、高利润消费者群的工作，保证公司利润的实现。毛利目标实现情况考核公式为：

毛利目标达成率＝实现毛利额/毛利额目标

（五）推销效率

评估推销效率可以更全面地评价推销人员的工作效果，把握推销人员之间存在的差距，并通过奖勤罚懒，提高推销人员的工作努力程度，促进推销业绩的提升与改善推销工作。评估推销效率的指标如表 11-8 所示。

表 11-8　评估推销效率的指标公式

指标名称	公式
1．推销配额完成率	推销配额完成率＝[实际完成推销量（额）/配额推销量（额）]×100%
2．推销人员人均推销额	推销人员人均推销额＝一定时期内商品销售总额/推销人员总人数
3．用户访问完成率	用户访问完成率＝［实际访问用户次（户）数/计划访问用户次数］×100%
4．订单平均订货量	订单平均订货量（额）＝订单订货总量（额）/订单总份数
5．订货合同完成率	订货合同完成率＝（合同期交货数/合同期订货数）×100%

阅读资料 8

在红灯笼，对推销人员最主要的考核包括约见情况和签单情况。针对这一考核标准，在CRM软件中，金蝶就专门为红灯笼设置了“客户约见统计分析报表”功能。按照红灯笼的要求，一个销售人员一天至少要约见3个客户，而且，在每月约见的客户中，必须有65%是新客户。每到月底进行考核时，郭涛打开APP客户约见统计分析报表生成功能，熟练地输入着相关的时间，选择考核人员，“我们根据一个月里，一个销售人员的工作日是多少，约见了多少客户，平均下来，可以轻松得出每天约见的数量是多少，以及其中约见的新客户所占百分比如何。另外，我们的CRM不但可以生成月约见报表，还可以进行纵向的比较，生成递增月更新报表。通过这两个表，公司的管理层就可以查看销售人员的工作情况了。”对于签单情况的报表生成也是类似的，不同的是，签单情况的报表，红灯笼还会排列成销售排行榜，提供给管理层。

保证客户资源的稳定性和对员工进行科学工作的业绩考核，其目的都为了一个，把公司内部理顺，使管理明朗化，而这些努力都是保证红灯笼客户得到满意服务的基础。红灯笼的郭涛不无感慨地分析，在现在中国的广告业中，竞争是非常激烈的，客户也许只要轻点鼠标或打一个电话就可以转向公司的竞争者。在这样的环境下，采用CRM完成对服务队伍的科学管理，实现服务流程的自动化和优化，加强对服务过程的控制和管理，实现标准化、准确化的服务，从而提高服务效果，增加客户满意度就显得极为重要。

（资料来源：姬爱国．现代推销理论与技巧[M]．中原农民出版社，2007.）

三、推销人员业绩考核的方法

常用的方法主要有以下几种。

（一）推销业绩的横向比较

这是最简单的一种方法。它是把各个推销人员的推销业绩进行排队比较。例如有 10 名推销员，就从一名推销员开始，按照他们的销售业绩依次排列位置。这种方法只有在各地区市场潜量、工作量、竞争激烈程度、公司或区域推销努力等没有差别或差别不大的情况下才有意义。

单纯的推销量不是说明推销人员业绩的唯一标准，更应重视的是每个推销人员目前所赚到的纯利有多少。这就需要检查每位推销人员所出售的产品推销组合和推销费用。更重要的是要考核顾客对推销人员服务的满意程度。

下面假定以销售额、订单平均批量和每周平均访问次数三个因素来分别对推销人员 A、B、C 三人进行业绩综合考评。

在表 11-6 中，由于销售额是最主要的因素，所以把权数定为 5，另外，订单平均批量和每周平均访问次数的权数分别定为 3 和 2。用三个因素分别建立目标，由于存在地区差异，所以每个因素对不同地区的推销人员建立的目标是不一样的。如推销员 C 的销售额核定为 60 万元，高于推销员 A 的 50 万元和推销员 B 的 40 万元，这是考虑到他所处的地区潜在客户较多，竞争对手较弱而决定的。由于推销员 A 所处的地区有大批量的买主，所以其订单平均批量可相对订得高一些。每个推销员每项因素达成的工作量除以目标数得到达成率，随后将达成率与权数相乘就得出绩效水平，再把各项因素的绩效水平相加，除以总权数 10，即可得到每个推销员的综合效率。从表 11-9 中可看出，推销员 A、B、C 综合效率分别为 85%、84%和 90.5%。

表 11-9　推销人员业绩考评表 1

推销人员考评因素		A	B	C
销售额	1.权数	5	5	5
	2.目标（万元）	50	40	60
	3.完成（万元）	45	32	57
	4.达成率（%）	90	80	95
	5.绩效水平（1×4）	4.5	4.0	4.75
订单平均批量	1.权数	3	3	3
	2.目标（万元）	800	700	600
	3.完成（万元）	640	630	540
	4.达成率（%）	80	90	90
	5.绩效水平	2.4	2.7	2.7
每周平均访问次数	1.权数	2	2	2
	2.目标（万元）	25	20	30
	3.完成（万元）	20	17	24
	4.达成率（%）	80	85	80
	5.绩效水平	1.6	1.7	1.6
绩效合计		8.5	8.4	9.05
综合效率（绩效合计除于总权数）		85%	84%	90.5%

（二）推销业绩的纵向比较

这种办法是将推销人员现在的推销业绩与其过去的业绩进行比较。这种方法能直接表明推销人员工作进展的程度，如表 11-10 所示的某地“推销人员业绩评价表”。

表 11-10　推销人员业绩评价表 2

项目	2003	2004	2005	2006
1.产品 A 的净推销额（元）	251300	253200	270000	263100
2.产品 B 的净推销额（元）	432300	439200	553900	561900
3.净推销总额（元）	674500	692400	823900	825000
4.产品 A 定额的百分比（元）	95.6	92.0	88.0	84.7
5.产品 B 定额的百分比（元）	120.4	122.3	134.09	130.8
6.产品 A 的毛利（元）	50260	50640	54000	52620
7.产品 B 的毛利（元）	42320	43920	55390	56190
8.毛利总额（元）	92580	94560	109390	108810
9.推销费用（元）	10200	11100	11600	13200
10.推销费用与总推销额之比（%）	1.5	1.6	1.4	1.6
11.推销访问次数	1675	1700	1680	1660
12.每次访问成本	6.90	6.53	6.90	7.95
13.平均客户数	320	324	328	334
14.新客户数	13	14	15	20
15.丧失客户数	8	10	11	14
16.每个客户平均购买额（元）	2108	2137	2512	2470
17. 每个客户平均推销毛利（元）	289	292	334	326

推销经理可以从这张表中了解到有关推销员的许多情况。推销员的总推销量每年都在增长（第三行）。但这并不一定意味着他做的工作非常出色。对各种产品的分析表明，他所推销的产品 B 的销量大于 A 的销量（第一行和第二行）。对照这两种产品的定额（第四行和第五行），他在增加产品 B 的推销上取得的成绩可能是以减少产品 A 的推销量为代价的。根据毛利（第六行和第七行）表明产品 A 所赚利润高于产品 B，所以虽然他在 2005 年与 2006 年之间增加了 1100 元的总推销额（第三行），但所获得的毛利却减少了 580 元（第八行）。由此，推销经理可以一步步帮他指出其推销过程中存在的一些问题，对其下一步推销工作的开展提供相关指导。

（三）推销人员品质评价法

这种方法的具体内容通常包括推销人员对企业、产品、顾客、竞争者、推销区或职责的了解程度。推销员的个性特征如举止、仪表、言谈和气质也可以予以评价。

（四）考评尺度法

这是一种将业绩考评项目都给予具体衡量的尺度，管理人员依据平时对推销人员工作状况的观察，对各考评项目一一打分，然后逐项汇总，所得部分就是该推销人员业绩考核的结果，如表 11-11 所示。

表 11-11　推销人员业绩评价表 3

推销员考评因素	总分							
等级项目	90 分以上	80 分～89 分	70 分～79 分	60 分～69 分	59 分以下	记分	权数	评分
工作实绩	超额完成工作任务：贡献比别人多，工作无懈可击	工作成绩超过一般人所能达到的水平	工作成果符合要求，基本能如期完成	工作成果大致符合要求，有时还需别人帮助	一般不能完成所要求工作任务，缺点较多			
工作能力	具有高超的工作技能，开发新客户能力强，经常有创造性的点子	具有较强的工作技能，能主动开发新客户，时常有建设性的意见	具有完成分内工作的能力，开发新客户会有一定效果，偶尔有创见	工作技能一般，须多加指点，开发新客户须支援，很少有创见	工作技能不能应付日常作业，开发新客户几乎不可能，谈不上有创造力			
工作态度	积极性很高，责任感强，能与同事同舟共济，协调性好	态度积极，能主动负起责任，能与上司、同事协调相处	日常工作绝不拖延，对交办的工作能欣然接受，不会与同事发生无意义的摩擦	对困难工作积极性不高，责任感一般，表面上基本能与同事相处	缺乏积极性，责任感不强，工作需要不断监督，协调能力差			

（五）多项目综合考评法

这是一种既单纯又易于操作的方法，即将被考核人的考核因素分为工作的实绩、能力、服务态度等几大类，评语则不论好坏，分散在各大类中，在看过所有评语后，认为某评语比较适当，则在该评语下打个具体分数。分数在这张表上也可以不表示出来，每个项目都散布着与分数无关的评语，所以考核人只有看完全文，否则无法确定最适当的评语。多项目综合考评法可将人为的错误与偏差降低到最少限度。如想在考核因素上加上权数的差别，就可以把权数放上去并加以记分，然后予以汇总。

本章小结

推销人员管理是企业销售管理中的重要组成部分。推销人员的管理主要包括推销人员的选拔与培训、激励与报酬、推销业绩考核等几个方面的工作。

推销人员的激励是有效提高推销人员工作业绩的科学方法之一。对推销人员的激励主要有环境激励、目标激励、物质激励和精神激励等，还可以根据推销人员类型的不同进行激励。

推销人员业绩考核与评估也是提高推销人员工作业绩的有效方法。要制定推销人员业绩考核与评估的程序和指标体系。推销人员业绩考核与评估的方法有推销业绩的横向比较法、纵向比较法、推销人员品质评价法、考评尺度法、多项目综合考评法等。推销绩效评估，是现代推销技术的一个重要组成部分，是指企业或推销人员对一定时期内推销工作的状况进行衡量、检查、评定和分析。目的在于总结经验和教训，进一步制订新的推销计划，改进推销工作，以取得更好的推销业绩。

主要概念

推销人员招聘、培训、激励、薪酬、业绩考评

思考与练习

1. 从公司内部招聘推销人员有哪些有利和不利的方面?从大学招聘呢?
2. 推销人员培训的作用和方法有哪些?
3. 对推销人员有哪些主要的激励方式？试述推销激励对推销工作的意义。
4. 推销人员业绩考核的指标和方法有哪些?
5. 请为企业设计一个业绩考评方案。
6. 在对推销人员进行考评时，应当注意哪些问题?

实践与技能

1. 实训课题：推销工作报告

实训目的：锻炼学生对推销管理的整体认识。

实训内容与步骤：

（1）以个人为单位，根据自己的推销实践活动，书写推销工作报告。

（2）以4～6人为一组，进行小组讨论。

（3）组织全班同学对报告进行讨论，确定报告的书写内容、方法，并且作为制度确定下来，用于以后的推销实践。

2．案例分析：

案例1

2002年，安利纽崔莱以30亿元的销售额荣膺国内保健品销售冠军。纽崔莱是世界著名的营养食品品牌，1998年由安利公司引入中国，在短短5年内销售额从零攀升至逾30亿元，占据了安利（中国）的半壁江山，但纽崔莱品牌系列产品在安利（中国）的整个产品线中只占1/10弱的产品品种比例。纽崔莱连续5年保持高速增长，为安利（中国）公司的销售额从1998年的3亿元奇迹般地膨胀至2002年的30亿元立下了汗马功劳。由此，安利（中国）已经成为安利全球第四大市场，同时也是安利在全球最具增长潜力的市场。

安利在中国采用的“店铺销售+销售代表”的经营模式之中，最具能动性、最活跃、最有价值的要算营业代表及其“发动机式”的激励制度。

在国内外，任何一家公司的激励制度都有一项看不见的“天花板”，迄今为止几乎唯独安利除外。而安利公司就设计出了这样一种“下有保底、上不封顶”的激励制度——销售代表对安利公司的贡献越大，他所得的回报也就越大——这种制度让销售代表发挥出了最强、最大、最具实效的能动性。

安利最初在中国推行的激励制度，差不多是其全球模式的中国翻版。据悉，这种神奇而隐秘的销售代表激励制度一般有十个档次——顾客服务报酬、市场开拓经费、红宝石奖金、领导奖金、明珠奖金、翡翠年度花红、钻石年度花红、行政钻石年度花红、单次奖金和特别奖金。这就是说，只要一个营业代表能干，他的收入可以由这十个部分来构成，而每一个档次的激励制度都是对上一个档次的突破和超越，真正解决了一般公司激励制度的“天花板”难题。但这套制度是建立在传销模式基础之上的，收入中的大部分与小组计酬有关，比较偏重于销售代表中的“先来者”，对他们“传帮带”的功能和业绩给予了过多的倾斜。

这套激励制度是安利（中国）1998年7月转型前使用的，转型后就已被废止。在此后的四年中，安利（中国）一直在按照国家有关规定对计酬制度进行着不断的调整，其核心内容就是鼓励个人销售，取消小组计酬，使所有销售人员按照个人的销售业绩获取报酬。

到2002年7月1日，随着公司将所有推荐或发展新销售代表的权利全部收回，安利（中国）以“向一线销售倾斜”为核心的新的激励和计酬制度基本上调整到位。安利认为，安利的销售代表是一个公平起步的工作机会。为此，安利（中国）新的激励制度是以销售产品、服务顾客为核心的销售代表制度，其计酬制度更多鼓励积极销售，而且会实施多重奖励措施来鼓励销售代表稳步成长。

销售代表的全部报酬由顾客服务报酬和销售报酬组成。顾客服务报酬是基于产品标价的20%（税前）计算的酬金。销售代表在服务优惠顾客时亦可代优惠顾客以8折优惠价订货，在此情况下销售代表并不据此获得顾客服务报酬，但可获得销售报酬。

销售报酬分为基础佣金和浮动佣金两个部分。基础佣金根据其本人净营业额所对应的佣金比例计算。

新的制度中向一线倾斜的最明显标志是销售补贴的增设。从2002年3月1日起，安利（中国）为销售代表增设3%的销售补贴（此计算方式只适用于基础佣金）。

浮动佣金是公司为奖励绩优销售代表而设立的，当其个人净营业额达3600元人民币时，便可获得公司根据其净营业额占公司总净营业额比例计算的浮动佣金。根据安利目前的经营状况分析，该浮动佣金的比例约为8%。专为销售代表设立的浮动佣金是公司的一项尝试性措施，公司将会就实施的具体情况和市场反映不断完善。

年度特别奖励计划是安利（中国）提高销售代表忠诚度和积极性的又一次创新之举。2003年8月底，安利（中国）推出2003/2004财政年度销售代表特别奖励计划，公司从当年总净营业额中另外拨出0.5%，设立销售代表年度稳健销售奖金，奖励给符合规定业绩要求的销售代表：在2003/2004财政年度的12个月中，个人净营业额每月均不低于8400元人民币，或有10个月每月净营业额均未低于8400元人民币，并且年度总个人净营业额不低于120000元人民币。经过计算，年度稳健销售奖金获得者的收入，相当于其在安利全年所得销售报酬的10%～20%。

这样，安利销售代表的收入就由“顾客服务报酬+基础佣金+销售补贴+浮动佣金+年度特别奖励”五个部分组成，与国内销售人员“底薪+提成”的主流收入结构相比，安利销售代表收入结构之丰富、激励制度之完善在国内企业中可谓首屈一指。

（资料来源：孙全冶．市场营销案例分析[M]．东南大学出版社，2004.）

问题：

安利（中国）激励制度中，哪些方面比传统的激励制度优越？

案例 2

一位 TR 公司的计算机推销经理的推销管理

TR公司是某名牌计算机在我国北方地区的最大代理商，它主要通过门市部和二级代理商两种渠道进行销售。首先，公司在北京有两个非常不错的门市部，通过门市部直接将产品销售给个人和家庭。其次，公司发展了覆盖整个华北地区的众多二级代理商，通过他们进行销售。

在2000年年初，公司聘请了一位陈先生担任家用计算机销售部经理。这位陈先生以前从事的是个人寿险方面的营销工作，表现非常不错。上任后，他就把保险营销那套管理模式带过来了，采取了以下管理措施。

（1）强调早、晚例会。即早上八点半要开早会，晚上五点半要开夕会。不管什么原因，早、晚的例会一定要开。早会宣布一天的工作，解决各方面的问题，然后具体布置一天的工作，之后销售队伍分头行动，该打电话的就打电话，该去门市部的就去门市部，该盯竞争对手的就去盯竞争对手………

（2）严格地计件提奖。也就是推销员这个月完成多少销售量就给推销员多少薪酬，销售出去多少就拿多少提成，如果超指标则有超指标奖励。

（3）实行末位淘汰。用陈经理的话叫做“第一个月红灯，第二个月走人”。也就是说，第一个月没完成任务，就要亮红灯，提出口头警告；第二个月如果还是没有完成任务，那就叫他走人。

（4）超额有重奖。针对超额完成销售任务的情况，陈经理制定了一些奖励标准。例如，超额120%以上，奖励将大大超出正常计件提奖的范围。

在2000年年末，在他来后不到一年的时间里，公司的家用计算机销售部的业绩非常出色——在所有该品牌计算机的北方地区代理商中，销售部出货量是最大的，同时还为公司赢得了许多相关的资源。

在2001年，公司所代理品牌的厂商对市场策略进行了调整，决定将战略发展方向放在发展商用计算机上。该厂商瞄准了四大行业：教育、金融、电信、政府采购。针对厂商市场策略的调整，公司也进行了相应调整。他们撤换了原来负责商用计算机销售工作的经理，由原来负责家用计算机销售的陈经理出任商用计算机销售部的经理。很自然，陈经理又把他原来的那套管理模式移植到了新部门。上任后，他采取了一些同以前类似的改革措施：

（1）采取强势激励措施，降低商用计算机销售部原来的底薪，提高提成比例；

（2）严格执行早会和夕会制度；

（3）对整个过程进行严格的控制与管理。要求每一位下属都认真填写各种管理控制表单、日志、周计划等。

显然，这时候公司的销售对象已经发生了很大变化，销售模式也与以往不同——以前家用计算机的销售是通过门市部销售给个人，或者是销售给二级代理商，进行二级销售；而现在则要带着计算机直接面对终端客户，而且不是某一个人，而是一个组织、一个机构，结果这次改革措施的推行效果与他想象的有很大差距。

从2001年春天起，以上措施开始实行，到半年后为止，出现了以下几种不良结果：

（1）有的业务代表开始蒙骗客户，过分夸大公司的承诺；

（2）员工之间开始互相拆台；

（3）业务尖子开始离职；

（4）整个队伍的业绩水平没有像预期的那样增长，甚至还略有下降。

9月份的时候，陈经理离开了这个岗位，离开了这家公司。

（资料来源：李红梅. 现代推销实务[M]. 电子工业出版社，2006.）

讨论问题：

（1）陈先生在不同的销售部门采用的管理模式为什么会产生不同的推销效果？

（2）陈先生担任商用计算机销售部经理后，在推销管理上做了哪些改进？

（3）如果你是商用计算机销售部经理，将如何改进推销管理？

案例 3

年轻的推销员

想起上午的事情，吴刚还感到有些哭笑不得，因为春节临近，北京的火车票日益紧张，上午的销售会议上竟然不止一个推销员向他提出由公司代买火车票的问题，“其实这种事对他们来说是难题，对企业同样也是，但这些年轻人却不这么想。”

吴刚掌管的“数位红”公司从事游戏开发，目前有推销员十来人，平均年龄20多岁，刚年满30岁的他在这里已经属于“年长者”，做这些20世纪80年代出生的年轻推销员的头儿，他遇到的麻烦还远远不止买火车票，推销员在外租房子和房东发生不愉快会找他；平日里消费没有筹划好，月末出现生活费紧张也会找他……在吴刚看来，这些本来都是员工可以自己解决的私事，但“现在的企业在很大程度上却不得不充当着幼儿园的角色”。

尽管吴刚对年轻员工的做法并不是十分赞成，但为了能让他们心情愉快地工作，类似的事情通常他还是会替他们解决。他坦言，这些年轻人无论是生活自理能力、生活方式、工作观念还是工作态度都与年长一些的员工有着很大的不同，如何当好这些年轻推销员的老板，成了像他这样年轻人聚集的企业所面临的难题。

问题讨论：

（1）请你分别评价老板吴刚和推销员们的行为。

（2）分析导致吴刚成为年轻推销员的“幼儿园阿姨”的原因。

（3）想一想应该怎样来解决这个问题？

附 录

推销能力测试

国际著名的推销专家戴富瑞博士（Dr.Andre Davril）在台湾哈佛企业管理顾问公司培训推销人员时，设计了一套推销能力自我测试题，藉以使推销人员了解自己的推销能力。希望您能在 3 分钟时间内，在下列每题的 A、B、C、D 四个答案中选择一个您认为最符合您情况的答案。

（1）假如顾客询问您有关产品的问题，您不知道如何回答，您将：

A．以您认为正确的答案，用好像了解的样子来回答

B．承认您缺乏这方面的知识，然后去寻找答案

C．答应将问题转告给业务经理

D．给他一个听起来很好的答案

（2）当顾客正在谈论推销人员或您的推销行为，而且很明显他所说的是错误的，您应该：

A．打断他的话，并予以纠正

B．聆听，然后改变话题

C．聆听，并指出其错误之处

D．利用质问以使他自我发掘错误

（3）假如您对您自己的推销工作有点泄气，您应该：

A．请一天假，不去想公事

B．强迫自己更卖力去做

C．尽量减少拜访

D．请求业务经理和您一道出去

（4）当您拜访经常给您吃闭门羹的顾客时，您应该：

A．不必经常去拜访

B．根本不去拜访

C．经常拜访并试图去改善与他的关系

D．请求业务经理换个人试试

（5）当您碰到顾客对您说“您的产品价格太贵了”，您应该：

A．同意他的说法，然后指出一分价钱一分货

B. 同意他的说法，然后改变话题

C. 不同意顾客的说法

D. 述说您强有力的论据

（6）当您回答顾客的相反意见之后，您应该：

A. 保持沉默并等待顾客开口

B. 变换话题，并继续推销

C. 继续举证，以支持您的结论

D. 试行缔结

（7）当您进入顾客的办公室时，他正在阅读，他告诉您他一边阅读，一边听您的介绍，那么您应该：

A. 开始您的推销说明

B. 向他说您可以等他阅读完了再开始

C. 请求合适的时候再拜访

D. 请求对方全身心聆听

（8）您正用电话约一位顾客以安排拜访时间，总机小姐把您的电话转给了这位顾客的秘书，秘书问您有什么事，您应该：

A. 告诉他您希望和他商谈

B. 告诉他这是私事

C. 向他解释您的拜访将给他公司莫大的好处

D. 告诉他您希望同他讨论您的产品

（9）面对一位激进型的顾客，您应该：

A. 客气

B. 过分客气

C. 证明他错了

D. 拍他马屁

（10）对付一位悲观的顾客，您应该：

A. 说些乐观的事

B. 对他的悲观思想一笑置之

C. 向他解释他的悲观思想是错误的

D. 引述事实并指出您的论点是完美的

（11）在展示印刷品的视觉辅助工具时，您应该：

A. 交予顾客，并在他阅读时解释销售重点

B．先推销辅助工具，然后再按重点念给对方听

C．把辅助工具留下，以待访问之后再让他自己阅读

D．答应他把一些印刷物张贴起来

（12）顾客告诉您，他正在考虑竞争者的产品，并询问您对竞争者产品的意见，您应该：

A．指出竞争者产品的缺点

B．称赞竞争者产品的特征

C．表示知悉他人的产品，然后继续推销您自己的产品

D．开个玩笑以引开他的注意力

（13）当顾客有了购买的征兆，问“什么时候可以送货”，您应该：

A．说明送货方式，并试作缔结

B．告诉他送货时间，并试作缔结

C．告诉他送货时间，并请求签订单

D．告诉她送货时间，并等待顾客的下一个步骤

（14）当顾客有怨言时，您应该：

A．打断他的话，并指责其错误之处

B．注意聆听，虽然您公司错了，但有责任予以否认

C．同意他的说法，并将错误归咎于您的业务经理

D．注意聆听，判断怨言是否正确，适时给予纠正

（15）假如顾客要求打折，您应该：

A．答应回去时向业务经理请求

B．告诉他没有任何打折了

C．解释公司的折扣情况，然后热心的讲解产品的特点

D．不予理会

（16）当零售商店主向您说“这种产品销路不好”，您应该：

A．告诉他其他零售商销售成功的实例

B．告诉他产品没有按照应该陈列的方法陈列

C．很有技巧的建议他改进商品进货计划

D．向他询问销路不好的原因，必要时将货取回

（17）在获得顾客的订单之后，您应该：

A．谢谢他，然后离去

B．略为交谈他的嗜好

C．谢谢他，并恭喜他的决定，扼要的再强调产品的特征

D．请他到附近喝一杯

（18）在开始做推销说明时，您应该：

A．试图去发觉对方的嗜好并交换意见

B．谈谈天气

C．谈谈今早的新闻

D．尽快地谈些您拜访他的理由，并说明他可获得的好处

（19）在下列情况下，哪一种是推销人员充分利用时间的做法：

A．将顾客资料更新

B．当他和顾客面对面的时候

C．在销售会议上讨论更好的推销方法

D．和推销员同仁讨论时

（20）当您的顾客被第三者打扰时，您应该：

A．继续推销，不予理会

B．停止推销并等待有利时刻

C．建议在其他时间拜访

D．请顾客喝一杯咖啡

题目	各项分值				您的得分
	A	B	C	D	
1	2	5	3	1	
2	1	3	1	5	
3	1	5	1	3	
4	1	1	5	3	
5	1	5	3	2	
6	2	1	2	5	
7	1	5	3	2	
8	1	1	5	2	
9	5	1	1	1	
10	3	2	1	5	
11	1	5	1	1	
12	1	3	5	1	
13	1	5	3	1	
14	1	2	1	5	
15	2	3	5	1	
16	1	1	5	2	
17	3	1	5	1	
18	3	1	1	5	
19	3	5	2	1	
20	1	2	3	3	

得分参考分析：

100 分：您是专业的推销人员；

90~99 分：您是一位优秀的推销员；

80~89 分：您是一位良好的推销员；

70~79 分：您是一位普通的推销员；

60~69 分：说明您需要努力；

50~59 分：说明您需要接受推销培训；

49 分以下：您该考虑重新选择更合适的职业了。

参 考 文 献

[1] 王红，陈新武．现代推销技巧[M]．武汉：武汉大学出版社，2009.
[2] 周晓丰．推销心理与推销实务[M]．北京：北京航空航天出版社，2003.
[3] 吴金发，李海琼．现代推销理论与实务[M]．大连：东北财经大学出版社，2002.
[4] 刘文广．现代推销技术[M]．北京：中国财政经济出版社，2000.
[5] 查尔斯·富特雷尔，苏丽文主译．销售学基础[M]．大连：东北财经大学出版社，2000.
[6] 吴健安．现代推销学第二版[M]．大连：东北财经大学出版社，2008.
[7] 黄孝山．推销理论与技巧[M]．北京：中国经济出版社，1996.
[8] 吴必达．第一次推销[M]．北京：企业管理出版社，2003.
[9] 张智勇．推销王中王[M]．北京：中国纺织出版社，2003.
[10] 赵菊春．推销实用口才[M]．北京：中国戏剧出版社，2000.
[11] 万后芬，卫平，欧阳卓正．现代推销学[M]．北京：经济科学出版社，1993.
[12] 吴之为．现代推销学[M]．北京：首都经济贸易大学出版社，2002.
[13] 郭奉元．现代推销技术[M]．北京：高等教育出版社，2000.
[14] 陈企华．最成功的推销实例[M]．北京：中国纺织出版社，2003.
[15] 侯铁珊．推销原理与技巧[M]．大连：大连理工大学出版社，1994.
[16] 李桂荣．现代推销学[M]．广州：中山大学出版社，2002.
[17] 薛辛光，隋兵．实用推销技术[M]．北京：中国经济出版社，2008.
[18] 韩伟．现代推销学[M]．北京：科学出版社，2004.
[19] 柳思维．现代推销学[M]．北京：中国商业出版社，2002.
[20] 易开刚．现代推销学[M]．上海：上海财经大学出版社，2004.
[21] 陈新武、龚仕林．推销实训教程[M]．武汉：华中科技大学出版社，2006.
[22]〔美〕奥里森·马登等/著，刘树林编译．推销之神[M]．北京：中国发展出版社，2006.
[23] 邱少波．现代推销技能[M]．上海：立信会计出版社，2005.
[24] 钟立群．现代推销技术[M]．北京：电子工业出版社，2005.
[25] 黄恒学．现代高级推销理论与技术[M]．北京：北京大学出版社，2005.
[26] 冯华亚，潘金龙．推销技巧与实战[M]．北京：清华大学出版社，2008.
[27] 董原．商务谈判与推销技巧[M]．广州：中山大学出版社，2009.
[28] 周琼，吴再芳．商务谈判与推销技术[M]．北京：机械工业出版社，2008.
[29] 吴海东．推销策略与艺术[M]．重庆：重庆出版社，2008.

[30] 徐育斐．商品推销技巧[M]．北京：中国商业出版社，2008．
[31] 王海滋，赵霞．销售管理[M]．武汉：武汉理工大学出版社，2008．
[32] 孙全冶．市场营销案例分析[M]．南京：东南大学出版社，2004．
[33] 姬爱国．现代推销理论与技巧[M]．郑州：中原农民出版社，2007．
[34] 董亚辉．推销技术[M]．北京：对外经济贸易大学出版社，2008．
[35] 龚荒．商务谈判与推销技巧[M]．北京：清华大学出版社，2005．
[36] 梁敬贤．推销理论与技巧[M]．北京：机械工业出版社，2005．
[37] 杨雪青．商务谈判与推销[M]．北京：北京交通大学出版社，2009．
[38] 王国梁．推销与谈判技巧[M]．北京：机械工业出版社，2007．
[39] 程赐胜．谈判与推销[M]．北京：机械工业出版社，2004．
[40] 崔平．推销学[M]．北京：机械工业出版社，2004．
[41] 徐育斐．商品推销实务[M]．大连：东北财经大学出版社，2000．
[42] 霍澜平．现代推销技术[M]．北京：高等教育出版社，2000．